Wissenschaftliche Untersuchungen
zum Neuen Testament · 2. Reihe

Begründet von Joachim Jeremias und Otto Michel
Herausgegeben von
Martin Hengel und Otfried Hofius

10

# Der Begriff Syneidesis bei Paulus

Eine neutestamentlich-exegetische
Untersuchung zum ‚Gewissensbegriff'

von

## Hans-Joachim Eckstein

J.C.B. Mohr (Paul Siebeck) Tübingen 1983

CIP-Kurztitelaufnahme der Deutschen Bibliothek

Eckstein, Hans-Joachim:
Der Begriff Syneidesis bei Paulus: e. neutestamentl.-exeget. Unters. zum
„Gewissensbegriff" / von Hans-Joachim Eckstein. – Tübingen: Mohr, 1983.
  (Wissenschaftliche Untersuchungen zum Neuen Testament: Reihe 2; 10)
  ISBN 3-16-144743-3

NE: Wissenschaftliche Untersuchungen zum Neuen Testament / 02

© J.C.B. Mohr (Paul Siebeck) Tübingen 1983.
Printed in Germany. Offsetdruck Gulde-Druck GmbH, Tübingen. Einband Heinrich
Koch, Großbuchbinderei Tübingen.

VORWORT

Die vorliegende Arbeit wurde im Sommer 1980 von der
Evangelisch-theologischen Fakultät der Eberhard-Karls-
Universität in Tübingen als Dissertation angenommen und
ist für den Druck noch einmal überarbeitet worden.

Angeregt und betreut wurde die Dissertation von Herrn
Prof. Dr. Martin Hengel, dem ich für die vielfältige
persönliche und wissenschaftliche Förderung seit Beginn
meines Studiums herzlich danken möchte. Dankbar bin ich
ihm und Herrn Prof. Dr. Otfried Hofius auch für die
Aufnahme der Arbeit in die Reihe der 'Wissenschaftlichen
Untersuchungen zum Neuen Testament' sowie Herrn Prof. Dr.
Peter Stuhlmacher für die Erstellung des Korreferates.

Tübingen, im September 1983

Hans-Joachim Eckstein

# INHALTSVERZEICHNIS

# A  EINLEITUNG

## I. Vorüberlegungen

Das Thema der vorliegenden Untersuchung lautet: Der Begriff 'Syneidesis' bei Paulus. Will man sich in einer Monographie mit dem Themenkreis 'Gewissen' sinnvoll auseinandersetzen, ist die Konzentration auf einen Aspekt und die klare Eingrenzung der Aufgabenstellung unumgänglich. Von unserem Thema her sind zwei Schwerpunkte vorgegeben, die über die Gewichtung der folgenden Untersuchung entscheiden.

Im Zentrum des Interesses steht der griechische Begriff συνείδησις. Deshalb kann die Arbeit keine umfassende Darstellung der Geschichte des Phänomens 'Gewissen' bieten wollen. Dieses wird aber selbstverständlich zu untersuchen und zu beschreiben sein, insofern es zur Entfaltung des Begriffes συνείδησις im Laufe der Entstehungsgeschichte beigetragen hat. Es versteht sich von selbst, daß neben dem Begriff συνείδησις auch verwandte griechische Ausdrücke wie die Verbformen σύνοιδα und συγγιγνώσκω und die Substantive τὸ συνειδός und ἡ σύνεσις zu berücksichtigen sein werden. Darüber hinaus wird auch auf die Frage nach adäquaten Begriffen in anderen Sprachen bzw. nach Ausdrucksformen des Phänomens 'Gewissen', soweit entsprechende Begriffe noch nicht ausgebildet sein sollten, ausführlich einzugehen sein. Somit wird der Darlegung des begrifflichen Umfeldes von ἡ συνείδησις ein entscheidender Platz zukommen.

Zunächst wird also die Entwicklung des Begriffes in der Profangräzität verfolgt werden und im Anschluß daran die des adäquaten Ausdrucks in der Latinität, die wegen der sprachgeschichtlichen Beziehungen zur griechischen Sprache von besonderer Bedeutung ist. Da es in dieser Arbeit um den neutestamentlichen Gebrauch des Wortes συνείδησις geht, werden vor allem auch die nichtgriechischen Wurzeln und die parallelen griechisch-jüdischen Traditionen aufzuzeigen sein. Der Untersuchung des Begriffes in der Profangräzität und der Latinität wird deshalb die des Begriffes bzw. Phänomens im Alten Testament und im Judentum folgen.

Die zweite Gewichtung dieser Studie ist vom Thema her
insofern gegeben, als im speziellen nach dem Gebrauch des
Begriffes συνείδησις bei Paulus gefragt wird. Der allgemeinen
Untersuchung des Begriffes im religionsgeschichtlichen Umfeld
des Apostels wird sich deshalb die Exegese der paulinischen
Belegstellen anschließen. Sie wird als die eigentliche Behandlung des Themas entsprechend den meisten Raum einnehmen. Es
versteht sich dabei wieder von selbst, daß sowohl verwandte
Begriffe als auch Zusammenhänge der paulinischen Theologie
in der Darstellung berücksichtigt werden.

Obwohl für die Bestimmung des paulinischen Gebrauchs von
συνείδησις vor allem die älteren und gleichzeitigen Belege
von Interesse sind, muß im Anschluß an die Exegese der authentischen Paulusbriefe auch auf die übrigen, durchgehend nachpaulinischen, neutestamentlichen Belegstellen eingegangen werden. Erst im Anschluß daran ist die definitive Bestimmung des
paulinischen Gewissensbegriffes im Rahmen seiner Theologie
und die umfassende Einordnung in die religionsgeschichtlichen
Zusammenhänge möglich.

Damit setzt die Untersuchung also im 6. bzw. 5.Jh.v.Chr.
ein und verfolgt die Entwicklung des Begriffes συνείδησις -
bzw. des Phänomens 'Gewissen' und der adäquaten Begriffe anderer Sprachen - bis zum 1. bzw. Anfang des 2.Jh.n.Chr. Die
weitere Entwicklung kann sowohl von der Themenstellung her
als vor allem auch wegen des Umfangs der Arbeit nicht mehr
weiterverfolgt werden. Aus dem letztgenannten Grund muß auch
schon die Behandlung der nichtpaulinischen neutestamentlichen
Belege wesentlich gedrängter durchgeführt werden.

Um den Zugang zur Problematik der Begriffe συνείδησις /
conscientia / 'Gewissen' zu erleichtern, wird der Arbeit aber
zunächst eine Problemanalyse vorangestellt. Am meisten wird
die Diskussion über den Gewissensbegriff nämlich dadurch er-
schwert, daß man sich eigener Vorverständnisse und Begriffsbestimmungen nicht bewußt wird und teilweise sogar sich ausschließende Definitionen promiscue verwendet. Diese Problemanalyse versteht sich als provisorische Arbeitshilfe, die
einige Ergebnisse schon thesenhaft vorwegnehmen wird, ohne
selbst Begründungen und Belege zu bieten.

Auf Grund dieser differenzierenden Begriffsbestimmung ist
dann im Anschluß auch eine sinnvolle Analyse der Forschungs-

ergebnisse möglich. Da aber für eine ausführliche Forschungs-
geschichte mehr als nur eine Untersuchung dieses Formats erforderlich wäre und die einzelnen Exegeten in der Auslegung
der paulinischen Belegstellen mit ihren verschiedenen Begriffsbestimmungen noch hinreichend zu Wort kommen, soll in diesem
einleitenden Teil lediglich ein Überblick über den Stand der
Forschung und eine vorläufige Einordnung der Ergebnisse geboten werden. Mit Hilfe von Problemanalyse und Forschungsüberblick wird dann der Zugang zu der Untersuchung des Begriffes
συνείδησις im religionsgeschichtlichen Bereich und vor allem
bei Paulus und der unmittelbar auf ihn folgenden Zeit erleichtert werden.

Zum Schluß dieser Vorüberlegungen sei noch darauf hingewiesen, daß philosophische, ethisch-theologische und psychologische Fragestellungen im Rahmen dieser neutestamentlich-
exegetischen Arbeit nur da explizit aufgenommen werden können,
wo es für die Begriffsbestimmung selbst erforderlich ist.
Implizit aber bietet vor allem die Exegese der paulinischen
Belege und die anschließende Einordnung des paulinischen Gewissensbegriffes vielfältige Ansatzpunkte und Grundlagen für
weiterführende Erwägungen über das mit dem Begriff 'Gewissen'
umschriebene Problemfeld.

## II. Problemanalyse

### 1. Darstellung

Wenn man den Begriff 'Syneidesis' im Neuen Testament unwillkürlich mit 'Gewissen' übersetzt, ist das vor allem auf die
sprachschöpferische Gestaltung M.Luthers zurückzuführen, die
den heutigen Sprachgebrauch des deutschen Wortes wesentlich
begründet hat[1]. Das Wort selbst geht aber auf eine Lehnübersetzung für den lateinischen Begriff 'conscientia' zurück,
die schon um die Jahrtausendwende von Notker Teutonicus durch
eine Glosse zu Psalm 68,20 eingeführt wurde. Dieses althoch-
deutsche Substantiv "gewizzeni" ist als Adjektivabstraktum
zum zweiten Partizip – "gewizzan", "bewußt" – weiblich. Das
sächliche Geschlecht setzt sich erst bei dem mittelhochdeut-
schen "gewizzen" unter dem Einfluß des substantivierten Infi-
nitivs durch[2]. Da auch der lateinische Begriff seinerseits
eine Lehnübersetzung für die griechische συνείδησις ist, haben
wir es in den drei Sprachen bei ἡ συνείδησις (bzw. τὸ συνειδός) / conscientia / "gewizzeni" (f.) bzw. "Gewissen" (n.)
mit drei adäquaten, etymologisch voneinander abhängigen Begriffen zu tun.

Allerdings gibt es in Hinsicht auf das mit diesen Begriffen
bezeichnete Bedeutungsfeld erhebliche Unterschiede, da einerseits der mittelalterlich-neuzeitliche Gewissensbegriff eine
eigene Bedeutungsgeschichte erfahren hat und andererseits
die Begriffe συνείδησις – conscientia in ihrer klassischen
Verwendung vielseitiger verstanden werden müssen, als es bei
dem Begriff 'Gewissen' in seinem spezifischen Verständnis

---

1 Vgl. zur Problemanalyse auch die Artikel: Gewissen, in: RGG[3], Bd.II,
   Sp.1550 – 1557, von E.Wolf; und im Historischen Wörterbuch der Philosophie, Bd.III, Sp.574 – 592, von H.Reiner; außerdem den Aufsatz von
   H.Reiner, Die Funktionen des Gewissens, Kant-Studien 62, 1971, S.467
   – 488.

2 Siehe zur Etymologie des Begriffes: Artikel: Gewissen, in: Duden, Bd.
   VII, Etymologie, S.221; E.Wolf, aaO.; H.Reiner, Artikel: Gewissen,
   aaO., Sp.574.

seit M.Luther möglich ist. In der folgenden Darstellung kommen deshalb sowohl Bedeutungsvarianten zur Geltung, die
wir im Deutschen den Wortfeldern von 'Wissen' und 'Bewußtsein' zuzuordnen haben, als auch begriffliche Differenzierun-
gen - z.B. der conscientia -, die weit über das klassische
Verständnis der griechischen und lateinischen Begriffe hinaus-
gehen. Kaum eine der im folgenden angeführten Bestimmungen des
Gewissensbegriffes blieb im Lauf der exegetischen Diskussion
ohne Einfluß auf das Verständnis des Begriffes 'Syneidesis'
bei Paulus. Das Problem der Untersuchung besteht also zunächst
darin, sich der verschiedensten Bedeutungsvarianten von συνείδησις / conscientia / 'Gewissen' bewußt zu werden, um anschließend im Verlauf der Arbeit jeweils differenziert urteilen
und bestimmen zu können.

a) Mitwissen

Zunächst können die Begriffe συνείδησις / conscientia im Gegensatz zu 'Gewissen' nichtreflexiv - also auf eine andere
Person bezogen - im Sinne von 'Mitwissen mit jemandem in einer
Sache' gebraucht werden. Dabei kommen die Vorsilben, griechisch: "συν-", lateinisch: "con-", in ihrer eigentlichen,
soziativen Funktion zur Geltung, die auf Grund der althoch-
deutschen Vorsilbe "ga-" ursprünglich auch bei dem deutschen
Begriff assoziiert wurde[3]. Da dieses 'Mitwissen' jeweils auf
eigenem 'Mit-Erleben' und eigener Erfahrung beruht, spielt
der Aspekt der Zeugenschaft eine entscheidende Rolle. Der Beobachter eines Geschehens kann, sofern er neutral und an der
Tat unbeteiligt ist, als belastender oder entlastender Zeuge
auftreten.

Handelt es sich bei der Handlung aber um ein Vergehen und
muß das Einverständnis des Eingeweihten mit der Tat vorausgesetzt werden, gilt das 'Mitwissen' als Mitschuld und Mitverschworensein.

Bei neutralem Tatbestand hingegen betont der Begriff häufig die Abgeschlossenheit des gemeinsamen Wissens und die Intimität des Eingeweihtseins oder impliziert die Anerkennung,
das Eingestehen und Beipflichten.

---

3  Vgl. E.Wolf, aaO., Sp.1550f.

b) Bewußtsein

Auch zur Bezeichnung der zweiten klassischen Bedeutungsvariante kann man den Begriff 'Gewissen' heute nicht mehr
verwenden. Συνείδησις und conscientia (bzw. die entsprechenden
verbalen Wendungen) können im reflexiven Sinn das 'Wissen',
das 'Bewußtsein' beschreiben, das jemand 'mit', d.h. 'bei'
sich selber hat. Bei dem zugeordneten sachlichen Genitivobjekt handelt es sich nicht um einen moralisch gewerteten,
sondern um einen sittlich neutralen Tatbestand. Dieses 'Bewußtsein', diese 'Überzeugung' kann - im spezifischen Sinn
gebraucht - die erkenntnisbezogene, philosophische Selbstreflexion oder - im allgemeineren Sinne - auch nur das 'Sich-
im-klaren-Sein', das 'Wissen' bezeichnen.

c) Moralisches Bewußtsein, Gewissen

Der Begriff 'Gewissen' ist gemäß dem allgemeinen Verständnis heute erst da anwendbar, wo die auf eigene Taten bezogene
moralische Selbstreflexion, das das eigene Verhalten nach
sittlichen Kriterien beurteilende Bewußtsein, im Blick ist.
Dieses 'Bewußtsein', sich den anerkannten sittlichen Maßstäben gemäß verhalten zu haben, kann sich rein rational und
intellektuell vollziehen, ohne daß es zu einem emotionalen
Betroffensein kommen muß.
Häufiger hingegen versteht man συνείδησις / conscientia /
'Gewissen' in diesem Zusammenhang aber als das emotional be-
treffende, oft sogar irrational fungierende Bewußtsein, das
sich bei oder nach einem nicht erlaubten bzw. den eigenen
sittlichen Maßstäben nicht entsprechenden Verhalten einstellt.
Dieses 'Schuldbewußtsein' kann sich auf eine konkrete Handlung beziehen oder auch zum bleibenden 'Bewußtseinszustand'
werden. Formal gesehen hat man dabei zunächst vom 'Bewußtsein
schlechter Taten' als der Normalform des Ausdrucks auszugehen.
Dieses wird dann durch die Übertragung der Qualitätsbezeich-
nung der Taten auf das Bewußtsein selbst zum 'schlechten Gewissen'. Schließlich bezeichnet auch der absolut gebrauchte
Begriff συνείδησις / conscientia / 'Gewissen' oft das verurteilende, als seelischen Schmerz empfundene Bewußtsein, dessen
unausweichliche Qualen selbst schon als Strafe für die Ver-

fehlung empfunden werden. Wenn in dieser Weise die 'Gewissensbisse' als die Normalfunktion des Gewissens aufgefaßt
werden, kann das 'gute Gewissen' nur als die Erfahrung des
Nichtvorhandenseins, des Fehlens eines 'schlechten Gewissens'
definiert werden, als das von konkreten Selbstanklagen und
strafenden Qualen freie Gewissen.

Daneben gibt es aber auch das 'gute Gewissen' als das positive 'Bewußtsein', in einem konkreten Fall nicht versagt zu haben
bzw. gemäß den vorgegebenen und anerkannten Normen zu handeln
oder gehandelt zu haben. Dieses bestätigende Zeugnis eines
'guten Gewissens' kann zum Beispiel als Zeuge gegen unberechtigte Anklagen anderer beschworen werden, ohne freilich dadurch schon für Dritte Beweiskraft zu haben. Wie das negative
moralische Bewußtsein so kann auch das 'gute Gewissen' als
ein konkret auf eine Tat oder Anklage bezogenes Bewußtsein
verstanden werden oder einen dauerhaften Bewußtseinszustand
beschreiben. In jedem Fall kann es sowohl als anrüchig gestei-
gertes Selbstbewußtsein als auch als Ausdruck eines integren
Verhaltens eines berechtigten, positiven Selbstvertrauens
gemeint sein.

Während bisher das Phänomen 'Gewissen' entweder als 'Bewußtsein' oder als 'Schmerz', als konkret oder andauernd,
als 'schlechtes' oder 'gutes' verstanden wurde, soll jetzt
noch auf die Möglichkeit hingewiesen werden, συνείδησις /
conscientia / 'Gewissen' in objektivierender Weise als Instanz im Menschen zu denken, die hinter den Gewissensfunk-
tionen steht und diese erst bewirkt. Geht man von einem neutralen Verständnis des Gewissens aus, dann legt sich - dem
ursprünglichen, nichtreflexiven Verständnis der Wortgruppe
gemäß - vor allem die Bezeichnung dieser Instanz als 'Zeuge'
nahe, der das Verhalten beobachtet und auf Grund vorgegebener
Normen beurteilt, d.h. die Schuld oder Unschuld in einem konkreten Fall 'bezeugt'. Entsprechend verhält es sich auch bei
den Prädikaten 'Beobachter' oder 'Zuschauer'. Bei dem Verständnis als 'Ankläger', 'unbestechlicher Überführer' oder
'Strafvollzieher' steht eindeutig wieder die negative Funktion
des speziell auf Versagen bezogenen Gewissens im Vordergrund.

Wird diese Instanz aber als 'Richter' vorgestellt, der im
inneren Gerichtshof des Menschen über Recht und Unrecht der
Gedanken, Worte und Taten zu entscheiden hat, kommt ihr zwei-

fellos die umfassendste Autorität zu. Für die theologische
Diskussion entsteht dann vor allem an diesem Punkt die Frage,
wie das Verhältnis von 'Gott' und 'Gewissen', eschatologischem
Gericht und subjektiver Selbstbeurteilung zu bestimmen ist.
Tritt die Instanz 'Gewissen' metonymisch für die Instanz des
Göttlichen bzw. Gottes ein (wie z.B. bei Seneca, Ep 41,1:
deus intus est - Gott ist in Dir ... ), stellt sie als 'vox
dei', als 'Stimme Gottes', eine autorisierte Vermittlung zwischen Göttlichem und Menschlichem dar, oder ist sie schließlich konsequent der anthropologischen Ebene zuzuordnen und
verweist lediglich als die zu verantwortlicher Selbstbeurteilung rufende, aber selbst in ihrem Urteil durchaus fehl-
bare Instanz auf Gott als die den Menschen endgültig zur Verantwortung ziehende Autorität?

Diese Fragen betreffen auch die ganz andere Art der Bestimmung des Gewissens, die im nächsten Abschnitt darzustellen sein wird. Bisher war nämlich jeweils von dem das Verhalten beobachtenden, bezeugenden und beurteilenden bzw. richtenden Gewissen die Rede, das in seiner kontrollierenden
Funktion dem Verhalten logisch nachgeordnet ist. Entsprechend
wird es seit dem 17.Jh. - erstmals durch die spanische Spät-
scholastik[4] - als die 'conscientia consequens', das 'nachfolgende Gewissen', bezeichnet. Diese Klassifizierung ist
allerdings dann irreführend, wenn sie rein zeitlich verstanden wird; denn die kontrollierende Funktion des Gewissens
tritt ja auch schon bei der Planung und während des Vollzugs
in Kraft. Mit dieser Bezeichnung soll jedenfalls das Gewissen - egal ob es als Bewußtsein, Schmerz oder Instanz gedacht
wird - in seiner das vergangene oder gegenwärtige Verhalten
auf Grund von vorgegebenen sittlichen Normen reflektierenden
Funktion begriffen werden.

Dem steht auf der anderen Seite das Verständnis des Gewissens als der 'conscientia antecedens', des 'vorangehenden,
vorausschauenden Gewissens', gegenüber. Als solches kontrolliert es nicht erst im nachhinein das Verhalten des Menschen,
sondern gibt selbst im voraus Weisungen, wie sich der Mensch

---

4  Vgl. H.Reiner, Artikel: Gewissen, aaO., Sp.584.

zu verhalten hat. Den Übergang zwischen beiden Aspekten bildet wieder der Fall, in dem ein Verhalten im Stadium des Pla-
nens und Abwägens, also der Entscheidungsfindung, von der
conscientia, dem Gewissen beurteilt wird. Dabei übernimmt
der 'Wächter', der 'Richter' und 'Erzieher' zugleich auch
anweisende, zum Guten anhaltende und damit 'vorangehende'
Funktionen. Prinzipiell aber werden mit den Begriffen 'conscientia consequens' und 'conscientia antecedens' zwei grund-
verschiedene Verständnisse des Phänomens 'Gewissen' bezeichnet, was da am deutlichsten wird, wo die zur sittlichen Entscheidung notwendigen Normen nicht als dem Gewissen vorgegeben, sondern in ihm selbst angelegt gedacht werden, wo
also das 'Gesetz', nach dem der 'Richter' urteilt, mit ihm
selbst identisch wird. In diesem Zusammenhang erfährt die
theologische Frage des Verhältnisses von 'Gott' und 'Gewissen'
innerhalb des Problemfeldes der 'lex naturalis' nochmals eine
entscheidende Zuspitzung und Modifikation.

An dieser Stelle ist allerdings noch eine genauere Differenzierung zu berücksichtigen, die in der scholastischen
Diskussion eine entscheidene Rolle spielte:
In der Mitte des 12.Jh. "ist in den Text des Ezechielkommentars des
Hieronymus, wohl veranlaßt durch den darin verwendeten Begriff 'servari'
und eine hieran anknüpfende Randglosse, statt συνείδησις in einer Hand-
schrift das (auch sonst in der Väterliteratur vorkommende) Wort συντήρησις
(Bewahrung) gelangt. Diese zuerst um 1165 bei einem Magister Udo nach-
weisbare Lesart hat sich, wahrscheinlich unter dem Einfluß der anstelle
der Vätertexte vorwiegend in Gebrauch kommenden 'Glossa ordinaria', etwa
von 1200 ab bei den Theologen durchgesetzt, meist in leicht verstümmelter
Form als fsynderesis (sinderesis). Das Wort wurde aber bald nicht mehr
verstanden und aus 'syn-hairesis' (= con-electio; analog zu 'prohairesis')
abgeleitet. Sachlich verstand man die im Hieronymus-Text als 'scintilla
conscientiae' bezeichnete sinderesis nicht nur als den nach dem Sündenfall
verbliebenen Rest der conscientia, sondern als deren von ihr selbst verschiedene Ursprungskraft"[5].
So ist die Synderesis "ein im Sinn des durch den Sündenfall
nicht verderbten Restes gefaßtes natürliches Seelenvermögen

---

5  H.Reiner, aaO., Sp.582.

der ständigen vernünftigen und willensmäßigen Neigung zum
Guten, den übernatürlichen ewigen Werten zugewandt"[6]. "Die
conscientia hingegen regelt nach durchschnittlicher Auffassung, dem Irrtum ausgesetzt, aber gleichwohl unabdingbar
verpflichtend, die praktische Anwendung der Antriebe und
Prinzipien der Synteresis"[7]. Dieses scholastische Verständnis der Synderesis[8] als des prinzipiellen Wissens, der moralischen Entscheidungsfähigkeit und der Forderung und Neigung
zum Guten einerseits und der Conscientia im engeren, spezifischen Sinn als der über konkretes Verhalten entscheidenden
und zu diesem anhaltenden Instanz andererseits, hat bis in
die Neuzeit hinein großen Einfluß ausgeübt, ohne aber im
gleichen Maße der Forschung als solches bewußt zu werden. Um
so nötiger ist deshalb die scharfe Differenzierung zwischen
den verschiedenen, sich gegenseitig teilweise ausscheidenden
Konzepten des Gewissens, um nicht Gefahr zu laufen, etwa bei
der Bestimmung des paulinischen Syneidesis-Verständnisses
unbemerkt scholastischen Definitionsmustern umd Implikationen
zu erliegen.


   d) Inneres

   Zuletzt ist noch auf die Möglichkeit einzugehen, συνείδησις
/ conscientia / 'Bewußtsein' - nicht aber 'Gewissen' - als
"Innbegriff der Gedanken, Gesinnungen und Wollungen"[9], als
das eigentliche 'Ich' des Menschen zu verstehen, das zum
Beispiel in der alttestamentlichen Anthropologie als לב,
als 'Herz' bezeichnet wird. In Gegenüberstellung zur καρδία
kann die συνείδησις einen spezifisch moralischen, auf eigenes
Verhalten bezogenen Akzent tragen. Meist wird sie aber, auch
unabhängig von jeder moralischen Nuance, einfach als die
verborgene Innerlichkeit - im Unterschied zu dem nach außen

---

6  E.Wolf, aaO., Sp.1552.

7  Ebd.

8  Im folgenden wird jeweils die Form 'Synderesis' gebraucht, wenn das
   Pendant zur scholastischen 'Conscientia' im spezifischen, oben bezeich-
   neten Sinn gemeint ist.

9  H.Reiner, Artikel: Gewissen, aaO., Sp.576.

hin Erkennbaren, dem Oberflächlichen - oder als das Eigentliche, das Innere der Person - im Gegensatz zu der Meinung
und dem Einfluß anderer - begriffen. Entsprechend liegt der
Ton beim 'Inneren' nicht wie bei der moralischen Instanz
'Gewissen', die dem Menschen mit eigener Autorität gegenüber-
tritt, auf jener gewissen Autonomie, die sie unausweichlich
und unbestechlich macht, sondern gerade auf der Identität des
Menschen mit seinem 'Inneren', von dem die Oberflächlichkeit
und Äußerlichkeit ihn zu trennen droht.

12

## 2. Übersicht: Syneidesis – Conscientia – "Gewissen"

**nichtreflexiv**

Mitwissen mit jemandem in einer Sache

unter dem Aspekt der Zeugenschaft

— neutral

— der Mitschuld, des Mitver- schworenseins

— der Abgeschlos- senheit des ge- meinsamen Wis- sens, der Intimität

— der Anerkennung, des Beipflich- tens

**reflexiv**

*Bewußtsein*

nicht moralisch

— die rationale, erkenntnisbezo- gene Selbst- reflexion

— Wissen

als *Bewußtsein* (rational)

auf eine konkrete Tat bezogen

o. als bleibendes Bewußtsein

als "*schlechtes Gewissen*"

o. als "*gutes Gewissen*" (das Fehlen des "schl.G." o. das Bewußtsein eines guten Verhaltens)

als *Schmerz* (emotional)

als *Instanz* (objektivierend)

z.B. Zeuge, Zuschauer

Ankläger, Überführer

Richter

*Moralisches Bewußtsein / Gewissen*

— *conscientia consequens*

eigenes Verhalten nach vorgegebenen / aner- kannten Normen kontrol- lierend u. beurteilend

— *c. antecedens*

Verhalten vor- schreibend, auf Pflicht u. Verantwor- tung weisend unter Anwendung vorgegebener Normen

o. in eigenem Wertbewußtsein u. eigener norma- tiver Fähigkeit (s. lex naturalis, vox dei)

*Synderesis*

prinzipielles Wis- sen von Gut u. Böse, moralische Entschei- dungsfähigkeit, Forderung und Nei- gung zum Guten

*Inneres*

das eigentliche "Ich", das "Herz", die Innerlichkeit

im Gegensatz zu

— Oberfläch- lichem, von außen Erkenn- barem

— der Meinung und dem Ein- fluß anderer

*Conscientia* (im speziellen Sinn) über konkretes Verhalten ent- scheidende und da- zu anhaltende sittl. Instanz

## III. Forschungsüberblick

Im Anschluß an die differenzierende Darstellung des allgemeinen Bedeutungsfeldes von συνείδησις / conscientia / 'Gewissen' bzw. 'Bewußtsein' legt es sich im Rahmen dieses einleitenden Teiles unserer Untersuchung nahe, einen ersten Einblick in die bisherigen Ergebnisse der exegetischen Diskussion über den spezifischen paulinischen Gebrauch des Begriffes συνείδησις zu geben.

Da J.Stelzenberger einen relativ ausführlichen Überblick über die Forschung des 19.Jh. bietet, den bereits R.Jewett in seiner paulinischen Anthropologie aufgegriffen und ergänzt hat[10], wollen wir uns für das letzte Jahrhundert auf zwei Exponenten beschränken und uns dann den Exegeten dieses Jahrhunderts zuwenden. Ausführlich werden aber auch diese erst im Lauf der Exegese zu Wort kommen, um unnötige Wiederholungen nach Möglichkeit zu vermeiden.

R.Jewett weist in seiner "History of Research" auf die auffällige Tatsache hin[11], daß in den Untersuchungen über die paulinische Anthropologie im 19.Jh. der Begriff συνείδησις erst durch H.J.Holtzmann[12] in die systematische Behandlung aufgenommen wurde.

Im Rahmen der Anthropologie des "Paulinismus" ordnet H. J. H o l t z m a n n in seiner Neutestamentlichen Theologie das Gewissen der Vernunft, d.h. dem νοῦς, und damit dem "Bestande des inneren Menschen" zu[13]. "Es macht daher einen Theil

---

10 J.Stelzenberger, Syneidesis im NT, Teil I, §1. Bisherige Arbeiten über syneidesis im NT, S.11 - 27; vgl. auch die kurze Übersicht bei J.Stepień, La conscience dans l'anthropologie de Saint-Paul, RHPhR 60 (1980), S.2 - 6.

11 R.Jewett, aaO., S.402.

12 H.J.Holtzmann, Neutestamentliche Theologie, Bd.II, Freiburg, 1897.

13 AaO., S.11 und 12.

der natürlichen Ausrüstung des Menschen aus"[14]. Der Begriff
gehört dem "spätgriechischen Sprachgebrauch" an und wird "von
Paulus in das christliche Denken (eingeführt)". H.J.Holtzmann
erkennt richtig, daß der "Entstehung und ursprüngliche Bedeutung mit unserem 'Gewissen' (theilende)" griechische Begriff
eine größere Bedeutungsbreite hat. Wie συνείδησις schon vor
Paulus die "innere Gedankenwelt", "das Wissen um den Inhalt
derselben" und das "Bewußtsein" bedeuten kann, so tritt sie
nach Meinung von H.J.Holtzmann auch in 1.Kor 8,7 "rein theoretisch" auf, nimmt aber in derselben Stelle auch "eine Wendung
nach dem sittlichen Gebiet". Schließlich gibt er noch, unter
expliziter Nennung der spätscholastischen Termini, für Paulus
einen umfassenden Gewissensbegriff an, wenn er schreibt: "Das
Gewissen (wird), weil es nicht bloss eine Thatsache bezeugt,
sondern auch ihren Werth abschätzt, zu einer sittlichen Macht,
zunächst als conscientia consequens Sap 17,10 Rm 2,15 II Kor
1,12. Hat sich diese Function einmal befestigt, so erstreckt
sich das sittliche Urtheil, welches mit dem Wissen um sich
selbst verbunden ist, bald auch auf künftige Handlungen, wird
zur conscientia antecedens I Kor 8,10 Rm 13,5"[15].

Eine entscheidendere Rolle als bei den speziell paulinisch-
anthropologischen Untersuchungen spielte der Gewissensbegriff
während des 19.Jh. vor allem in der systematischen und ethisch-
moraltheologischen, dann auch in der allgemeinen neutestamentlichen Forschung. Aus bibliographischem Interesse seien die
Arbeiten dieser Epoche, die in den beiden genannten Forschungs-
berichten großenteils erläutert werden[16], an dieser Stelle
wenigstens angeführt. Es handelt sich um die Untersuchungen
von W.M.L.de Wette[17]; C.F.Stäudlin[18], der den Gewissensbegriff
bereits nach dem heute geläufigen historischen Schema skiz-
ziert und in den Gebrauch bei Griechen, Römern, im Alten

---

14  Dieses und folgende Zitate aaO., S.12.

15  Ebd.

16  J.Stelzenberger, aaO., S.16 - 20; R.Jewett, aaO., S.404 - 407.

17  W.M.L.de Wette, Christliche Sittenlehre, I.Bd., Berlin 1819, S.
    86 - 102.

18  C.F.Stäudlin, Geschichte der Lehre vom Gewissen, Halle, 1824; vgl.
    J.Stelzenberger, aaO., S.16.

Testament, bei den Hebräern, im Neuen Testament usw. unter-
teilt; F.Delitzsch[19], der die augustinische Tradition des
Verständnisses von Gewissen als der "vox dei", der "Stimme
Gottes" oder "des Erlösers", bricht und es für einen subjektiven Begriff hält; E.Güder[20]; J.P.Lange[21]; C.G.Schmid[22];
J.Jahnel[23], der die herkömmliche Übersetzung von συνείδησις
mit 'Gewissen' aufgibt und für das Neue Testament insgesamt
8 verschiedene Bedeutungen voraussetzt. R.Hofmann[24], nach
dem Paulus das Wort für alle Erscheinungsformen und Funktionen
von Gewissen gebraucht; W.F.Gass[25]; A.F.C.Vilmar[26]; H.Sme-
ding[27]; A.Ritschl[28]; H.Cremer[29], der συνείδησις allgemein als
"das als Zeuge auftretende eigene Bewußtsein" und speziell als
"das im Bewußtsein vorhandene Zeugnis in Betreff des eigenen
Verhaltens" (Röm 9,1; 2.Kor 1,12) oder der sittlichen Verpflichtung (Röm 2,15) definiert; P.Ewald[30]; W.Schmidt[31], der
ohne nähere Erklärung wieder den traditionellen Begriff "Gewissen" verwendet; dieses kann bei ihm Anlage, Sittengesetz,
Wertbewußtsein oder funktionelles Gewissen darstellen; und
schließlich C.A.S.Wiesinger[32].

---

19  F.Delitzsch, System der biblischen Psychologie, Leipzig, 1855; vgl.
    J.Stelzenberger, aaO., S.16; R.Jewett, aaO., S.404, 419f.

20  E.Güder, Erörterungen über die Lehre vom Gewissen nach der Schrift,
    in: Theologische Studien und Kritiken XXX, 1857, S.245 - 296.

21  J.P.Lange, Der Brief an die Hebräer, Bielefeld, 1861, S.118.

22  C.G.Schmid, Christliche Sittenlehre, Stuttgart, 1861.

23  J.Jahnel, De conscientiae notione qualis fuerit apud veteres et apud
    Christianos usque ad medii aevi exitum, Dissertation, Berlin, 1862;
    vgl. J.Stelzenberger, aaO., S.17; R.Jewett, aaO., S.404.

24  R.Hofmann, Die Lehre von dem Gewissen, Leipzig, 1866; vgl. J.Stel-
    zenberger, aaO., S.17.

25  W.F.Gass, Die Lehre vom Gewissen, Berlin, 1869.

26  A.F.C.Vilmar, Theologische Moral, Gütersloh, 1871, Bd.I, S.65ff.

27  H.Smeding, Paulinische Gewetensleer, Utrecht, 1873.

28  A.Ritschl, Ueber das Gewissen, Bonn, 1876.

29  H.Cremer, Biblisch-theologisches Wörterbuch der neutestamentlichen
    Gräcität, Gotha, 1886[4], S.306 - 309; vgl. J.Stelzenberger, aaO., S.
    19.

30  P.Ewald, De vocis syneideseos apud scriptores Novi Testamenti vi ac
    potestate, Leipzig, 1883.

31  W.Schmidt, Das Gewissen, Leipzig, 1889; vgl. J.Stelzenberger, aaO.,
    S.20.

32  C.A.S.Wiesinger, Ueber das Gewissen, Dresden, 1894.

Vor allem ist aber in diesem Zusammenhang auf die Arbeiten
von M. K ä h l e r  hinzuweisen[33], der in seiner umfangreichen
Untersuchung "Das Gewissen" von 1878 und komprimiert in seinem R.E.-Artikel von 1899 zu zahlreichen Ergebnissen kommt,
die nicht nur die Forschung des 19.Jh. aufarbeiten und ab-
schließen, sondern häufig auch im 2o.Jh. immer wieder vertretene Mißverständnisse, Fehlinterpretationen und unzutref-
fende Begriffsbestimmungen im voraus widerlegen. M.Kähler
stellt der neutestamentlich exegetischen Untersuchung die
"sprachliche Untersuchung" voran und versucht dann, "diese
Begriffsbildung im Verhältnisse zu der sittlichen Gesamt-
anschauung des Alterthumes in ihrer Entwicklung"[34] darzulegen.
Von der Grundbedeutung "sich als eigener Mitwisser und Zeuge
einer Sache bewußt sein"[35] aus entwickelt sich der Begriff
συνείδησις zu der Bedeutung "des Bewußtseins um das frühere
Verhalten und zwar als des bezeugenden Urteils über dessen
Sittlichkeit". "Nicht häufig in der Literatur, aber im Sprich-
worte zu Hause, begegnet der Ausdruck schon hier in jenen uneigentlichen Wendungen mit Beiwörtern, in denen die Qualifikation von dem Inhalte auf die Bewußtseinsform übertragen
wird: gutes (edles), böses (unheiliges, ungerechtes) Bewußtsein oder Gewissen und bezeugt damit, daß es zuerst als ur-
teilendes oder sogenanntes nachfolgendes Gewissen erfahren
worden ist"[36]. "Ganz selbständig und fast durchaus entsprechend entwickelt sich bei den Römern aus conscius und
conscientia in der Bedeutung 'bewußt, Bewußtsein' in fort-
dauernd fließendem Übergange die engere Bedeutung des sittlich urteilenden Bewußtseins"[37]. Nach der Erwähnung des häufigen  Gebrauchs des Wortes bei den Lateinern, vor allem bei

---

33  M.Kähler, Sententiarum quas de conscientia ediderint theologi per
    ecclesiae secula florentes brevis enarratio, Halle, 1860; ders., Die
    schriftgemäße Lehre vom Gewissen, Halle, 1860; ders., Das Gewissen,
    I, Halle, 1878; ders., Artikel: Gewissen, R.E., Bd.VI, Leipzig, 1899[3],
    S.646 - 654.

34  M.Kähler, Das Gewissen, I, S.XIII, 74 - 91.

35  M.Kähler, Artikel: Das Gewissen, R.E., Bd.VI, S.647.

36  Ebd.

37  Ebd.

Cicero und Seneca, geht er auf die "zuletzt von Jahnel (sorg-
fältig begründete)" Annahme ein, "der Begriff habe seine ethische  Prägung durch die Anthropologie und Gesetzeslehre der
Stoa erhalten", und kommt zu einem – in seiner ausführlichen
Untersuchung im einzelnen begründeten – entscheidenden Ergebnis: "Vielmehr dürfte er (der Begriff) in beiden antiken Völ-
kern außerhalb der gebildeten und namentlich philosophischen
Literatur erwachsen sein, die stoische Schriftstellerei außer
Seneca kennt ihn nicht. Jedenfalls aber eignet dem lateinischen Worte so wenig wie dem griechischen der Sinn eines
sittlichgesetzgebenden Vermögens oder des sogenannten vorangehenden Gewissens im strengen Sinne des Ausdruckes"[38]. Hinter diese Ergebnisse wird auch die Forschung des 20.Jh. leider
noch verschiedentlich zurückfallen.

Dabei leitet M.Kähler "die Begriffsbildung aus der Gesamt-
entwickelung des sittlichen Bewußtseins in der alten Welt,
namentlich aus dem Umschwunge von der unbedingten Beugung
unter die überlieferte Gemeinsitte zu dem entschiedenen Rück-
gang auf den inneren Rechtshof ab"[39].

Für den paulinischen Gebrauch setzt er voraus, daß Paulus
"in seiner Bekehrungsarbeit ... auf das 'Menschen-Gewissen'
gestoßen" sei und sich nun "auf dasselbe vor seinen Gemeinden innerhalb der Heidenwelt" beruft[40]. Inwieweit dies zutrifft, wird wie auch die nächste Aussage später zu prüfen
sein: "Das vorchristliche Gewissen tritt nach dem Apostel
für die göttliche Naturordnung der Gesellschaft, Rö 13,4f,
oder allgemeiner für die im Herzen sich bekundende sittliche
Forderung ein, die sachlich mit den Geboten der Thora über-
einkommt und dergestalt in gewissem Sinne und Maße diesselbe
den Heiden ersetzt, sie sittlich autonom macht Rö 2,14f.
Das thut es durch eine Selbstbeurteilung des Menschen, welche,
ihm auch das verborgene Thun bezeugend, Rö 9,1; 2 Ko 1,12,
neben das Gericht des Herzenskündigers gestellt werden darf,
2 Ko 5,11; Rö 2,15.16"[41].

---

38  Ebd.
39  Ebd.
40  AaO., S.648.
41  Ebd.

In Hinblick auf das Verständnis der Syneidesis bei Paulus
als vox dei und als conscientia antecedens urteilt M.Kähler:
"So unbedenklich Paulus die Zusammenstimmung der Regel, nach
welcher dieses Urteil gefällt wird, mit dem offenbaren Willen
Gottes ausspricht, deutet er doch nirgend auf eine bewußte
Theonomie durch das Gewissen hin; und ebensowenig bemerkt er
an dem vorchristlichen Gewissen eine geringere Wirkungskraft
als an dem christlichen"[42]. Somit ordnet M.Kähler den Begriff
eindeutig der anthropologischen Ebene zu, was er auch explizit
formuliert: "(es) findet sich keine Spur davon, daß der Apostel
aus demselben eine gewisse Gotteserkenntnis abgeleitet oder
es irgendwie, ähnlich den Begriffen πίστις, ἀγάπη, πνεῦμα, in
die Entwickelung der eigentümlichen Christentumslehre ver-
flochten hätte"[43]. Dabei bleibt freilich noch die Frage offen,
wie das spezifisch christliche Gewissen bestimmt sei, was
sich in Hinsicht auf das Gewissen bei der Rechtfertigung än-
dert. Denn das "durchgehend gute Gewissen", das nach M.Kähler
- im Anschluß an die nachpaulinischen Stellen - "erst mit der
Gnadengabe der Taufe" vorausgesetzt werden kann, muß für das
paulinische Verständnis erst noch genauer bestimmt werden.
Dies um so mehr als M.Kähler selbst andererseits auf die
Tatsache hinweist, daß "dieses christliche gute Gewissen
nicht die Gewißheit der Versöhnung, sondern der Spiegel des
sittlichen Verhaltens in seinem innersten Wesen ist"[44]. So
sehr dieser Gedanke für die bestätigende Syneidesis des sich
gegen unberechtigte Vorwürfe verteidigenden Apostels zutreffen mag, so sehr muß auch zugleich der Gebrauch der Pastoralbriefe, des 1.Petrus- und des Hebräerbriefes davon gesondert
und differenzierter gesehen werden.

Zum Schluß sei aber noch auf die in Kontinuität zum profanen Gebrauch von M.Kähler gemachte Feststellung hingewiesen,
daß auch in Röm 13,5 und 1.Kor 10,25f, wo das Gewissen "als
Beweggrund" aufgeführt wird, an die "urteilende Thätigkeit"
gedacht ist: "das sogenannte befehlende Gewissen ist nicht
aus dem N.T. zu erweisen"[45]. Damit hat M.Kähler sich klar von

---

42  Ebd.

43  AaO., S.649.

44  Ebd.

45  AaO., S.648.

der Bestimmung der Syneidesis bei Paulus als vox dei und
conscientia antecedens und von der Annahme einer stoischen
Herkunft des Begriffes abgegrenzt. Bei allen - in der Exegese
jeweils noch zu klärenden - Fragen, ist wohl deutlich geworden, daß es M.Kähler gelungen ist, nicht nur die Diskussion einer Epoche kritisch aufzuarbeiten, sondern auch neue
und zukunftsweisende Akzente zu setzen.

Für dieses Jahrhundert ist zunächst auf die Untersuchung
des Gewissens bei Paulus von R. S t e i n m e t z [46] hinzuweisen. Er gibt συνείδησις wieder mit "Gewissen" an und versteht es sowohl "als den inwendigen Richter, der über das
Tun des Menschen sein Urteil abgibt"[47] als auch andererseits
als "Norm", die "in Form des Urteils über das sittliche Handeln als bevorstehendes"[48] auftritt. In jedem Fall konstatiert
R.Steinmetz, daß "das Gewissen lediglich in Beziehung zu dem
sittlichen Tun und Verhalten"[49] gesetzt wird. In Hinsicht auf
den Inhalt und die Beziehung zu Gott schließt er: "Das Gewissen
ist nach Paulus nicht ein lediglich formaler Begriff, es
hat einen bestimmten Inhalt, nämlich den Willen Gottes, sein
Gesetz. Es ist aber auch nicht mit dem Willen Gottes und dem
Gesetz ohne weiteres zu identifizieren, sondern knüpft an
dasselbe an. Man kann daher, wenn man eine Definition geben
will, am besten sagen: das Gewissen ist der Widerhall der
Stimme Gottes im Menschen"[50]. Diese immer noch stark an das
Verständnis des Gewissens als 'vox dei' erinnernde Definition
versucht er im folgenden durch den Begriff der "indirekten"
religiösen Beziehung des Gewissens zu konkretisieren: "Mit
dem materialen Inhalt des Gewissens ist eine indirekte Beziehung des Gewissens auf das Religiöse gegeben. Nicht aber
findet sich bei Paulus die Vorstellung eines direkten Zusammenhangs des Gewissens mit dem Religiösen derart, daß etwa
das Gewissen die Wahrheit des Christentums und die Gewißheit

---

46  R.Steinmetz, Das Gewissen bei Paulus, Biblische Zeit- und Streit-
    fragen des Glaubens 6, 8, Berlin, 1911.

47  AaO., S.6.

48  AaO., S.19.

49  AaO., S.11.

50  AaO., S.29f.

der Offenbarung bezeugt"[51]. Ob sich dieses Verständnis vom
Gewissen als einem sittlichen Wertbewußtsein und "Widerhall
der Stimme Gottes im Menschen" von Paulus her belegen läßt,
wird die Exegese zu zeigen haben[52].

In dem RGG-Artikel: "Gewissen" der 2.Auflage von 1928
sieht R. S e e b e r g [53] in den Vorsilben "συν = con = ge"
in der Regel die "Verbindung, Zusammenfassung, Vereinigung"[54]
bezeichnet, weshalb es unzulässig sei, συνείδησις "auf ein
Mitwissen mit Gott zu deuten". So definiert er den allgemeinen Gebrauch von συνειδός, συνείδησις: "ein verbindendes, die
Vielheit der Wahrnehmungen einigendes Wissen oder Verstehen,
d.h. das geistige Bewußtsein oder das Selbstbewußtsein. Der
Ausdruck wird dann aber gern auf das moralische Bewußtsein
oder auf die Beurteilung des Menschen durch sein Selbstbewußtsein angewandt". Diese Darstellung bewertet die rational-
intellektualistischen Aspekte der Syneidesis als Wissen, als
erkenntnisbezogene Selbstreflexion und als moralisches, aber
rationales Bewußtsein ausgesprochen stark, und es wird zu
prüfen sein, ob dies vom Verhältnis der profangriechischen
Belege her gerechtfertigt erscheint.

In Spannung zu seiner Ablehnung der Bedeutung "Mitwissen
mit Gott" versteht R.Seeberg die neutestamentliche und spezifisch paulinische Syneidesis als "das innere Bewußtsein
von Gott und seiner Ordnung"[55] - was er durch 1.Kor 4,4; 8,7;
Röm 13,5 und 2.Kor 4,2 belegt sieht - und dann auch als "das
Bewußtsein der Sündhaftigkeit als des Widerspruchs wider
diese Ordnung". Den Stellen Röm 2,15; 9,1f; 2.Kor 1,12 ent-
nimmt er die an die scholastische Conscientia - im spezifischen Sinne - erinnernde Bestimmung: "Das in die Herzen eingeschriebene Gesetz Gottes wird immer wieder mitbezeugt von
dem menschlichen Bewußtsein". Allgemein faßt er schließlich
zusammen: "Somit ist das Gewissen Ausdruck des inneren Bewußt-

---

51  AaO., S.31.

52  Vgl. zu R.Steinmetz auch J.Stelzenberger, aaO., S.20f.

53  R.Seeberg, Artikel: Gewissen, RGG[2], B.II, Tübingen, 1928; Sp.1164 -
    1169.

54  Wie auch die folgenden Zitate, aaO., Sp.1165.

55  Ebd.

seins, und hier insonderheit in bezug auf die sittliche
Betätigung des Menschen"[56]. So fallen insgesamt bei R.Seeberg
die Anklänge an die Synderesis-Conscientia-Tradition und die
Betonung der rationalen Bedeutung der Syneidesis als 'Bewußtsein' auf.

Th. S c h n e i d e r [57] bestimmt den paulinischen Begriff
des "Gewissens" - wie auch er συνείδησις übersetzt - wieder
in traditioneller Weise als die "lebendige, geistige, innere
Macht"[58], "die lebendige Innengröße im Menschen"[59], "die im
Gewissenszeugnis über sittliches Handeln urteilt"[60] - was
der conscientia consequens entspricht - und zugleich mit ihrem
Urteil das sittliche Handeln "bestimmt und regelt", d.h. "sie
ist die im Menschen lebendige, zum Gehorsam gegen Gottes Willen verpflichtende Macht"[61] - was der conscientia antecedens
entspricht. Th.Schneider sieht die "Norm", das "innere Gesetz"
nicht als mit dem Gewissen identisch an, sondern möchte das
Gewissen lieber "gewissermaßen als den Dolmetscher des inneren
Gesetztes bezeichnen"[62], der "innere Gesetzesinhalt ... spricht
sich im Gewissen aus"[63]. Dazu paßt auch die Zuordnung nicht
nur zum "Sittlichen", sondern vor allem zum "Religiösen": "Mit
dem sittlichen Urteil des Gewissens ist die Bestimmung und
Hinwendung des Gewissens zum Sittlichen überhaupt gegeben. Das
Sittliche ist das Lebenselement des Gewissens. Die sittlichen
Forderungen, die im Gewissen sich aussprechen, sind für Paulus
identisch mit dem im Menschen wirkenden Willen Gottes. Im
Willen Gottes haben sie ihre Wurzel und letzte Begründung.
Damit zeigt das Gewissen von Hause aus seine Richtung aufs
Religiöse"[64]. "Das Gewissen stellt die individuell-subjektive

---

56  Ebd.

57  Th.Schneider, Der paulinische Begriff des Gewissens, Bonner Zeitschrift
    für Theologie und Seelsorge, VI, 1929, S.193 - 211; ders., Die Quel-
    len des paulinischen Gewissensbegriffes, ebd., VII, 1930, S.97 - 112.

58  Th.Schneider, Der paulinische Begriff des Gewissens, aaO., S.195.

59  AaO., S.198.

60  Ebd.

61  Ebd.

62  AaO., S.203.

63  AaO., S.204.

64  AaO., S.205.

Form des göttlichen Willensausdrucks im Menschen dar. Im
Gewissen spricht sich das Bewußtsein des Menschen um den
göttlichen Willen und seine Erfüllung gemäß dem Handeln des
Menschen aus"[65]. Indem Th.Schneider das Gewissen in dieser
Weise dem "Religiösen" zuordnet, mit dem "Willen Gottes" in
direkte Verbindung bringt und zugleich im Sinne der conscientia antecedens, d.h. zumindest im Sinne der Conscientia -
wobei seine Abgrenzung gegen die Synderesis keinesfalls durch-
gehalten wird - interpretiert, vertritt er - wohl auch kon-
fessionell bedingt - ein entschieden konservativeres Verständnis als z.B. M.Kähler.

Nach M. D i b e l i u s [66] kennt Paulus "das richtende
Gewissen Rm 2,15, redet aber namentlich 1 Cor 8 und 10 so
von ihm, daß es durchaus als ein Menschliches erscheint und
die Bedeutung 'Überzeugung' (Rm 13,5) noch deutlich erkennen
läßt"[67]. Entsprechend "dieser immer noch etwas 'schwebenden'
Bedeutung"[68] definiert M.Dibelius den Begriff auch später
noch: "συνείδησις bezeichnet in den echten Paulusbriefen
nicht unser 'Gewissen', sondern die Überzeugung von Gut und
Böse, die einer hat"[69]. In der 4., von H.Conzelmann ergänz-
ten Auflage des Kommentars[70] wird dann neben der Bestimmung
"Gewissen als Selbstbewußtsein" noch die "fordernde, richtende Instanz" benannt.

In seiner Dissertation über "die paulinische Anthropologie"
versucht W. G u t b r o d [71] auf seine Weise der Tatsache
gerecht zu werden, "dass nirgends (bei den paulinischen Belegen) der Eindruck entstanden war, die συνείδησις sei irgend etwas Göttliches im Menschen, eine göttliche Stimme oder

---

65  Ebd.

66  M.Dibelius, Die Pastoralbriefe, HNT 13, Tübingen, 1931[2]; Exkurs zu
    Gewissen, S.11.12.

67  AaO., S.12.

68  Ebd.

69  Ders., Rom und die Christen im ersten Jahrhundert, Heidelberger Sit-
    zungsberichte phil.-hist. Klasse, 1941/42, II, S.9, Anm.2.

70  M.Dibelius - H.Conzelmann, aaO., 1966[4], S.17.

71  W.Gutbrod, Die paulinische Anthropologie, BWANT, Stuttgart, 1934, S.
    55 - 68.

Derartiges"[72], und zugleich die entsprechenden Elemente des
traditionellen Verständnisses beizubehalten. So bestimmt er
den paulinischen Begriff zunächst als "das Mitwissen des
Menschen mit sich selbst"[73] und als "eine Instanz im Menschen, die in gewissem Sinn unabhängig von ihm selbst, auf
Grund ihres Mitwissens Zeugnis abgibt und damit ihre beurteilende Wirkung anzeigt"[74]. Als diese "Instanz der Beurteilung"[75] versteht er die Syneidesis in Röm 2,15; 2.Kor 4,2
und 5,11. In Röm 13,5 und im Anschluß auch 1.Kor 8 und 10
interpretiert er den Begriff ohne nähere philosophische Erklärung im nichtreflexiven Sinne als 'Mitwissen', in Verbindung mit einem äußeren Objekt: "συνείδησις ist also jenes
Wissen um Gott, bzw. den Götzen, als um einen, der für uns
Gültigkeit hat, und an dem wir mit unserem Sein gebunden
sind"[76]. Diese zwei - wie W.Gutbrod selber einräumt - "ziemlich stark auseinanderfallende(n) Linien im paulinischen
Gebrauch von συνείδησις"[77] versucht er damit zusammenzu-
bringen, daß er erklärt: "Die συνείδησις kann deswegen ein
Urteil über die Entsprechung des menschlichen Tuns mit der
Wahrheit und dem Willen Gottes abgeben, weil sie es ist,
durch die der Mensch um Gott als seinen Herrn und Schöpfer
weiß"[78].

In den Jahren 1938 und 47 hat C. S p i c q [80] die Syneidesis in einem Artikel und einem Exkurs ziemlich gleich-
lautend definiert. Er setzt die nichtliterarisch-unphiloso-
phische, d.h. volkstümliche Herkunft des Begriffes voraus:
"L'Apôtre n'a pas emprunté ce terme à une source littéraire
ou philosophique, mais l'ayant trouvé dans la langue popu-

---

72   AaO., S.66.

73   AaO., S.57.

74   Ebd.

75   AaO., S.59.

76   AaO., S.64.

77   AaO., S.66.

78   AaO., S.76.

79   R.Seeberg, aaO., Sp.1165.

80   C.Spicq, La conscience dans le Nouveau Testament, Revue Biblique, 47,
     1938, S.50 - 80; ders., Les épitres pastorales, Études bibliques 32,
     Paris, 1947, Exkurs: La bonne conscience et la foi, S.29 - 38.

laire"[81]. Paulus erarbeitete einen christlichen Gewissensbegriff, den er von allem Pantheismus und stoischen Intellek-
tualismus reinigte, "purifiée de tout panthéisme et de
l'intellectualisme stoicien"[82], wobei er den Akzent auf die
Autonomie des Urteils und die moralische Verpflichtungskraft
setzte, "en mettant l'accent sur l'autonomie de son jugement
et sa force morale d'obligation"[83]. Zunächst gibt C.Spicq
für Paulus die traditionelle griechische Auffassung des Wortes vom inneren Zeugen, der die gute oder schlechte Beschaf-
fenheit einer menschlichen Handlung attestiert, an "témoin
intérieur attestant la bonne ou la mauvaise qualité de l'action
humaine"[84]. Die Syneidesis kann dann auch die Funktion des
Richters, der die Handlungen des Subjekts verurteilt oder
lobt, haben, "mais aussi (fonction) de juge, condamnant ou
louant les actions du sujet"[85]. Andererseits aber sieht C.Spicq
die  Syneidesis als eine Funktion des νοῦς an, als das Unter-
scheidungsvermögen zwischen Wahr und Falsch, zwischen Gut und
Böse, "c'est une fonction du νοῦς, faculté de discernement
soit entre le bien et le mal"[86], was er dann als das "moralische " Gewissen bezeichnet, "c'est alors la conscience
'morale'"[87]. Gerade dieser zweite Aspekt ist aber eindeutig
- so urteilt auch J.Stelzenberger zu Recht - "aus französi-
scher Auffassung von conscience heraus geschrieben, die im
Grunde Bewußtsein ausdrückt und vom Verstande getragen wird"[88].

Zu den Forschern, die auch in diesem Jahrhundert noch die
stoische Herkunft des Begriffes συνείδησις vertreten, gehört
C.H. D o d d [89]. Er schreibt in seinem Römerbrief-Kommentar:

---

81  C.Spicq, Les épitres pastorales, S.29.

82  Ebd.

83  Ebd.

84  Ebd.

85  AaO., S.30.

86  Ebd.

87  Ebd.

88  J.Stelzenberger, aaO., S.25f.

89  C.H.Dodd, The Epistle of Paul to the Romans, London 1947, S.36; vgl.
    ders., Conscience in the New Testament, Mansfield College Magazine,
    9, 1916, S.150 - 154.

"The Stoics invented the term 'conscience', and Paul is
speaking exactly like a Stoic"[90]. Dabei versteht C.H.Dodd
die Syneidesis des Menschen als "his consciousness of him-
self as an rational and moral being"[91]. Im folgenden konkretisiert er dieses rationale und moralische Selbstbewußtsein
und bestimmt es als ein lediglich exekutives Vermögen, das
den Wandel beurteilt: "Neither for Paul nor for the Stoics
is conscience a legislative faculty: it does not make the
law; it recognizes it and judges conduct by it"[92]

Etwas vage gibt J.d e  F r a i n e [93] die Bedeutung des
Begriffes in seinem Artikel: "Gewissen" im Bibel-Lexikon an.
Einerseits umschreibt er die Syneidesis in Stellen wie Röm
9,1 und 2.Kor 1,12 als das "apostolische Bewußtsein"[94] und
"die innere Überzeugung des Christen"[95] - was an die Bestimmung von M.Dibelius erinnert -, andererseits versteht er sie
dann auch als sittliches Normenbewußtsein, wenn er zu Röm
2,15 sagt, daß den Heiden "das Gewissen Ersatz für das jüdische Gesetz ist"[96].

Inzwischen, nämlich seit 1953, liegt auch im deutschen
Sprachraum wieder eine Untersuchung des Begriffes vor. Im
Rahmen seiner "Theologie des Neuen Testamentes" ordnet
R. B u l t m a n n [97] συνείδησις als einen "fundamentalen
anthropologischen Begriff"[98] der Theologie des Paulus ein.
Er bestimmt sie zunächst als "das Wissen des Menschen um
sein eigenes Verhalten"[99] und grenzt sie ausdrücklich gegen
den νοῦς ab. Sie faßt das eigene Verhalten "reflektierend"

---

90  C.H.Dodd, Romans, S.36; die Aussage bezieht sich auf den Zusammen-
    hang von Röm 2,15.

91  Ebd.

92  Ebd.

93  J.de Fraine, Artikel: Gewissen, Bibel-Lexikon, Hrsg. H.Haag, Zürich,
    1951[1]; zitiert nach der 2.Aufl. von 1968, Sp.583f.

94  AaO., S.584.

95  Ebd.

96  Ebd.

97  R.Bultmann, Theologie des Neuen Testamentes, Tübingen, 1953[1]; zitiert
    nach der 6.Aufl. von 1968, S.211 - 221.

98  AaO., S.217.

99  Ebd.

und "urteilend" ins Auge – "angesichts einer für dieses Verhalten bestehenden Forderung"[100]. Während R.Bultmann damit
an das "richtende Gewissen"[101] denkt, beschreibt er im selben Zusammenhang auch das "fordernde, verpflichtende Gewissen"[102], wenn er fortfährt: "Die συνείδησις ist also ein
Wissen um Gut und Böse und um das diesem entsprechende Verhalten in Einem"[103]. Sie fordert "jeweils ein bestimmtes
Verhalten"[104]. Damit beansprucht R.Bultmann für den paulinischen Begriff sowohl das Verständnis der conscientia consequens wie zugleich der conscientia antecedens; und trotz
der expliziten Abgrenzung zum νοῦς sogar in den beiden Aus-
prägungen: der Synderesis als des prinzipiellen Wissens von
Gut und Böse und der Conscientia als des auf konkretes Verhalten ausgerichteten Entscheidungsvermögens. Daneben ist
andererseits auch seine Bestimmung der Syneidesis als "Wissen" auffällig.

Schließlich wird die Aufnahme traditioneller Konzepte aber
da am deutlichsten, wo R.Bultmann konstatiert, "daß die Bindung an die transzendente Instanz das Wesentliche bei der
συνείδησις ist"[105]. Zu Röm 13,5 schreibt er sogar, daß "die
συνείδησις, ursprünglich das Wissen des Menschen, objektiviert ist und metonymisch für die Instanz eingetreten ist,
um die das Wissen der συνείδησις weiß"[106]; die Syneidesis
wird (in Röm 9,1; 2.Kor 1,12) "zu einer jenseits des Menschen
stehenden Instanz objektiviert ("personifiziert")"[107], worin
der religiöse Charakter der Syneidesis für R.Bultmann gerade
zur Erscheinung kommt.

So umfaßt die Bestimmung des paulinischen Syneidesis-
Begriffes nicht nur alle klassischen Aspekte der scholasti-

---

100  Ebd.

101  AaO., S.218.

102  AaO., S.217.

103  Ebd.

104  AaO., S.218.

105  AaO., S.219.

106  Ebd.

107  Ebd.; Klammerausdruck ebenfalls von R.Bultmann.

schen conscientia, sondern nimmt auch massiv die vox dei-
Tradition auf[108].

Während in den bisher besprochenen Arbeiten die Syneidesis
meist entweder als die Instanz oder das rationale Bewußtsein
in der Funktion der conscientia consequens und / oder als
das Wissen, das Bewußtsein oder die Instanz 'Gewissen' in
der Funktion der conscientia antecedens - mit ihren Variatio-
nen Synderesis-Conscientia - bestimmt wurde, lehnt C.A.
P i e r c e [109] in seiner Untersuchung "Conscience in the
New Testament" den Aspekt der conscientia antecedens für den
profangriechischen und neutestamentlichen Gebrauch ganz ab
und versteht die conscientia consequens im streng emotionalen
Sinne als 'Schmerz'. Entsprechend definiert er auch das 'gute
Gewissen' als das von konkreten Anschuldigungen freie Gewissen. Dabei klassifiziert er in seiner ausführlichen Untersuchung der Profangräzität - auf die Latinität geht er nicht
ein - die übliche Verwendung von συνείδησις als "moral-bad",
"MB"[110], was er noch in "moral-bad-normal", "MBNorm", und
"moral-bad-absolute", "MBA", nach formalen Kriterien unter-
gliedert. Zur Bezeichnung des 'guten Gewissens' kennt C.A.
Pierce zwar auch vereinzelt die Kategorie des "moral-positive-good" conscience, "MPG", normalerweise aber spricht er
vom "moral-bad-negative", "MBNeg".

Da auf die Untersuchung von C.A.Pierce noch ausführlich
Bezug genommen wird, können wir hier zunächst mit zwei repräsentativen Zitaten abbrechen: "The fundamental connotation
of the συνείδησις group of words is that man is by nature so
constituted that, if he overstep the moral limits of his
nature he will normally feel pain - the pain called συνείδησις"[111]. "In any case it can never mean that the action

---

108  Vgl. auch die Kritik von R.Jewett, aaO., S.410: "it is a restatement
     in modern terms of the traditional notion of conscience as God's
     voice or demand, an idea which stems ultimately from the Stoic con-
     science concept".

109  C.A.Pierce, Conscience in the New Testament, Studies in Biblical
     Theology, 15, London, 1955.

110  AaO., S.21ff.

111  AaO., S.50.

was more than 'not wrong' - that it was 'right' in the sense,
even, of the only or best possible in the circumstances;
still less can conscience have anything to say directly about
future acts"[112].

Während C.A.Pierce in einem gesonderten Kapitel "The
Fallacy of Stoic Origin"[113] nachzuweisen versucht, setzt
W.D. S t a c e y [114] in "The Pauline View of Man" ein Jahr
später nochmals die stoische Herkunft des Begriffes voraus:
"Stoicism may well have contributed to the popular idea the
conception of the universality of conscience, and Paul may
owe that to the Stoics"[115]. Wie er sich damit explizit an
C.H.Dodd und andere anlehnt[116], bleibt er auch mit seiner
Begriffsbestimmung traditionell. So spricht er einerseits
davon, daß die Syneidesis in Abgrenzung zum νοῦς "reflects
to judge a purpose or an act"[117] ... and "in many cases συνείδησις passes judgement on a past action"[118]; andererseits
kann sie - when "it looks to the future"[119] - "prescribe a
certain action", "it requires some kind of action"[120].

Auch aus dem RGG-Artikel: "Gewissen" in der 3.Auflage von
1958 erfährt man wenig Neues. Dort schreibt E. W o l f[121] im
direkten Anschluß an R.Bultmann: "Jedenfalls meint Gewissen
bei Paulus ein Wissen um Gut und Böse und um das entsprechende Verhalten sowohl im Sinn eines Sollens wie eines Sichver-
fehlthabens innerhalb des Wissens um ein Daß der Forderung
einer transzendenten Instanz unter bemerkenswertem Einschluß
der Möglichkeit des Irrens im Was"[122]. Anschließend kommt

---

112  AaO., S.109.

113  AaO., S.13 - 20.

114  W.D.Stacey, The pauline View of Man, London, 1956, S.206 - 210.

115  AaO., S.210.

116  AaO., S.209.

117  AaO., S.206.

118  Ebd.

119  AaO., S.207.

120  Ebd.

121  E.Wolf, Artikel: Gewissen, RGG[3], Bd.II, Tübingen, 1958, Sp.1550 - 57.

122  AaO., Sp.1551.

E.Wolf noch zu der ungewöhnlichen Feststellung: "Es ist das
an Gott gebundene Gewissen, identisch mit dem Glauben oder
dem Heiligen Geist"[123]. Handelt es sich hier um eine nach-
lässige Formulierung, oder soll die von Seneca eingeführte
Umschreibung des "sacer intra nos spiritus" (Ep 41,1) Paulus
zugeschrieben werden?

In den sechziger Jahren wurden wieder zwei entscheidende
Untersuchungen veröffentlicht, die beide im Laufe dieser Arbeit noch ausführlich vorgestellt werden und deshalb hier
nur kurz angesprochen werden sollen. 1961 erschien in den
"Abhandlungen zur Moraltheologie" die "Syneidesis im Neuen
Testament" von J. S t e l z e n b e r g e r [124], dessen Forschungsüberblick bereits erwähnt wurde. Er geht von der Grundthese aus, daß "die bisherige Art, syneidesis ganz allgemein
mit 'Gewissen' zu übersetzen, auf keinen Fall befriedigen
(kann)"[125]. "Man hat syneidesis im Neuen Testament bisher
viel zu stark vom Begriff des funktionellen moralischen 'Gewissens' aus erklärt. Nimmt man nicht überhaupt zu feste
allgemein (in Antike und Bibel gültige) Termini an?"[126] In
seinem Bemühen, "bei jeder neutestamentlichen Stelle den
genauen Inhalt von syneidesis zu ergründen", kommt J.Stelzen-
berger allerdings dann zu erstaunlichen 6 verschiedenen Bedeutungen allein für den paulinischen Gebrauch, im gesamten
Neuen Testament sind es 9. Ob mit der Fülle von 9 Bedeutungen
allerdings die Gefahr der Nichtauthentizität des einen Begriffes 'Gewissen' adäquat gebannt werden kann, sei bis zur
jeweiligen Besprechung in der Exegese dahingestellt. Zunächst
soll J.Stelzenberger aber noch mit seinem zusammenfassenden
Abschnitt zu Wort kommen: "Der Inhalt des Wortes hat eine
beachtliche Breite. Nichts wäre unsachlicher als eine einzige
Richtung annehmen zu wollen. Syneidesis reicht von subjektiver Bewußtheit der Gottbezogenheit des Menschen (1 Petr 2,19)

---

123  AaO., Sp.1552.

124  J.Stelzenberger, Syneidesis im Neuen Testament, Abhandlungen zur
     Moraltheologie, Paderborn, 1961.

125  AaO., S.42.

126  AaO., S.43; die von J.Stelzenberger gesetzten Klammern schließen wohl
     aus Versehen "gültige" ein!

über Bewußtheit (Apg 23,1; 24,16), Bewußtheit als Zeuge
(Röm 9,1; 2 Kor 1,12) und innere Verpflichtung (Röm 13,5).
An einer ganzen Reihe von Stellen (Hebr 9,9; 9,14; 10,2;
10,22; 13,18. 1Petr 3,21. 2 Tim 1,3) ist es Ersatz für Herz
oder Inneres (leb), womit das Alte und Neue Testament beim
Fehlen eines Fachausdruckes unser Gewissen umschreiben. Dann
findet sich ein ganzer Block (1 Kor 8,10; 8,12; 10,25; 10,27-
29. 2 Kor 4,2; 5,11), in dem es religiös-sittliches Urteilsvermögen besagt. Als eigentliches moralisches Gewissen im
strengen Sinne von aktuellem Erleben der Person bei Gefahr
des Abfalls von der Bindung an die Werte des geistig-perso-
nalen Selbst oder bei erfolgtem Nichtentsprechen gegenüber
den subjektiven Sinnwerten des Lebens ist syneidesis in Röm
2,15 angeführt. Diese selbe emotionale Funktion erscheint
dann noch in den beiden qualitativ unterschiedenen Gruppen
aufgeteilt und vielfach auch mit einem entsprechenden Adjektiv ausgestattet, an vielen Stellen. Als 'gutes Gewissen'
wird es neben 1 Kor 4,4 in 1 Petr 3,16, 1 Tim 1,5 (dazu 1,19
und 3,9) und endlich in 2 Tim 1,3 ausgewiesen. Das Gegenteil,
nämlich 'böses oder schlechtes Gewissen' ist mit 1 Kor 8,7,
Tit 1,15 und 1 Tim 4,2 belegt"[127].

Die zweite beachtenswerte Untersuchung dieser Zeit ist der
Artikel σύνοιδα κτλ im Theologischen Wörterbuch von C.
M a u r e r [128]. Dem Konzept des Wörterbuchs entsprechend
geht er zunächst auf den Gebrauch und die Entstehung des
Begriffes in der Profangräzität, der Latinität, im Alten
Testament und im Judentum ein - wobei die Behandlung des
lateinischen Äquivalentes relativ zu kurz kommt, die des
griechischen Begriffes aber sehr hilfreich ist. Bei der Bestimmung des paulinischen Begriffes geht C.Maurer leider
recht unpräzise vor. Er beschreibt die Syneidesis einmal als
"das erkennende und handelnde Selbstbewußtsein"[129], was "den
Menschen selbst als den in seinem Erkennen und Anerkennen,
Wollen und Handeln sich seiner selbst bewußten (meint)"[130],

---

127  AaO., S.94f.

128  C.Maurer, Artikel: σύνοιδα κτλ. ThW VII, Stuttgart, 1966, S.897 - 918.

129  AaO., S.913.

130  Ebd.

dann in Übereinstimmung mit W.Gutbrod zu Röm 13,5 als "das verantwortliche Mitwissen um die letzten in Gott bestehenden Grundlagen"[131] und schließlich im Anschluß an den "hellenistisch-jüdischen Begriff des Gewissens als ἔλεγχος". Dabei läßt er das 'gute Gewissen' des Apostels - in einer später noch genauer zu beschreibenden Weise - nicht im selbständigen Urteil des Gewissens, "sondern im Wort Gottes begründet"[132] sein. In Röm 2,15 bestimmt er die Syneidesis schließlich als "das im Sinne des ἔλεγχος nachfolgende, nicht aber das vorauslaufende, führende Gewissen"[133], womit er das Verständnis der conscientia antecedens ausschließt. Entsprechend dieser Vielstimmigkeit - z.B. wird eine Differenzierung zwischen dem Verständnis des Gewissens als Bewußtsein, als Schmerz, als Instanz oder auch als Inneres, als "der Mensch selbst" nicht vollzogen - geht C.Maurer auch davon aus, daß "Paulus keine einheitliche Lehre von der συνείδησις vorgelegt (hat)", sondern bei seiner Verwendung des Begriffes "verschiedene Traditionsströme unausgeglichen nebeneinander her(laufen)"[134].

Sowohl durch die Untersuchung von J.Stelzenberger wie durch die von C.Maurer wird deutlich, daß der undifferenzierte Gebrauch des Wortes "Gewissen" zur Wiedergabe des paulinischen Begriffes 'Syneidesis' nicht möglich ist. Beide versuchen nun auf ihre Weise, die ursprüngliche Bedeutung durch verschiedene deutsche Begriffe wiederzugeben, die aber teilweise zu gegensätzlich oder zu unscharf voneinander abgegrenzt sind, um als authentisch und dem paulinischen Verständnis adäquat zu wirken. Es wird Aufgabe dieser Untersuchung sein, sich um eine schärfere Differenzierung der Begriffe zu bemühen und die Möglichkeit eines einheitlichen Gebrauches bei Paulus nicht aus den Augen zu verlieren. Denn daß die angemessene Alternative zur unzutreffenden Übersetzung von 'Syneidesis' mit "Gewissen" nur in der Vielzahl divergierender Bestimmungen bestehen kann, ist ja per se durchaus noch nicht erwiesen.

---

131  AaO., S.915.

132  Ebd.

133  AaO., S.916.

134  Ebd.

Bevor wir uns aber der Untersuchung des Begriffes 'Syneidesis' im religionsgeschichtlichen Bereich zuwenden und
im Anschluß mit Hilfe der dort gewonnenen Erkenntnisse in
der Exegese nach der paulinischen Verwendung des Begriffes
fragen wollen, sei zunächst noch auf eine letzte Arbeit hingewiesen, die 1971 veröffentlicht wurde. In seiner Abhandlung
über "Paul's Anthropological Terms" bestimmt auch
R. J e w e t t [135] die Syneidesis explizit auf zwei Weisen,
nachdem er in seiner "History of Research" selbst auf das
angesprochene Dilemma aufmerksam gemacht hat. "Paul viewed
the conscience as an autonomous agent which marks any transgression against the individual's accepted code"[136], was dem
Verständnis der conscientia consequens als Instanz entspricht.
Andererseits schließt er sich bei einigen Belegstellen der
Bestimmung der Syneidesis als "moral-bad-absolute", "the
painful awareness of transgression"[137] an, wie wir sie bei
C.A.Pierce eindringlich vertreten fanden. Dieses Nebeneinander der Bedeutungen versucht R.Jewett damit zu erklären,
daß er die Einführung des Begriffes in die Diskussion den
beiden verschiedenen korinthischen Parteien zuschreibt. Von
ihnen soll Paulus die Bedeutung des Begriffes aufgenommen
und weiterhin in diesem Nebeneinander verwendet haben: "The
Gnostics in Corinth thought of conscience as identical with
the inner man and the νοῦς; since it was the agent of knowledge it had to be edified so as not to be pained by en-
lightened, libertinistic actions. Paul rejects the idea of
the identity between συνείδησις and the person and insists
upon the inviolable autonomy of the conscience even when it
is misguided. But he accepts the idea of conscience as the
agent of knowledge of one's deeds. The 'Weak' in Corinth
thought conscience as painful knowledge which ought to be
avoided if possible. Paul does not attack this idea directly
but sets forth a plan to exercise Christian freedom without
inducing conscience pangs"[138]. Da auch diese Ableitung und

---

135  R.Jewett, Paul's Anthropological Terms, AGSU 10 (1971), S.402 - 446.
136  AaO., S.425.
137  AaO., S.427.
138  AaO., S.458.

Begründung zweier Bedeutungen des paulinischen Begriffes
schon auf den ersten Blick sehr gewagt und schwer verifizierbar wirken, kann das oben formulierte Anliegen auf Grund
dieser Arbeit nur um so dringlicher erscheinen.

Der Forschungsüberblick kann hier abgebrochen werden,
da die Problematik jetzt wohl nicht nur von der theoretischen Problemanalyse und Darstellung, sondern auch von der
Einsicht in den Stand der Forschung her deutlich geworden
sein dürfte. Das Gespräch aber mit diesen und weiteren Exegeten soll dann in der Exegese der paulinischen Belegstellen
fortgesetzt werden.

B    DER BEGRIFF 'SYNEIDESIS'

IM RELIGIONSGESCHICHTLICHEN BEREICH


I. In der Profangräzität

1. Synoida

a) Die nichtreflexive Wendung

Seit Aischylos und Herodot, also seit dem 5.Jh.v.Chr.,
ist die nichtreflexive Wendung σύνοιδά τινί τι, -τι, -τινός
τι oder περί τινος häufig in Gebrauch. Sie kann neutral das
bloße Mitwissen mit einem anderen in einer Sache bezeichnen.
So läßt Sophokles sagen, daß Elektras Bett um deren nächtliche
Klagen über den Tod des Vaters 'mitweiß', ξυνίσασ' εὐναί
(Soph El 93), und Euripides spricht vom 'Mitwissen' des
Peneios mit den Taten des Herakles ξύνοιδε Πηνείος (Eur Herc
Fur 368)[1].

In Solons 'Eunomie'-Gedicht, einem einzelnen noch früheren
Beleg aus dem 6.Jh., tritt hingegen schon der Aspekt der Zeugenschaft auf Grund des Mitwissens in den Vordergrund: die
schweigende Dike weiß die Ereignisse mit und wird später ver-
geltend eingreifen: ἡ σιγῶσα σύνοιδε τὰ γιγνόμενα πρό τ'ἐόντα
τῶι δὲ χρόνωι πάντως ἦλθ' ἀποτεισομένη, Solon Eligiae 3,15[2].
Daß man hierin mit M.Class eine entscheidende Belegstelle
für die Vorgeschichte des Gewissensbegriffs in objektivierender Redeweise erkennen kann, sei in diesem Zusammenhang
ausdrücklich betont[3].

---

1  Mit M.Class, Gewissensregungen in der griechischen Tragödie, S.22.

2  Bei E.Diehl, Anthologia Lyrica Graeca, I,28.

3  M.Class, aaO., S.20: Da "das mitwissende Element noch nicht ins Innere
   des Menschen verlegt (ist)", entbehrt dieses Mitwissen jeder emotionalen Beteiligung. "Es fehlt die Angst, die Gewissenspein, die den
   Täter packen würde, wenn er sich selbst im Innern seiner eigenen
   schlechten Taten bewußt würde". Da Dike zudem nur schweigend (σιγῶσα)
   wahrnimmt und den Täter nicht bereits vorher mahnt, fehlt noch ein
   weiteres "wesentliches Element: die ausdrückliche Warnung".

In Eur El 43 wird andererseits die mitwissende Κύπρις als
entlastender Zeuge benannt: "Ην οὔποθ' ἀνὴρ ὅδε, σύνοιδέ μοι
Κύπρις, ᾔσχυνεν εὐνῇ. Es geht dabei jeweils um die Fähigkeit
des Bezeugens bzw. des Vergeltens oder Entlastens auf Grund
des Mitwissens, was bei Herodotus V,24,3 explizit hervorgehoben wird: τά τοι ἐγὼ καὶ ἀμφότεα συνειδὼς ἔχω μαρτυρέειν.
Für Isokrates Areop 50: σύνοιδα τοῖς πλείστοις αὐτῶν ἥκιστα
χαίρουσι legt sich somit die Übersetzung nahe: Ich kann 'bezeugen', daß die meisten von ihnen mitnichten erfreut sind[4].

Auf das 'Mitwissen' mit dem Verhalten des Sokrates beziehen sich die beiden Stellen Xenophon Mem II,7,1: ἐρῶ δὲ καὶ
ἐν τούτοις ἃ σύνοιδα αὐτῷ, und Plato Ap 34b, wo Sokrates
Zeugen benennt, die aus eigenem Erleben heraus ihm aus dem
einen Grund beistehen müssen, ὅτι ξυνίσασι Μελήτῳ μὲν ψευδο-
μένῳ, ἐμοὶ δὲ ἀληθεύοντι.

Andererseits kann das 'Mitwissen' auch 'Mitschuld' bedeuten, sofern es das Moment des Einverständnisses mit dem verbotenen bzw. verwerflichen Verhalten impliziert. Für die
Wächter der Leiche des Polyneikes stehen deshalb 'Tat' und
'Mitwissen' als gleichwertig nebeneinander, Soph Ant 264f:
ἦμεν δ'ἑτοῖμοι ... θεοὺς ὀρκωμοτεῖν τὸ μήτε δρᾶσαι μήτε τῷ
ξυνειδέναι τὸ πρᾶγμα βουλεύσαντι μήτ' εἰργασμένῳ. Die mitwissende Menge, πλῆθος, ὃ ξυνήδει, Thukydides IV,68,4 ist die
'verschworene Menge'[5], und die συμπράττοντες werden in Xenoph
Hist Graeca III,3,10 οἱ συνειδότες genannt[6]. In diesem Zusammenhang sei auch schon auf Acta 5,2 verwiesen wo Σάπφιρα als
συνειδυῖα ebenfalls mitschuldig ist, da sie mit ihrem Mann
Ἀνανίας übereingekommen war (συνεφωνήθη).

Schließlich kann σύνοιδα auch in der Bedeutung 'anerkennen',
'zugeben' verwendet werden, Herodotus IX,60,3: συνοίδαμεν δὲ
ὑμῖν ... ἐοῦσι πολλὸν προθυμοτάτοισι; vgl. auch Demosthenes
Or 18,110: ὑπολαμβάνων ... παρ' ὑμῶν ἑκάστῳ τὸ συνειδὸς
ὑπάρχειν μοι; ähnlich auch Aristoteles Eth M I,26, p 1192a,
25f, wo der Gelehrte von denen geehrt werden will, die 'ihn

---

4   Mit H.G.Liddell a. R.Scott, Greek-English Lexikon, Artikel: σύνοιδα,
    S.1721, Abk. im folgenden: Liddell a. Scott.

5   Mit C.Maurer, Artikel: σύνοιδα κτλ, ThW VII, S.898.

6   Mit M.Kähler, Das Gewissen, S.24.

kennen und wissen', daß er der Ehre wert ist: βουλήσεται
οὖν μᾶλλον ὑπὸ τῶν συνειδότων αὐτῷ, ὅτι ἄξιός ἐστι τιμῆς
τιμᾶσθαι.

Die Gemeinsamkeit der bisher zitierten Stellen besteht
darin, daß das mit σύνοιδα bezeichnete Wissen um das Verhalten eines anderen aus eigener Erfahrung, eigenem Miter-
leben, aus "anschauender Beteiligung"[7] erwächst. Daneben
betont vor allem B.Snell, daß bei σύνοιδα auch "Momente des
Affektes mitverstanden werden"[8]. Es ist "ein Miterkennen, das
nicht lediglich die Tatsachen weiß, sondern, wie wir sagen
würden, mit den Augen des anderen sieht und damit Verständnis
für den anderen hat"[9]. Für die von B.Snell angeführte Stelle
trifft das Gesagte wohl auch zu, insofern in Aischylos Choeph
216  Elektra den noch unerkannten Bruder Orest, der ihr die
Erfüllung ihres Gebetes zuspricht, fragt: καὶ τίνα σύνοισθά
μοι καλουμένη βροτῶν, und wen - weißt du mit mir - rief ich
der Menschen her?[10] Für die übrigen Stellen aber ist das
Moment des Affektes und der inneren Verbundenheit nicht im
gleichen Maße konstitutiv wie der Aspekt des eigenen Miterlebens.

Abschließend ist noch anzumerken, daß die Bedeutungsvarianten sich nicht aus einer Entwicklung ableiten lassen, die anhand der chronologischen Reihenfolge verifizierbar wäre.


b) Die reflexive Wendung

Ebenfalls seit dem 5. Jahrhundert v.Chr. finden sich zahlreiche Belege für den reflexiven Gebrauch des Verbes: σύνοιδα
ἐμαυτῷ. Es kann sowohl das rein rationale Wissen, das Bewußtsein von einem Sachverhalt, einer Lage oder Tat bezeichnen
als auch das emotionale Schuldbewußtsein, das die Erinnerung
an die eigene Tat wachhält. Dabei ist die stärker moralisch

---

7   M.Kähler, aaO., S.23, er verweist zu diesem Aspekt noch auf Plat
    Phaed 92E und Soph Oed Tyr 249f.

8   B.Snell, Besprechung von F.Zucker, Gnomon 6 (1930), S.25.

9   Ebd., vgl. auch M.Class, aaO., S.27.

10  Mit O.Werner, Aischylos, Orestie, S.143.

orientierte Verwendung nicht später anzusetzen als die all-
gemeinere, rational akzentuierte, weshalb eine Nachordnung
in der Darstellung lediglich aus sachlichen Gründen gerechtfertigt ist. Es ist nämlich davon auszugehen, daß im 5.Jh.v.
Chr. bis in die nachchristliche Zeit σύνοιδα ἐμαυτῷ sowohl
im weiteren oder auch spezifisch philosophischen Sinne "ich
weiß, bin mir bewußt, bin mir im klaren darüber, daß"[11] als
auch im spezifisch moralischen Sinne "ich bin mir einer (zu
verwerfenden) Tat bewußt" bedeuten kann. Von daher ist es
zu kritisieren, wenn C.A.Pierce unter der Klassifikation
"Philosophic-Technical-Indifferent (ethically)", "PTI", den
'ethisch-indifferenten Gebrauch' des reflexiven Verbs nur am
Rande erwähnt und davon ausgeht: "it is plain that PTI is ...
beyond the scope of this enquiry"[12]. Mit dieser Entscheidung
hat er die Verengung des Gewissensbegriffs auf den moralischen
und rein emotionalen Aspekt, die seine gesamte Untersuchung
inklusive der neutestamentlichen Abhandlung ausmacht, bereits
vorprogrammiert. Demgegenüber muß festgehalten werden, daß
die verschiedenen Bedeutungsvarianten nebeneinander bestehen
konnten und das rationale, nicht moralische Verständnis zeitlich nicht als Vorstufe des 'eigentlichen', späteren angesehen
werden kann. Die älteren Belege, z.B. bei Aristophanes und
Euripides, sprechen nämlich von der auf die eigene Tat bezogenen Reflexion, während die Bedeutung 'Wissen' bzw. 'Bewußtsein' um eine Situation oder einen Sachverhalt erst bei
Plato und Aristoteles nachweisbar ist. So läßt sich ein
ziemlich gleichzeitiges Aufkommen der verschiedenen Ver-
ständnismöglichkeiten des reflexiven Verbs noch vor dem Zeitpunkt unserer sicheren Belege annehmen.

    Das wird auch durch die älteste Stelle, ein Fragment von
Sappho (fr 37,11, Diehl), eher bestätigt als widerlegt: ἔγω
δ' ἐμ'αὔται τοῦτο σύνοιδα, "Ich bin mir dessen selbst bewußt".
Da das Objekt (τοῦτο) durch den fehlenden Zusammenhang nicht
näher bestimmt werden kann, belegt die Stelle wohl den wesentlich älteren Gebrauch des reflexiven Verbs (um 600 v.Chr.),
nicht aber eine spezifische Bedeutung[13].

---

11  Mit C.Maurer, aaO., S.898.

12  C.A.Pierce, Conscience in the New Testament, S.22.

13  Mit B.Snell, aaO., S.24; M.Class, aaO., S.19.

b,a) Das Wissen und die rationale, erkenntnisbezogene
      Selbstreflexion

Entscheidender als die zeitliche Differenz zwischen Aristophanes (446-385 v.Chr.) - Euripides (480-406 v.Chr.) und
Platon (428/7-348/7 v.Chr.) - Aristoteles (384-322 v.Chr.)
ist hingegen für die Klärung der Begriffsgeschichte, daß erstere als Komödiendichter und Tragiker ihre Stücke volksnah,
d.h. in der damaligen Umgangssprache geschrieben haben, während bei letzteren als Philosophen viel eher mit einer indi-
viduellen Ausprägung der Begriffe zu rechnen ist. So stellt
C.Maurer[14] mit Recht fest: "Einen neuen Akzent erhält das
Verbum in der mit Sokrates anhebenden Philosophie. Hier kommt
es zu einem Urteilen und, weil es eine negative Wertung ist,
zum Verurteilen. Dieses Urteilen selbst ist ein rationaler
Vorgang, aber auch der beurteilte Tatbestand ist nicht ein
Handeln, sondern ein Erkennen. Dem über sich selbst reflektierenden  Menschen wird die Tatsache seiner eigenen Unwissen-
heit und damit ein wissensmäßiger Konflikt bewußt."
Als locus classicus für den philosophischen Gebrauch muß
wohl Plato Apologia 21b angeführt werden, wo Sokrates in seiner
Verteidigung den von ihm empfundenen Widerspruch zwischen dem
Delphischen Orakelspruch und seinem 'Selbst-bewußt-Sein' beschreibt: τί ποτε λέγει ὁ θεός ...; ἐγὼ γὰρ δὴ οὔτε μέγα οὔτε
σμικρὸν σύνοιδα ἐμαυτῷ σοφὸς ὤν, "... denn ich bin mir doch dessen bewußt, daß ich weder im Großen noch im Kleinen weise bin".
Während hier der Inhalt des Bewußtseins durch eine Partizipialkonstruktion bezeichnet ist, wird in Phaedr 235c das Objekt mit
einem Substantiv im Akkusativ angegeben. Dort beschreibt Sokrates im Gespräch mit Phaidros, wie er mit besseren Argumenten
als jenen, die Lysias vorbringt, erfüllt ist. Er könne diese
gewiß nicht selbst ersonnen haben, da er sich seiner 'Unwissen-
heit' bewußt sei: συνειδὼς ἐμαυτῷ ἀμαθίαν. Schließlich sei auch
noch die Stelle aus dem Symposion erwähnt, an der Alkibiades in
seiner Lobrede auf die Überzeugungskraft des Sokrates die reflexive Wendung zweimal verwendet. Er ist sich voll bewußt, daß er
beim Hinhören weder widerstehen (216a) noch widersprechen (216b)
kann: καὶ ἔτι γε νῦν σύνοιδ' ἐμαυτῷ ὅτι εἰ ἐθέλοιμι παρέχειν τὰ
ὦτα, οὐκ ἂν καρτερήσαιμι ... σύνοιδα γὰρ ἐμαυτῷ ἀντιλέγειν μὲν
οὐ δυναμένῳ.

In allen drei Fällen ist die Bedeutung von σύνοιδα ἐμαυτῷ
'sich bewußt sein, sich selbst im klaren darüber sein, daß ...'
in intellektueller Hinsicht ohne Bezug auf eine eigene, moralisch  zu wertende bzw. zu verurteilende Tat.

In Kontinuität zum platonischen Gebrauch steht auch die
Verwendung des reflexiven Verbs bei Aristoteles, dessen Formulierung in Eth Nic 2,p 1095a,25 συνειδότες δ' ἑαυτοῖς
ἄγνοιαν stark an Plato Phaedr 235c erinnert, wo die 'Unwis-
senheit' mit ἀμαθία bezeichnet wurde. Im Gegensatz zu Plato
hat σύνοιδα ἐμαυτῷ bei Aristoteles ausnahmslos die Bedeutung
'wissen, sich bewußt sein' im intellektuellen Sinne, unabhängig von einem sittlich zu verwerfenden Inhalt. Das gilt
auch für Hist An 29, p 618a,26, wo Aristoteles zwar als Objekt die δειλία, die Feigheit bzw. Nichtswürdigkeit, angibt,
damit aber das Bewußtsein der Unfähigkeit beim Kuckuck (ὁ
κόκκυξ), für seine Jungen zu sorgen, meint[15], διὰ γὰρ τὸ συνειδέναι αὐτῷ τὴν δειλίαν καὶ ὅτι οὐκ ἂν δύναιτο βοηθῆσαι.

Neben Plato und Aristoteles seien auch noch ein wohl zu
Unrecht Demosthenes zugeschriebener Brief[16] und eine Stelle
von Pseudo-Aristoteles, der Rhetorica ad Alexandrum, zitiert,
um die schon von M.Kähler formulierte Erkenntnis zu stützen:
"Selbst in den spätesten Zeiten (hat sich) eine ausschließli-
che Beziehung des reflexiven συνειδέναι auf sittlichen Inhalt
(nicht) eingestellt"[17]. Demosth Ep II,20 lautet: εἰς ἣν (sc.
πατρίδα) τοσαύτην εὔνοιαν ἐμαυτῷ σύνοιδα. Seiner Liebe zur
Heimat, die er auch von der Seite der Adressaten zu erfahren
wünscht, ist er sich ja nicht als einer sittlich negativen
bzw. positiven Tat bewußt, so daß er - wie C.A.Pierce will -
sein 'gutes Gewissen' bezeugte (MPG). Vielmehr bedeutet die
Wendung auch hier einfach: 'ich bin mir bewußt', oder auch:
'ich empfinde in mir'[18].

---

14  C.Maurer, aaO., S.898.

15  Vgl. C.A.Pierce, aaO., S.21 und Anm.4, der auch die Aristoteles-
    Belege alle der PTI-Kategorie zuordnet.

16  Mit C.Maurer, aaO., S.899; C.A.Pierce, aaO., S.24, der diese Stelle
    allerdings fälschlicherweise der MPG-Kategorie (moralisch-positiv-
    gut) zuordnet.

17  M.Kähler, aaO., S.24.

18  Mit C.Maurer, aaO.

So ist auch Pseud-Aristot Rhet Al 8, p 1428a,29-31: ἕκαστος
γὰρ τῶν ἀκούοντων σύνοιδεν αὐτὸς αὐτῷ περὶ τούτων ... ἔχοντι
τοιαύτας ἐπιθυμίας im neutralen, nicht spezifisch moralischen
Sinne zu übersetzen: "denn jeder der Hörer weiß selber (bei
sich) darüber Bescheid ...".

b.b) Die auf eigene Taten bezogene moralische Selbst-
     reflexion

Die meisten Belege lassen sich zweifellos für die reflexive
Wendung in der Bedeutung 'sich einer eigenen Tat selbst bewußt sein' beibringen, wobei keineswegs mit C.A.Pierce die
emotionale Äußerung des Bewußtseins als 'Schuldgefühl' und
der von Schuldbewußtsein hervorgerufene 'Schmerz' durchgängig
vorausgesetzt werden darf[19]. Auch die Selbstreflexion über
die eigenen Taten kann rein rational vollzogen werden, so
daß die Klassifikation 'moralisch' nur im Hinblick auf die
Beurteilung einer Tat nach sittlichen Kriterien verstanden
sein will.
Bei einigen Stellen ist zudem eine eindeutige Abgrenzung
von der im vorhergehenden Abschnitt beschriebenen nicht spezifisch moralischen Selbstreflexion nicht möglich. Wenn z.B.
Kyros in Xenophon Cyrop I 5,11 sagt: σύνισμεν ἡμῖν αὐτοῖς
ἀπὸ παίδων ἀρξάμενοι ἀσκηταὶ ὄντες τῶν καλῶν καγαθῶν ἔργων,
dann bezeichnen die seit der Kindheit eingeübten "schönen und
guten Werke", deren sie sich bewußt sind, hier das Waffenhandwerk, so daß man die Stelle schwerlich als Beleg für das
moralisch 'gute Gewissen' anführen kann, wie es C.A.Pierce
tut[20].
Doch vor Xenophon sollen zunächst die ältesten Belege für
die auf eigene Taten bezogene Selbstreflexion angeführt werden, die sich - sieht man von dem nicht eindeutigen Sappho-
Fragment ab (fr 37,11 D) - gegen Ende des 5.Jh.v.Chr. finden.
Zunächst könnte man die 'Medea' des Euripides aus dem
Jahre 431 v.Chr. erwähnen, in der Medea zu Jason sagt: ἐπεὶ

---

19 Gegen C.A.Pierce, aaO., S.46-48.
2o C.A.Pierce, aaO., S.23; 132, Ex 8; mit C.Maurer, aaO., S.899.

ξύνοισθά γ' εἰς ἔμ' οὐκ εὔορκος ὤν (Med 495). In dieser Wendung ist allerdings mit F.Zucker[21] keine Verkürzung von
ξύνοισθα σεαυτῷ zu lesen, sondern vom Zusammenhang her : "du
weißt so gut wie ich" zu verstehen.

Umso eindeutiger ist die Stelle aus dem Euripideischen
'Orestes' von 408 v.Chr. diesem Abschnitt zuzuordnen. Auf
die Frage des Menelaos: τί χρῆμα πάσχεις; τίς σ' ἀπόλλυσιν
νόσος; antwortet der Muttermörder Orest (Or 396): ἡ σύνεσις,
ὅτι σύνοιδα δείν' εἰργασμένος und fährt auf Rückfrage des
Menelaos erklärend fort (Or 398): λύπη μάλιστά γ' ἡ διαφθεί-
ρουσά με ... μανίαι τε μητρὸς αἵματος τιμωρίαι. Unabhängig
von der später zu behandelnden Frage, inwiefern die Erinnyen
generell das Phänomen 'Gewissen' verkörpern, ist eindeutig
festzustellen, daß Euripides in diesen Versen die mythologi-
sche Redeweise verläßt und psychologisierend den Zustand des
'schlechten Gewissens' als die "Krankheit" beschreibt, die
durch "Wahnsinnsanfälle", "Gram" und "Kummer" den Muttermörder, der sich "bewußt" ist, "Schreckliches getan zu haben",
"zu Grunde richtet" und "vernichtet". Da Euripides das Re-
flexivum ἐμαυτῷ aus metrischen Gründen weglassen kann[22],
ohne die Eindeutigkeit der Wendung zu gefährden, schließt
F.Zucker mit Recht, daß Euripides bei seiner Umschreibung
des "bösen Gewissens" mit σύνοιδα "in einer bereits einge-
bürgerten Vorstellungs- und Ausdrucksweise steht"[23].

So verwundert es nicht, daß sich bei dem Komödiendichter
Aristophanes drei um einige Jahre ältere Belege finden, die
zwar nicht in solcher Eindeutigkeit von dem 'schlechten Gewissen' in seiner affektiven Dimension, wohl aber von dem
sittlichen Bewußtsein der eigenen Taten oder der zu verant-
wortenden Umstände reden.

In den 'Equites' aus dem Jahre 424 v.Chr. wird der Wursthändler, der Obergauner, auf seine Tauglichkeit als politi-
scher Führer geprüft und wendet selbst in kritischer Erkenntnis seiner "Unwürdigkeit" ein: οὐκ ἀξιῶ 'γὼ 'μαυτὸν ἰσχύειν

---

21  F.Zucker, Syneidesis-Conscientia, S.8, Anm.12.
22  Mit C.Maurer, aaO., S.899, Anm.7.
23  F.Zucker, aaO., S.9.

μέγα, worauf der Partner entgegnet: οἴμοι τί ποτ' ἐσθ' ὅτι
σαυτὸν οὐ φὴς ἄξιον; ξυνειδέναι τί μοι δοκεῖς σαυτῷ καλόν
(Eq 184), ..."Du scheinst mir etwas Gutes auf dem Gewissen
zu haben". Daß Aristophanes καλόν statt κακόν als Objekt
des 'schlechten Gewissens' angeben kann, bestätigt wiederum
die Vertrautheit des Publikums mit der reflexiven Wendung zur
Bezeichnung des Bewußtseins eigener, zu verurteilender Taten
oder Umstände[24]. Selbst wenn hier das καλόν nicht nur die
sittlich guten Taten, sondern auch seine Abstammung und Bildung mit umfaßt, scheidet die Stelle deshalb keinesfalls als
Beleg aus, da ja eindeutig von den Skrupeln auf das 'schlechte
Gewissen' geschlossen wird, das der Wursthändler bei seiner
Zurückhaltung dem öffentlichen Amt gegenüber haben muß[25].

In den das athenische Justizwesen karikierenden 'Vespae'
von 422 v.Chr. läßt Aristophanes wiederum in bitterer Ironie
den Philokleon nach einem von ihm ausgesprochenen Freispruch
schuldbewußt klagen: πῶς οὖν ἐμαυτῷ τοῦτ' ἐγὼ ξυνείσομαι ...
(Vesp 999), was Seeger übersetzt mit: "Wie werd ich die Gewissensbisse tragen? Weh, freigesprochen hab ich einen! oh!
Wie wird mir's gehn? Verzeiht mir, heil'ge Götter! Unwissend
tat ich's, meiner Art zuwider"[26]. Philokleon wird sich also
voll Entsetzen einer eigenen, nach seinen Kriterien verwerflichen Tat bewußt, was diese wenig beachtete Stelle zum ein-
deutigsten Aristophanes-Beleg für die spezifische Bedeutung
von 'Gewissen' macht, die uns auch bei Eur Or 396 begegnete,
nämlich dem Bewußtsein schuldhafter Taten, das eine affektive
Betroffenheit impliziert.

Schließlich sei noch auf die 'Thesmophoriazusae' aus dem
Jahre 411 v.Chr. verwiesen, in denen der als Frau verkleidete
Mnesilochos die Anklagen der Frauen gegen Euripides abzu-
schwächen versucht, indem er sie an ihre eigenen, unzähligen
üblen Taten erinnert, deren Euripides ja nur zwei oder drei

---

24  Vgl. C.A.Pierce, aaO., S.45, Anm.2.

25  Gegen F.Zucker, aaO., S.8.

26  Nach O.Seel, Zur Vorgeschichte des Gewissensbegriffs im altgriechi-
    schen Denken, S.301, der ebd. auch auf die Emphase hinweist, "die
    sowohl in dem vorausgestellten als auch in dem (unnötigen) ἐγώ liegt".

"mitwisse" und "bezeuge" (Thes 474/5): τί ... βαρέως τε
φέρωμεν, εἰ δύ' ἡμῶν ἢ τρία κακὰ ξυνειδὼς εἶπε δρώσας μυρία.
Um nicht eine andere Frau bloßstellen zu müssen, erzählt 'sie'
nun als Beleg für die Behauptung des "eigenen Bewußtseins
vieler schrecklicher Taten", wie sie selbst ihren Mann be-
trogen hat: ἐγὼ γὰρ αὐτὴ πρῶτον, ἵνα μάλλην λέγω, ξύνοιδ'
ἐμαυτῇ πολλὰ δείν'... (Thes 476/7). Gegen die Annahme von
F.Zucker, es sei auch an dieser Stelle nicht vom "Schuldbewußtsein" die Rede[27], schreibt O.Seel treffend: "Natürlich
fingiert Mnesilochos kein 'Schuldbewußtsein', aber es ist ja
ein Bekenntnis der schieren Schamlosigkeit: das schlechte
Gewissen ist zwar nicht da, aber es sollte dasein - es soll
ja beileibe nichts davon bekannt werden - und vor allem:
Mnesilochos will durch den fingierten Zynismus, den er bei
den anderen Frauen gar nicht voraussetzt, erreichen, daß
diese ein 'schlechtes Gewissen' bekommen und froh und dankbar sind, daß Euripides immerhin noch so glimpflich mit ihnen
verfahren ist"[28].

Neben diesen sind zwar noch weitere Belege aus dem 5.Jh.
v.Chr. überliefert, die aber als unecht gelten müssen[29], da
sie nur durch die Anthologie des Johannes Stobaeus aus dem
5.Jh.n.Chr. bezeugt sind[30]. Dort werden (III,24) unter dem
Titel περὶ τοῦ συνειδότος zum Teil wesentlich jüngere Ausführungen "über das Gewissen" so verschiedenen Männern wie
Diphilos, Pythagoras, Menander, Euripides, Sophokles, Antiphanes, Isokrates, Bias, Periandros, Sokrates, Diogenes von
Apollonia und Plutarch zugeschrieben.

So soll Sokrates (24,13) diejenigen als "unerschüttert
lebend" bezeichnet haben, die sich keiner "Unziemlichkeit"
bewußt sind, und Diogenes von Apollonia (24,14) die als
"furchtlos" und "guten Mutes", die sich keiner "Schlechtigkeit" bewußt sind: Σωκράτης ἐρωθείς, τίνες ἀταράχως ζῶσιν,

---

27  F.Zucker, aaO., S.8.

28  O.Seel, aaO., S.300.

29  Vgl. H.Osborne, Συνείδησις, JThS 32 (1931), S.171; und F.Zucker,
    aaO., S.9, Anm.16.

30  Anthologium², ed. O.Hense, vol. III, Berlin, 1958, 601-605.

εἶπεν· οἱ μηδὲν ἑαυτοῖς ἄτοπον συνειδότες. Διογένους. Τίς
γὰρ ἂν ἧττον φοβοῖτό τι ἢ θαρσοίη μάλιστα, ἢ ὅστις αὑτῷ μηδὲν
συνειδείη κακόν.

Sophokles, der sonst σύνοιδα nie reflexiv gebraucht, wird
ein dritter Beleg zugewiesen, in dem das Objekt - abweichend
vom Normalfall - nicht angegeben bzw. überliefert ist, so daß
drei verschiedene Interpretationsmöglichkeiten vertreten werden konnten: ἦ δεινὸν ἄρ' ἦν, ἡνίκ' ἄν τις ἐσθλὸς ὢν αὑτῷ
συνειδῇ (24,6)[31]. Liest man αὐτῷ statt αὑτῷ, kommt man zu der
Übersetzung: "Wie furchtbar wäre es, wenn einer, der edel
ist, für ihn (sc. für einen anderen) Mitzeuge wäre"[32]. Wenn
man hingegen mit A.C.Pearson δεινόν positiv versteht und den
Partizipialausdruck ἐσθλὸς ὢν von συνειδῇ abhängig macht[33],
lautet das Fragment: "Es wäre eine gewaltige Hilfe (!), wenn
einer sich bewußt ist, daß er edel ist"[34]. Nach dem dritten
Verständnis, das sich zweifellos am besten in den sonstigen
Gebrauch der Wendung einfügt, "(ist) ἐσθλὸς ὢν nicht auf συνειδέναι zu beziehen, sondern adversativ gemeint: das zu συνειδέναι gehörende Objekt ist nicht mehr erhalten, es muß aber
nach Analogie vieler anderer Zeugnisse angenommen werden, daß
συνειδέναι durch ein negatives Prädikat weitergeführt worden
ist, so daß die Vorstellung vom 'bösen' Gewissen auch hier
zugrunde liegt"[35]. Daraus ergibt sich die zutreffende Übersetzung: "es wäre gar schlimm, wenn jemand, der sonst edel
ist, eine (schlechte) Tat auf dem Gewissen hätte"[36].

Nachdem σύνοιδα ἐμαυτῷ in der Bedeutung des 'Bewußtseins
eigener Taten' - in mehr rationaler oder auch affektiver
Nuancierung - für das 5.Jh.v.Chr. also nur vereinzelt sicher
nachweisbar ist, findet es sich vom 4.Jh. an bis in die nach-

---

31  Fr 845, TGF, Nauck, S.327.

32  Angeführt bei C.Maurer, aaO., S.899, Anm.8.

33  A.C.Pearson, The Fragments of Sophokles, Bd.III, S.101, fr 931.

34  Übs. mit M.Class, aaO., S.68, Anm.166; vgl. auch C.A.Pierce, aaO.,
    S.23, Anm.6, der darin das ursprüngliche Verständnis des Sophokles
    erkennen will, während er die dritte Interpretationsmöglichkeit als
    die des Joh.Stobaeus bezeichnet.

35  M.Class, aaO.; ähnlich auch C.Maurer, aaO., S.899.

36  M.Class, aaO.

neutestamentliche Zeit hinein relativ oft. So gebraucht
Xenophon die reflexive Wendung in der 'Anabasis' I,3,10:
ὅτι σύνοιδα ἐμαυτῷ πάντα ἐψευσαμένος αὐτόν, "weil ich mir
bewußt bin, ihn gänzlich getäuscht zu haben", und An II,5,7,
wonach der Eidbrüchige wegen der Unentrinnbarkeit vor dem
Zorn der Götter nie mehr glücklich gepriesen werden kann:
ὅστις δὲ τούτων σύνοιδεν αὐτῷ παρημεληκὼς, τοῦτον ἐγὼ οὔποτ'
ἂν εὐδαιμονίσαιμι. In der 'Cyropaedia' I,6,4 sieht der Vater
des Kyros die Zuversicht der Gebetserhörung darin begründet,
daß der Sohn die Götter nicht vernachlässigt zu haben scheint,
daß er ihnen gegenüber kein 'schlechtes Gewissen' hat: ὅτι
συνειδέναι σαυτῷ δοκεῖς οὐπώποτ' ἀμελήσας αὐτῶν. In der 'Apologie' schließlich läßt Xenophon Sokrates über die falschen
Zeugen sagen, daß sie sich notwendigerweise großer Gottlosig-
keit und Ungerechtigkeit bewußt sein müssen bzw. deshalb ein
'schlechtes Gewissen' haben werden: ἀνάγκη ἐστὶν πολλὴν ἑαυτοῖς
συνειδέναι ἀσέβειαν καὶ ἀδικίαν (Ap 24).

Im Gegensatz zum sonstigen Gebrauch des Plato findet sich
auch bei ihm in der 'Respublica' ein in diesem Zusammenhang
zu nennender Beleg, nach dem der, der sich keiner "Ungerechtigkeit" bewußt ist, immer "angenehme Hoffnung" hat: τῷ δὲ
μηδὲν ἑαυτῷ ἄδικον συνειδότι ἡδεῖα ἐλπὶς ἀεὶ πάρεστι (Resp I,
331a). Da Kephalos kurz zuvor (330e) in Gegenüberstellung
denjenigen beschrieben hat, der sich wegen seiner vielen Ver-
schuldungen ängstigt, häufig vom Schlaf aufgeweckt wird und
in übelster Erwartung lebt, ist auch an dieser platonischen
Stelle die reflexive Wendung als eine eindeutige Umschreibung des 'schlechten' bzw. 'guten Gewissens' in rationaler
und affektiver Hinsicht zu verstehen.

Für den Gebrauch seit dem 4.Jh.v.Chr. ist kennzeichnend,
daß mit der reflexiven Wendung einerseits Schrecken und Angst
des 'schlechten Gewissens' beschrieben werden. So wirft Demosthenes Or 18,263 "einem Gegner vor, das Leben eines Hasen
geführt und stets zitternd Schläge erwartet zu haben"[37] ἐφ'
οἷς σαυτῷ συνήδεις ἀδικοῦντι. Isocrates beschreibt Demonicus
16 das Ausgeliefertsein des Übeltäters - hier nicht wie
Xenoph An II,5,7 an die strafenden Götter, sondern - an das

---

37  C.Maurer, aaO., S.899.

eigene 'Gewissen', vor dem man sich nicht wie vielleicht vor
anderen Menschen "verstecken" kann: μηδέποτε μηδὲν αἰσχρὸν
ποιήσας ἔλπιζε λήσειν· καὶ γὰρ ἂν τοὺς ἄλλους λάθῃς, σεαυτῷ
συνειδήσεις. Andererseits wird in Isocr Nicocl 59 derjenige,
der ein 'gutes Gewissen' hat, sich also "keines Übels bewußt
ist" entsprechend als Vorbild hingestellt, dem man mehr als
den Vermögenden nachstreben soll: ζηλοῦτε μὴ τοὺς πλεῖστα
κεκτημένους, ἀλλὰ τοῖς μηδὲν κακὸν σφίσιν αὐτοῖς συνειδότας;
und der Komödiendichter Antiphanes beschreibt die "große
Freude", die ein 'gutes Gewissen', das Bewußtsein, keine "Ungerechtigkeit im Leben" getan zu haben, mit sich bringt: τὸ
μὴ συνειδέναι γὰρ αὐτοῦ τῷ βίῳ ἀδίκημα μηδὲν ἡδονὴν πολλὴν
ἔχει (fr 269, CAF II, Kock; bei Stob III,24,7). So sagt auch
Polybius im 2.Jh.v.Chr., IV,86,5, daß sie "übererfreut" waren,
weil ihnen "nichts" bewußt war: γενόμενοι περιχαρεῖς διὰ τὸ
μηδὲν αὐτοῖς συνειδέναι. Wie in dem Sophokles-Fragment bei
Stob III,24,6 kann offensichtlich auch hier wegen der Eindeutigkeit des Zusammenhangs auf die sonst übliche nähere
Bestimmung des μηδέν verzichtet werden.

Zum Schluß sei noch auf eine ältere Stelle bei Philemon
229 (CAF II; 4./3.Jh.v.Chr.) hingewiesen: συνειδόθ' αὐτῷ
φαῦλα διαπεπραγμένῳ, und auf zwei jüngere aus dem 1.Jh.v.Chr.
von Diodorus Siculus, 4,38,3: συνειδυῖα ἑαυτῇ τὴν ἁμαρτίαν
und 17,106,2: πολλοὶ ... συνειδότες ἑαυτοῖς ὕβρεις. Auch
hier umschreibt σύνοιδα ἐμαυτῷ in Verbindung mit dem jeweiligen Objekt wiederum das 'Bewußtsein einer eigenen, zu
verwerfenden Tat', einer "Schlechtigkeit", einer "Verfehlung"
und "Freveltat".

Überblickt man die angeführten Belege, so wird deutlich,
daß vom 5.Jh.v.Chr. an bis in die nachneutestamentliche Zeit
die reflexive Wendung vorwiegend gebraucht wurde, um umgangs-
sprachlich das kritische Bewußtsein des eigenen Handelns in
Hinblick auf moralische Wertmaßstäbe zu umschreiben. Dieses
'Schuldbewußtsein' kann rational als reines 'Erkennen', als
'Wissen um sich selbst' oder auch affektiv als das quälende
'schlechte Gewissen' verstanden werden, ohne daß sich einer
der beiden Aspekte im Lauf der Zeit ausschließlich durchsetzt.

Auffälligerweise ist bei allen Belegen, die sich auf die
moralische Selbstreflexion beziehen, von sittlich zu verwerfenden, negativen Inhalten, also vom 'schlechten Gewissen'

die Rede, wobei dieses in den meisten Fällen als gegeben
vorausgesetzt wird[38]. In einigen Fällen wird auch das Nichtvorhandensein des 'schlechten Gewissens' in negativer Formulierung ausgesagt[39], was aber keinesfalls mit der Vorstellung des 'guten Gewissens', wie sie z.B. im Neuen Testament
begegnet, gleichgesetzt werden darf. Sämtliche Belege sprechen lediglich davon, daß man sich entweder einer schlechten
Tat bewußt ist oder eben von keiner schlechten Tat weiß,
nicht aber davon, daß man das Bewußtsein einer sittlich positiven Tat und in diesem Sinne ein 'gutes Gewissen' habe[40].

C.A.Pierce[41], der die erste Gruppe mit 'MBNorm' (moralisch-
böse-normaler Gebrauch) und die zweite mit 'MBNeg' (moralisch-
böse-negativer Gebrauch) klassifiziert, nennt hingegen als
dritte Möglichkeit des antiken Gebrauchs noch das 'gute Gewissen' 'MPG' (moralisch-positiver-guter Gebrauch), wozu er
drei Stellen anführt[42]: Dem Ep II,20; Xenoph Cyrop I,5,11 und
Soph fr 845 (Nauck). Da wir aber bereits oben gezeigt haben,
daß die beiden ersten Stellen, die vom Bewußtsein der Vater-
landsliebe und der Einübung in das Waffenhandwerk reden, sich
gar nicht auf moralische Inhalte beziehen und die letzte
Stelle gerade vom 'schlechten Gewissen' handelt, muß die Annahme einer antiken Vorstellung vom 'guten Gewissen' in Hinblick auf die reflexive Wendung σύνοιδα ἐμαυτῷ als nicht
verifizierbar gelten.

So haben wir es beim spezifisch moralischen Verständnis
also immer mit dem Bewußtsein bzw. Nichtbewußtsein einer
negativen Tat zu tun, die entweder durch ein Partizip, ein
Substantiv oder durch beides bezeichnet werden kann. Das

---

38  Aristoph Eq 184; Thes 475-477; Eur Or 396; Xenoph An I,3,10; II,5,7;
    Ap 24; Isoc Demon 16; Demosth Or 18,263; Philemon 229; Diod Sic
    4,38,3; 17,106,2.

39  Diog Apoll bei Stob III,24,14; Socr ebd. 13; Plat Resp I,331a; Xenoph
    Cyrop I,6,4; Isoc Nicocl 59; Philippus 79; Antiph bei Stob III,24,7;
    Polyb IV,86.

40  Mit C.Maurer, aaO., S.899; B.Snell, aaO., S.27.

41  C.A.Pierce, aaO., S.22-29; 132-137, wo er einige Stellen zu Unrecht
    unter 'Moral' anführt, so z.B. Plat Resp 607c; Symp 216b; Eur Med
    495.

42  C.A.Pierce, aaO., S.132, Ex. 6-8.

Partizip steht - in Rückbeziehung auf das Subjekt - meist im
Nominativ[43], manchmal auch - in Rückbeziehung auf das Refle-
xivum - im Dativ[44] und wird ohne Angabe eines Objekts verwendet, wenn das Verb selbst schon die negative Qualität der
Handlung bezeichnet, so bei Xenoph An I,3,10 ἐψευσαμένος;
An II,5,7 παρημεληκώς (die Eide); Cyrop I,6,4 ἀμελήσας (die
Götter); Isoc Phil 79 ἐξαμαρτάνων oder Demosth Or 18,263
ἀδικοῦντι. Handelt es sich hingegen um ein neutrales Verb wie
ἐργάζομαι, ποιέω oder διαπράσσω, wird die Tat meist durch ein
im Akkusativ angegebenes Substantiv eindeutig qualifiziert,
vgl. Eur Or 396 δείν' εἰργασμένος; Isoc Demon 16 αἰσχρὸν
ποιήσας und Philemon 229 φαῦλα διαπεπραγμένῳ. Häufig wird
dann jedoch auf das neutrale Verb verzichtet, so daß dem σύνοιδα ἐμαυτῷ nur noch das Objekt der Handlung im Akkusativ
folgt: ἀδίκημα, Antiph bei Stob III,24,7; ἄδικον, Plat Resp
I,331a; ἀσέβειαν καὶ ἀδικίαν, Xenoph Ap 24; δεινά, Aristoph
Thes 476/7; κακόν (sg. oder pl.), Aristoph Thes 475, Diog
Apoll bei Stob III,24,14, Isoc Nicocl 59 und dem entsprechend,
ironisch καλόν, Aristoph Eq 184; ἄτοπον, Socr bei Stob III,
24,13; ἁμαρτίαν, Diod Sic 4,38,3; ὕβρεις, Diod Sic 17,106,2.

Ist die Qualität der Handlung, deren man sich bewußt bzw.
nicht bewußt wird, vom Zusammenhang her eindeutig, kann auf
die konkrete Nennung des Objekts verzichtet werden[45], so bei
Isoc Demon 16; mit μηδέν, Polyb IV,86,5; mit τοῦτο, Aristoph
Vesp 999; bei dem Sophokles-Fragment, fr 845 (Nauck), das
aber möglicherweise unvollständig überliefert ist[46]. Es sei
schon jetzt darauf hingewiesen, daß der einzige Beleg bei
Paulus für die reflexive Wendung dieser Gruppe zuzuordnen
sein wird: οὐδὲν γὰρ ἐμαυτῷ σύνοιδα (1.Kor 4,4).

Wenn auch die verkürzten Wendungen häufiger vertreten sind,
wird doch der gemeinsame Grundgedanke am klarsten in den voll-
ständigeren Belegen, die sowohl das Partizip als auch das

---

43  Eur Or 396; Xenoph An I,3,10; II,5,7; Cyrop I,6,4; Isoc Demon 16;
    Philippus 79.

44  Demosth Or 18,263; Philemon 229.

45  C.A.Pierce, aaO., S.24ff; 136, Ex 33-35.

46  Auch das später noch zu besprechende Menander-Fragment, fr 522 (Körte),
    bzw. 632 (Kock), das bei Stob III,24,3 überliefert ist: ὁ συνιστορῶν
    αὐτῷ τι, was ὁ συνειδὼς ἑαυτῷ τι entspricht, ist hier einzuordnen.

Objekt der Handlung angeben, festgehalten. Bei den hier besprochenen Varianten der reflexiven Wendung geht es jeweils
um das eigene Bewußtsein selbst vollbrachter Handlungen[47],
was auch für das Verständnis der von σύνοιδα abgeleiteten
Substantive τὸ συνειδός und ἡ συνείδησις konstitutiv sein
wird.


   2. Syneidos, syneidesis u.a.

   a) Syneidos, syneidesis vom 5.-3.Jh.v.Chr.

   Von dem reflexiv und nichtreflexiv gebrauchten σύνοιδα
leiten sich die Nomina ἡ συνείδησις und τὸ συνειδός ab,
wobei ersteres als Verbalsubstantiv wie auch εἴδησις[48]
ionischer, letzteres hingegen als das substantivierte Partizip attischer Abstammung ist[49]. Abgesehen davon, "daß das
Neutrum des Partizip (!) dem griechischen Sprachsinne mehr
zusagte"[50], läßt sich in der Bedeutung beider Begriffe kein
Unterschied ausmachen. Während die verbale Wendung seit dem
ausgehenden 5.Jh.v.Chr. in den verschiedenen Varianten häufig
belegt werden konnte, finden sich die beiden abgeleiteten
Substantive in der Zeit vom 5. bis zum 3.Jh. v.Chr. nur ganz
vereinzelt und nie in der Bedeutung "Gewissen" als dem auf
eigene Taten ausgerichteten, moralisch beurteilenden Bewußtsein.

---

47   B.Snell, aaO., S.26f und O.Seel, aaO., S.316 haben in Hinblick auf
     die Untersuchung von F.Zucker mit Recht darauf hingewiesen, daß das
     vor allem bei Herodot im 5.Jh.v.Chr. mehrfach begegnende συγγιγνώ-
     σκεσθαι ἑαυτῷ eine ähnliche Funktion erfüllen kann wie σύνοιδα
     ἐμαυτῷ, so z.B. bei Hdt V,91,2: συγγινώσκομεν αὐτοῖσι ἡμῖν οὐ
     ποιήσασιν ὀρθῶς, "wir sind uns bewußt, daß wir es falsch angestellt
     haben". Hier wird allerdings "die Tat (nicht) moralisch gewertet",
     so B.Snell, aaO., S.27; im Anschluß auch C.Maurer, aaO., S.899.
     Als "wesentlichen Unterschied" zwischen beiden Verben bezeichnet es
     O.Seel, aaO., S.316, "daß mit συγγιγνώσκειν das ingressive Umschla-
     gen eines bisherigen Urteils in ein anderes bezeichnet wird: meist
     das jähe Zerreißen eines Schleiers von Beschönigung und Selbsttäu-
     schung und das schmerzliche Innewerden einer ganz anderen ... Wirk-
     lichkeit, während dem συνειδέναι in höherem Maße eine durative
     innere Spannung eignet".

48   B.Snell, aaO., S.23.

49   H.Böhlig, Das Gewissen bei Seneca und Paulus, S.11; H.Osborne, aaO.,
     S.172.

50   M.Kähler, aaO., S.31; vgl. auch H.Osborne, aaO.

Als ältester und relativ sicherer Beleg für ἡ συνείδησις
gilt das Demokrit-Fragment (fr 297, Diels) aus dem 5.Jh.v.
Chr.: ἔνιοι θνητῆς φύσεως διάλυσιν οὐκ εἰδότες ἄνθρωποι, συνειδήσει δὲ τῆς ἐν τῷ βίῳ κακοπραγμοσύνης, τὸν τῆς βιοτῆς
χρόνον ἐν ταραχαῖς καὶ φόβοις ταλαιπωρέουσιν, ψεύδεα περὶ τοῦ
μετὰ τὴν τελευτὴν μυθοπλαστέοντες χρόνου. W.Nestle[51] übersetzt zwar: "Manche Menschen, die von der Auflösung der sterblichen Natur nichts verstehen, aber über ihr böses Leben ein
schlechtes Gewissen haben, bringen ihre Lebenszeit in Bangig-
keit und Angst elend hin, indem sie allerlei lügnerische
Fabeln über die Zeit nach dem Tode aushecken", und versteht
damit wie auch andere[52] συνείδησις schon hier im moralischen
Sinne. Hingegen ist der Begriff aber weder moralisch[53] noch
überhaupt reflexiv, sondern vielmehr als "das schlichte Mitwissen oder die Erfahrung um die notvolle Situation des Lebens"[54], das "Wissen um die Unseligkeiten im Leben"[55] zu
deuten! "κακοπραγμοσύνη wäre dann dasselbe wie κακοπραγία.
Jedenfalls steht hier συνείδησις im Gegensatz zum voraufgehen-
den εἰδότες und hat etwa die gleiche Bedeutung wie das Simplex εἴδησις"[56].

Als nächste Belege kämen erst wieder zwei Menander zuge-
schriebene Monosticha in Frage, fr 597 und 654 (Meinecke III)
bzw. fr 81 und 107 (Jäkel), die fast gleich lauten: ἅπασιν
ἡμῖν ἡ συνείδησις θεός (fr 597) und βροτοῖς ἅπασιν ἡ συνείδησις θεός. H.Reiner sieht darin "die grundsätzliche Funktion der συνείδησις als Gewissen durch ihre Anerkennung als
autoritative Instanz (hervortreten)"[57]. Bei nicht klar aus-

---

51  W.Nestle, Die Vorsokratiker, S.158, fr 36.

52  Vgl. F.Zucker, aaO., S.4, Anm.4; J.Stelzenberger, Die Beziehungen
    der frühchristlichen Sittenlehre zur Ethik der Stoa, S.200; Syneide-
    sis im NT, S.30; C.A.Pierce, aaO., S.34, Anm.1; M.Class, aaO., S.4;
    H.Diels, Die Fragmente der Vorsokratiker, Bd.II, S.206f: "die ... im
    Bewußtsein ihrer schlechten Handlungsweise im Leben sind".

53  Vgl. auch H.Osborne, aaO., S.171: "Consciousness in the most general
    sense ... it has no ethical implication".

54  C.Maurer, aaO., S.900, Anm.14.

55  H.R.Schwyzer, Bewußt und unbewußt bei Plotinus, S.353.

56  Ebd.

57  H.Reiner, Artikel: Das Gewissen, Historisches Wörterbuch der Philo-
    sophie, III, S.575.

zumachendem Sinn der Fragmente ist jedoch eher den Forschern
recht zu geben, die die spezifische Bedeutung "Gewissen"[58]
ablehnen und συνείδησις im weiteren Sinne von "Bewußtsein"[59]
oder, wie H.R.Schwyzer, "Bewußtsein des eigenen Wertes"[60]
angeben. So folgert C.Maurer[61] zutreffend: "Es ist kaum die
geläufige Ansicht aufzunehmen, daß das Gewissen hier als von
Gott stammend oder als von göttlicher Art bezeichnet wird.
Vielmehr ist θεός prädikativ zu verstehen. Ist es vielleicht
ein Spottvers über einen hereingefallenen unbelehrbaren Bes-
serwisser? Dann wäre zu übersetzen: Allen Sterblichen ist
eben ihr eigenes Wissen (Selbstbewußtsein) ihr Gott". Dem ist
aber noch hinzuzufügen, daß die Monosticha mit großer Wahr-
scheinlichkeit unecht sind und von daher selbst bei der Bestimmung der συνείδησις im Sinne von 'Gewissen' als Beleg
des ausgehenden 4.Jh.v.Chr. ausscheiden[62].

Als drittes ist noch das bei Diogenes Laertius VII,85 (SVF
III 178) überlieferte Zitat des Stoikers Chrysippus aus dem
3.Jh.v.Chr. zu nennen: Φησὶν ὁ Χρύσιππος ἐν τῷ πρώτῳ περὶ
τελῶν, πρῶτον οἰκεῖον λέγων  εἶναι παντὶ ζῴῳ τὴν αὐτοῦ σύστα-
σιν καὶ τὴν ταύτης συνείδησιν, "... jedem Lebewesen ist zunächst sein Zustand eigentümlich und das Bewußtsein seines
Zustandes". Da bei παντὶ ζῴῳ die Tiere eingeschlossen sind,
kann natürlich wieder nicht das moralisch verstandene "Gewissen"[63] oder das reflektierte "Selbstbewußtsein", sondern
allein ein "instinktive(s) Bewußtsein um das eigene Leben"[64]
gemeint sein. Aber auch diese Stelle muß als Beleg wohl aus-

---

58  Gegen Liddell a. Scott, Artikel: Συνείδησις, S.1704; W.Bauer, Artikel:
    Συνείδησις, Wörterbuch zum NT, Sp.1557.

59  M.Kähler, aaO., S.43.

60  H.R.Schwyzer, aaO., S.353.

61  C.Maurer, aaO., S.901.

62  Mit M.Kähler, aaO., S.30, Anm.1; S.43; H.Osborne, aaO., S.171;
    vgl. aber dagegen H.Reiner, aaO., S.575, Anm.13.

63  Mit C.A.Pierce, aaO., S.14; C.Clemen, Artikel: Gewissen, RGG[2] II,
    Sp.1164; W.D.Davies, Artikel: Conscience, Interpreter's Dictionary of
    the Bible, I, S.671; u.a.

64  M.Kähler, aaO., S.26.

scheiden, da - mit M.Pohlenz[65] - hier gar nicht συνείδησιν
sondern συναίσθησιν zu lesen ist.

So bleibt nur, auf zwei bei Joh.Stobaeus III,24,11.12
überlieferte Sprüche hinzuweisen, die - schon vom Ductus
und der Begrifflichkeit her gesehen - zu Unrecht den im 6.
Jh.v.Chr. lebenden 'Weisen' Bias und Periander zugeschrieben
wurden. Sie können wie auch der sogenannte Hippokrates-Brief
I erst im nächsten Abschnitt ausgewertet werden, denn auch
"dieser Brief ist nicht bloß unecht, sondern dürfte erst in
nachchristlicher Zeit abgefaßt sein"[66].

Wie für den frühen Zeitraum vom 5.-3.Jh.v.Chr. letztlich
also nur das Democrit-Fragment (fr 297) als eindeutiger Beleg übrigbleibt, in dem συνείδησις als 'Wissen' bzw. 'Mitwissen' verstanden wird, ist uns auch nur eine Stelle erhalten, an der das substantivierte Partizip τὸ συνειδός im 4.Jh.
v.Chr. erscheint: Demosthenes, Or 18,110, wo der Redner an
das "Mitwissen", das jeder Hörer "mit ihm" hat, und damit
an das "tätige Erinnerungsvermögen"[67] anknüpft: ὁμοίως παρ'
ὑμῶν ἑκάστῳ συνειδὸς ὑπάρχειν μοι. Damit stehen also die Substantive ἡ συνείδησις und τὸ συνειδός in den ältesten Belegen für die nichtreflexive Wendung σύνοιδά τινί τι. Eine
Wendung zum moralischen Verständnis im Sinne von 'Gewissen'
ist für die Zeit vom 5.-3.Jh.v.Chr. noch nicht nachzuweisen!

b) To (heauto) syneidenai und synesis

Allerdings gab es bis zum 1.Jh.v.Chr. nicht nur die eine
Möglichkeit, das 'Wissen' bzw. 'Bewußtsein' eigener Handlungen allein mit Hilfe der in Abschnitt I,1,b besprochenen
reflexiven Wendung zu umschreiben. So bekunden die beiden
Demosthenes-Stellen, Or 19,208.210, an denen der substantivierte Infinitiv τὸ (ἑαυτῷ) συνειδέναι wie τὸ συνειδός ver-

---

65  M.Pohlenz, Paulus und die Stoa, S.77, Anm.22; Grundfragen der
    stoischen Philosophie, S.7; vgl. im Anschluß an ihn auch H.R.Schwyzer,
    aaO., S.355; C.Maurer, aaO., S.900.

66  H.R.Schwyzer, aaO., S.353.

67  C.Maurer, aaO., S.901.

wendet wird, einen Übergang zur Nominalbildung[68]: ἀσθενὲς
τὸ συνειδέναι πεπρακόσιν αὐτοῖς τὰ πράγματα ... ἐπελαμβάνετο
γὰρ αὐτῆς (sc. διανοίας) τὸ συνειδέναι.

Daneben kann auch das von συνίημι abgeleitete Nomen σύνεσις,
das nicht attischer, sondern wie συνείδεσις ionischer Abstammung ist[69], im Gegensatz zu seiner sonstigen Bedeutung - Verstand, Einsicht und Erkenntnis - schon bei Euripides den
späteren, reflexiven Sinn von συνείδησις annehmen. Denn wenn
Orest in der bereits erwähnten Stelle Eur Or 396 Menelaos
gegenüber als Grund seines Leidens angibt: ἡ σύνεσις, ὅτι
σύνοιδα δείν' εἰργασμένος, dann darf σύνεσις zwar nicht als
'Gewissen' im streng moralischen und affektiven Sinn verstanden werden - was ja genauso für die frühe Verwendung von σύνοιδα ἐμαυτῷ gilt -, wohl aber reflexiv als 'Wissen' und 'Bewußtsein' einer eigenen Handlung, die im folgenden als eine
"schreckliche Tat" noch näher bestimmt wird.

Für das Menander-Fragment, fr 522 (Körte) bzw. fr 632
(Kock) ist die mit συνείδησις synonyme Verwendung von σύνεσις
noch auffälliger: ὁ συνιστορῶν αὑτῷ τι, κἂν ᾖ θρασύτατος, ἡ
σύνεσις αὐτὸν δειλότατον εἶναι ποιεῖ. Wenn hier gesagt wird,
daß derjenige, "der etwas auf dem Gewissen hat", auch bei
kühnstem Auftreten von seiner σύνεσις feige gemacht wird,
legt sich - entsprechend der absoluten Formulierung der verbalen Wendung - auch für σύνεσις die Wiedergabe mit "sein
schlechtes Gewissen" nahe. Das braucht allerdings nicht zu
verwundern, weil wir es auch bei diesem von Joh.Stobaeus
überlieferten Spruch (III,24,3) höchstwahrscheinlich nicht
mit einem authentischen Zitat Menanders zu tun haben[70], zumal dieser σύνεσις sonst einheitlich als "Verstand" und
"Einsicht" versteht[71]. Zur Zeit des Joh.Stobaeus aber (5.Jh.
n.Chr.) werden die Substantive συνειδός, συνείδησις und
σύνεσις längst synonym zur Bezeichnung des Gewissens ge-

---

68  Mit C.Maurer, ebd.

69  Gegen F.Zucker, aaO., S.7; J.Stelzenberger, Beziehungen, S.209; mit
    B.Snell, aaO., S.24, Anm.1.

7o  H.Osborne, Synesis, S.10.

71  C.Maurer, aaO., S.901.

braucht, was auch durch den Wechsel in seinem Kapitel περὶ
τοῦ συνειδότος selbst bestätigt wird.

Auch bei Polybius XVIII,43,13 ist σύνεσις wieder im Sinne
von συνείδησις in ihrer späteren, spezifischen Ausprägung
als 'Gewissen' verstanden, wenn es dort heißt, daß kein Zeuge
so furchtbar und kein Ankläger so schrecklich sei wie das in
der Seele eines jeden einwohnende "Gewissen": οὐδεὶς γὰρ
οὕτως οὔτε μάρτυς ἐστὶ φοβερὸς οὔτε κατήγορος δεινὸς ὡς ἡ
σύνεσις ἡ κατοικοῦσ' ἐν ταῖς ἑκάστων ψυχαῖς. Da diese per-
sonifizierte Redeweise und primär negative Bestimmung des
absolut gebrauchten 'Gewissens' sonst erst um die Zeitenwende
und nicht schon im 2.Jh.v.Chr. üblich werden und die Bedeutung von σύνεσις in einer für diese Zeit überraschenden Weise
vom ursprünglichen Sinn abweicht[72], kann man mit C.Maurer[73]
erwägen, ob es sich nach Kontext und Inhalt vielleicht um
einen späteren Zusatz handelt.

Das vierte und letzte[74] Beispiel für die Verwendung von
σύνεσις im Sinne von συνείδησις stammt von dem Historiker
Herodian aus dem 3.Jh.n.Chr. In IV,7,1 wird über Caracalla
gesagt: ὑπὸ τῆς τῶν ἔργων συνέσεως ἐλαυνόμενος, "... vom Bewußtsein seiner (scil. schlechten) Taten getrieben".

So findet sich also für die Verwendung von σύνεσις im Sinne
des 'auf eigene Taten bezogenen Bewußtseins' bei Eur Or 396
ein Beispiel aus dem 5.Jh.v.Chr. - lange bevor συνείδησις in
dieser reflexiven Bedeutung nachweisbar ist. Später, wahrscheinlich um oder nach der Zeitenwende, kann σύνεσις gelegentlich sogar synonym zu συνειδός und συνείδησις in dem
spezifischen Sinne von 'Gewissen' gebraucht werden.

---

72  Vgl. H.Osborne, Synesis, S.9f; M.Kähler, aaO., S.48.

73  C.Maurer, aaO., S.901, Anm.16.

74  Philostratus, Vit Ap VII,4 ist mit H.R.Schwyzer eher mit "Einsicht"
    als mit "Gewissen" = συνείδησις zu übersetzen; F.C.Conybeare, Philo-
    stratus, The Life of Apollonius II, S.157; E.Baltzer, Philostratus,
    Apollonius von Tyana, S.286 geben ξύνεσις hier mit "Intelligenz"
    wieder.

c) Syneidos, syneidesis vom 1.Jh.v.Chr. an

In der Profangräzität sind uns Belege für die Verwendung
von συνείδησις erst wieder vom 1.Jh.v.Chr. an erhalten, zunächst bei dem Philosophen Philodemus und den Historikern
Dionysus von Halicarnassos und Diodorus Siculus. Dabei nimmt
συνείδησις häufig die von der reflexiv-verbalen Wendung geläufige Bedeutung an: Das Bewußtsein, das rational oder
affektiv die eigenen Taten moralisch oder auch unabhängig
von sittlichen Kriterien verurteilt oder gutheißt.

Im Normalfall ist dem Substantiv συνείδησις ein Genitivobjekt beigeordnet, das die Tat selbst eindeutig charakterisiert oder auf den vom Kontext her geklärten Sachverhalt verweist; so bei Philodem Philos fr 11,5 (Rh II,140,5): διὰ τὴν
τοῦ τοιούτου βίου συνείδησιν, "weil sie sich eines solchen
(scil. moralisch verwerflichen) Lebens bewußt sind"; oder
Diod S 4,65,7: διὰ τὴν συνείδησιν τοῦ μύσους εἰς μανίαν
περιέστη, "wegen des Bewußtseins seines Verbrechens geriet
er in Wahnsinn". Vor allem bei dieser - an die Beschreibung
von Eur Or 396ff erinnernden - Stelle ist die συνείδησις
des Muttermörders Alkmäon wegen der moralischen Relevanz und
der ganzheitlichen, den affektiven Bereich einschließenden
Erfahrung eindeutig als 'Gewissen' zu verstehen.

Der Inhalt des 'Bewußtseins' kann aber auch ausführlicher
durch einen ὅτι-Satz angegeben werden, wie bei dem wohl ebenfalls moralisch zu wertenden Beleg Dion Hal Ant Rom VIII,1,3:
ἐτάραττε δ' αὐτὸν ἡ συνείδησις, ὅτι πλειστάκις κατὰ τὰς μάχας
δεινὰ δεδρακὼς ἦν αὐτούς, wo Koriolan, als er im Begriff ist,
zu den Volskern zu fliehen, durch die συνείδησις an seine
furchtbaren Kriegstaten gegen sie erinnert und beunruhigt
wird.

Die Übertragung der Qualität der erinnerten Handlung auf
die συνείδησις selbst begegnet ebenfalls bei Dionysius, Ant
Rom VIII,48,5: συνείδησις ἄδικος καὶ ἀνόσιος, "das unheilige
und ungerechte Gewissen". Diese verkürzende und uneigentliche
Redeweise wird sich später noch mehrmals finden.

Schließlich sei auch noch auf Dion Hal de Thuc Iud 8,3
hingewiesen[75]: τὸ μηδὲν ἑκουσίως ψεύδεσθαι μηδὲ μιαίνειν τὴν
αὐτοῦ συνείδησιν, "nicht freiwillig lügen, nicht das eigene
Gewissen beflecken". Hier steht - in Parallele zu der Aussage

des Paulus in 1.Kor 8,7 - die 'Befleckung der συνείδησις'
für die der ganzen Person, weil dieses auf eigene Handlungen
bezogene kritische Bewußtsein zur Instanz der Verantwortlichkeit wird. Damit kann mit συνείδησις die Person selbst als
eine verantwortliche bzw. auch schuldige bezeichnet werden.
Insofern spricht H.Reiner hier mit Recht von der συνείδησις
als dem "Inneren" des Menschen: "Die Auffassung von συνείδησις
als zu eigenem Verhalten sittlich stellungnehmendem Bewußtsein kann auch übergehen in die von einem Bewußtsein, das
seinerseits - durch sich selbst oder durch äußere Instanzen
- sittlich beurteilt wird. Dann ist συνείδησις das Bewußtsein
als Inbegriff der Gedanken, Gesinnungen und Wollungen der
Menschen, kurz sein 'Inneres'"[76].

Noch deutlicher erscheint diese Vorstellung der συνείδησις
als dem 'Innern', dem Menschen selbst, in Abgrenzung zu äuße-
rem Schein und Tun in der jüngeren Stelle des Dositheus (wahrscheinlich 4.Jh.n.Chr.), wo der äußerlichen Verehrung der Götter mit Weihrauch deren Verehrung in der συνείδησις, dem 'Innern' oder dem 'Herzen', gegenübergestellt wird: θεοὺς σέβεσθαι,
οὐ λιβάνῳ, ἀλλὰ συνειδήσει.[77]

Aus dem für unsere Untersuchung relevanten Zeitraum bis
Ende des 1.Jh.n.Chr. läßt sich als Beleg für συνείδησις
noch ein Epiktet zugeschriebenes Fragment (fr 97, Schweigh.)
aus der apokryphen Melissa des Antonius anführen, das jedoch
wegen seiner schwachen Bezeugung, der wechselnden Verwendung
der bei Epiktet sonst nicht vorkommenden Begriffe συνείδησις
und συνειδός und des stark an Philo erinnernden Gedankengangs
von den meisten Forschern zu Recht einer späteren Zeit zugewiesen wird[78]. Dort erscheint die συνείδησις als der in uns
eingepflanzte Wächter, dem die Erwachsenen von Gott anver-

---

75  Die Stelle ist möglicherweise interpoliert, vgl. Liddell a. Scott,
    aaO., S.1704; Dionysius Halicarnaseus, Opuscula I, ed. H.Usener,
    L.Radermacher, Stuttgart, 1965 (=1899), S.335.

76  H.Reiner, aaO., S.576.

77  Ed.Böcking, § 17, S.23; vgl. auch M.Kähler, aaO., S.27.

78  Vgl. z.B. M.Kähler, aaO., S.39 u. Anm.1; J.H.Moulton - G.Milligan,
    The Vocabulary, S.604; A.Bonhöffer, Epiktet und das NT, S.97;
    F.Zucker, aaO., S.20; C.A.Pierce, aaO., S.13f.

traut werden, wie sie als Kinder von ihren Eltern einem Pä-
dagogen anvertraut wurden. Diesen Schutz soll man keinesfalls
verachten, um nicht zugleich Gott zu mißfallen und dem eigenen 'Gewissen' Feind zu werden: παῖδας μὲν ὄντας ἡμᾶς οἱ
γονεῖς παιδαγωγῷ παρέδοσαν, ἐπιβλέποντι πανταχοῦ πρὸς τὸ μὴ
βλάπτεσθαι· ἄνδρας δὲ γενομένους ὁ θεὸς παραδίδωσι τῇ ἐμφύτῳ
συνειδήσει φυλάττειν· ταύτης οὖν τῆς φυλακῆς μηδαμῶς καταφρονη-
τέον, ἐπεὶ καὶ τῷ θεῷ ἀπάρεστοι, καὶ τῷ ἰδίῳ συνειδότι ἐχθροὶ
ἐσόμεθα. Auffallend ist dabei die personifizierende Redeweise
von der συνείδησις als Erzieher und Wächter, die eindeutig
das bisher vorgefundene Verständnis einer conscientia consequens, das reflexive, der eigenen Tat folgende Bewußtsein,
überschreitet und die συνείδησις auch als conscientia antecedens, die führende und zukünftige Entscheidungen durch Mahnen
beeinflussende Instanz im Menschen, beschreibt. Auch die
direkte Rückbeziehung des Gewissens auf Gott oder das Göttliche war bis jetzt in keinem anderen Beleg gegeben. Denn
entgegen der Behauptung von C.A.Pierce[79] ist weder bei Xenoph
Cyr I,6,4; An II,5,7 und Eur Or 396 noch bei den Monosticha
des Menander (fr 597 und 656) eine göttliche Herkunft und
eine von daher abgeleitete absolute Autorität oder eine sonstige direkte Beziehung zum Göttlichen vorausgesetzt. Da das
Fragment nicht zuletzt gerade wegen dieser Aussage "in den
Umkreis des nachchristlich jüdischen Hellenismus anzusetzen"[80]
ist, darf für das profangriechische Verständnis bis zum 1.Jh.
n.Chr. also keine spezifisch philosophisch-religiöse Interpretation des Gewissens angenommen werden.

An einer anderen, genuinen Stelle[81] verwendet Epiktet
allerdings τὸ συνειδός einmal, aber nicht etwa im Sinne von
Gewissen. In Epict Diss III,22,94 spricht er vom Bewußtsein
bzw. Selbstbewußtsein, das dem Kyniker den Schutz gibt, den
die Herrscher durch Waffen erlangen[82]: τῷ Κυνικῷ ἀντὶ τῶν
ὅπλων καὶ τῶν δορυφόρων τὸ συνειδὸς τὴν ἐξουσίαν ταύτην παρα-
δίδωσιν.

---

79  C.A.Pierce, aaO., S.41; dagegen auch C.Maurer, aaO., S.900f.

80  Mit C.Maurer, aaO., S.901.

81  Mit H.Osborne, Syneidesis, aaO., S.169; F.Zucker, aaO., S.20.

82  Ähnlich A.Bonhöffer, aaO., S.156; H.Osborne, aaO., S.169; C.Maurer,
    aaO., S.902.

Für die Zeit bis zum Beginn des 2.Jh.n.Chr. ist jedoch
vor allem auf Plutarch hinzuweisen, der sowohl durch die relativ häufige Erwähnung des Begriffs τὸ συνειδός als auch
durch die Art der Beschreibung des Phänomens 'Gewissen' her-
ausragt. So beschreibt er in Tranq An 19(mor 476F-477A), wie
es von Joh Stob III,24,15 in seinem Kapitel περὶ τοῦ συνειδότος aufgenommen wird, das Reue wirkende Gewissen als eine
unstillbare Wunde im Fleisch der Seele, οἷον ἕλκος ἐν σαρκὶ
τῆς ψυχῆς τὴν μεταμέλειαν αἱμάσσουσαν ἀεὶ καὶ νύσσουσαν
ἐναπολείπει. Während die anderen Leiden vom Logos aufgehoben
werden können, wird die Reue gerade von ihm selbst bewirkt,
τὰς μὲν γὰρ ἄλλας ἀναιρεῖ λύπας ὁ λόγος, τὴν μετάνοιαν αὐτὸς
ἐργάζεται. Die mit Scham verletzte und gezüchtigte Seele, die
mehr gequält wird als es bei allen äußerlichen Leiden durch
Hitze oder Frost möglich ist, hört als die Stimme des Gewissens: "niemand anders ist schuld daran als ich selbst", οὔ
τις ἐμοὶ τῶν ἄλλος ἐπαίτιος, ἀλλ' ἐγὼ αὐτός. Daß die Stimme
aus dem Innern des Menschen selbst kommt (ἔνδοθεν ἐξ αὐτοῦ),
macht den Schmerz (τὸ ἀλγεινόν) nur noch heftiger und uner-
träglicher.

Zwar ist diese Schilderung wohl an die des Euripides, Or
396f angelehnt, die Art aber der Darstellung des Gewissens
mit seiner anklagenden, den Schuldigen behaftenden Stimme,
die die Seele in derartige Leiden bringt und züchtigt, begegnet uns im profangriechischen Raum hier zum ersten Mal.

Dieses moralische Verständnis des Gewissens als Ankläger,
als Elenchus, der schlagend und quälend den Schuldigen seiner
Tat überführt, ist auch in Publ 4,5 vorauszusetzen, wenn es
dort heißt: ἐλαυνόμενος τῷ συνειδότι τοῦ πράγματος.

In mor 84 D schreibt Plutarch, daß der Vollkommene in Hinblick auf sein Vorbild durch das "Bewußtsein" seines Mangels
zernagt und zugleich durch die Hoffnung und das Verlangen
erfreut wird, ἅμα τῷ συνειδότι τοῦ ἐνδεοῦς δακνόμενος, καὶ
δι' ἐλπίδα καὶ πόθον χαίρων. Auch hier ist τὸ συνειδός als
kritisches Bewußtsein eigener Taten lediglich auf die Vergangenheit gerichtet, also - wenn überhaupt - im Sinne der
conscientia c o n s e q u e n s zu verstehen. Die Hoffnung
und das Verlangen, in Zukunft das vollkommene Ziel zu erreichen, sollen trotz des "Bewußtseins des Mangels" zugleich
mit diesem aufkommen. Hoffnung und Verlangen, Weisung und

Ermahnung sind bei Plutarch aber gerade nicht im συνειδός
selbst als der conscientia antecedens begründet. Zu dieser
Stelle muß allerdings mit M.Kähler noch eingeräumt werden,
daß weder der "Mangel" selbst noch das "Bewußtsein" von ihm
als ausschließlich moralisch bestimmt werden können, zumal
"die angezogenen Vorbilder augenscheinlich eher Muster im
Ehrgeize als im Tugendeifer sind"[83].

In Ser Num Vind 21 (mor 556 A) ist nochmals von τὸ συνειδός als 'Gewissen' die Rede. Die Seele überlegt sich, wie
sie die "Erinnerung der Ungerechtigkeiten" abstoßen und das
"Gewissen" aus sich herauswerfen und reinwerden kann, um von
neuem ein anderes Leben zu leben: πῶς ἂν ἐκβᾶσα τῆς μνήμης
τῶν ἀδικημάτων καὶ τὸ συνειδὸς ἐξ ἑαυτῆς ἐκβαλοῦσα καὶ καθαρὰ
γενομένη βίον ἄλλον ἐξ ἀρχῆς βιώσειεν. Durch die Parallelisierung des μνήμης τῶν ἀδικημάτων und des absolut gebrauchten τὸ συνειδός wird besonders deutlich, daß Plutarch
mit συνειδός nicht nur das zunächst neutrale 'Bewußtsein der
Taten', sondern schon konkret das 'Gewissen' als 'conscientia
consequens' bezeichnet, wobei bei ihm der moralische Aspekt
des Gewissens meist, der affektiv-existentielle durchweg vorauszusetzen ist.

Obwohl mit dem Anfang des 2.Jh.n.Chr. der für die Voraussetzungen des Gewissensverständnisses bei Paulus relevante
Bereich bereits erfaßt ist, soll die weitere Begriffsgeschichte noch anhand einiger Belege angerissen werden.

In Kontinuität zur bisherigen Entwicklung wird die συνείδησις auch weiterhin als das spezifisch moralische, meist
'schlechte Gewissen' begriffen, das den Übeltäter "straft",
"züchtigt" und "bedrängt"; so im 2.Jh.n.Chr. Vett Val 210,1:
κολαζομένους κατὰ συνείδησιν, und Pap Ryl 116,9 (194 n.Chr.):
θλειβομένη τῇ συνειδήσει περὶ ὧν ἐνοσφίσατα: sie wurde bedrängt von dem "Bewußtsein" der Dinge, die sie geraubt hatte,
d.h. von ihrem "schlechten Gewissen".

Der absolut gebrauchte Begriff ἡ συνείδησις wird auch ohne
Angabe des die negative Handlung bezeichnenden Objekts eindeutig als das 'Gewissen' verstanden, womit häufig nicht nur

---

83  M.Kähler, aaO., S.25, Anm.1.

das akute, auf eine bestimmte Tat bezogene 'Bewußtsein' gemeint ist, sondern auch objektivierend die Instanz 'Gewissen',
vor der sich z.B. nach Pap BGU IV 1024,3,7 (4.Jh.n.Chr.) der
Führer "scheuen" bzw. "fürchten" soll: ὁ ἡγεμών αἰδέσθητι...
τὴν συνείδησιν. Entsprechend versteht sich die Warnung einer
Grabinschrift von Thyatira: εἰ δέ τις ἐναντίον ποιήσει τούτων,
τὸν κρίνοντα ζῶντας καὶ νεκροὺς θεὸν κεχολώμενον ἔχοιτο, καὶ
τὴν ἰδίαν συνείδησιν, wenn jemand gegen diese (Anweisungen)
handeln wird, der soll den Zorn des Gottes, der die Lebendigen
und die Toten richtet, gegen sich haben, und sein eigenes "Gewissen", (Ath Mitt 24, 237). Hier wird also das 'Gewissen' als
die interne Instanz des Richtens und Strafens neben Gott selbst
als externer und transzendenter Instanz des endgültigen Gerichtes genannt, ohne daß von einer Beziehung zwischen beiden
oder gar von deren Idendität geredet wird. Daß sich etwa das
göttliche Gericht oder die göttliche Stimme im 'Gewissen' voll-
ziehe bzw. offenbare, wird dabei gerade nicht vorausgesetzt.
Mit C.A.Pierce[84] ist diese Grabinschrift nach der Zeitenwende
anzusetzen, sicher handelt es sich um ein christliches Grab.

Daneben erscheint im 2.Jh.n.Chr. erstmalig das explizit
'gute Gewissen', das im Neuen Testament in den Acta, den Pastoralbriefen, dem Hebräerbrief und 1.Petrusbrief so zahlreich
zitiert worden ist. Dabei steht der Aspekt des Gewissens als
'Bewußtsein' bzw. 'Bewußtseinszustand' häufiger im Vordergrund
als der der 'Instanz'. Zudem wird die schon bei Dion Hal antiq
VIII,48,5 begegnende Qualifizierung des Gewissens mit Hilfe des
der Tat entsprechenden Attributes immer geläufiger. So kann das
'Bewußtsein guter Taten' oder auch das 'Bewußtsein der Abwesenheit schlechter Taten' mit dem Attribut ἀγαθός bezeichnet
werden, wie bei Heliodorus Aeth VI,7, μετὰ ἀγαθοῦ τοῦ συνειδότος und Pausanias VII,10,10 ὑπὸ συνειδότος ἐπαρρησιάζετο
ἀγαθοῦ, wo die Zuversicht als Folge des von Übertretungen
freien Gewissens gesehen wird. Entsprechend finden sich bei
Herodian VI,3,4 ἔκ τε τῆς ἀγαθῆς συνειδήσεως Unverzagtheit
und Hoffnung, ἔχει τὸ θαρραλέον...ὑπάρχει τὸ εὔελπι . Joh Stob
schreibt III,24,12 Periander - freilich auch hier zu Unrecht -

---

84  Zur Begründung s. C.A.Pierce, aaO., S.72f, Anm.2.

die Aussage zu, daß die Freiheit in einem "guten Gewissen" bestehe: Περίανδρος ἐρωτηθείς, τί ἐστιν ἐλευθερία, εἶπεν· ἀγαθὴ συνείδησις.

- Vereinzelt dienen aber auch andere Adjektive wie ὀρθός, καλός oder καθαρός der Bezeichnung des 'guten Gewissens'. So läßt Joh Stob im vorausgehenden Zitat III,24,11 Bias fragen, was von den lebensgemäßen Dingen ohne Furcht sei, und darauf antworten: ein "richtiges Gewissen", Βίας ἐρωθείς, τί ἂν εἴη τῶν κατὰ τὸν βίον ἄφοβον, εἶπεν· ὀρθὴ συνείδησις. In dem Privatbrief Pap Reinach 52,5 (3.-4.Jh.n.Chr.) ist von dem καλὸν συνειδός die Rede: ihr aber habt es versäumt, Rechenschaft zu geben, vielleicht weil ihr kein gutes Gewissen habt, ὑμεῖς δὲ ἠμελήσατε ἴσως οὐ καλῷ συνειδότι χρώμενοι, und in Pap Osl II,17,10 fragt ein στρατηγός die Angeklagten, warum sie, wenn sie ein reines Gewissen hätten, bis zur öffentlichen Ausschreibung vermißt geblieben und nicht zur Untersuchung des Falles erschienen seien, εἰ καθαρὰν εἴχετε συνείδησιν, διὰ τί ζητηθέντες ἐπὶ τῆς διαγνώσεως τοῦ πράγματος οὐκ ἐφάνητε ἕως προγράφητε; Diese letztgenannte Stelle aus Ägypten gilt als der älteste Beleg für das 'gute Gewissen' im profangriechischen Bereich, stammt aber erst aus dem Jahr 136 n.Chr.[85] und ist damit jünger als die neutestamentlichen Belege.

Marc Aurel verwendet die Substantive συνείδησις und συνειδός überhaupt nicht, spricht aber in Ad te ipsum VI,30 von demjenigen, der durch das Bewahren der Reinheit ein "gutes Gewissen" hat, mit Hilfe des Kompositums εὐσυνείδητος.

Die Übertragung der Qualifikation der Handlung auf das Bewußtsein selbst läßt sich allerdings nicht nur für das 'gute', sondern auch für das 'schlechte Gewissen' belegen, so daß wie bei Dion Hal vom ἄδικος und ἀνόσιος auch vom κακός oder ἀπρεπής charakterisierten Gewissen gesprochen werden kann, so bei Pap Oxy III,532,23 (2.Jh.n.Chr.) vom "schlechten", ὑπὸ κακοῦ συνειδότος κατεχόμενος[86], und bei Ps Lucian amor 49 vom "unziemlichen", ἀπρεποῦς συνειδήσεως.

Während bisher alle angeführten Stellen das Verständnis von

---

85  Mit C.Maurer, aaO., S.901.
86  Vgl. Sap 17,11: συνεχομένη τῇ συνειδήσει.

συνείδησις bzw. συνειδός als des moralischen Gewissens – im
Sinne einer 'Instanz' oder eines 'Bewußtseinszustandes',
eines 'schlechten' oder auch 'guten Gewissens' – voraussetzen,
finden sich bemerkenswerterweise auch in dieser Spätzeit der
Begriffsgeschichte einzelne Belege für den älteren, nichtmo-
ralischen, sogar nichtreflexiven Gebrauch. Bei Soranus, De
Gyn I,4,3 (CMG IV, S.5), 2.Jh.n.Chr., wird die Auffassung
referiert, daß die Hebamme selbst geboren haben sollte, damit
sie aufgrund ihres "Mitwissens" mit den Schmerzen mit den Ge-
bärenden mitfühlen könne, ἵνα συνειδήσει τῶν ἀλγημάτων ταῖς
τικτούσαις συμπαθῇ, und in Pap Par p 422,7 (2.Jh.n.Chr.) und
Pap Oxy I,123,13 (3.-4.Jh.n.Chr.) wird συνείδησις im Sinne
von "Nachricht", "Information" gebraucht, εὑρήσεις συνείδησιν
und συνείδησιν εἰσήνεγκαν τοῖς κολλήγαις αὐτῶν, "sie überbrachten die Nachricht ihren Kollegen". In dem bereits erwähnten Hippokrates-Brief I, der wohl auch aus nachchristlicher Zeit stammt[87], wird der Arzt von Artaxerxes gebeten,
das Heer von der Not der Epidemie ohne Unterlaß mit "gutem
Wissen", d.h. "guter Fachkenntnis", zu befreien, λῦε ταῦτα
πάντα μὴ διαλείψας ἀγαθῇ συνειδήσει[88].

Zusammenfassend läßt sich zum profangriechischen Gebrauch
des ionischen Verbalsubstantivs ἡ συνείδησις und des substantivierten Partizips τὸ συνειδός folgendes sagen: Für die Zeit
vom 5.-3.Jh.v.Chr. existiert nur je ein Beleg für ἡ συνείδησις bei Democrit fr 297 (Diels) in der Bedeutung 'Wissen'
und für τὸ συνειδός bei Demosthenes Or 18,110 in der Bedeutung 'Mitwissen'. Die beiden Monosticha von Menander, fr 597
und 654 (Meinecke III), verwenden zwar ἡ συνείδησις im Sinne
von 'Selbstbewußtsein', 'eigenes Wissen', sind aber nicht
authentisch, und bei dem von Diogenes Laert VII,85 überlieferten Chrysippus-Zitat ist συναίσθησιν statt συνείδησιν
zu lesen.

Um die Lücke zwischen dem 3. und dem 1.Jh. richtig ein-
schätzen zu können, muß man sich vergegenwärtigen, daß die
Literatur der hellenistischen Zeit weitgehend verlorenging,
da sie nicht attizistisch war.

---

87  Vgl. H.R.Schwyzer, aaO., S.353.

88  E.Littré, Bd.IX, S.312.

Vom 1.Jh.v.Chr. an finden sich dann zahlreiche Belege für
die Verwendung beider Substantive - meist zur Bezeichnung des
kritischen Bewußtseins eigener, negativer Handlungen nach
sittlichen Maßstäben. Wo dies nicht nur im rein rationalen,
sondern auch affektiven, existentiellen Sinn beschrieben wird,
kann man es als 'schlechtes Gewissen' im spezifischen Sinne
verstehen. Im 1.Jh.v.Chr. ist ἡ συνείδησις bei Philodem Philos,
Diodorus Sic und vor allem bei Dionysius Hal belegt. Während
Epiktet im 1.Jh.n.Chr. συνείδησις überhaupt nicht verwendet
- fr 97 ist wohl unecht - und συνειδός nur einmal im Sinne
von 'Selbstbewußtsein' (Diss III,22,94), gebraucht Plutarch
letzteres auffallend oft in der Bedeutung 'Gewissen', der
'conscientia consequens'.

Im nachneutestamentlichen Bereich setzt sich die Charakterisierung der Substantive mit Hilfe qualifizierender Adjektive zunehmend durch, und es häufen sich zudem Beschreibungen
des 'guten Gewissens', während vorher lediglich vom Vorhandensein oder auch Nichtvorhandensein des 'schlechten Gewissens' die Rede war. Gleichzeitig entwickelt sich das Verständnis von der συνείδησις als dem akuten, auf einzelne Taten bezogenen 'Gewissen' einerseits zu dem der Instanz in objektivierender, zuweilen personifizierender Redeweise, andererseits
zu dem des dauerhaften Bewußtseinszustands.

Neben diesen Nuancierungen der beiden Substantive als
'Instanz' oder 'Bewußtseinszustand', als 'Schuldbewußtsein'
im affektiven oder rein rationalen Sinn, als 'gutem' oder
'schlechtem Gewissen' ist auch noch der davon prinzipiell zu
unterscheidende nicht-moralische bzw. sogar nichtreflexive
Gebrauch von τὸ συνειδός und vor allem von ἡ συνείδησις zu
beachten. Entsprechend der anhaltenden Bedeutungsvielfalt
des Verbs σύνοιδα können auch die Substantive bis zur Spätzeit anstelle von 'Gewissen' die Bedeutung 'Mitwissen', 'Nachricht', 'Kenntnis' oder 'Selbstbewußtsein' annehmen. Selbst
bei dem 'auf eigene Taten bezogenen kritischen Bewußtsein'
muß das affektive Moment durchaus nicht wie beim deutschen
Begriff 'schlechtes Gewissen' immer konstitutiv sein. In
jedem Fall ist aber bis zum 1.Jh.n.Chr. im profangriechischen
Bereich nur von dem 'nachfolgenden Gewissen', der conscientia
consequens, und noch nicht von dem leitenden und mahnenden
'vorangehenden Gewissen', der conscientia antecedens, die Rede.

d) Die Frage der Herkunft des Begriffes 'Syneidesis'

Wegen der häufigen diesbezüglichen Mißverständnisse soll
noch einmal explizit auf die Frage der Herkunft von ἡ συνείδησις eingegangen werden. Noch heute wird immer wieder behauptet, daß speziell der von Paulus aufgenommene Begriff συνείδησις "zuerst im stoischen Schrifttum erscheint"[89], "den
Stoikern (seine) Entstehung verdankt"[90], von der "mittleren
Stoa" eine "gewichtige Stelle in ihrem System eingeräumt bekommt"[91], in seiner prägnanten Bedeutung aus der stoischen
Popularphilosophie gekommen und (scil. von Paulus) genommen
ist"[92].

Dagegen wurde schon im letzten Jahrhundert von M.Kähler
in Hinblick auf den Gebrauch von συνείδησις darauf hingewiesen, "wie wenig er den griechisch schreibenden Stoikern geläufig war"[93]. So gibt es in der Tat für das Verbalsubstantiv ἡ συνείδησις nicht einen einzigen echten stoischen Beleg.
Chrysippus (Diog Laert VII,85) spricht, wie gesagt, von der
συναίσθησις und der einzige Epiktet-Beleg (fr 97) ist ver-
mutlich unecht. Letzterer gebraucht zwar ein Mal τὸ συνειδός
in Diss III,22,94, aber nicht in ethischer Bedeutung, sondern,
wie wir sahen, als 'Selbstbewußtsein'. Da schließlich auch
für Marc Aurel ἡ συνείδησις nicht belegt ist, sondern nur das
Kompositum εὐσυνείδητος (Ad te ipsum VI,30), sollte die sich
harthäckig haltende These, der Begriff ἡ συνείδησις sei für
die griechisch schreibenden Stoiker in irgendeiner Weise
spezifisch, endgültig aufgegeben werden. Entsprechend urteilt
auch A.Bonhöffer zutreffend: "Soweit die συνείδησις nur überhaupt das Bewußtsein bedeutet, welches der Mensch von sich
selbst, seinen Anlagen und Kräften, seinen Gedanken und Hand-

---

89  G.Jung, Syneidesis, Conscientia, Bewußtsein, S.528.

90  L.Schmidt, bei H.Böhlig, aaO., S.156, Anm.1, der dies ebenfalls
    bestreitet.

91  H.Böhlig, aaO., S.13; vgl. auch die Angaben über weitere Vertreter
    bei J.Stelzenberger, Syneidesis, S.34; C.A.Pierce, aaO., S.13ff.

92  J.Stelzenberger, Beziehungen, S.212.

93  M.Kähler, aaO., S.29; ähnlich auch A.Bonhöffer, aaO., S.156; C.A.
    Pierce, aaO., S.13; H.Osborne, Syneidesis, S.168.

lungen hat, ist den Stoikern, jedenfalls den späteren, das
Wort συναίσθησις oder παρακολούθησις (τῶν φαντασιῶν) viel
geläufiger. Das natürliche sittliche Gefühl, insbesondere
das Gefühl für das Anständige, bezeichnet Epiktet mit τὸ
ἐντρεπικόν oder τὸ αἰδῆμον (letzteres auch M.Aurel). Aber
auch diese Begriffe decken sich durchaus nicht mit dem neutestamentlichen, natürlich selbst wieder sehr vieldeutigen
Begriff συνείδησις; insbesondere aber hat der spezifisch
christliche (und jüdische) Sprachgebrauch, wonach das Wort
συνείδησις ohne nähere Bestimmung absolut ... gesetzt wird,
keine Analogie in der Stoa"[94].

Für die Substantive τὸ συνειδός und ἡ συνείδησις ist wie
bei der reflexiven Verbalform σύνοιδα ἐμαυτῷ und der Vorstellung des Phänomens 'Gewissen' überhaupt nicht von einer
spezifisch philosophischen, sondern vielmehr von einer volks-
tümlich-umgangssprachlichen Entstehung und Entfaltung auszugehen, was durch das häufige Vorkommen bei Tragikern, Komö-
diendichtern, Rednern und Historikern als eindeutig bewiesen
gelten kann. Von den Philosophen wurde der Begriff aus der
Umgangssprache aufgenommen. Erst in einer Zeit, in der Vorstellung und Begriff der συνείδησις völlig geläufig und teilweise auch durch den Kontakt mit der römischen Geisteswelt
stark modifiziert worden sind, wird zudem versucht, die volkstümlichen Begriffe und Sprichwörter auf die Weisen und Philosophen des alten Griechenlands zurückzuführen; so bei den
Pythagoras, Isokrates, Bias, Periander, Sokrates und Diogenes von Apollonia[95] zugeschriebenen Sprichwörtern und vielen anderen als apokryph erkannten philosophischen Zitaten.

Daher muß beim Stand der bisherigen Untersuchung davon
ausgegangen werden, daß Paulus den von ihm an 14 authentischen Stellen verwandten hellenistischen Begriff ἡ συνείδησις und die entsprechende in 1.Kor 4,4 angeführte reflexive
Wendung σύνοιδα ἐμαυτῷ nicht von der Stoa, sondern vielmehr
aus der hellenistischen Umgangssprache seiner Zeit übernommen haben wird[96].

---

94 A.Bonhöffer, aaO., S.156f.

95 Bei Joh Stob III,24, neben anderen in dieser Reihenfolge aufgeführt.

96 Ähnlich auch M.Kähler, aaO., S.29f; C.A.Pierce, aaO., S.16; H.Osborne,
aaO., S.173.

3. Das Phänomen 'Gewissen' vor der Ausprägung des Begriffes

Zum Schluß der begriffsgeschichtlichen Untersuchung soll nochmals gefragt werden, ob es vor der Ausprägung der Begriffe Umschreibungen oder andere Ausdrücke für das Phänomen 'Gewissen' gegeben hat, ob also die These von M.Class zutrifft, "daß fast immer eine ziemlich lange Entwicklung vorangeht, bis eine vorhandene Vorstellung ihren klar ausgeprägten Namen bekommt; was später zum 'Logos' wird, hat früher meist die Form des 'Mythos'"[97]. Allerdings kann in unserem Zusammenhang nur auf Phänomene eingegangen werden, die den Übergang vom mythischen und objektivierenden Denken zu dem den 'Gewissenskonflikt' als innerpersönlich und individuell erkennenden Bewußtsein signalisieren[98].

Oft wird gerade in dieser Beziehung zuerst an das in Platons 'Apologie' (31d) von Sokrates geschilderte Daimonion gedacht, die als etwas "Göttliches und Dämonisches", θεῖόν τι καὶ διαμόνιον, bezeichnete Stimme, die ihn von einem Verhalten abhält, aber niemals positiv zu einer Handlung antreibt: ἐμοὶ δὲ τοῦτ' ἔστιν ἐκ παιδὸς ἀρξάμενον, φωνή τις γιγνομένη, ἥ, ὅταν γένηται, ἀεὶ ἀποτρέπει με τοῦτο, ὃ ἂν μέλλω, πράττειν, προτρέπει δὲ οὔποτε.

Entsprechend führt J.Stelzenberger diese Stelle als beispielhafte Umschreibung für das "sittliche Wertgefühl, -bewußtsein und (das) funktionelle Gewissen"[99] an, und auch W.Kranz versteht das Daimonion als "moralisches Bewußtsein" und "Stimme des Gewissens"[100]. Dagegen ist aber mit M.Kähler, F.Zucker, M.Class und anderen einzuwenden[101], daß das Daimo-

---

97  M.Class, aaO., S.9.

98  Für die weiteren Zusammenhänge sei auf die Arbeit von M.Class verwiesen, in der darüber hinaus auch Belege für das erwachende Selbstbewußtsein und die inneren Konflikte überhaupt beigebracht werden.

99  J.Stelzenberger, Syneidesis, aaO., S.32.

100  W.Kranz, Die griechische Philosophie, S.120ff.

101  M.Kähler, aaO., S.86; F.Zucker, aaO., S.15; M.Class, aaO., S.6; C.Maurer, aaO., S.903.

nion des Sokrates sich gerade nicht mit der Vorstellung
deckt, die der verbalen Wendung σύνοιδα ἐμαυτῷ und den Sub-
stantiven τὸ συνειδός und ἡ συνείδησις zugrunde liegt. So
faßt M.Class die Argumente gegen die Identifikation treffend
zusammen: "Erstens tritt das Daimonion nie als 'böses Gewissen' nach einer schlechten Tat auf, es fehlt also gerade
die besondere Eigenschaft, die in der antiken Anschauung
vom Gewissen vorherrschend ist, und zweitens handelt es sich
bei Anlässen, an denen das daimonische Zeichen seine Warner-
stimme erhebt, überhaupt nicht um ethische oder moralische
Situationen im engeren Sinne, nicht um Gutes oder Böses,
sondern meistens um unbedeutende und oft recht belanglose
Ereignisse. Drittens darf das Daimonion auch deshalb nicht
als Gewissen schlechthin verstanden werden, weil es keine
allgemeinmenschliche Regung ist und somit auch von Sokrates
nicht für die sittliche Erziehung seiner Mitmenschen nutzbar
gemacht werden kann. Vielmehr ist es ganz wenigen, eigentlich
nur dem Sokrates gegeben."[102].

Anders als beim Daimonion verhält es sich allerdings bei
der Vorstellung der Erinnyen, wie sie von den griechischen
Tragikern des 5.Jh.v.Chr. ausgeprägt wurde[103]. Diese Rache-
göttinnen, die sich etymologisch als Verkörperung der Rache
suchenden Seelen Ermordeter verstehen lassen, galten in
älterer Zeit als "die Hüterinnen der heiligen und naturge-
gebenen Ordnung schlechthin"[104]. Bei Homer hatten sie drei
verschiedene Funktionen: sie erschienen in "ordnungsbewah-
render und rechtserhaltender Tätigkeit"[105], wurden als Eides-
helferinnen bei Schwüren zur Bestrafung des Meineidigen angerufen und als Fluchgottheiten, die den einmal ausgesprochenen Fluch vollstrecken[106]. Bei Aischylos und im Anschluß
an ihn auch bei Euripides haben sie dann einen verengten

---

102  M.Class, aaO.

103  S. zum Folgenden vor allem die ausführliche Erörterung über die
     Erinnyen von M.Class, aaO., S.35ff; 48ff.

104  M.Class, aaO., S.51; vgl. auch M.Kähler, aaO., S.144.

105  Ebd.

106  AaO., S.52.

Wirkungsbereich, indem sie lediglich für den Vollzug der
Blutrache und die Verfolgung des Mörders zuständig sind.

Die Art, wie die ekelhaften, schwarzen Gestalten gleich
Bluthunden den Muttermörder Orestes aufscheuchen und bei
seiner Flucht unermüdlich verfolgen, erinnert in vielem an
die Beschreibung des 'schlechten Gewissens' aus hellenistischer Zeit[107]. So werden die Erinnyen im Augenblick der
Bluttat aus dem Dunkel der Erde "erweckt" und können wie das
Gewissen vom Täter fortan nicht "negiert, ignoriert, rück-
gängig gemacht oder zum Schweigen gebracht werden"[108]. Zwar
wirken die Erinnyen bei Aischylos eindeutig von außen und
werden nicht als Phantasiegestalten verstanden, doch sind
die Folgen der Aktion dieser noch mythisch-objektiviert
vorgestellten Rachegestalten mit ihren "wilden Bissen", dem
heißen Feuerbrand im Innern, den sich als "Krankheit" äu-
ßernden Leiden und dem schlafraubenden Bewußtsein der Tat
dem 'schlechten Gewissen' zu ähnlich, als daß jeder Zusammenhang bestritten werden könnte. "Eine weitere, sehr wichtige
Gemeinsamkeit im Wesen der Erinyen (!) und des Gewissens
besteht in der Funktion beider als mitwissender und erinnern-
der Zeuge einerseits und unerbitterlicher Richter andererseits. Die Erinyen stehen als Zeugen (Eum.318, μάρτυρες) auf
gegen den, der seine Blutschuld verdecken will. Niemals vergessen sie die begangene Freveltat, sondern sind immer κακῶν
μνήμονες (V.382/3). Das entscheidende Moment der Erinnerung,
das beim Gewissensvorgang ausschlaggebend ist, ... wird also
auch hier bei der mythischen Umschreibung durch die Erinyen
berücksichtigt"[109].

In dieser Funktion jagen und "treiben" die Erinnyen-Hunde
den ruhelosen Täter (Choeph 1062), wie man - nach Plut Publ
4,5 - von seinem Gewissen, dem Bewußtsein einer schlechten
Tat, "getrieben" wird (ἐλαυνόμενος).

Trotz all dieser Parallelen hält F.Zucker allerdings daran
fest, daß vor und während der Zeit der Tragödie die Überlie-

---

107 Im Anschluß an M.Class, aaO., S.58ff.
108 AaO., S.58.
109 AaO., S.59.

ferung nirgends "auf eine Spur von Gewissensbedenken vor und
von Gewissensqualen nach der Tat (führt). Es ist entscheidend
zu verstehen, daß die Erinyen nicht etwa Verkörperungen der
Gewissensqualen  sind, die die bildhafte Phantasie des mythischen Zeitalters geschaffen hätte"[110]. Dieser Vorbehalt mag
für Aischylos bedingt berechtigt sein, zumal man oft in Hinblick auf die phänomenologischen Parallelen zwischen den
Erinnyen und dem Gewissen die prinzipielle Differenz zwischen
objektivierendem, mythisch-religiösem Denken und dem aufgeklärten Selbstbewußtsein späterer Zeiten zu schnell vernachlässigt.

Bei Euripides aber haben wir es gerade mit dem aufgeklärten Tragiker zu tun, der im Unterschied zu Aischylos die Erinnyen nicht real, sondern als "krankhafte, emotionale Regung
in der Seele des Schuldigen"[111] versteht. Wenn Orest an der
schon oben besprochenen Stelle Or 396 auf die Frage des Menelaos nach seiner "Krankheit" (νόσος) angibt: ἡ σύνεσις ὅτι
σύνοιδα δείν' εἰργασμένος, dann ist zwar der Begriff σύνεσις
selbst noch nicht als 'Gewissen' zu übersetzen, wohl aber
im Zusammenhang mit der verkürzten reflexiven Wendung und
der in 398 folgenden Beschreibung der λύπη eindeutig als
das Phänomen des quälenden und zerstörenden 'schlechten Gewissens' im Innern des Menschen zu verstehen, das sich von
verobjektivierenden mythischen Vorstellungen allmählich löst.
In Hinblick auf Euripides ist deshalb auf jeden Fall den Forschern recht zu geben, die gegen F.Zucker in den Erinnyen
das Gewissen in objektivierender Redeweise beschrieben sehen,
so z.B. M.Kähler, B.Snell, M.Class und C.Maurer[112].

Von daher ist davon auszugehen, daß das Phänomen des inner-
persönlichen und subjektiv vorgestellten Gewissens von dem
Zeitpunkt an in der Literatur zu finden ist, in dem auch die
Verwendung des reflexiven Ausdrucks σύνοιδα ἐμαυτῷ in seiner
moralischen, d.h. auf eigene sittlich beurteilte Taten bezo-

---

110  F.Zucker, aaO., S.5.

111  M.Class, aaO., S.103.

112  M.Kähler, aaO., S.144; B.Snell, aaO., S.27; M.Class, aaO.; und
     C.Maurer, aaO., S.903.

genen Bedeutungen allgemein üblich wird - also am Ende des 5.
Jh.v.Chr. Somit wird das in der Betrachtung der Begriffsgeschichte gewonnene Ergebnis in Hinblick auf die Entwicklung
der Vorstellung von den Erinnyen bestätigt: Das Phänomen 'Gewissen' wird in der Profangräzität nicht erst mit dem Aufkommen der Substantive τὸ συνειδός und ἡ συνείδησις in absoluter Wendung, sondern zugleich mit dem Aufkommen der reflexiven Wendung σύνοιδα ἐμαυτῷ bewußt. Wie die Begriffe selbst
so entstammt die Vorstellung vom Gewissen nicht dem philosophischen Denken, was im Zusammenhang des sokratischen Dai-
monions vermutet werden könnte, sondern entwickelt sich in
Volksnähe, bei den Tragikern, die umgangssprachliche Begriffe
und allgemein geläufige mythische Motive aufgreifen und -
wie bei Euripides als Aufklärer am deutlichsten wird - modi-
fizieren.

Neben der zentralen Vorstellung von den Erinnyen könnte
man noch auf weitere Phänomene und Begriffe hinweisen, bei
denen sich Berührungspunkte mit dem Phänomen 'Gewissen' ergeben, wie z.B. die schon angedeutete Dike-Vorstellung oder
die Entwicklung der αἰδώς[113]. Da aber die Parallelen geringer
sind und sich für das Verhältnis zwischen der Vorstellung
und der Begriffsbildung keine wesentlich neuen Aspekte ergeben, können sie in diesem Rahmen unberücksichtigt bleiben.

---

113  M.Class, aaO., S.3-8; 19f; B.Snell, aaO., S.29f; C.Maurer, aaO.,
     S.903, Anm.22.

## II. In der Latinität

### 1. Das Aufkommen des Begriffes 'conscientia'

Wie sich seit dem 1.Jh.v.Chr. im griechischen Sprachraum
der Begriff συνείδησις in seinen verschiedenen Bedeutungen
belegen läßt, so geht gleichzeitig im lateinischen Sprachbereich der entsprechende Begriff 'conscientia' in die Literatur ein.

Erstmalig begegnet er in einer Schrift aus der Zeit Sullas,
Rhetorica ad Herennium II,5,8, und wird später verschiedentlich von Livius, Curtius Rufus, Quintilianus, Tacitus, Plinius d.J., Suetonius und Apuleius verwendet[1]. Zu einem für
den griechisch-lateinischen Sprachraum ungewöhnlich häufigen
Gebrauch von conscientia kommt es bei Cicero und im Anschluß
vor allem bei Seneca. Deshalb allerdings mit G.Jung Cicero
als den "Schöpfer des lateinischen Wortes conscientia" zu bezeichnen, der damit "wörtlich und sinnentsprechend συνείδησις
übersetzt" haben soll[2], ist unberechtigt. Diese Behauptung
ist um so unverständlicher, als G.Jung selbst einräumt, daß
Cicero damit "an einen lateinischen Sprachgebrauch" anknüpfen könnte, wofür auch "die Verwendung nach dem schlichten
Wortsinn (spräche): das, was mehrere gemeinsam wissen (Cic.
Verr. 3,177 u.ö.) und die Benutzung im Sinne von scientia,
cognitio, z.B. in: mea conscientia copiarum nostrarum (Cic.
ad Q. fr.2,14,2)"[3].

Während dieses Argument die Annahme einer eigenständigen
und volkstümlichen Entstehung eindeutig begünstigt, möchte
G.Jung mit Hilfe der Verwendung von conscientia bei Cicero

---

1  Vgl. die reichlichen Belege im Thes Ling Lat, Bd.IV, Sp.364-368,
   zum Artikel: conscientia.
2  G.Jung, Syneidesis, Conscientia, Bewußtsein, S.530.
3  Ebd.

beweisen, "daß der Begriff syneidesis in der älteren Stoa
eine weit größere Rolle spielte, als der einzige, aus Chry-
sipp angeführte Beleg vermuten läßt"[4]. Dagegen spricht aber
nicht nur die Tatsache, daß selbst die Chrysipp-Stelle[5] als
stoischer Beleg ausscheidet, sondern vor allem, daß G.Jung
ihre These, nach der "Ciceros Wortverwendung aller Wahrschein-
lichkeit nach den stoischen Gebrauch (widerspiegelt)", nur
mit dem allgemeinen Hinweis begründen kann, daß "der Römer
durch seine Freundschaft mit Panaitios in der stoischen
Überlieferung und der Gedankenwelt der mittleren Stoa (leb-
te)"[6].

Ähnlich geht auch H.Böhlig in Hinblick auf Seneca davon
aus, daß dieser "in der von ihm benutzten stoischen Literatur den Begriff conscientia vorgefunden und daraus zitiert
(habe)"[7]. Er verweist dazu auf ein Zitat Senecas aus einer
Schrift des Stoikers Athenodoros, in dem jener die 'bona conscientia' anführt (De tranq an III,4). Dagegen ist wiederum
mit Th.Schneider einzuwenden, daß "das Zitat mit größerer
Vorsicht, als H.Böhlig es tut, zu benutzen (ist). Wir besitzen es lediglich in der Überlieferung Senekas, vor dem schon
Hermes in seinem kritischen Apparat warnt, weil er, wie öf-
ters, seine Worte mit denen Athenodors vermische, so daß man
kaum auseinanderhalten könne, was Athenodor und was Seneka
zuzuschreiben sei"[8]. Da Seneca ebensogut auf Aussagen des
Epikur zurückgreifen kann - wie in Ep 28,9.10, und in Ep 97,
13.15 sogar bezüglich des Phänomens 'Gewissen' - sollte wie
für den griechischen so auch für den lateinischen Sprachbereich die Annahme einer stoischen Herkunft des Begriffes

---

4  Ebd.

5  Bei Diog L VII,85.

6  G.Jung, aaO., S.530; gegen sie, ebd., ist auch zu sagen, daß Cic Att
   XIII,20,4, in omni vita sua quemque a recta conscientia traversum
   unguem non oportet discedere, selbst als eventuelle Übersetzung aus
   dem Griechischen nicht die Ableitung des Begriffes 'conscientia' mit
   seiner Bedeutung aus der griechischen Stoa beweist.

7  H.Böhlig, Das Gewissen bei Seneca und Paulus, S.10.

8  Th.Schneider, Die Quellen des paulinischen Gewissensbegriffes, S.98;
   vgl. E.Hermes, L.Annaei Senecae opera, quae supersunt, Vol.I fasc.
   1,251, Leipzig, 1905.

συνείδησις - conscientia aufgegeben werden[9]. Er erscheint
erst mit Seneca in der stoischen Philosophie, wie sie uns
vom Quellenmaterial her eindeutig greifbar ist[10], und spielt
erwiesenermaßen schon bei Epiktet und Marc Aurel, den beiden
anderen bedeutendsten Vertretern der jüngeren Stoa, fast
keine Rolle mehr.

Genausowenig kann man allerdings mit Hilfe von Sen Ep 28,
9.10 und 97,13.15 oder der Beschreibung der mens sibi, conscia
factis (sic!, Dat.), praemetuens, des "sich auf Grund des
Schuldbewußtseins im voraus fürchtenden Geistes", bei Lucre-
tius III,1018 mit R.Seeberg[11] den Begriff als spezifisch
epikureisch bezeichnen wollen.

So bleibt M.Pohlenz[12] und im Anschluß an ihn G.Bornkamm[13]
für die Bestimmung einer philosophischen Herkunft des Begriffes noch als dritte Möglichkeit, auf die Pythagoreer zu
verweisen, "die als wichtigste Forderung für den sittlichen
Fortschritt aufstellen, der Mensch solle sich alltäglich die
Frage vorlegen: Πῆ παρέβην, τί δ' ἔρεξα, τί μοι δέον οὐκ
ἐτελέσθη; und sich über sein Tun 'gewissenhaft' Rechenschaft
ablegen (Carm. aur.40ff, wo Hierokles im Kommentar mit Selbst-
verständlichkeit den Begriff des Gewissens einführt). Von
ihnen übernahm diese Vorschrift der in Cäsars Zeit lebende
römische Philosoph Sextius, und auf diesen wieder beruft
sich ausdrücklich der Philosoph, der für uns als erster das
Phänomen des Gewissens voll würdigt, Seneca (De ira III,36,
1.2), für seine Gewohnheit, jeden Abend eine strenge Selbstprüfung vorzunehmen, bei der er vor den Richterstuhl seines
Gewissens tritt und diesem sein ganzes Tagewerk unterbreitet"[14].

---

9  Aus letzterem Grund möchte auch H.Böhlig, aaO., Athenodoros nicht als
   einzige "Quelle für diesen Begriff" angehen.

10 Mit M.Kähler, aaO., S.53.

11 R.Seeberg, Artikel: Gewissen, in RGG[2], Bd.II, Sp.1164.

12 M.Pohlenz, Paulus und die Stoa, S.77f.

13 G.Bornkamm, Gesetz und Natur, in: Studien zu Antike und Urchristentum, S.112.113.

14 M.Pohlenz, aaO., S.78; vgl. Hierocles, In Aureum Pythagoreorum Carmen
   Commentarius XIX, 40-44, ed. F.W.A.Mullach.

Entsprechend folgert auch G.Bornkamm, daß bei den Pythago-
reern die "Bedeutung des Gewissens auch theoretisch zum Bewußtsein gekommen und von da aus wie zu den hellenistischen
Juden so zu den römischen Philosophen gedrungen ist"[15].

Abgesehen davon, daß Seneca selbst den Begriff conscientia
in De ira III,36,1.2 nicht einmal anführt, läßt sich das
gleichzeitige Aufkommen des Begriffes συνείδησις - conscientia im griechischen, hellenistisch-jüdischen und lateinischen
Bereich kaum durch den Hinweis auf die "Gewissenserforschung"
der Pythagoreer erklären, denn Phänomene, die uns heute den
Begriff 'Gewissen' assoziieren lassen, finden sich ja seit
der griechischen Tragödie und Komödie in Fülle und - wie wir
sahen - auch häufig schon in der Verbindung mit der reflexiven Wendung σύνοιδα ἐμαυτῷ. Wie der griechische Begriff
συνείδησις nicht zuerst in philosophischen Schriften erscheint,
sondern in der der Umgangsprache nahestehenden Literatur, so
ist auch beim lateinischen Begriff conscientia von einer um-
gangssprachlichen, populären Herkunft auszugehen. Dabei ist
die Annahme einer Abhängigkeit der Römer von den Griechen
bei der Ausbildung des Begriffes weder verifizierbar noch
auch zur Erklärung seines Entstehens notwendig.


2. Die Mitwisserschaft

Auch in Hinblick auf die Bedeutungsvarianten von conscientia läßt sich eine weitgehende Übereinstimmung mit dem griechischen Gebrauch feststellen. So wird das Substantiv conscientia auch im ursprünglichen, nichtreflexiven Sinne: 'Mitwissen, Mitkenntnis mit einem anderen in einer Sache' verwendet - allerdings in einer Häufigkeit, wie sie uns in der
Gräzität nur im Zusammenhang des älteren, verbalen Ausdrucks
σύνοιδά τινί τι begegnet. Wenn sich unsere Untersuchung vor
allem auf das Substantiv konzentriert und die Belege für den
Gebrauch von conscius nur vereinzelt eingebracht werden,
liegt es daran, daß für den Vergleich mit den paulinischen
Belegen vor allem das Substantiv interessiert und im Latei-

---

15  G.Bornkamm, aaO., S.113.

nischen zwischen dem Adjektiv conscius und dem Substantiv
conscientia keine bedeutungsmäßigen Differenzen bestehen.

Mit conscientia und conscius im nichtreflexiven Sinne
wird nicht nur das neutrale Mitwissen auf Grund eigener Erfahrung und eigenen Miterlebens beschrieben, sondern oft
auch der Aspekt der Vertraulichkeit und Abgeschlossenheit
einer persönlichen Beziehung angegeben[16]. So stellt Seneca
in Ep 3,4 den Menschen, die jedem, der ihnen begegnet, Dinge
erzählen, die man nur seinen Freunden anvertraut, andere gegenüber, die die Mitwisserschaft selbst ihrer intimsten Freunde scheuen: quidam quae tantum amicis committenda sunt obviis
narrant, ... quidam rursus etiam carissimorum conscientiam
reformidant. In De tranq an VII,3 spricht Seneca von treuen
Freunden, deren Mitwissen man weniger fürchtet als das eigene
Bewußtsein: quorum conscientiam minus quam tuam timeas.
Schließlich sei noch auf De ben III,10,2 hingewiesen, wo Seneca sagt, daß die größten Wohltaten oft in dem stillen gemeinsamen Wissen zweier Menschen verborgen seien: maxima
beneficia ... saepe intra tacitam duorum conscientiam latent.
Aber auch bei Cicero wird der in alle privaten Angelegenheiten Eingeweihte als in privatis omnibus conscius vorgestellt,
Att I,18,1. In jedem dieser Belege bedeutet conscientia also
das intime, vertrauliche und von der Umwelt abgeschlossene
Mitwissen des nahen Freundes.

Mit Hilfe des Adjektivs conscius wird auch häufig das Mitwissen bezeichnet, das jemanden befähigt, Zeuge zu sein und
als solcher auszusagen[17]. So wird die Abwesenheit eines Zeugen mit conscius omnis abest, Ovid Met IV,63, ausgedrückt und
von der die Geheimnisse mitwissenden Nacht als der nox conscia
sacris, Ovid Met VI,588, gesprochen; und ähnlich wie bei der
mitwissenden und vergeltenden Dike und der als entlastenden
Zeugen angerufenen Kypris bei den Griechen, Solon Elegiae 3,
15 (Diehl); Euripides, Elektra 43, ist auch hier von dem mitwissenden 'Inneren', den 'Eingeweiden', d.h. dem Bewußtsein
der Götter die Rede, conscia fibra deorum, Tibullus I,8,3.

---

16  Mit M.Kähler, aaO., S.54, Anm.2.

17  Ebd., Anm.3.

Entsprechend beschwört Sinon in der Aeneis des Vergil, II,
141, neben der noch unter den Menschen gebliebenen Treue die
Himmlischen und die die Wahrheit mitwissende Gottheit, per
superos et conscia numina veri. Als substantivischer Beleg
sei schließlich auch noch eine Lesart von Cicero, Flacc 16,
38 angeführt, wo Cicero das Mitwissen der Richter anruft, so
wie Demosthenes, Or 18,110, an das Mitwissen seiner Hörer
anknüpft, vestram etiam conscientiam implorarem[18].

Wird das Mitwissen als Eingeweihtsein im kriminellen Sinne verstanden, so wird es als Verbrechen bewertet, als scelus
conscientiae, Cic Cael 21,52, denn nicht nur die Taten selbst,
sondern auch die Pläne dazu und das Mitwissen mit dem Verbrechen werden mit ernster Strafe verurteilt, Cic Cluent 20,
56: an etiam consilia conscientiasque eius modi facinorum
supplicio dignas iudicarent.

Tacitus beschreibt in Hist I,5,2, wie mit dem Tod des nach
der Herrschaft trachtenden Gardepräfekten Nymphius Sabinus
zwar das Haupt der Abfallbewegung beseitigt war, aber recht
vielen Soldaten das Bewußtsein der Mitschuld auf Grund ihres
Eingeweiht- und Verschworenseins blieb: quamvis capite de-
fectionis ablato manebat plerisque militum conscientia. An
dieser Stelle wird zugleich der Übergang von der nichtreflexiven Bedeutung 'Mitwissen um die schuldhafte Tat eines anderen' zur - im folgenden näher zu besprechenden - reflexiven
Bedeutung 'Bewußtsein eigener Verschuldung' erkennbar.

Zusammenfassend läßt sich sagen, daß conscientia nach seiner nichtreflexiven Grundbedeutung für das 'Mitwissen mit
einem anderen in einer Sache' steht. Dieses kann positiv als
das intime, vertrauensvolle Eingeweihtsein in die privaten
Angelegenheiten eines Freundes verstanden sein, das neutrale
zum Zeugnis befähigende Teilnehmen - oder auch negativ das
schuldhafte Mitverschworensein, das Einverständnis mit der
verwerflichen Tat eines andern bezeichnen. Während hinsichtlich der Bedeutungsvarianten eine weitgehende Übereinstim-

---

18  Mit F.Zucker ist entsprechend der besseren Bezeugung aber die Lesart
    scientiam als ursprünglich anzusehen, F.Zucker, M.T.Ciceronis pro L.
    Flacco oratio, S.42.

mung zwischen conscientia im nichtreflexiven Sinne und
den griechischen Begriffen ἡ συνείδησις, τὸ συνειδός besteht,
kommt dem lateinischen Begriff bezüglich der Häufigkeit seiner Verwendung eine weitaus größere Bedeutung zu als seinem
griechischen Pendant.


### 3. Das auf die eigene Person bezogene Bewußtsein

Im reflexiven Sinn verstanden kann conscientia - jeweils
auf die eigene Person bezogen - das Bewußtsein, die volle
Kenntnis oder Erinnerung, die Überzeugung und das Gefühl bezeichnen[19], ohne damit zugleich einen moralischen Aspekt enthalten zu müssen.

Seneca spricht in Ep 59,16 vom Bewußtsein der Tugenden,
aus dem heraus einzig und allein die echte Freude erwächst:
gaudium hoc non nascitur nisi ex virtutum conscientia, in
Ep 81,21 von dem Bewußtsein und Gefühl, dankbar gewesen zu
sein: conscientiam grati und in De ben VI,42,1 von dem höchsten Selbstvertrauen und dem Bewußtsein, wahre Liebe geübt
zu haben, das alle Ängstlichkeit verschwinden läßt: ... summa
fiducia sui et ex conscientia veri amoris dimissa anxietas.
Dabei verwendet Seneca wie auch Cicero, der in Resp VI,8,8
von dem Bewußtsein hervorragender Taten, conscientia factorum
egregiorum, spricht, conscientia in der auffallenden Bedeutung des positiven, zufriedenen Selbstbewußtseins und Selbst-
wertgefühls, was für das lateinische Selbstverständnis als
spezifisch gelten kann. Daß dieses Bewußtsein oft weder allgemein als moralisch noch im speziellen Sinn als das positiv
zu wertende 'gute Gewissen' verstanden wird, sondern auch
als übersteigertes Selbstbewußtsein, geht z.B. aus Cic Phil
I,4,9 hervor[20]: er war hochmütig vom Bewußtsein seiner größten
und schönsten Tat, erectus enim maximi ac pulcherrimi facti
sui conscientia.

---

19  Vgl. die zahlreichen Belege bei Thes Ling Lat, aaO., Abschnitt II;
    Artikel: conscientia, K.E.Georges, Handwörterbuch, Bd.I, Sp.1501f.

20  Mit H.Reiner, Historisches Wörterbuch der Philosophie III, Artikel:
    Das Gewissen, Sp.576f.

Obwohl bei den angeführten Stellen die conscientia meist auf Taten und Tugenden bezogen ist und sich somit zumindest an der - bei den Lateinern kaum genau bestimmbaren - Grenze zum moralisch verstandenen Bewußtsein befindet, stellt dies durchaus nicht die Regel dar. Die conscientia kann genauso das auf Zustände und Situationen bezogene Gefühl, Wissen oder Bewußtsein bedeuten[21]. Entsprechend schreibt Trajan an Plinius, Ep X,30,2, sie sind sich ihrer Lage bewußt, "haben das Bewußtsein ihrer Lage" (sie wissen, daß sie Sklaven sind), haberent conditionis suae conscientiam (scirent, se esse servos); Quintilian sagt in Inst Orat I,2,10 den schlechten Lehrern nach, sie würden sich aus dem Bewußtsein ihrer Unfähigkeit, d.h. ihrer Schwäche, auf den Privatunterricht beschränken, ex conscientia suae infirmitatis. Livius schließlich spricht in Buch III,60,6 vom Bewußtsein der fehlenden Kräfte, auf Grund dessen der Kampf abgebrochen wird: illi, conscientia quid abesset virium, detractavere pugnam, und in Buch VIII,4,10 von der so großen Mäßigung, die aus dem Bewußtsein um die Kräfte auf beiden Seiten herrührt: unde haec illis tanta modestia, nisi a conscientia virium et nostrarum et suarum.

An diesen und anderen Stellen[22] - so auch bei der oben schon gestreiften Cic ad Q fr II,14,2: mea conscientia copiarum nostrarum - würde sich für unser Sprachempfinden durchaus auch die Verwendung von scientia, cognitio oder memoria nahelegen. "Indeß ist die Wahl dieses Wortes", um mit M.Kähler zu sprechen[23], "in allen uns bekannten Fällen ... doch wohl immer dadurch bedingt, daß zugleich die innerste Betheiligung ausgedrückt werden soll, wie wir überall am besten mit Bewußtsein übersetzen werden".

Der Ton kann aber auch auf der Innerlichkeit und der Abgeschlossenheit des Bewußtseins in Gegenüberstellung zur äußeren und äußerlichen Wirklichkeit liegen. So vergleicht Seneca, De ben IV,21,1 den einen dankbaren Menschen, gratus

---

21  Darauf weist schon M.Kähler, aaO., S.57 mit Nachdruck hin.

22  Vgl. auch Sen De ben VII,6,2f, s.u.

23  M.Kähler, aaO., S.58.

homo, der auf sein Inneres zurückgezogen, in seinem Bewußtsein eingeschlossen die Wohltat empfangen hat, hic intra
conscientiam clusus est, mit demjenigen, der sich zur Schau
trägt, hic fortasse ostentare potest; und in De ben VII,6,2
beschreibt Seneca, inwiefern dem Weisen der Idee nach und
in seinem Inneren alles gehört, (sapiens) cuncta conscientia
possideat.

Da der Aspekt der Innerlichkeit und der Autonomie im folgenden Abschnitt noch genauer untersucht werden soll, kann
hier zunächst abgebrochen werden. Zusammenfassend sei aber
nochmals darauf hingewiesen, daß im Lateinischen der nicht-
moralische Gebrauch von conscientia im reflexiven Sinne zur
Bezeichnung des Bewußtseins, der Kenntnis oder Erinnerung
neben dem moralischen und dem nichtreflexiven eine ausgesprochen große Rolle spielt. Das Wort conscientia enthält
zwar meist den Aspekt der inneren Beteiligung oder Innerlichkeit, kann aber auch im weiteren, uneigentlichen Sinne
des Wortes 'con-scientia' verwendet werden.

## 4. Das moralische Bewußtsein, das Gewissen

Die dritte und meist belegte Bedeutungsvariante von conscientia ist die des moralischen Bewußtseins, das entweder
als das auf konkrete Taten bezogene Schuldbewußtsein, als
das 'schlechte' bzw. 'gute Gewissen' im Sinne eines anhaltenden Bewußtseinszustands oder auch objektivierend als die das
Handeln des Menschen nach moralischen Grundsätzen beurteilende
'Instanz' des Gewissens verstanden wird. Da der Begriff conscientia zugleich das Mitwissen und das nicht-moralische Bewußtsein bezeichnen kann, ist auch im Lateinischen die Ergänzung durch ein den Inhalt des Bewußtseins angebendes Genitivattribut oder durch ein qualifizierendes Adjektiv sehr
geläufig. Häufig ist allerdings auch der absolute Gebrauch
belegt, bei dem in der Regel aus dem Kontext hervorgeht, ob
es sich im Fall des moralischen Bewußtseins um das 'böse'
oder 'gute Gewissen' oder auch um die zunächst neutral verstandene 'Instanz' des Gewissens handelt.

a) Das 'schlechte Gewissen'

Das 'schlechte Gewissen' wird vielfach durch Genitivobjekte wie culpae, der Schuld, Liv XXVIII,19,1; delicti, des
Vergehens, Sallust Iug 27,3; flagitii, der Schandtat, Tac
Hist IV,41,1; peccatorum, der Sünden, Cic Par V,40; sceleris,
des Verbrechens, Cic Verr III,57,130; maleficiorum, der Übeltaten, Cic Par II,18 charakterisiert, gelegentlich auch durch
eine Ergänzung von de mit Ablativ, so de culpa, Sallust Cat
35,2. Vor allem bei Seneca findet sich oft die Beifügung des
qualifizierenden Adjektivs mala, Ep 12,9; 43,4; 105,8; 122,14;
De ben III,1,4, so daß die 'mala conscientia' entsprechend
dem deutschen 'schlechten Gewissen' zum festen Begriff wird.
Die Verwendung des Adjektivs versteht sich z.B. Ep 12,9 und
43,4 schon von daher, daß dort im selben Zusammenhang das
schlechte und gute Gewissen einander gegenübergestellt werden.
Aber schon Sallust Iug 62,5 erwähnt die conscientia mala und
später Apuleius Met IX,21,2 die conscientia pessima[24].

Beschreibungen des schlechten Gewissens finden sich vor
allem bei Cicero und noch häufiger bei Seneca. Nach Cic Parad
II,18 quält und beunruhigt das Bewußtsein der Übeltaten, te
conscientiae stimulant maleficiorum tuorum. In Tusc IV,20,45
gebraucht Cicero die bis heute übliche Umschreibung der Ge-
wissenstätigkeit als 'Gewissensbiß' - gebissen vom Gewissen,
morderi conscientia. Eine herausragende Konsequenz des
schlechten Gewissens ist die Angst, wie sie uns schon in der
griechischen Tragödie bei dem von den Erinnyen - lateinisch:
Furien - Verfolgten begegnete, der conscientiae angor, Cic
De leg I,14,40. Die Furien werden außer bei Cicero auch bei
Curtius Rufus, Hist VI,10,14 erwähnt; weil das Gewissen Übeltäter behelligt, können sie nicht einschlafen: Furien jagen
sie, conscientia obstrepente condormire non possunt: agitant
eos furiae. Der vom Gewissen Betroffene, conscientia ictus,
Liv XXXIII,28,14, oder Überführte, convictus conscientia, Cic
Catil II,6,13, erscheint als der aufgeschreckte und einge-
schüchterte Täter, conscientia exterritus, Plin (d J) Ep I,5,

---

24 Vgl. die zahlreichen Belege bei Thes Ling Lat, aaO.; K.E.Georges, aaO.,
   Sp.1501f; M.Kähler, aaO., S.59ff.

8; Curtius Rufus Hist V,11,7; der vom Gewissen Getriebene,
conscientia inpulsus, Quint Inst Orat V,13,46; der vom schlechten Gewissen Verwirrte, conscientia pessima permixtus, Apuleius Met IX,21,2. Den Verdächtigen behält man im Auge, um
irgendwelche Zeichen des 'schlechten Gewissens' in seinem
Gesicht wahrnehmen zu können, aliquas conscientiae notas in
ipso ore posse deprendere, Curtius Rufus Hist III,6,9. Entsprechend sucht in Rhet ad Her II,5,8 der Ankläger dem Gegner
Erröten, Erblassen, Stocken, unsicheres Reden, Zusammensinken
und Zusichern als Zeichen des 'schlechten Gewissens' nachzu-
sagen, accusator dicet, si poterit, adversarium ... erubuisse,
expalluisse, titubasse, inconstanter locutum esse, concidisse,
pollicitum esse aliquid; quae signa conscientiae sint. In Mil
23,61 greift Cicero die geläufige Auffassung von Gewissen in
seiner Argumentation auf: magna vis est conscientiae, ... et
magna in utramque partem, ut neque timeant qui nihil commise-
rint, et poenam semper ante oculos versari putent, qui pecca-
rint, groß ist die Macht des Gewissens ... und groß nach beiden Seiten, daß jene sich nicht fürchten, die nichts verübt
haben, und jene immer die Strafe vor Augen zu haben glauben,
die sich vergangen haben.

Am anschaulichsten beschreibt Seneca das Gewissen - vor
allem in seinen Epistulae. Deshalb scheint es angebracht, die
entscheidenden Stellen ausführlicher wiederzugeben. Eine teilweise Vorwegnahme einiger in den nächsten Abschnitten noch
eingehender zu besprechenden Aussagen über das 'gute Gewissen' und die conscientia als 'Instanz', d.h. als 'Zeuge' und
'Wächter', ist dabei wegen der oft antithetischen Darstel-
lungsweise Senecas unvermeidbar[25].

Ep 43,4.5
Vix quemquam invenies qui possit aperto ostio vivere. Ianitores conscientia nostra, non superbia opposuit: sic vivimus ut deprendi sit subito
aspici. Quid autem prodest recondere se et oculos hominum auresque vitare?
Bona conscientia turbam advocat, mala etiam in solitudine anxia atque
sollicita est. Si honesta sunt quae facis, omnes sciant; si turpia, quid
refert neminem scire cum tu scias? O te miserum si contemnis hunc testem!

---

25  Die Übersetzung der größeren Abschnitte werden im Anschluß an E.
    Glaser-Gerhard, L.A.Seneca, Briefe an Lucilius; und J.Moser, L.A.
    Seneca, des Philosophen Werke, wiedergegeben.

Du wirst kaum einen (Römer) finden, der bei offener Tür leben könnte. Unser schlechtes Gewissen, nicht unser Stolz hat Türhüter davorge-
setzt: Wir leben so, daß unser plötzlicher Anblick dem Ertapptwerden
gleichkommt. Was nützt es, sich zu verstecken, Augen und Ohren der
Menschen aus dem Wege zu gehen? Ein gutes Gewissen ruft die Leute her-
bei, ein schlechtes aber wird auch in der Einsamkeit Angst und Sorge
nicht los. Sind deine Taten ehrbar und anständig, können alle Menschen
sie sehen; sind sie schändlich - was hilft dir, daß niemand es weiß?
Du selbst weißt es! Unselig, wenn du diesen Zeugen außer acht läßt!

Das schlechte Gewissen bewirkt beides: sowohl die konkrete
Angst vor dem Entdecktwerden (deprendi) durch andere Menschen und damit das Bedürfnis, sich vor ihnen zu verstecken
(recondere), als auch die Ängstlichkeit und Sorge (mala ...
anxia atque sollicita), die den Übeltäter selbst in der Einsamkeit (in solitudine) quält, obwohl es keinen fremden
Zeugen zu geben braucht (neminem scire) und somit kein äußerer Grund zur Angst vor der Strafe besteht. Die 'Instanz'
conscientia, die als das 'Innere' des Menschen den Menschen
vor sich selbst vertritt (tu scias), ist der testis, der
Zeuge, der sich im Fall der Übertretung in der mala conscientia, dem Erleiden des schlechten Gewissens äußert. Kommt es
nicht zur Übertretung, äußert sich die Instanz conscientia
in der bona conscientia und bewirkt entsprechend auch die
Freimütigkeit vor anderen Menschen (turbam advocat). Dieser
Grundgedanke wird in Ep 97,13-16 und Ep 105,7.8 dann noch
ausführlicher entfaltet:

Ep 97,13-16

At bona conscientia prodire vult et conspici: ipsas nequitia tenebras timet. Eleganter itaque ab Epicuro dictum puto: 'potest nocenti
contingere ut lateat, latendi fides non potest', aut si hoc modo melius
hunc explicari posse iudicas sensum: 'ideo non prodest latere peccantibus
quia latendi etiam si felicitatem habent, fiduciam non habent'. Ita est,
tuta scelera esse possunt, secura esse non possunt ... 14) ...prima
illa et maxima peccantium est poena pecasse ... Sed nihilominus et hae
illam secundae poenae premunt ac sequuntur, timere semper et expavescere
et securitati diffidere. Quare ego hoc supplicio nequitiam liberem?
Quare non semper illam in suspenso relinquam? 15) Illic dissentiamus
cum Epicuro ubi dicit nihil iustum esse natura et crimina vitanda esse
quia vitari metus non posse: hic consentiamus, mala facinora conscientia
flagellari et plurimum illi tormentorum esse eo quod perpetua illam
sollicitudo urget ac verberat, quod sponsoribus securitatis suae non
potest credere. Hoc enim ipsum argumentum est, Epicure, natura nos a
scelere abhorrere, quod nulli non etiam inter tuta timor est. 16) Multos
fortuna liberat poena, metu neminem. Quare nisi quia infixa nobis eius
rei aversatio est quam natura damnavit? Ideo numquam fides latendi fit
etiam latendibus quia coarguit illos conscientia et ipsos sibi ostendit.
Proprium autem est nocentium trepidare. Male de nobis actum erat, quod
multa scelera legem et vindicem effugiunt et scripta supplicia, nisi
illa naturalia et gravia de praesentibus solverent et in locum patientiae timor crederet.

Aber das gute Gewissen will ans Licht treten und gesehen werden -
Verworfenheit fürchtet selbst die Dunkelheit. Treffend finde ich das von
Epikur ausgedrückt: 'Dem Übeltäter kann es gelingen, verborgen zu bleiben
- eine sichere Gewähr dafür gibt es nicht'. Oder vielleicht läßt sich
der Sinn des Spruches so wiedergeben: 'Dem Verbrecher nützt seine Verborgenheit nichts; hat er auch das Glück verborgen zu bleiben, Gewißheit
hat er nicht'. Ja, so ist es: Verbrechen können vor Entdeckung geschützt
sein - die Sorge vor der Entdeckung bleibt ... 14) ... die erste und auch
schwere Strafe für Verbrechen liegt in der Tatsache des Verbrechens
selbst ... Davon abgesehen folgen dem Verbrechen weitere beängstigende
Strafen, ewige Furcht, entsetzliche Angst, Mißtrauen in die persönliche
Sicherheit. Warum sollte ich den ruchlosen Verbrecher von seiner Strafe
befreien? Warum sie nicht immer über ihm schweben lassen? 15) In einem
Punkt können wir aber nicht einer Meinung mit Epikur sein: wenn er erklärt, von Natur aus sei nichts gerecht, und Verbrechen müsse man meiden,
weil unvermeidliche Furcht damit verbunden sei. Dagegen stimmen wir seiner Behauptung zu: böse Taten werden durch das schlechte Gewissen ge-
geißelt, es birgt Martern ohne Zahl in sich, weil stetige Besorgnis vor
Entdeckung es bedrückt und peinigt und weil es Bürgen seiner Sicherheit
nicht besitzt, denen es Vertrauen schenken könnte. Gerade dies, Epikur,
beweist, daß wir von Hause aus jedes Verbrechen verabscheuen, daß wir
alle sogar in sicherer Umgebung Furcht verspüren. 16) Ein glückliches
Geschick bewahrt manche vor äußerer Strafe, aber niemanden vor der Furcht,
weshalb wohl? Weil die Natur uns Abscheu eingeimpft hat vor einer Handlung, die sie selbst verdammt. Daher haben auch die im Verborgenen
lebenden Verbrecher niemals festes Vertrauen in ihre Verborgenheit, denn
das Gewissen überführt und enthüllt sie vor sich selbst, sie zittern. Das
ist der Ausdruck ihres Schamgefühls. Schlecht wäre es um uns gestellt,
da viele Verbrecher sich dem Gesetz, der Vergeltung und den verhängten
Strafen entziehen, wenn nicht jene von der Natur bestimmten schweren
inneren Beklemmungen die Strafe noch bei Lebzeiten an den Schuldigen
vollzögen, d.h. wenn nicht an die Stelle der äußeren Bestrafung die
Furcht träte.

Ep 105,7.8

Securitatis magna portio est nihil inique facere: confusam vitam et
pertubatam inpotentes agunt; tantum metuunt quantum nocent, nec ullo
tempore vacant. Trepidant enim cum fecerunt, haerent; conscientia aliud
agere non patitur ac subinde respondere ad se cogit. Dat poenas quisquis
expectat; quisquis autem meruit expectat. 8) Tutum aliqua res in mala
conscientia praestat, nulla securum; putat enim se, etiam si non depren-
ditur, posse deprendi, et inter somnos movetur et, quotiens alicuius
scelus loquitur, de suo cogitat; non satis illi oblitteratum videtur,
non satis tectum. Nocens habuit aliquando latendi fortunam, numquam
fiduciam.

Unsere Sicherheit hängt zum größten Teil davon ab, daß wir nichts
Ungerechtes tun; nur zügellose Menschen führen ein ungeordnetes, un-
ruhevolles Leben. Ihre Furcht ist so groß wie der Schade, den sie anrich-
ten, niemals kennen sie innerliche Freiheit. Sie zittern bei jeder Tat
und kommen davon nicht los: ihr Gewissen läßt sie nichts anderes tun
und zwingt sie immer wieder, sich selber Rede und Antwort zu stehen. Wer
Strafe erwartet, büßt schon; und wer sie verdient, muß sie erwarten.
8) Bei schlechtem Gewissen kann wohl irgendein äußerer Umstand Sicherheit
gewähren, Sorgenfreiheit aber nie; wer nicht ertappt wird, fürchtet die
Entdeckung. Ruhelos wird sein Schlaf, spricht er vom Vergehen anderer
Leute, denkt er an das seine; nie will es ihm vergessen und verborgen
genug erscheinen. Der Übeltäter hat zuweilen das Glück, unentdeckt zu
bleiben, darauf verlassen kann er sich nie.

Nach Ep 97,13-16 überführt das Gewissen den Übeltäter und
enthüllt ihn vor sich selbst (coarguit illos conscientia et
ipsos sibi ostendit), wirkt also wieder als der belastende
Zeuge und Ankläger. Das äußert sich dann im Gegeißeltwerden
und in den Foltern des schlechten Gewissens (conscientia
flagellari et plurimum illi tormentorum), in ewiger Furcht
und entsetzlicher Angst (timere semper et expavescere; timor;
metus) und im völligen Verlust der Selbstsicherheit und Zuversicht (securitate diffidere; fiduciam non habent). Dabei
ist auch hier die Angst nicht nur als konkrete Furcht auf
das Ertapptwerden von Menschen bezogen, sondern auch in
Dunkelheit und Geschütztsein gleich stark (ipsas ... tenebras
timet; tuta ... esse possunt, secura ... non). Das schlechte
Gewissen selbst straft in Form von psychischen Leiden (poenae
premunt ac sequuntur), die den durch andere Menschen voll-
streckbaren Strafen (patientiae) kaum nachstehen. So verliert
der Übeltäter in doppelter Weise jegliche Sorglosigkeit und
Ruhe (secura), das ängstliche Zittern ist für ihn charakte-
ristisch (proprium nocentium trepidare). Dagegen bewirkt
das gute Gewissen wieder Zuversicht (fiducia) und Sicherheit
(securitas), die sich anderen gegenüber als Freimütigkeit
und Offenheit äußern (bona conscientia prodire vult et conspici).

Auch in Ep 105,7.8 werden die securitas und fiducia der
Unfreiheit (nec ... vacant), dem trepidare und metuere gegenübergestellt. Zudem werden in scharfsinniger Beobachtung
noch weitere Auswirkungen des schlechten Gewissens beschrieben: der unruhige Schlaf (inter somnos movetur), die zwang-
hafte dauernde Selbstrechtfertigung (subinde respondere ad
se cogit) und die Assoziation und Übertragung der eigenen
Vergehen beim Gespräch über andere (quotiens alicuius scelus
loquitur, de suo cogitat). Weiter spricht Seneca auch wieder
die Tendenz an, sich vor anderen Menschen zu verschließen und
zu verstecken, die der Sorge entspringt, daß die Vergehen
nicht vergessen und verborgen genug sein könnten (non satis
illi oblitteratum videtur, non satis tectum). Entsprechend
gibt er auch in Ep 122,14 neben der Verschwendungssucht das
schlechte Gewissen als Hauptgrund für das unnatürliche Nacht-
leben einiger Menschen an: für das schlechte Gewissen ist
das Tageslicht unerträglich - übrigens ein Gedanke, der stark

an die Argumentation im Johannesevangelium, Kap 3,20 erinnert: πᾶς γὰρ ὁ φαῦλα πράσσων μισεῖ τὸ φῶς καὶ οὐκ ἔρχεται
πρὸς τὸ φῶς, ἵνα μὴ ἐλεγχθῇ τὰ ἔργα αὐτοῦ[26].

Ep 122,14

Causa autem est ita vivendi quibusdam, non quia aliquid existiment
noctem ipsam habere iucundius, sed quia nihil iuvat solitum, et gravis
malae conscientiae lux est, et omnia concupiscenti aut contemnenti prout
magno aut parvo empta sunt fastidio est lumen gratuitum.

Anlaß zu dieser verdrehten Tageseinteilung war bei manchen Leuten
nicht etwa der Glaube, in der Nacht lebe es sich angenehmer, sondern
die Tatsache, daß ein übersättigter Genießer an nichts mehr seine Freude
hat, daß das schlechte Gewissen das Licht der Sonne nicht erträgt und
kostenloses Tageslicht den Menschen ekelt, der begehrt, was viel, ver-
achtet, was wenig kostet.

Außerhalb der Epistulae sind vor allem je zwei Belege aus
Senecas Schriften De clementia und De beneficiis zu beachten.
In De clem I,9,10 schildert er den Augenblick, in dem Augustus
an Hand detaillierter Informationen Cinna seiner Verschwörung
gegen ihn überführt. Regungslos (tacentem) und wie festge-
bannt(defixum) sieht Augustus Cinna vor sich stehen; und während er kurz vorher noch gegen die Vereinbarung, Augustus
nicht hineinzureden, diesem widersprochen hat, schweigt er
jetzt (tacentem) - aber nicht wegen der Vereinbarung (ex
conventione), sondern wegen seines Gewissens (ex conscientia).
Dabei kann man conscientia entweder im moralischen Sinn übersetzen: weil er von seinem schlechten Gewissen geplagt ist,
oder allgemeiner: wegen seines Bewußtseins - nämlich der Verschwörung, die er jetzt Augustus gegenüber nicht länger leugnen kann.

De clem I,9,10

Et cum defixum videret nec ex conventione iam sed ex conscientia
tacentem ...

In De clem I,13,3 beschreibt Seneca den Tyrannen, der beim
Aufschließen (adaperuit) seines 'Gewissens' oder seines 'Inneren', das voll ist vom Wissen um eigene Schandtaten und
Qualen (sceleribus ac tormentis), oft paradoxerweise in To-
desangst (mortem timet) und Lebensüberdruß (saepius optat)
zugleich verfällt und, sieht er auf sein Verhalten mit dem
kritischen Blick seines Gewissens, sich selbst noch verhaßter

---

26 Vgl. auch Vers 21 mit dem Anfang von Ep 97,13.

ist (invisior) als seinen Sklaven, denen also, die am meisten
Anlaß und Gelegenheit haben, sich seiner Unumgänglichkeit
bewußt zu werden.

De clem I,13,3

qui, ubi circumspexit, quaeque fecit, quaeque facturus est, et conscientiam suam plenam sceleribus ac tormentis adaperuit, saepe mortem
timet, saepius optat, invisior sibi quam servientibus.

Und wenn er auf alles hinblickt, was er getan und noch zu tun im
Sinne hat, und wenn er sich sein Gewissen bzw. Inneres von Schandtaten
und Qualen erfüllt, aufschließt, da fürchtet er oft den Tod, öfter noch
wünscht er ihn, sich selbst noch verhaßter als seinen Sklaven.

Als Folge der Undankbarkeit wird das schlechte Gewissen
in De ben III,17,3 erwähnt. Während der Dankbare - wie später
noch zu besprechen ist - das Bewußtsein der guten Tat als
Frucht jeder Wohltat genießen kann, bleibt dem Undankbaren
diese angenehme Frucht versagt, vielmehr plagt und bedrängt
(urit et angit) ihn sein schlechtes Gewissen, d.h. das Bewußtsein, eine Wohltat unterschlagen, weggeschnappt zu haben (intercepti beneficii conscientia). Besonders interessant ist
an dieser Stelle, daß neben der von der Umwelt unabhängigen
Drangsal des schlechten Gewissens hier nicht wie bisher die
Furcht vor dem Entdecktwerden durch andere Menschen bestimmend ist, sondern die Angst vor der Zeugenschaft der Götter,
also der göttlichen conscientia im nichtreflexiven Sinne.

Allerdings sieht Seneca in der Undankbarkeit, die zum
schlechten Gewissen führt, im Verhältnis zum Vergessen der
Wohltat (qui oblitus est) immer noch das kleinere Übel. Im
ersten Fall ist zunächst durch die Erinnerung noch eine Spur
(vestigium) der Wohltat vorhanden, die zwar im schlechten
Gewissen eingeschlossen, aber deshalb auch verwahrt ist
(intra malam conscientiam inclusorum). So kann es mit Hilfe
des Schamgefühls (pudor) auf Grund des schlechten Gewissens
doch noch zum Erweis der Dankbarkeit kommen - das schlechte
Gewissen bekommt also einen pädagogischen Wert, indem es die
moralische Forderung auf dem Weg der Erinnerung an das Ver-
säumen wachhält. Damit wird der Weg zum Verständnis der conscientia als 'antecedens' durch die Reflexion über die conscientia mala vorbereitet - aber noch nicht explizit beschrit-
ten.

De ben III,17,3

Testes ingratorum omnium deos metuit, urit illum et angit intercepti
beneficii conscientia; denique satis haec ipsa poena magna est, quod rei,
ut dicebam, iucundissimae fructum non percipit.

Er fürchtet die Götter als die Zeugen aller Undankbaren; es martert und drückt ihn das Gewissen, d.h. das Bewußtsein, eine Wohltat weggeschnappt zu haben; endlich ist das Strafe genug, daß er, wie gesagt, um den Genuß dessen kommt, was so sehr angenehm ist.

De ben III,1,3.4

Ingratus est, qui beneficium accepisse se negat, quod accepit, ingratus est, qui dissimulat, ingratus, qui non reddit, ingratissimus omnium, qui oblitus est. Illi enim si non solvunt, tamen debent, et extat apud illos vestigium certe meritorum intra malam conscientiam inclusorum; aliquando ad referendam gratiam converti ex aliqua causa possunt, si illos pudor admonuerit, ...

Undankbar ist, wer eine Wohltat, die er empfing, empfangen zu haben leugnet; undankbar ist, wer es verhehlt; undankbar, wer sie nicht erstattet; der Undankbarste unter allen aber, wer sie vergessen hat. Jene nämlich, wenn sie auch nicht bezahlen, sind doch Schuldner, und es besteht bei ihnen doch wenigstens noch eine Spur von dem, wodurch man sich um sie verdient gemacht hat, auch wenn es in einem schlechten Gewissen eingeschlossen, d.h. verwahrt ist, und sie können doch irgend einmal durch irgend einen Anlaß gestimmt werden, sich dankbar zu erweisen, wenn das Ehrgefühl bzw. die Scham sie mahnt, ...

## b) Das 'gute Gewissen'

Das oben schon besprochene Verständnis von conscientia als 'Bewußtsein eines positiven, aber nicht unbedingt moralischen Verhaltens' und als 'gutes Gewissen' ist im lateinischen Sprachbereich häufiger und früher belegt als im griechischen, was mit C.Maurer vielleicht "in der ethisch-robusten Struktur des römischen Offiziers und Rechtsgelehrten, der es mit klar umrissenen und erfüllbaren Aufgaben zu tun hat", begründet sein mag. Im Zusammenhang dieses stärker rechtlich geprägten Denkens der Römer "kommt es leicht auch zum Bewußtsein der erfüllten Pflicht"[27].

Entsprechend zur 'mala conscientia', dem schlechten Bewußtsein oder Gewissen, wird auch das 'gute' als solches häufig durch Genitivobjekte oder beigefügte qualifizierende Adjektive gekennzeichnet, meist durch bona, Quint Inst Orat II,15,32; VI,1,33; Tac Agric 1,2 und an den angeführten Seneca-Stellen; mit optima, Cic Brutus 71,250; Plin (d J) Ep I,12,3; Curtius Rufus Hist VI,10,2; mit integra, Frontin Strategemata I,9,3: jene, die ein unversehrtes Gewissen hatten: illi, quibus integra erat conscientia; usw.[28]

----

27  C.Maurer, aaO., S.906.

Im folgenden sollen wieder einige Beispiele Senecas zum
moralischen Verständnis von conscientia angeführt werden, um
das schon im letzten Abschnitt gezeichnete Bild zu ergänzen.
In Ep 23 ist von der wahren Freude die Rede und der Gefahr,
die Lust bei mangelndem Maßhalten zum Schmerz herunter-
sinken zu lassen. Als gefahrlos wird 23,7 demgegenüber das
Verlangen nach dem wirklich Guten (veri boni aviditas) geschildert, welches unter anderem das gute Gewissen zur Voraussetzung hat (ex bona conscientia).

Ep 23,7

veri boni aviditas tuta est. Quod sit istud interrogas, aut unde
subeat? Dicam: ex bona conscientia, ex honestis consiliis, ex rectis
actionibus, ex contemptu fortuitorum, ex placido vitae et continuo
tenore unam prementis viam.

Das Verlangen nach dem wahren Gut ist gefahrlos. Worin das besteht,
woher es kommt, sollst du wissen. Aus dem guten Gewissen, aus sittlichen
Ursachen, aus der Verachtung aller Zufallslaunen, aus dem ruhigen, steten
Gang unseres Lebens, das immer den rechten Weg nimmt.

Ähnlich argumentiert Seneca auch in Ep 59,16, wo er dem
Weisen (sapiens) nachsagt, daß er nie ohne Freude lebe (numquam sine gaudio) und diese wieder in dem Bewußtsein der Tugenden (ex virtutum conscientia) gründe. Daß es sich dabei
nicht nur um das theoretische Wertbewußtsein handelt, sondern
auch um das moralische Bewußtsein eigenen tugendhaften Verhaltens, also - absolut gesprochen - um das 'gute Gewissen',
wird außer durch die Parallele von Ep 23,7 an den Bezeichnungen des Weisen als fortis, iustus, temperans und an der
Gegenüberstellung mit den Übeltätern (mali) in Ep 59,17 deutlich.

Ep 59,16 (Bewußtsein, mit Genitivus obiectivus)

Habes ergo et quare velis sapiens esse, si numquam sine gaudio est.
Gaudium hoc non nascitur nisi ex virtutum conscientia: non potest gaudere
nisi fortis, nisi iustus, nisi temperans.

Wenn der Weise nie ohne wahre Freude lebt, so hast du Grund genug,
auch weise werden zu wollen. Und diese echte Freude erwächst einzig und
allein aus dem Bewußtsein der Tugenden. Nur der Tapfere, der Gerechte,
der Maßvolle ist zu dieser Freude fähig.

---

28  Vgl. wieder die zahlreichen Belege im Thes Ling Lat, aaO., Sp.367;
    M.Kähler, aaO., S.59ff; dieser verweist auch noch auf die conscientia
    praeclara, aaO., S.59, bei Cic Att X,4,5, wo "das Bewußtsein der wei-
    sen Politik zum guten Gewissen des wohlverdienten Bürgers" übergeht:
    praeclara igitur conscientia sustentor, cum cogito me de re publica
    ... meruisse optime.

In Ep 43,5 stellten wir bereits fest, daß nach Senecas Verständnis das gute Gewissen sich nicht schämt oder verbirgt,
sondern freimütig die Leute einlädt (bona conscientia turbam
advocat); und nach Ep 97,13 will das gute Gewissen an die
Öffentlichkeit heraustreten und gesehen werden (bona conscientia prodire vult et conspici). Daß allerdings diese berechtigte Freimütigkeit (fiducia) und Sicherheit (Ep 97, securitas), die vom eigenen guten Gewissen bewirkt werden (conscientia tibit tua ... faciat), noch keine entsprechend gerechte Behandlung durch andere Menschen garantieren, betont
Seneca in Ep 24,12: auch der vom Gewissen objektiv als gerecht Bestätigte soll auf das ungerechteste Urteil in seiner
Verhandlung vorbereitet sein.

Ep 24,12

et quamvis conscientia tibi tua fiduciam faciat, tamen, quia multa
extra causam valent, et quod aequissimum est spera et ad id te quod est
iniquissimum compara.

Mag dir aber auch dein (gutes) Gewissen volle Zuversicht schenken, so
gibt es doch außerhalb der Rechtslage Dinge von großem Gewicht: erhoffe
das gerechteste Urteil, sei aber auf das ungerechteste gefaßt!

Wie Seneca im Zusammenhang von Ep 24,12 wider jegliche
Furcht (timor) argumentiert, so zeigt er auch in De ben VI,
42,1, daß Unruhe und Sorge (sollicitudo), die wir ja als ein
Spezifikum der conscientia mala kennengelernt haben, einem
dankbaren Geist (gratum animum) nicht geziemt. Vielmehr entspricht diesem wieder die Zuversicht, das Selbstvertrauen
(fiducia) und die Freiheit von aller Ängstlichkeit (demissa
omnis anxietas), die aus dem Bewußtsein wahrer Liebe kommt
(ex conscientia veri amoris) - was mit der virtutum conscientia von Ep 59,16 gleichzusetzen ist.

De ben VI,42,1

Non decet gratum animum sollicitudo, contra summa fiducia sui et ex
conscientia veri amoris dimissa omnis anxietas.

Ängstlichkeit verträgt sich nicht mit einem dankbaren Gemüt, es
ziemt ihm vielmehr höchstes Selbstvertrauen, und daß im Bewußtsein wahrer
Liebe alle Ängstlichkeit verschwinde.

In De ben IV,12,4 beantwortet Seneca die fiktive Frage,
was man selber von einer Wohltat habe, mit: das gute Gewissen
(bona conscientia). Sofern jemand wirklich aus sittlichen
Motiven Wohltaten vollbringt, d.h. sie um ihrer selbst willen erstrebt (ipsas ... petis) - und das allein kann Seneca
akzeptieren - ist ihm dieses gute Gewissen nach De ben II,

33,3 durchaus ein Genuß. Es ist die erste Frucht der Wohltat (conscientia benificii fructus primus), die dem Wohl-
täter auf jeden Fall zuteil wird - unabhängig von der zweiten,
der des öffentlichen Ansehens (famae) und der dritten, den
möglichen Gegenleistungen (eorum, quae praestari in vicem
possunt). So hebt auch Tacitus in Agric 1,2 hervor, daß
jeder der berühmtesten Geister, celeberrimus quisquis ingenio,
nicht von Parteilichkeit oder Ehrgeiz, sondern allein vom
Lohn des guten Gewissens geleitet wurde, ... sine gratia aut
ambitione bonae tantum conscientiae pretio ducebatur. Daß
das gute Gewissen angenehm und zu genießen ist, führt ebenfalls nicht nur Seneca - negativ formuliert - in De ben III,
17,3 (iucundissimae fructum, s.o.), sondern auch Cicero in
Cato 3,9 aus; auch dort wird das Bewußtsein (conscientia)
des eigenen Wohlverhaltens zusammen mit der synonym verstandenen Erinnerung (recordatio) als sehr angenehm beschrieben: conscientia bene actae vitae multorumque bene factorum
recordatio iucundissima est.

De ben IV,12,4

Eadem in beneficio ratio est; nam cum interrogaveris, quid reddat,
respondebo: bonam conscientiam. Quid reddit beneficium? ... Si quidquam
praeter ipsas, ipsas non petis.

Gerade so ist's mit den Wohltaten. Denn wenn du dabei fragen wolltest,
was du davon habest, so antworte ich dir: das Bewußtsein einer guten Tat
bzw. das gute Gewissen. Was man habe von einer Wohltat? ... Willst du
etwas anderes als sie, so ist es dir nicht um sie selbst zu tun.

De ben II,33,3

Sic beneficii fructus primus ille est conscientiae: hunc percipit,
qui, quo voluit, munus suum pertulit; secundus et tertius est et famae
et eorum, quae praestari in vicem possunt. Itaque cum benigne acceptum
est beneficium, qui dedit, gratiam quidem iam recepit, mercedem nondum:

So liegt bei einer Wohltat der erste Genuß im Gewissen bzw. im Bewußtsein; der wird demjenigen zuteil, welcher sein Geschenk nach seinem Wun-
sche angebracht hat; der andere im guten Namen, der dritte in möglichen
Gegenleistungen. Darum, wenn eine Wohltat gut aufgenommen worden ist, so
hat der, welcher sie gab, zwar schon seinen Dank empfangen, aber noch
keinen Lohn.


c) Die conscientia als 'Instanz'

Während die durch ein beigefügtes Adjektiv qualifizierte
conscientia bei Seneca meist das 'gute' bzw. 'schlechte Gewissen' im spezifischen Sinne bezeichnet und die durch ein
Genitivobjekt ergänzte conscientia zunächst das 'Bewußtsein

von etwas' bedeutet, weist der absolute Gebrauch verschiedentlich auf die objektivierende Vorstellung der conscientia
als 'Instanz' oder - wie anschließend noch zu besprechen sein
wird - auf das Verständnis als 'Inneres' hin.

So war uns das 'Mitwissen mit sich selbst' (tu scias) schon
Ep 43,5 als der testis, der Zeuge, vorgestellt worden, den
man nicht unbeschadet ignorieren kann: O te miserum si contemnis hunc testem. Auch hinter dem absoluten Gebrauch von
conscientia in Ep 97,13-16 steht wohl der Gedanke an die
kritische Instanz, die den Übeltäter überführt und ihn vor
sich selbst enthüllt (coarguit ... conscientia et ipsos sibi
ostendit) - die Beispiele ließen sich mehren. Interessant ist
in diesem Zusammenhang auch die Erwähnung des observator et
custos (des Beobachters und Wächters) in Ep 41,2 (s.u.).
Weil damit die Funktion der conscientia genau umschrieben
wird, kann man die Aussage der Stelle wohl trotz des Fehlens
des Begriffes auf die conscientia beziehen. Dasselbe dürfte
auch für das Anführen des custos in Ep 94,55 gelten (s.u.).
Ähnlich setzt Quintilian, Inst Orat V,11,41 das Verständnis
der conscientia als testis schon als sprichwörtlich voraus
(proverbium): das Gewissen ist wie tausend Zeugen, conscientia
mille testes, womit die Zuverlässigkeit und Unentrinnbarkeit
eindrucksvoll festgehalten ist.

So wie das 'Mitwissen' der Götter und anderer Menschen
beim nichtreflexiven Verständnis des Wortes die Zeugenschaft
im entlastenden oder belastenden und verklagenden Sinne bedeuten kann, so steht auch hier in den drei Bezeichnungen der
conscientia als testis, observator et custos eindeutig die
das Verhalten beobachtende und nach vorausgesetzten Normen
messende und beurteilende Instanz im Sinne der conscientia
consequens im Vordergrund, nicht aber die gesetzgebende oder
das Verhalten diktierende Instanz entsprechend der conscientia
antecedens.

Welche Bedeutung dieser Instanz conscientia in Hinblick
auf die Unabhängigkeit des einzelnen von der Umwelt zukommt,
wird sich aus dem Folgenden ergeben.

d) Das 'Innere' - die conscientia als Repräsentant der
   Autonomie

Neben den Bedeutungen 'Mitwissen', 'Bewußtsein' und 'Gewissen' als Bewußtseinszustand oder Instanz kann conscientia
noch die des 'Inneren', der eigenen und von der Umwelt unabhängigen Überzeugung annehmen.

In Ep 8 spricht Seneca von der zurückgezogenen Tätigkeit
des Philosophen und zitiert in 8,1 Lucilius, dem er geraten
hatte, die Menschenmenge zu meiden, sich zurückzuziehen und
mit seinem Gewissen zufrieden zu sein (secedere et conscientia
esse contentum). Damit ist wohl das 'gute Gewissen' gemeint,
das uns als Quelle der Zufriedenheit und der wahren, von der
Reaktion der Umwelt unabhängigen Freude des Weisen schon
verschiedentlich begegnete. Der Akzent liegt in unserem Zusammenhang auch wieder auf dem 'Meiden der Menge' und dem
'Sich-Zurückziehen', also auf dem Gegensatz zum oberflächlichen und ablenkenden Einfluß der Umwelt. Damit legt sich
die Wiedergabe mit 'sich auf sein Gewissen, sein Inneres,
sich selbst zurückziehen' nahe. Dieser Rückzug aufs Innere
ist nach Seneca notwendig, um für die Welt, der man die Tür
verschließt, durch philosophische Arbeit um so nützlicher
zu sein.

Ep 8,1

'Tu me' inquis 'vitare turbam iubes, secedere et conscientia esse
contentum?' ... In hoc me recondidi et fores clusi, ut prodesse pluribus
possem.

Du erklärst mir: "Nach deinem Befehl soll ich die große Masse meiden
und mit meinem guten Gewissen zufrieden sein" ... Nur zu dem Zweck habe
ich mich selbst (aus dem öffentlichen Leben) zurückgezogen und der Welt
meine Tür verschlossen, um einem größeren Kreis mich nützlich machen
zu können.

In de ben IV,21,2 stellt Seneca zwei Arten der Dankbarkeit
gegenüber. Im ersten Fall erstattet der Beschenkte seinen
Dank und bringt diesen deutlich zum Ausdruck; im zweiten Fall
ist der Beschenkte zwar durchaus dankbar und hat den Willen,
sich zu bedanken, es fehlt ihm aber die Fähigkeit oder Gelegenheit, es mitzuteilen - er ist notgedrungen mit seinem
Bewußtsein - der dankbaren Erinnerung an das Beschenktwerden
- eingeschlossen. Nach IV,21,3 ist er wie der Künstler ohne
Instrument oder wie der Sänger in lärmender Umgebung behin-
dert. Hier steht also das Zurückgezogensein auf die conscientia,
das Innere, im Gegensatz zur erwünschten Äußerung.

De ben IV,21,1

Duo genera sunt grati hominis: dicitur gratus, qui aliquid pro eo,
quod acceperat, reddidit; hic fortasse ostentare se potest, habet, quod
iactet, quod proferat; dicitur gratus, qui bono animo accepit beneficium,
bono debet; hic intra conscientiam clusus est.

Es gibt zwei Gattungen von dankbaren Menschen. Dankbar nennt man
einen, der das, was er bekam, irgendwie erstattet. Dieser kann sich wohl
etwa zur Schau tragen; er hat mit etwas zu prahlen, mit etwas aufzutreten.
Dankbar nennt man aber auch den, der in guter Gesinnung eine Wohltat angenommen hat und seine gute Gesinnung auch als Schuldner beweist; dieser
ist auf sein Inneres zurückgezogen, in seinem Bewußtsein eingeschlossen.

Dieser Aspekt der Unabhängigkeit von der Umwelt kam bei
Seneca schon an den Stellen zum Ausdruck, wo das gute Gewissen als 'sehr angenehme Frucht' (De ben III,17,3) und 'erster
Genuß' der Wohltat vor der fama, der Anerkennung vor anderen,
und eventuellen Gegenleistungen eingestuft wurde. Denn die
Folgerung Ciceros, Phil II,44,114, daß in dem (guten) Gewissen
selbst Lohn und Genuß genug für schöne, edle Taten liege:
satis in ipsa conscientia pulcherrimi facti fructus erat, ist
in jenen Aussagen durchaus intendiert und in De ben IV,12,4
auch artikuliert.

Conscientia wird von Cicero auch sonst häufig als Bezeichnung des unabhängigen Inneren als der eigenen, durchzusetzen-
den Überzeugung dem Urteil und Gerede der Menge gegenübergestellt: mea mihi conscientia pluris est quam omnium sermo,
mein eigenes Gewissen, meine eigene innere Überzeugung, bedeutet mir mehr als das Gerede aller Leute, Cic Att XII,28,2.
In Tusc II,26,63f rät er entsprechend, das eigene Urteil zu
gebrauchen, weil für die Tugend kein Schauplatz und keine
Zuschauerschaft wichtiger sei als das eigene Gewissen, tuo
tibi judicio est utendum ... nullum theatrum virtuti conscientia maius est. Am lobenswertesten sind deshalb all die
Handlungen, die ohne Prahlerei und ohne öffentlichen Zeugen
geschehen: laudabiliora videntur omnia quae sine venditatione
et sine populo teste fiunt. So kann Cicero auch in Att XIII,
20,4 von der 'recta conscientia' - der sittlich guten und
ungebeugten Instanz - sprechen, von der man in seinem ganzen
Leben keinen Nagel breit abweichen dürfe: in omni vita sua
quemque a recta conscientia traversum unguem non oportet
discedere.

Daraus allerdings mit H.Reiner zu folgern, daß Cicero in
der conscientia "eine echte Norm des Verhaltens sehe, in der

"das Gewissen auch in vorausschauender Form angesprochen"
ist[29], trifft die Sachlage nur bedingt. Die Aufgabe der conscientia ist ja auch hier nicht die Entscheidung über Gut
und Böse, die - was H.Reiner[30] selbst anführt - in der 'recta
ratio' als der 'non scripta sed nata lex' getroffen wird.
Bei der 'Gewissensentscheidung' geht es vielmehr um die Motivation, um die Frage, ob jemand etwas wirklich sittlich,
also um der Sache selbst, d.h. um seines Gewissens, seines
Innersten willen oder aber aus Rücksicht auf die fama und
eventuelle Gegenleistungen tut. Die conscientia - auch gerade hier als testis und theatrum bezeichnet - ist die nach
vorgegebenen Normen das eigene Verhalten beobachtende und
beurteilende Instanz, die als das 'Innerste' des Menschen
selbst der Umwelt, der er sich verantwortlich fühlt, in Aus-
schließlichkeit gegenübergestellt wird; sie vertritt den
Menschen in seiner Autonomie und Eigenverantwortlichkeit,
d.h. in seiner Unabhängigkeit von der Beurteilung anderer.
Um des Gewissens willen etwas tun, bedeutet also, etwas aus
der sittlichen Verantwortung vor sich selber, aus seinem
'Inneren' heraus tun.

Zweifellos wird hier eine wesentliche Grundlage für das
spätere Verständnis der conscientia antecedens als Wissen um
Gut und Böse und als gesetzgebende, normative Instanz gelegt,
doch bleibt bei Cicero und, wie wir sehen werden, auch bei
Seneca der Aspekt der sittlichen Eigenverantwortlichkeit,
der 'Auto-nomie', dominant[31].

In Ep 81,20 betont auch Seneca in Hinsicht auf die Motivation bei einer sittlichen Entscheidung ganz ausdrücklich
die Priorität der conscientia als 'Inneres' und Repräsentant

---

29  H.Reiner, aaO., Sp.577, dagegen auch M.Kähler, aaO., S.66, der eben-
    falls für die conscientia nur die Bedeutung 'urteilender Zeuge' gel-
    ten läßt.

30  H.Reiner, aaO., der dazu auf Mil 4,10 in Verbindung mit 23,61 und
    Resp III,12,22 verweist.

31  Neben H.Reiner geht auch J.Stelzenberger, Die Beziehungen der früh-
    christlichen Sittenlehre zur Ethik der Stoa, S.211, davon aus, daß
    das Gewissen bei den Römern "vielfach als Gesetzgeber" erscheint;
    das ist in dieser Formulierung aber, wie ausgeführt, keinesfalls
    haltbar.

der sittlichen Eigenverantwortlichkeit vor der öffentlichen
Meinung. Bei der Entscheidung darüber, wie eine Wohltat zu
vergelten sei, darf man sich nicht nach dem äußeren Anschein
(nisi ut videar ingratus) richten und sich erst recht nicht
an der Meinung anderer und der Auswirkung auf den eigenen
Ruf orientieren (per mediam infamiam, boni viri famam perdi-
dit). Vielmehr ist das als sittlich und ehrenhaft Erkannte
durch den äußeren Widerstand hindurch zu verwirklichen. Der
Tugend ergeben ist nämlich der (virtutem ... devotus), der
eher seinen guten Ruf darangibt, als sein Gewissen zu vernachlässigen (ne conscientiam perderet).

> Ep 81,20
>
> Si gratum esse non licebit nisi ut videar ingratus, si reddere bene-
> ficium non aliter quam per speciem iniuriae potero, aequissimo animo ad
> honestum consilium per mediam infamiam tendam. Nemo mihi videtur pluris
> aestimare virtutem, nemo illi magis esse devotus quam qui boni viri famam
> perdidit ne conscientiam perderet.
>
> Wenn ich nur durch scheinbare Undankbarkeit dankbar sein kann, wenn
> ich eine Wohltat nur durch scheinbares Unrecht vergelten kann, dann
> werde ich mit größter Seelenruhe - trotz aller damit verbundenen Nachrede
> - den als recht erkannten Weg gehen. Niemand achtet meiner Meinung nach
> die Tugend höher, niemand ist ihr tiefer verhaftet als der Mensch, der
> den Ruf eines ehrenwerten Mannes daran gibt, um seinem Gewissen zu folgen.

Während Seneca also für den Weisen fordert, daß er - da er
nur sich selbst, d.h. seiner conscientia verantwortlich ist -
sich über alle Nachrede gelassen hinwegsetzt und sich gegen
bösartige Verdächtigungen (s.u., adversus opiniones malignas)
mit seinem guten Gewissen tröstet, in ihm genügend Zuversicht
und Selbstvertrauen findet (satis fiducia habere), räumt er
es in De clem I,15,5 den Fürsten - am Beispiel einer vorsorg-
lichen Maßnahme des Augustus gegen Verdächtigungen - durchaus
ein, auch vieles in Hinblick auf das öffentliche Verständnis
und die öffentliche Meinung tun zu müssen. Allerdings handelt
es sich auch in diesem Fall nur um eine ansonsten überflüssige,
nicht aber etwa um eine sittlich verwerfliche Maßnahme.

> De clem I,15,5
>
> Quilibet nostrum debuisset adversus opiniones malignas satis fiduciae
> habere in bona conscientia, principes multa debent etiam famae dare.
>
> Ein jeglicher von uns hätte sich gegen bösartigen Verdacht mit seinem
> guten Gewissen trösten müssen: die Fürsten müssen manches auch der öffent-
> lichen Meinung zuliebe tun.

De vita beata XX,4 bringt Senecas Auffassung nochmals prägnant zum Ausdruck: nichts tue ich um der Meinung anderer willen, alles um des Gewissens willen - omina conscientia (cau-

sa) faciam. Dabei ist conscientia causa wieder mit 'aus sittlicher Eigenverantwortung' zu übersetzen, da die conscientia als die Instanz der Überwachung des Handelns nach vorausgesetzten Normen zugleich die Instanz ist, vor der sich der Mensch zu verantworten hat. Zudem wird aber an dieser Stelle noch hervorgehoben, daß das, was jemand um des Gewissens willen tut, so getan wird, als würde alles Volk zuschauen; womit der Gedanke der freimütigen bona conscientia von Ep 43,5 und 97,13 wieder aufgenommen wird.

De vita beata XX,4

nihil opinionis causa, omnia conscientiae faciam, populo spectante fieri credam quidquid me conscio faciam.

Nicht irgendwelche Rücksicht, sondern nur mein Gewissen wird all mein Handeln bestimmen, und auch was ich ganz für mich tue, wird nicht anders sein, als geschähe es vor allem Volk.

Daß allerdings auch der Weise bei der Verwirklichung dieser apodiktischen Forderung nach der völligen Unabhängigkeit in Bedrängnis geraten kann, wird von Seneca selbst in Ep 117, 1 zugegeben, wo ihm Lucilius so spitzfindige Fragen stellt, daß er beim Beantworten in größte Schwierigkeiten kommt. Einerseits will er die Gunst seiner - wie aus dem Folgenden hervorgeht - stoischen Freunde durch seine Antwort nicht verlieren, andererseits kann er aber gemäß seines Grundsatzes auch nicht gegen seine innere Überzeugung argumentieren, ohne sich selbst, d.h. seine conscientia zu verleugnen (salva conscientia). Dabei ist auch hier conscientia wieder als das 'Innere' verstanden.

Ep 117,1

Qui mihi tales quaestiunculas ponis, in quibus ego nec dissentire a nostris salva gratia nec consentire salva conscientia possum.

Der du mir Fragen stellst, bei deren Beantwortung ich mich nicht in Widerspruch zu unseren (stoischen) Freunden setzen kann, will ich ihre Gunst behalten, aber auch nicht zustimmen - im Widerspruch zu meinem Gewissen, meiner inneren Überzeugung.

Zusammenfassend ist vor allem darauf hinzuweisen, daß die conscientia bei Cicero und Seneca sowohl als 'gutes' oder 'schlechtes Gewissen' als auch im Sinne der 'Instanz' oder des 'Inneren' vor allem den Gedanken der völligen Autonomie im sittlichen Verhalten repräsentiert. Das Gewissen beobachtet - auch ohne jeden menschlichen Zeugen, es beurteilt und straft, es belohnt und bestätigt - auch abgesehen von jedem menschlichen Beurteilen und Reagieren. Dadurch ist es der

Repräsentant - nicht der sittlichen Inhalte, sondern der
Autonomie des sittlichen Lebens; als solcher findet es auch
bei Seneca Eingang in sein stoisches Gedankengebäude.

   e) sacer spiritus ... observator et custos

   Der Betonung der Autonomie und letztgültigen Autorität
des eigenen Gewissens entspricht es auch, wenn Cicero die
conscientia in Cluent 58,159 als von den unsterblichen Göttern empfangen darstellt (ab dis immortabilibus accepimus).
Damit soll die wesensmäßige und unauflösliche Einheit (a
nobis divelli non potest) zwischen dem Menschen und seinem
die sittliche Eigenverantwortlichkeit repräsentierenden
testis festgehalten und deren Bedeutung für die höchste
sittliche Ehrenhaftigkeit (summa cum honestate vivemus) hervorgehoben werden.

   Cic Cluent 58,159

   conscientiam mentis suae, quam ab dis immortalibus accepimus, quae
   a nobis divelli non potest; quae si optimorum consiliorum atque factorum
   testis ... nobis erit ..., summa cum honestate vivemus;

   ... das Bewußtsein seines Geistes, das wir von den unsterblichen
   Göttern empfangen haben, das von uns nicht losgerissen werden kann;
   wenn das uns Zeuge bester Entschlüsse und Taten wird, werden wir mit
   höchster Ehrenhaftigkeit leben.

   Daß die Intention der göttlichen Herleitung des Gewissens
für Cicero gerade in der Betonung letzter Autorität des strafenden und belohnenden Gewissens liegt, zeigt sich in Nat
Deor 3,85[32], wo die conscientia als kontrollierende Instanz
anstelle der göttlichen Vergeltung (divina ... moderatio pro-
fecto nulla est - es gibt wahrlich keine göttliche Vergeltung)
durch Belohnungen (praemia) und Strafen (supplicia) in ihrer
gewichtigen und sittlich alles entscheidenden Bedeutung herausgestellt wird. Auch hier ist übrigens, wie aus der Gegenüberstellung zur göttlichen Vergeltung hervorgeht, bei der
conscientia virtutis et vitiorum nicht an eine normgebende,
befehligende Instanz, die conscientia antecedens, gedacht,
sondern wieder an das richtende Gewissen, das an Laster und
Tugenden erinnernde Bewußtsein[33].

---

32  Vgl. A.S.Pease, M.Tulli Ciceronis de natura deorum libri III,S.1201f.

Cic Nat Deor 3,85

virtutis et vitiorum sine ulla divina ratione grave ipsius conscientiae pondus esset, qua sublata iacent omnia;

Auch ohne göttliche Begründung ist das Gewicht des Bewußtseins der
Tugend und der Laster selbst schon schwer, wird es beseitigt, dann stürzt
alles zusammen.

Auch Seneca spricht in De otio V,5 von der göttlichen Herkunft, nicht nur der conscientia, sondern der Menschen überhaupt: die Menschen sind göttlichen Geistes (homines divini
esse spiritus). Gut stoisch fährt er dann fort, daß quasi
Funken (scintillas!) von Sternen auf die Erde herabgesprungen
seien.

De otio V,5

Homines divini esse spiritus, partem ac veluti scintillas quasdam
astrorum in terram desiluisse atque alieno loco haesisse.

Die Menschen sind göttlichen Geistes, gleichsam als wären Funken von
Sternen auf die Erde heruntergesprungen und an fremdem Ort haftengeblieben.

Deshalb kann Seneca auch in Ep 73,16 sagen, daß Gott zum
Menschen, ja, sogar noch mehr - in den Menschen kommt, weshalb
im Menschen - mit einem weiteren Bild gesprochen - der göttliche Same (semina divina) ausgestreut ist, den dieser jetzt
als ein guter Gärtner (bonus cultor) nur zu hegen hat, damit
er dem Urkeim ähnlich hervorgeht und wieder diesem ähnliche
Früchte bringt.

Ep 73,16

Deus ad homines venit, immo quod est propius, in homines venit: nulla
sine deo mens bona est. Semina in corporibus humanis divina dispersa sunt,
quae si bonus cultor excipit, similia origini prodeunt et paria iis ex
quibus orta sunt surgunt.

Gott kommt zu den Menschen, ja, noch mehr, er kommt in die Menschen:
kein hoher Geist ohne Gott! Der Same, den des Menschen Leib trägt, stammt
von Gott. Wenn ein guter Gärtner ihn hegt, wird alles, was entsteht, dem
Urkeim ähnlich, und es entsprießt eine Frucht, dem Samen gleich, aus dem
sie entsproß.

Da der Mensch also von Geburt an diese scintilla bzw. semina
divina hat, also am spiritus divinus partizipiert, können nach
Ep 94,55 auch die Laster nicht angeboren (vitia nasci) sein;
sie überfallen den Menschen unvermutet (supervenerunt) und

---

33  Vgl. auch M.Kähler, aaO., S.62: "... so ist man billig erstaunt, wie
    Vilmar eben hier einen Beleg für die besonders hervorzuhebende That-
    sache findet, daß bei Cicero das Gewissen auch als legislatorisches
    Vermögen erscheint".

werden ihm durch seine Umwelt aufgedrängt (ingesta sunt). Deshalb hat er aber zugleich den custos - womit wohl die nicht
explizit genannte Instanz conscientia gemeint ist -, der ihn
beobachtend und auf Grund der in den divina semina angelegten
Normen und sittlichen Inhalte beurteilend bisweilen am Ohr
zupft (aurem pervellat), nämlich bei jeder geplanten oder vollzogenen Abweichung von der sittlichen Norm. Das Hegen (Ep 73,
16) geschieht allerdings durch die zusätzlich notwendige Ermahnung (monitionibus) und nach Ep 31,8 vor allem durch die
richtige Erkenntnis und Wissenschaft, durch die die bei der
Funktion der conscientia vorausgesetzten Werte des Göttlichen
und Menschlichen gewonnen werden: rerum scientia contingit
et ars per quam humana ac divina noscantur. So ist also auch
in Ep 94,55 mit custos wieder die auf das eigene Verhalten
gerichtete Instanz der Überwachung und Kritik gemeint, die
nur auf Grund der wertvermittelnden Ermahnung, richtigen Erkenntnis und Wissenschaft zuverlässig kontrollieren kann.

Ep 94,55

Sit ergo aliquis custos et aurem subinde pervellat abigatque rumores
et reclamet populis laudentibus. Erras enim si existimas nobiscum vitia
nasci: supervenerunt, ingesta sunt. Itaque monitionibus crebris opiniones
quae nos circumsonant repellantur.

Wir müßten also einen Aufpasser haben, der uns bisweilen am Ohr zupft,
alle niederträchtigen Reden fernhält und der lobhudelnden Masse den Mund
verbietet. Denn geboren werden die Laster nicht mit uns, da bist du arg
im Irrtum: sie überfallen uns unvermutet oder werden uns aufgenötigt.
Daher haben dauernd wiederholte Mahnworte die Aufgabe, das uns umschwir-
rende Gerede zum Verstummen zu bringen.

Schließlich sei auch noch auf die wohl bekannteste Stelle
in Ep 41,1.2 hingewiesen, deren Aussage sich nahtlos an das
bisher Entfaltete anfügt. Der feierlichen Feststellung der
menschlichen Partizipation am Göttlichen, die sich in Nähe,
Begleitung und Einwohnen der Gottheit ausdrückt (Prope est a
te deus, tecum est, intus est), folgt die Beschreibung des
sacer spiritus, der als observator et custos, als Beobachter
und Wächter, schlechte und gute Handlungen entsprechend be-
straft oder belohnt - den Menschen also so behandelt, wie
er selbst von ihm behandelt wird. Auf Grund dieser Ausführung
kann man wohl mit Recht annehmen, daß Seneca auch hier wieder
an die Instanz conscientia denkt, von der er diesmal in spe-
zieller Weise die Zugehörigkeit zum göttlichen Geist aussagt,
die nach De otio V,5 für den Menschen überhaupt gilt: homines
divini esse spiritus.

Ep 41,1.2

Prope est a te deus, tecum est, intus est. Ita dico, Lucili: sacer
intra nos spiritus sedet, malorum bonorumque nostrorum observator et
custos; hic prout a nobis tractatus est, ita nos ipse tractat. Bonus vero
vir sine deo nemo est: an potest aliquis supra fortunam nisi ab illo
audiutus exsurgere? Ille dat consilia magnifica et erecta. In unoquoque
virorum bonorum ... habitat deus.

Gott ist dir nahe, er ist mit dir, er ist in dir. Ich behaupte,
Lucilius: ein heiliger Geist wohnt in uns, ein Wächter und Beobachter
aller unserer Fehler und Vorzüge. Wie wir ihn behandeln, so behandelt
er uns. Vor allem: ohne Gott ist niemand ein vollkommener Mensch. Oder
vermag sich jemand ohne Gottes Hilfe über sein Schicksal zu erheben?
Er gibt uns die hochsinnigen und erhabenen Entschlüsse. In jedem einzelnen vollkommenen Menschen ... wohnt Gott.

Inwieweit sich die Gedanken Senecas mit denen des Paulus
berühren bzw. von ihnen abweichen, wird später noch zu klären
sein. Zum Gottesbegriff Senecas muß allerdings schon in diesem Zusammenhang angemerkt werden, daß er sich vom biblischen,
durchgängig transzendenten wohl grundlegend unterscheidet.
So weist schon M.Kähler darauf hin, daß es sich bei den Aussagen über den spiritus sacer intra nos sedens nur um "eine
Anwendung des stoischen und mithin nicht religiösen Pantheismus"[34] handelt; und J.N.Sevenster unterstreicht zu Recht,
daß eine Idendität zwischen dem innewohnenden sacer spiritus
... observator et custos und dem Göttlichen selbst besteht.
Davon zu sprechen, daß Gott den Geist als Wächter gegeben hat,
"is putting far too personal a stress on God"[35]. "By saying
that God has entered into man Seneca evidently wishes to ex-
press the belief that the divine part of man makes itself
heard in the conscience. Hence it is incorrect to say that
above the conscience there is a supreme authority of the god-
head"[36]. Ähnlich faßt denn auch H.Böhlig treffend zusammen:
"Senecas conscientia ist ein Teil des Pneumas, das die Welt
durchdringt und mit der Vernunft auf einer Stufe steht. Die
Gottheit wird dabei echt stoisch, also immanent gedacht. Das
Gewissen ist ein Stück des Gottesgeistes"[37].

---

34  M.Kähler, Artikel: Gewissen, R.E.[3], Bd.VI, S.648.

35  J.N.Sevenster, Paul and Seneca, S.90f.

36  AaO., S.91.

37  H.Böhlig, aaO., S.23.

f) Die Gewissenserforschung als Ausdruck der Eigenverantwortlichkeit

Daß Seneca wirklich in der conscientia die letzte Instanz
der Verantwortlichkeit des Menschen sieht, wird wohl da am
deutlichsten, wo er die eigene Gewissenserforschung als endgültige Rechtfertigung des Menschen, auf den kein eschatolo-
tisches Gericht einer transzendent verstandenen Gottheit
wartet, beschreibt: in Ep 28,9.10.

Ep 28,9.10

'Initium est salutis notitia peccati' (Epic fr 522)[38] ... 10) Ideo
quantum potes te ipse coargue, inquire in te; accusatoris primum partibus
fungere, deinde iudicis, novissime deprecatoris; aliquando te offende.

'Die Erkenntnis des Fehlers ist der Heilung Anfang' ... 10) Bezichtige
dich selbst, so sehr du kannst, verhöre dich! Spiele zuerst den Ankläger,
dann den Richter, zuletzt den Anwalt! Und manchmal strafe dich schonungs-
los!

In dieser und der folgenden Stelle erwähnt Seneca den Begriff conscientia nicht, auch wenn er das beschreibt, was wir
mit Gewissenserforschung bezeichnen würden. Ausgehend von dem
Epikur-Fragment 522, daß der Anfang der Heilung, d.h. des
sittlichen Fortschritts, die Erkenntnis der Sünde sei, empfiehlt er Lucilius, sich selbst ganz bewußt immer wieder zu
prüfen, zu verhören und zu überführen. Dabei soll er selbst
nacheinander die Funktionen des Anklägers, des Richters und
schließlich des Anwalts übernehmen und sich zuweilen auch
selbst strafen. Da es dabei um eine rationale, bewußt und
freiwillig vollzogene Selbstprüfung und Rechenschaft geht -
und nicht etwa um die vom schlechten Gewissen bewirkte zwang-
hafte Selbstrechtfertigung von Ep 105,7: subinde respondere
ad se cogit -, legte sich der Begriff conscientia für Seneca
dabei offensichtlich nicht nahe. Mit seiner Verwendung des
Begriffes conscientia knüpft er an das umgangssprachliche -
und nach Quint Inst Orat V,11,41 sprichwörtliche - Verständnis als testis und gutes und schlechtes Gewissen an, mit der
Forderung nach der rationalen, kritischen Selbstprüfung aber
an die philosophische Tradition, bei der das Begriffspaar
συνείδησις-conscientia nie zu zentraler Bedeutung gelangt war.

---

38  Epicurea, ed. H.Usener, S.318.

Zu einer durchreflektierten und für die folgende Zeit weg-
weisenden letzten Synthese beider Stränge kommt es also
auch bei Seneca nicht.

Daß Seneca mit der Gewohnheit der rationalen Selbstprüfung
philosophische Tradition übernimmt, betont er, wie im ersten
Abschnitt schon angedeutet, in De ira III,36,1.2 selber, wo
er sich auf den römischen Philosophen Sextius beruft, welcher
seinerseits die neupythagoreische Forderung nach täglicher
Selbstprüfung und Rechenschaft aufgreift (Hierocl Carm Aur
40ff): Πῆ παρέβην, τί δ' ἔρεξα, τί μοι δέον οὐκ ἐτελέσϑη -
Worin fehlte ich? Was habe ich ausgerichtet? Welche Pflicht
habe ich nicht erfüllt? Im Anschluß an diesen Verweis auf
Sextius schreibt Seneca zu seiner Gewohnheit der Selbstprüfung
weiter:

De ira III,36,1.2

Desinet ira et moderatior erit, quae sciet sibi cotidie ad iudicem
esse veniendum; quicquam ergo pulchrius hac consuetudine excutiendi totum
diem? qualis ille somnus post recognitionem sui sequitur, quam tranquillus,
quam altus ac liber, cum aut laudatus est animus aut admonitus et speculator sui censorque secretus cognovit de moribus suis! utor hac potestate
et cotidie aput me causam dico.

Dann wird der Zorn allmählich weichen, er wird sich mäßigen, wenn er
damit rechnen muß, tagtäglich vor seinem Richter erscheinen zu müssen.
So ist es wirklich etwas Schönes, sich diese tägliche Rechenschaftsablage
zur Aufgabe zu machen. Wie gut schläft man nach einer solchen Gewissenserforschung, wie ruhig, wie tief, wenn die Seele Lob oder Tadel erfuhr,
wenn ihr eigener stiller Beobachter und Richter ihr eine Zensur erteilte!
Ich jedenfalls mache von dieser Möglichkeit Gebrauch und gebe mir tagtäglich über mich Rechenschaft.

Steht man also tagtäglich vor sich selbst als der höchsten
Instanz der Verantwortung, als dem Richter (ad iudicem),
untersucht sich (excutiendi) und gibt sich Rechenschaft (causam dico), wird nicht nur jedes Schuldgefühl, sondern auch
die Schuld selbst mit ihren Konsequenzen beseitigt. Der Zorn
weicht (desinet ira), und der nach Ep 105,8 vom schlechten
Gewissen bewirkte unruhige Schlaf (inter somnos movetur)
wird vom ruhigen, tiefen und von Sorgen freien Schlaf abgelöst (qualis ille somnus ... quam tranquillus, quam altus ac
liber), denn durch Lob und Tadel bzw. Ermahnung (laudatus
... aut admonitus) seines Beobachters und Richters (speculator
sui censorque), der er selbst ist, kann der Mensch das Problem
seiner Sünde selbst aufheben. Entsprechend spricht er sich
auch selbst die Vergebung zu, wie es Seneca im folgenden tut:

vide ne istud amplius facias, nunc tibi ignosco - Gib acht,
daß es nicht wieder passiert, nun verzeihe ich dir!

Nach alledem ist wohl deutlich geworden, daß die conscientia mit ihrem Urteilen, Loben und Strafen als conscientia bona
und mala und die rationale Selbstprüfung und Rechenschaft bei
Cicero und Seneca nicht etwa auf ein eschatologisches Gericht
und einen transzendenten Gott verweisen, sondern dieses ab-
lösen, indem sie es innerpersönlich und präsentisch beschreiben.

Während das Phänomen conscientia bei Seneca zur Bezeichnung
der Autonomie und Eigenverantwortlichkeit in sein philoso-
phisches Denken einbezogen wird, erscheint der Begriff bei
der Beschreibung der - von ihm aus philosophischer Tradition
übernommenen - rationalen Selbstprüfung nicht, obwohl sich
gerade darin die in der conscientia repräsentierte Autonomie
des Menschen am deutlichsten erweist. Da sich dieser Tatbestand aber nicht aus inhaltlichen Gründen, sondern vielmehr
aus traditionsgeschichtlichen erklärt, darf er keinesfalls
überbewertet werden; letztlich spricht Seneca auch in De
ira III,36,1.2 vom Phänomen 'Gewissen'.

III. Im Alten Testament

1. Der hebräische Text

a) Das Fehlen des Begriffes

Im alttestamentlichen Hebräisch sucht man vergeblich nach
einem Äquivalent zum griechischen Begriff συνείδησις. Daß
diese Tatsache "höchst auffallend" ist, wie C.Maurer sagt[1],
trifft hingegen auf Grund der bisherigen Erkenntnisse über
das späte Aufkommen des griechischen und lateinischen Begriffes für 'Gewissen' in hellenistischer Zeit keinesfalls zu. Da
es sich bei der relativ späten Ausprägung der abstrakten Begriffe 'Bewußtsein', 'Selbstbewußtsein' und 'Gewissen' also
um ein allgemeines sprachgeschichtliches Phänomen handelt,
ist auch beim Versuch einer spezifischen Begründung für das
Fehlen des hebräischen Begriffes äußerste Zurückhaltung geboten.

Wie von C.Maurer - der mit seiner repräsentativen Argumentation ausführlicher zu Wort kommen soll - wird auch von anderen häufig auf den Zusammenhang mit der "alttestamentliche(n)
Anthropologie" hingewiesen[2]. "Der Mensch ist grundlegend durch
sein Gegenüber zum Offenbarungsgott Jahwe bestimmt. Wie für
das Volk der Gottesbund den alles bestimmenden Raum darstellt,
so sieht sich der einzelne von diesem Gott umfangen." Das
Wort des sich offenbarenden Gottes eröffnet das menschliche
Selbstverständnis und ermöglicht "bewußtes und verantwortungs-

---

1  C.Maurer, aaO., S.906.

2  Ebd.; vgl. auch W.D.Davies, Artikel: conscience, Interpreters Dictionary of the Bible, Vol.I, S.671; H.Ch.Hahn, Artikel: Gewissen, Theol.
   Begriffslexikon zum NT, Bd.I, S.555, der den Grund ebenfalls "in einem
   von dem griech. verschiedenen Menschenverständnis" sieht: "Für den
   Israeliten des alten Bundes tritt das Problem des Sich-zu-sich-selbst-
   Verhaltens hinter dem Verhalten zu Gott zurück. Statt der Erhellung
   des eigenen Bewußtseins geht es um ein Rechenschaftsablegen vor Gott".

volles Handeln". Entsprechend gründet das sittliche Normenbewußtsein "nur in der Erinnerung und Bewahrung der Weisungen
Gottes". Diesem redenden Gott gegenüber wird auch "das in sich
widerstreitende Ich zu einer einheitlichen Person". "Das Gewissen wird zum Ge-hören im Sinn des willentlichen Angehörens.
Die Stimme Gottes und die eigene Stimme fallen zusammen, nicht
im Sinne einer Vernunfteigenmächtigkeit, sondern im Sinne
der Übereinstimmung des eigenen Ichs mit dem Willen Gottes.
Hier liegt der Grund, weshalb das Alte Testament keinen Gewissensbegriff entfaltet hat."[3]

Abgesehen davon, daß gerade auch in Hinsicht auf die Anthropologie von d e m Alten Testament nur im Sinne einer differen-
zierten Einheit gesprochen werden kann, beschreibt C.Maurer
damit zutreffend ein wesentliches und kontinuierliches Moment
der alttestamentlichen Reflexion über die Situation des
Gläubigen vor Gott. Unzulässig erscheint uns aber seine Folgerung, daß es speziell wegen dieses verantwortlichen Bezo-
genseins auf Jahwe nicht zu einer Entfaltung des Gewissensbegriffes gekommen sei. Im Nichtvorhandensein eines abstrakten Gewissensbegriffes besteht ja gerade die Gemeinsamkeit
des alttestamentlichen Hebräisch mit dem klassischen Griechisch - man denke nur an die Umschreibung der Gewissensregungen und deren Rückführung auf göttliche Wirkungen in
den griechischen Tragödien.

Andererseits kann auch Paulus, dessen anthropologische
Konzeption in Kontinuität zu der oben beschriebenen alttestamentlichen entfaltet wird, sehr wohl den Gewissensbegriff
aufnehmen, ohne den Aspekt der Verantwortlichkeit vor Gott
zu vernachlässigen - etwa zugunsten eines autonomen Selbstverständnisses.

Vor allem muß aber bedacht werden, daß das Phänomen 'Gewissen' im Alten Testament durchaus schon bekannt ist. Allerdings wird hier entweder die Funktion des Gewissens entsprechend dem "synthetisch-stereometrischen Denken"[4] des gesamten Alten Testamentes bestimmten Körperorganen zugeordnet

---

3  C.Maurer, aaO., S.906.
4  Vgl. dazu H.W.Wolff, Anthropologie des Alten Testamentes, S.21-24.

oder die Auswirkungen des Gewissens werden feinsinnig umschrieben. So stehen z.B. die Erzählungen des sich aus Scham
versteckenden Ahnpaares im Paradies (Gen 3,8) und des den
Blick senkenden Mörders Kain (Gen 4,5) oder auch die Beschreibung der heftigen Übertragungsreaktion Davids auf die Parabel
Nathans hin (2.Sam 12,5) den Schilderungen des Gewissens in
der griechischen Tragödie oder bei Seneca an psychologischer
Beobachtungsgabe und Darstellungskraft keinesfalls nach. Daß
in den beiden ersten Beispielen anstatt des Gewissens dann
Gott selbst den Schuldigen zur Verantwortung zieht, bestätigt
nur die Annahme, daß das Alte Testament vom Phänomen und Wir-
ken des Gewissens ausgeht, ohne dabei eine Spannung zu der
direkten Verantwortlichkeit des Menschen vor Gott zu empfinden.
Wie später bei Paulus werden schon hier Selbstanklage und
Selbstbewußtsein in Korrelation zur letzten Verantwortung vor
Gott bestimmt.

Bevor im folgenden noch auf die Zuordnung der Gewissens-
funktionen zu bestimmten Organen eingegangen wird, läßt sich
schon hier zusammenfassend feststellen, daß das Alte Testament
wie die zeitgenössische Profangräzität das Phänomen 'Gewissen' durchaus kennt und beschreibt, ohne aber einen abstrakten Gewissensbegriff auszubilden. Die Gründe dafür sind primär
im sprach-geschichtlichen und nicht im theologischen Bereich
zu suchen.

### b) Das Phänomen 'Gewissen'

In diesem Zusammenhang ist vor allem das Organ des Herzens
zu nennen, dem im Alten Testament teilweise auch die Funktionen des Gewissens zugeschrieben werden. Mit לב bzw. לבב wird
bekanntlich nicht nur das 'Herz' im eigentlichen Sinne oder
übertragen die 'Mitte', das 'Innere', bezeichnet, sondern
beim Menschen vor allem das Zentrum des geistig- seelischen
Lebens[5]. So ist der לב der "Sitz der Empfindungen, Affekte",

---

5  Vgl. zum Ganzen F.Stolz, Artikel: לב, THAT, Bd.I, Sp.861-967; W.
   Gesenius - F.Buhl, Artikel: לב, Hebräisches und aramäisches Handwörter-
   buch zum AT, S.375f; jetzt vor allem H.-J.Fabry, Artikel: לבב,לב,
   ThWAT, Bd.IV / 3.4, Sp.413-451.

"der Gedanken und Vorstellungen", "des Antriebes, der Nei-
gungen, Entschlüsse, Pläne", "des Verstandes und der Weisheit" und vor allem - das Zentrum "des sittlichen Lebens"[6].
Damit fungiert לב also "in sämtlichen Dimensionen menschlicher
Existenz und findet sich als Bezeichnung für sämtliche Schich-
ten der Person: der vegetativen, emotionalen, rational-noe-
tischen und voluntativen Schicht"[7].

Die Bedeutung 'Gewissen' nimmt der Begriff לב an verschiedenen Stellen des deuteronomistischen Geschichtswerkes an.
So heißt es in 1.Sam 24,6 von David, daß "ihn sein Herz schlug"
- wir würden sagen - 'ihm sein Gewissen schlug', als er den
Zipfel vom Rock Sauls, dem Gesalbten Jahwes, abgeschnitten
hatte (ויך לב) . Derselbe Ausdruck wird auch in 2.Sam 24,10
gebraucht, um das erwachende schlechte Gewissen des David
nach der Volkszählung zu beschreiben. In 1.Sam 25,31 schließlich wird von dem "Anstoß des Herzens", den 'Gewissensskru-
peln, -bissen' gesprochen, die mit dem Vergießen unschuldigen
Blutes verbunden sind (מכשול לב)[8].

In der spezifischen Funktion der das sittliche Verhalten
prüfenden und gegebenenfalls verwerfenden Instanz erscheint
das Herz dann später in Hiob 27,6[9], wo Hiob bekennt, daß sein
Herz keinen seiner Tage schmäht (לא יחרף לבבי מימי) . Entsprechend ist - wiederum im deuteronomistischen Geschichtswerk - in 1.Kön 2,44 von dem Herzen die Rede, das sich all
des vollbrachten Bösen bewußt ist (כל הרעה אשר ידע לבבך)
und in 8,38 von der Plage, die jeder der Israeliten in seinem
Herzen empfindet, - wir würden sagen - von dem 'Gewissensbiß'
(ידעון איש נגע לבבו) .

---

6  W.Gesenius, aaO., S.375f.

7  H.-J.Fabry, aaO., Sp.425.

8  Auf diese drei eindeutigen Stellen wird von den meisten Exegeten verwiesen; vgl. L.Köhler, Theologie des AT, S.192: "An diesen drei Stellen
   kann man sagen, daß לב Herz soviel wie Gewissen besage. Aber Verbrei-
   tung und Bedeutung hat der Begriff des Gewissens im Alten Testament
   nicht gefunden"; H.L.Strack - P.Billerbeck, Kommentar zum NT, Bd.III,
   S.91; O.Kuß, Der Römerbrief, S.76; H.Langenberg, Zu den Urquellen des
   Wortes, S.76; F.Baumgärtel, Artikel: καρδία, ThW.III, S.611; H.-J.
   Fabry, aaO., Sp.439.

9  Das Buch Hiob ist auf jeden Fall nachexilisch, als terminus ad quem
   gilt das Ende des 3.Jh.v.Chr.; mit R.Smend, Die Entstehung des AT,
   S.202; O.Kaiser, Einleitung in das AT, S.313.

An all diesen Stellen werden die verschiedenen Funktionen
des 'Gewissens' dem לב zugeschrieben, ohne daß man deshalb
schon von einem alttestamentlichen Gewissensbegriff reden
kann. Dem 'Herzen' wird jede Art von Bewußtsein zugeordnet,
nicht nur das auf moralisches Verhalten gerichtete; dieses
Bewußtsein kann sich sowohl rational wie auch emotional äußern,
und der Inhalt kann selbst beim moralischen Selbstbewußtsein
sowohl positiv wie auch negativ ausfallen. Von daher findet
auch die eingeschränkte Definition des Gewissens als 'moral-
bad-absolute', 'moralisch-böse-absolut', im Alten Testament
keinen Anhalt, denn es kommt nirgends zu der absoluten Verwendung von לב im Sinne von 'Schuldbewußtsein', 'Gewissensbiß', 'Schmerz des schlechten Gewissens'. Nimmt לב die Bedeutung von 'Gewissen' an, so muß dies durch Attribute oder
den Zusammenhang der Aussage ersichtlich werden.

So ist auch bei der bekannten Bitte um die "Erschaffung"
(ברא) eines "reinen Herzens" (לב טהור) in Ps 51,12 nicht
nur an die Beseitigung des 'Schuldgefühls', d.h. des 'schlechten Gewissens' und die Herstellung eines vom Vorwurf der Verfehlung freien Bewußtseins, d.h. eines 'guten Gewissens gedacht, sondern umfassend an die Vergebung wirkende Reinigung
und Neuschöpfung des ganzen Menschen von seinem sittlichen
und religiösen Zentrum, seinem Herzen, aus - im Gegensatz zu
jeder Oberflächlichkeit und Vorläufigkeit (vgl. Jer 31,33f;
Hes 36,26f)[10].

Daß dieses umfassendere Verständnis des לב für die spätere
Ausbildung des Begriffes συνείδησις in den neutestamentlichen
Schriften konstitutiv gewesen sein muß, läßt sich deutlich in
1.Pt 3,21 an der in Anlehnung an Ps 51,12 formulierten Bitte
um ein "gutes Gewissen", συνειδήσεως ἀγαθῆς ἐπερώτημα, er-
sehen. In dieser auf die Taufe anspielenden Formel[11] ist der
Begriff des Herzens als des sittlichen und religiösen Zent-
rums des Mensch, als des eigentlichen Inneren der Persönlich-

---

10  Die Nähe der Aussagen zu diesen Prophetenworten läßt die Zeit Jeremias
    und Hesekiels als terminus a quo für die Datierung des Psalms er-
    scheinen; mit H.J.Kraus, Psalmen, Bd.I, BK XV/1, S.384.389.

11  Vgl. C.Maurer, aaO., S.918; N.Brox, Der erste Petrusbrief, EKK XXI,
    S.176ff.

keit von dem Begriff des Gewissens in ebendieser Bedeutung
abgelöst worden. Andererseits kann aber in 1.Joh 3,19-21,
einem der Briefe, bei denen der Begriff συνείδησις wie auch
bei den Evangelien gar keinen Eingang gefunden hat, der Begriff καρδία die Bedeutung des alttestamentlichen לב annehmen, wenn dort von der den eigenen Wandel beobachtenden und
verurteilenden sittlichen Instanz im Menschen als dem "Herzen"
gesprochen wird (... ἐὰν καταγινώσκῃ ἡμῶν ἡ καρδία).

Neben dem לב sind auch noch die "Nieren", die כליות, als
ein Organ zu erwähnen, das im Alten Testament zur Umschreibung des Phänomens 'Gewissen' genannt werden kann, oft auch im
Zusammenhang mit dem לב[12]. In Ps.16,7 dankt der Psalmist Jahwe,
"daß er den Beter berät, ja daß in den Nächten die Nieren ihn
züchtigen, d.h. daß sein Gewissen ihn zurechtweist"[13], יסרוני
כליותי. Damit wird den Nieren also die Funktion der ermahnen-
den und strafenden conscientia consequens zugeschrieben, die
als solche auch von Gott als Mittel der Erziehung und Belehrung
des Psalmisten gebraucht wird. Vielleicht muß man allerdings
bei diesem zeitlich schwer zuzuordnenden Psalm[14] die 'Nieren'
allgemeiner als den Sitz der innersten Regungen verstehen,
da vom Zusammenhang her auch gemeint sein kann, "daß 'das
Innere' ständig an die hilfreiche Offenbarung Jahwes erinnert[15]. Der Vers sagt jedenfalls gerade nicht, daß der Beter
- wie A.Bertholet annimmt - "in dieser inneren Stimme schon
Gottes Stimme (erkennt)"[16] und damit das Gewissen als vox dei
anzusehen ist. Es wird auch für die neutestamentliche Interpretation entscheidend sein, daß das Gewissen im Alten Testament als Mittel göttlicher Züchtigung und damit in einer Wech-
selbeziehung zum Gericht Gottes verstanden werden kann, ohne
daß es dadurch zu den autonomistischen und absolutistischen
Implikationen einer Identifikation mit der vox dei kommt. Die

---

12   Vgl. dazu H.W.Wolff, aaO., S.105; W.Gesenius, Artikel: כליה , aaO.,
     S.348; D.Kellermann, Artikel: כליות , ThWAT IV / 1.2, Sp.185-192.

13   H.W.Wolff, aaO.

14   Vgl. H.J.Kraus, aaO., S.120.

15   H.J.Kraus, aaO., S.123.

16   A.Bertholet, E.Kautzsch, Die heilige Schrift des AT, Bd.II, S.136,
     Anm.c.

den sittlich-religiösen Wandel überprüfenden Instanzen im Menschen können zum Mittel göttlicher Züchtigung werden und verweisen gerade in dieser Funktion auf die Autorität und das
Gericht Jahwes selber. Damit besteht also keine Idendität
zwischen dem göttlichen Gericht und dem menschlichen Gewissen, sondern eine Entsprechung der Verantwortlichkeit vor
sich selbst im Gewissen und vor Gott.

Dem entspricht auch die häufige Anführung von "Herz und
Nieren" als 'Gewissen' im passiven Sinne. Beide Organe prüfen
nicht nur selbst das sittliche und religiöse Verhalten des
Menschen und halten es im Bewußtsein fest, sondern werden
auch ihrerseits von Jahwe erforscht (חקר.), geprüft (בחן),
versucht (נסה) und geläutert (צרף)[17]. Dabei ist auch bei
der Verwendung von כליות wieder zu beachten, daß sie wie der
לב nur unter anderem die Bedeutung 'Gewissen' annehmen können
und auch als solches nicht eingeschränkt das 'Schuldgefühl'
und 'Schuldbewußtsein' bezeichnen, sondern im weiteren Sinne
als das 'Innere', das Zentrum des sittlichen und religiösen
Lebens und Bewußtseins, verstanden werden. So wird vor allem
an Jer 12,2 deutlich, daß auch bei der Nennung der "Nieren"
wieder die Abgrenzung gegen das Äußerliche, Uneigentliche und
Unwahrhaftige impliziert wird: Jahwe ist zwar dem Munde der
Gottlosen nahe - d.h. kommt in ihrer Rede vor - , ist aber
fern von ihren Nieren (ורחק מכליותיהם), d.h. er ist aus der
eigentlichen Existenz des Gottlosen, aus dem Zentrum und Bewußtsein des geistig-sittlich-religiösen Lebens verdrängt
und ausgeschlossen.

Zusammenfassend läßt sich feststellen: Das hebräische Alte
Testament kennt wie die zeitgenössische Gräzität keinen abstrakten Begriff zur Bezeichnung des Gewissens, das Phänomen 'Gewissen' ist ihm allerdings durchaus bekannt. Entsprechend wird das Gewissen in anschaulichen Darstellungen seiner
Auswirkungen umschrieben, oder aber seine Funktionen werden
den Organen Herz und Nieren zugeordnet. Dabei erscheinen die
eindeutigen Belege gleich gehäuft ab der Mitte des 6.Jh.v.
Chr. im deuteronomistischen Geschichtswerk[18]. Eine Entwicklung

---

17  So in Ps 7,10; 26,2; Jer 11,20; 17,10; 20,12.
18  Vgl. zur Datierung vor allem R.Smend, aaO., S.124f.

des Gebrauchs läßt sich bei der Spärlichkeit der Verwendung
in anderen Schriften soweit nicht nachweisen. Für die alttestamentliche Anthropologie spezifisch ist, daß die Funktion des Gewissens in Korrelation zu Jahwe gesehen wird, der
sich in seinem Wort offenbart hat. Der Verantwortlichkeit
vor dem eigenen 'Herzen' mit dessen Urteilen und Bewußtsein
entspricht das Richten und Wissen Jahwes selbst. Das Gewissen verweist auf Gott, wird aber gerade dadurch nicht zur
vox dei. Da die sittlichen Forderungen im Gesetz offenbar
sind, und der Israelit sich "beständig an der Thora zu orientieren und im Gehorsam gegen Gottes Wort seinen leb zu prägen
(hat)"[19], legt sich zudem die Ausbildung eines Konzeptes von
der conscientia antecedens auch nicht nahe.

Andererseits dürfen die Funktionen des לב und der כליות
auch nicht auf die der conscientia consequens beschränkt werden. Vielmehr sind in 'Herz' und 'Nieren' das Zentrum des gesamten geistig-sittlich-religiösen Lebens und der Ursprung
des eigentlichen Willens und Bewußtseins des Menschen zu sehen,
so daß die Bitte um die Erschaffung eines reinen Herzens (Ps
51,12) die grundsätzliche, Vergebung wirkende Reinigung und
Neuschöpfung des ganzen Menschen von seinem Innersten aus
bedeutet, die sich folglich auch bleibend im Leben äußern
wird. Von diesem Zusammenhang her wird sich im Verlauf der
Arbeit wohl am ehesten die Bedeutung der neutestamentlichen
Rede vom 'guten Gewissen' erhellen.


2. Die Septuaginta

a) Synoida emauto

Wie sich für das Neue Testament der reflexive Gebrauch von
σύνοιδα nur einmal belegen lassen wird (1.Kor 4,4), so wird
auch in den Schriften der LXX das Phänomen 'Gewissen' nur in
Hiob 27,6 mit der verbalen Wendung wiedergegeben. Während die
Übersetzer der LXX in der Regel die Funktionen des Gewissens
entsprechend dem hebräischen Sprachgebrauch ebenfalls der
καρδία zuschreiben, wird - in diesem in besonderer Weise hel-

---

19  H.-J. Fabry, aaO., Sp.439.

lenistisch geprägten Zusammenhang der Hiobliteratur - einmal
die uns von der Profangräzität her vertraute Umschreibung
gewählt: οὐ γὰρ σύνοιδα ἐμαυτῷ ἄτοπα πράξας. Zum Vergleich
erinnere man sich nur an die oben angeführte Stelle aus der
Anthologie des Joh Stobaeus III,24,13, nach der Sokrates
angeblich diejenigen als "unerschüttert lebend" bezeichnet
haben soll, die sich keiner "Unziemlichkeit" bewußt sind,
... οἱ μηδὲν ἑαυτοῖς ἄτοπον συνειδότες.

### b) Syneidesis

Als substantivische Belege für den Gewissensbegriff in
der LXX kommen insgesamt lediglich drei Stellen in Frage, an
denen das umgangssprachliche ionische Verbalsubstantiv ἡ συνείδησις verwendet wird. Τὸ συνειδός, das substantivierte Partizip attischer Abstammung, das dann bei Josephus und Philo
begegnen wird, findet in der LXX wie auch später im Neuen
Testament keine Verwendung. Schließlich wird auch der Begriff
ἡ σύνεσις, der in der Profangräzität gelegentlich das Bedeutungsfeld von 'Gewissen' tangieren konnte, in der LXX nur im
eigentlichen Sinne von "Auffassungsgabe", "Urteilskraft" und
"Scharfsinn" oder auch in der Bedeutung "Einsicht" und "Verständnis auf religiös-sittlichem Gebiet"[20] gebraucht.

Qoh 10,20 gibt die LXX mit καί γε ἐν συνειδήσει σου
βασιλέα μὴ καταράσῃ wieder: "nicht einmal in deinen Gedanken,
deinem Bewußtsein fluche dem König". Damit versteht sie das
Substantiv מַדָּע, das vom masoretischen Text in der Form מַדָּעֲךָ
geboten wird, im geläufigen Sinne von 'Verständnis' und 'Bewußtsein' (Dan 1,4.17; 2.Chr 1,10ff; Sir 3,13; 13,8)[21]. Die
Wahl des Begriffes ἡ συνείδησις anstelle des üblichen ἡ σύνεσις mag sich aus der damit gegebenen Assoziation der Innerlichkeit und Verborgenheit nahegelegt haben. Selbst diese
innersten und geheimsten Gedanken - so fährt nämlich der Text

---

20  W.Bauer, Artikel: ἡ σύνεσις, in: Wörterbuch zum NT, Sp 1560/1561; vgl.
    auch C.A.Pierce, aaO., S.54.55.

21  Vgl. zum Ganzen A.Lauha, BK XIX, Kohelet, S.196, der sich selbst für
    die Konjektur von F.Perles entscheidet; ähnlich auch C.Maurer, aaO.,
    S.907, der ebenfalls mit "auf deinem Lager" übersetzt.

fort - können bekannt werden: denn ein Vogel in der Luft
kann den Laut forttragen.

Wegen der parallelen Erwähnung des חדר, des Schlafgemaches,
in Vers 20b hat man auch schon entweder מדע von ידע im se-
xuellen Sinne abgeleitet und mit "Ehegemach" wiedergegeben
"oder mit F.Perles בְּמַצָּעֲךָ (ge)lesen und מַצָּע mit 'Nachtlager'
(Jes 28,20, von יצע 'das Lager aufschlagen' Jes 58,5; Ps 139,
8; Est 4,3) übersetz(t)"[22]. Schließlich kann man auch noch
durch eine veränderte Vokalisation (בְּמֹדָעֶךָ) zu der Bedeutung
"in deiner Verwandtschaft" kommen. Da die Wiedergabe von Qoh
10,20 durch die LXX aber durchaus sinnvoll ist und dem üblichen Gebrauch von מדע entspricht, gibt es allerdings keinen
zwingenden Grund für Emendationen.

Mit ἡ συνείδησις werden hier entsprechend dem Gedanken
der hebräischen Vorlage eindeutig die Gedanken bzw. das Bewußtsein bezeichnet[23], wobei sich die Wahl des Begriffes offensichtlich mehr durch den Aspekt der Innerlichkeit und Verborgenheit als durch den der moralischen Relevanz des Sachverhaltes nahegelegt hat. Vom 'Gewissen' im eigentlichen Sinne
kann demgemäß an dieser Stelle noch keineswegs gesprochen werden.

Nicht anders verhält es sich mit dem zweiten Beleg, Sir 42,
18, bei dem der Codex Sinaiticus, der Palimpsestkodex C und
verschiedene Minuskeln und Versionen statt des wohl ursprünglichen[24] εἴδησιν verstärkend συνείδησιν lesen: ἔγνω γὰρ ὁ
ὕψιστος πᾶσαν συνείδησιν, es erkennt nämlich der Höchste jedes
"Wissen"[25], es hat nämlich der Höchste "Kenntnis"[26] von allem
bzw. es kennt nämlich der Höchste "unser ganzes Inneres"[27]. Da

---

22  A.Lauha, aaO.; der längere Klammerausdruck ist als solcher dem Original
    entnommen.

23  Ähnlich Th.Zahn, An die Römer, S.125; J.Stelzenberger, Die Beziehungen,
    S.136; O.Kuß, An die Römer, S.77; H.Reiner, Artikel: Gewissen, HWP 3,
    Sp.578.

24  Mit J.Ziegler, Sapientia Iesu Filii Sirach, S.324; A.Rahlfs, Septua-
    ginta, Vol.II, S.452.

25  Mit E.Kautzsch, Apkr. u. Pseudepigr., Bd.I, S.422; H.L.Strack - P.
    Billerbeck, aaO., Bd.III, S.91.

26  Mit Herder-Übersetzung.

27  Nach H.Reiner, aaO., Sp.578.

im Zusammenhang noch die Urflut (ἄβυσσον, 18a), das Herz
(καρδίαν, 18a) und die Zeichen der Zeit (σημεῖον αἰῶνος, 18d)
als Objekt des göttlichen Erforschens, Sehens und Erkennens
angegeben werden, ist eine eindeutige Festlegung bei der
Wiedergabe von V.18c nicht möglich. Die Bevorzugung von συνείδησιν durch S u.a. ist jedenfalls nur so erklärbar, daß der
Begriff entweder im nichtreflexiven Sinne – 'Mitwissen' und
'Kenntnis von etwas mit jemandem' – verstanden worden ist oder
aber im uneigentlichen Sinne, bedeutungsgleich mit εἴδησιν.
Für die erste Möglichkeit spricht dabei der Umstand, daß das
Motiv des Mitwissens der Gottheit vom profangriechischen Gebrauch der Wortgruppe her durchaus geläufig ist. Unabhängig
davon, ob man Gott oder den Menschen als das Subjekt der
συνείδησις ansieht und entsprechend mit 'Mitwissen, Kenntnis'
oder aber mit 'Wissen, Denken' bzw. auch mit 'Inneres des
Menschen' übersetzt, scheidet die Wiedergabe durch 'Gewissen'
im eigentlichen Sinne auch an dieser Stelle aus.

Bestätigt wird diese inhaltliche Bestimmung und die textkritische Bevorzugung der Lesart εἴδησιν auch durch den von
der Sirach-Rolle von Masada gebotenen hebräischen Text[28]:
[ח] דע עליון ידע כי , denn der Höchste besitzt "Erkenntnis"[29]
bzw. "Wissen"[30].

So bleibt schließlich in der 'biblischen Gräzität' nur
ein Beleg für den eigentlichen Gebrauch des Begriffes συνείδησις, Sapientia Salomonis 17,11. Das Kapitel 17 dieser eindeutig hellenistisch beeinflußten weisheitlichen Schrift aus
dem 1.Jh.v.Chr. bietet einen Midrasch, der an die 'neunte
Plage' der Ägypter (Ex 10,21ff), die Finsternis, anknüpft
und die phantasierende Angst und Sorge der 'Gesetzlosen' psychologisierend ausmalt. In Vers 10 heißt es dann: "Denn als
feige bezeugt sich die Bosheit auf die ihr eigenartige Weise
und verurteilt sich selbst. Immer wird sie hart bedrängt vom
Gewissen und fügt sich Schlimmes zu"[31], δειλὸν γὰρ ἰδίως

---

28   Y.Yadin, The Ben Sira Scroll from Masada, S.27.
29   G.Sauer, Jesus Sirach, JSHRZ III / 5, S.610.
30   Vgl. Y.Yadin, aaO., S.45.
31   Mit D.Georgi, Weisheit Salomons, JSHRZ III / 4, S.463.

πονηρία μαρτυρεῖ καταδικαζομένη, ἀεὶ δὲ προσείληφεν τὰ χαλεπὰ
συνεχομένη τῇ συνειδήσει[32]. Deshalb hielten die Ägypter in
ihrer Furcht das Geschehen für schlimmer, als es objektiv war,
ἡγοῦντο χείρω τὰ βλεπόμενα (6d), und waren sich selbst be-
drückender als die Finsternis, ἑαυτοῖς δὲ ἦσαν βαρύτεροι
σκότους (21c). Damit aber wurde diese quälende Nacht zum Bild
der Finsternis, die sie einst aufnehmen sollte, εἰκὼν τοῦ
μέλλοντος αὐτοὺς διαδέχεσθαι σκότους (21b).

An dieser Stelle wird das erste und einzige Mal innerhalb
der Schriften der LXX das Phänomen des moralischen Gewissens
- bzw. im spezifischen Sinne des 'schlechten Gewissens' (moral-
bad-absolute) - sowohl mit dem absolut gebrauchten Begriff
συνείδησις bezeichnet als auch in Zusammenhang zu den inner-
lichen Vorgängen des eigenen Bezeugens, Anklagens und Richtens
gebracht, wie es uns in der Profangräzität und Latinität begegnet ist - man erinnere sich nur wieder an die Beschreibungen
des 'schlechten Gewissens' und seiner Auswirkungen bei Seneca[33].

Zusammenfassend muß also festgestellt werden: Auch in der
Septuaginta findet sich kein ausgeprägter Gewissensbegriff.
während die reflexive Verbalform σύνοιδα ἐμαυτῷ nur einmal
in Hiob 27,6 verwendet wird, kommt der Begriff συνείδησις
dreimal vor, aber nur einmal in der Bedeutung 'Gewissen',
Sap 17,11.

---

32  Nach Sapientia Salomonis, ed. Ziegler, S.157; vgl. zur Stelle auch
    Pap Oxy III, 532,23.

33  Als moralisch-böses Gewissen wird der Begriff an dieser Stelle von
    allen befragten Exegeten bestimmt; vgl. M.Kähler, aaO., S.188; Th.
    Schneider, Quellen, S.103; O.Kuß, Der Römerbrief, Exk.: Gewissen, S.
    77; J.Stelzenberger, aaO., S.196f; H.L.Strack - P.Billerbeck, aaO.,
    Bd.III, S.91f; C.A.Pierce, aaO., S.58, der ebd., Anm.6, verschiedene
    Parallelen aus der Profangräzität anführt.

## IV. Im Judentum


### 1. Die Qumranliteratur und das Rabbinat

Wie nach den bisherigen Ergebnissen des Abschnitts B,III
nicht anders zu erwarten ist, findet sich auch in der
Qumranliteratur und dem Talmud weder ein hebräisches Äquivalent noch auch nur eine Approximation für den griechischen
Begriff συνείδησις[1]. In Kontinuität zum alttestamentlichen
anthropologischen Denken können die Funktionen des Gewissens
wieder teilweise dem לב (לבב) zugeschrieben werden. So wird z.
B. derjenige, der ein schlechtes Gewissen hat und sich sündig
fühlt[2], in Ber 7b ähnlich wie in 1.Sam 24,6 und 2.Sam 24,10
als der bezeichnet, "welchen sein Herz schlägt"[3] (מי שלבו
נוקפו). In der Rede vom guten und bösen Herzen des Menschen
meint 'Herz' auch hier nicht etwa eingeschränkt das "Schuldgefühl" und das "affektive Gewissen", sondern umfassender
den "Ursprung des Handelns aber auch das Wesen eines Menschen"[4]
und damit den ganzen Menschen in Hinsicht auf sein sittlich-
religiöses Verhalten, Denken und Wollen.
Mit noch größerem Vorbehalt ist in diesem Zusammenhang
die rabbinische Lehre vom guten und bösen Trieb zu erwähnen,
da ersterem gelegentlich auch Aufgaben des Gewissens - freilich im weiteren Sinne - zufallen können. Der יצר טוב
gilt nämlich als "der gute Geist, der Geist der Wahrheit im
Menschen, der dem Göttlichen und Ewigen zugewandte Sinn des

---

1 Mit R.I.Z.Werblowski, Das Gewissen in jüdischer Sicht, S.89ff; vgl.
  zum Ganzen außerdem H.L.Strack - P.Billerbeck, aaO., Bd.III, S.92-96;
  Bd.IV, S.466-483, Exkurs: Der gute u. der böse Trieb; O.J.F.Seitz,
  Two Spirits in Man, S.82-95; C.Maurer, aaO., S.908f.

2 Vgl. L.Goldschmidt, Der Babylonische Talmud, Bd.I, S.27 u. Anm.299.

3 Mit H.L.Strack - P.Billerbeck, aaO., Bd.III, S.93, Anm.1.

4 C.Maurer, aaO., S.908; vgl. auch die Belege bei R.I.Z.Werblowski,
  aaO., S.102-104.

Menschen, der Wohlgefallen hat an Gottes Gesetz und an dem
Leben nach Gottes Gesetz, der seine sittliche Kraft aus der
Tora zieht und die Tora zur Norm für sein Urteilen und sein
Wollen macht"[5]. Ihm steht das - zuerst in Gen 6,5 und 8,21
erwähnte - schlechte Sinnen des Menschen gegenüber, der später sogenannte יצר הרע , "das im Menschen sich regende sinn-
liche Begehren, (der) Sinn, der auf das Irdische, Vergäng-
liche und Ungöttliche gerichtet ist, ganz besonders (der)
Hang zum Götzendienst und zur Unzucht"[6]. Da beide Triebe als
von Gott erschaffen galten, hat man den יצר הרע auch gelegentlich als "die sittlich indifferenten Naturtriebe im Menschen, wie den Selbsterhaltungs- und Fortpflanzungstrieb,
verstanden", die erst durch den menschlichen Mißbrauch zu
bösen Trieben werden. Dadurch daß der יצר הרע bereits mit
der Empfängnis bzw. bei der Stunde der Geburt in den Menschen
gelegt wurde, der יצר טוב aber erst bei Vollendung des 13.
Lebensjahres - also nach Unterweisung in der Tora und Er-
langung eigener Verantwortungsfähigkeit - seine Wirksamkeit
beginnt, hat der יצר הרע einen naturgemäßen Vorsprung, sprich
eine größere Kraft beim Austragen der Entscheidungskonflikte
im Herzen des Menschen. Der böse Trieb versucht den Menschen
vom Erfüllen der Gebote und dem Vollbringen guter Werke ab-
zuhalten, indem er ihm die vermeintlichen Vorteile der Unter-
lassung entgegenhält. Der gute Trieb hingegen mahnt und warnt
den Menschen, indem er auf die Tora hinweist und zum Vollbringen der beabsichtigten guten Tat anhält. "Die Entscheidung liegt in des Menschen Hand: er allein hat die Verantwortung zu tragen, auf ihn allein fällt auch eine etwaige
Schuld. Aber auch dann, wenn der Mensch sich für die Sünde
entscheidet, hört der gute Trieb nicht auf, sein treuer Be-
rater zu sein; er weist ihn hin auf die verordneten Sühne-
mittel, die Buße und die guten Werke"[7].

---

5  H.L.Strack - P.Billerbeck, aaO., Bd.IV, S.466; vgl. zum Ganzen auch
   R.E.Murphy, Yēṣer in the Qumran Literature, Bib.39 (1958), S.334-344;
   W.H.Schmidt, Artikel: יצר , THAT I, Sp.761-765; H.Lichtenberger, Stu-
   dien zum Menschenbild in Texten der Qumrangemeinde, Göttingen, 1980,
   S.77-81 u.ö.

6  H.L.Strack - P.Billerbeck, aaO., Bd.IV, S.468.

7  AaO., Bd.III, S.93.

Damit können wir allerdings bereits abbrechen, da inzwischen deutlich geworden sein müßte, daß die Lehre von den
beiden Trieben in unserem Zusammenhang der Begriffsbestimmung
von ἡ συνείδησις bei Paulus nicht von primärem Interesse ist.
Wenn es eine Entsprechung zu diesem dualistischen Paar der
Gesinnungen und des Antriebs in sittlich-religiösen Entscheidungen bei Paulus gibt, dann ist das zweifellos der für seine
Theologie konstitutive Gegensatz πνεῦμα - σάρξ, der freilich
ebenso kein wörtliches Äquivalent darstellt. Die συνείδησις
kann jedoch auf Grund der bisherigen Erkenntnisse nicht als
Trieb oder Sinnen verstanden werden, sondern nur als das
reflexive Wissen bzw. Bewußtsein um das eigene Verhalten,
als der Schmerz des Sündenbewußtseins oder aber als die Instanz, die das Urteil über das Verhalten nach vorgegebenen
Normen fällt. Die Funktionen des 'guten Triebes' lassen sich
in der paulinischen Theologie lediglich dem πνεῦμα oder entsprechend Röm 7,22 und 25 nach dem ἔσω ἄνθρωπος und dem νοῦς
zuschreiben[8].

## 2. Die Pseudepigraphen

Wie in den verschiedenen Schriften der Septuaginta prinzipiell der Sprachgebrauch der hebräischen Vorlage beibehal-
ten und nur einmal in der stark hellenistisch beeinflußten
Sapientia, Kap 17,11, das Phänomen 'Gewissen' mit dem Begriff
συνείδησις benannt wird, so werden auch in den Pseudepigraphen, bis auf eine Ausnahme, die Funktionen des Gewissens
dem Herzen, der καρδία, zugeschrieben[9]. In Test Jud 20,5
tritt entsprechend das 'schlechte Gewissen' neben das Zeugnis und die Anklage des Geistes der Wahrheit: "der Sünder
ist aus dem eigenen Herzen heraus entflammt", so daß er nicht
mehr in das Angesicht des Richters aufsehen kann, d.h. seine

---

8 Hier ist P.Billerbeck zu widersprechen, der trotz der Feststellung
  der Entsprechung zwischen dem paulinischen Fleisch-Geist-Dualismus
  und dem rabbinischen guten und bösen Trieb, aaO., Bd.IV, S.466, andererseits auch von der Gleichsetzung des יצר טוב mit dem 'Gewissen'
  ausgeht, aaO., Bd.III, S.93.

9 Vgl. J.Behm, Artikel: καρδία in: ThW III, S.613; C.Maurer, aaO., S.
  909; R.I.Z.Werblowski, aaO., S.98.

Freimütigkeit verliert, sich schämt - ein Motiv, das als
Folge des Schuldbewußtseins im Alten Testament und in der
Profanliteratur wiederholt auftaucht; Test Jud 20,5: Καὶ τὸ
πνεῦμα τῆς ἀληθείας κατηγορεῖ πάντων καὶ ἐμπεπύρισται ὁ
ἁμαρτωλὸς ἐκ τῆς ἰδίας καρδίας, καὶ ἆραι πρόσωπον πρὸς τὸν
κριτὴν οὐ δύναται. Während in der Profanliteratur - vor allem
dann bei Cicero und Seneca - die Gegenüberstellung der Bedeutung der eigenen conscientia - συνείδησις und der Relati-
vität der öffentlichen Meinung geläufig war, wird in Test Gad
5,3 hervorgehoben, daß der Gerechte und Demütige das Unrecht
nicht wegen der Verurteilung durch einen anderen, sondern um
der Anklage seines eigenen Herzens, d.h. eben seines Gewissens willen scheut: ὁ γὰρ δίκαιος καὶ ταπεινὸς αἰδεῖται ποιῆσαι ἄδικον, οὐχ ὑπ' ἄλλου καταγινωσκόμενος ἀλλ' ὑπὸ τῆς ἰδίας
καρδίας.

Wenn allerdings in Test N 3,1 von der "Reinheit des Herzens" (ἐν καθαρότητι καρδίας) und in Test S 4,7 von der aus
"gutem Herzen" (ἐν ἀγαθῇ καρδίᾳ) hervorgehenden brüderlichen
Liebe gesprochen wird, darf gemäß dem alttestamentlichen, umfassenderen Verständnis von לככ לב wiederum nicht mit 'in
gutem bzw. reinem Gewissen' übersetzt werden. Auch hier geht
es nicht nur um das subjektive Schuld- oder Unschuldsgefühl,
sondern vielmehr um die innere und eigentliche sittlich-
religiöse Gesinnung, das reine oder unreine Herz steht für
den Menschen selbst in seiner objektiven Schuld oder Unschuld.

Nur bei einem einzigen Beleg in den Pseudepigraphen, nämlich in Test Rub 4,3, wird der Begriff συνείδησις anstelle
von καρδία gebraucht - und dort ganz eindeutig in der Bedeutung 'Gewissen'. An dieser Stelle berichtet Ruben, daß er
seinem Vater bis zu dessen Tode nicht mehr ins Gesicht schauen
und mit seinen Brüdern nicht mehr reden konnte wegen seiner
Schande (die er nach Gen 35,22 durch den Verkehr mit Bilha,
der Nebenfrau Jakobs, über sich gebracht hatte): "und bis
jetzt quält mich mein Gewissen", καὶ ἕως νῦν ἡ συνείδησίς
μου συνέχει με περὶ τῆς ἀσεβείας μου. Hier wird also wie so
häufig in der nichtjüdischen Literatur, sofern sie griechisch-
hellenistisch beeinflußt ist, das Bewußtsein des eigenen Verhaltens bzw. Fehlverhaltens oder die Instanz, die das eigene
Verhalten kritisch beurteilt, als das 'Gewissen', die συνείδησις, bezeichnet.

Im alttestamentlichen, im jüdisch-hellenistischen und
rabbinischen Schrifttum war uns der Begriff bisher nur noch
in Sap 17,11 in der Bedeutung 'Gewissen' begegnet, und auch
dort bezeichnete die absolut gebrauchte συνείδησις - ebenfalls im Zusammenhang mit dem Verb συνέχειν - das 'schlechte
Gewissen', das den Menschen im Bewußtsein seiner Schuld 'bedrängt' und 'quält', was sich nach den Ergebnissen der Abschnitte B, I und II aus dem ebenfalls vorrangig negativen
profanen Gebrauch erklären läßt, dem der Begriff entlehnt
wurde. Um das 'gute Gewissen' bzw. das Nichtvorhandensein des
'schlechten Gewissens' auszudrücken, wurde in Hiob 27,6 (LXX)
die - der Profangräzität ebenfalls sehr geläufige - reflexive
verbale Wendung σύνοιδα ἐμαυτῷ negativ verwendet.


## 3. Philo

Bei Philo spielt der Gewissensbegriff eine zentrale Rolle
innerhalb seiner Theologie. Er läßt sich in dessen Schriften
über dreißigmal belegen - also ungefähr so häufig wie im gesamten Neuen Testament.


### a) Syneidesis

In Hinblick auf die Erwägung einer eventuellen Abhängigkeit
des Paulus von Philo ist allerdings zu beachten, daß Philo
das ionische Verbalsubstantiv ἡ συνείδησις insgesamt nur dreimal verwendet, das im Neuen Testament unbekannte attische
substantivierte Partizip τὸ συνειδός hingegen an einund-
dreißig Stellen[10]. Zudem gebraucht Philo ἡ συνείδησις auch
in allen drei Belegen noch nicht absolut wie Paulus, sondern
nur im Zusammenhang mit einem Genitivobjekt - ἀδικημάτων bzw.
ἁμαρτημάτων. Entsprechend bezeichnet συνείδησις bei ihm nicht
das Gewissen im spezifischen Sinne, sondern das konkrete 'Bewußtsein' von "Ungerechtigkeiten" und "Sünden".

---

10  Vgl. die Indices ad Philonis Alexandrini Opera composuit Joh.Leise-
    gang, Berlin, 1926, in: L.Cohn - P.Wendland, Philonis Alexandrini
    opera quae supersunt, Editio Major, Berlin, Nachdruck 1962, nach der
    die angeführten Belege zitiert werden; G.Mayer, Index Philoneus,
    Berlin u.a., 1974.

Nach Spec Leg II,49 kann kein Schlechter (τῶν φαύλων
οὐδείς) auch nur einen Augenblick feiern (ἑορτάζει), "weil
er durch das Bewußtsein seiner Sünden gequält wird und im
Herzen betrübt ist"[11] - συνειδήσει τῶν ἀδικημάτων ἀγχόμενος
καὶ τῇ ψυχῇ κατηφῶν -, wenn er auch äußerlich zu lächeln heu-
chelt (μειδιᾶν καθυποκρίνεται).

Hier wie auch an der folgenden Stelle ist συνείδησις
eindeutig reflexiv zu verstehen, sie bezeichnet also das Bewußtsein eigener Vergehen. Dabei ist der zweite Beleg, Det
Pot Ins 146, für das Verständnis des theologischen Zusammenhangs der Gewissenslehre bei Philo von besonderer Bedeutung,
weil in ihm ausführlich dargestellt wird, warum das an sich
negative Phänomen des "Bewußtseins eigener Ungerechtigkeiten"
dennoch eine geistlich-pädagogisch, positive Funktion erfüllen
kann - den bei Philo immer wieder angeführten usus elenchti-
cus: "Darum sollen wir, wenn wir vom Bewußtsein unserer Taten
überführt sind (συνειδήσει τῶν οἰκείων ἀδικημάτων ἐλεγχόμενοι), Gott bitten, uns eher zu strafen als preiszugeben
(κολάσαι μᾶλλον ἡμᾶς ἢ παρεῖναι). Denn wenn er uns preisgibt,
macht er uns nicht mehr zu seinen eigenen, des Gnädigen, sondern zu Knechten der unbarmherzigen Welt. Wenn er uns aber
straft, so wird er uns, da er ja gütig ist, nachsichtig und
milde die Sünden wieder gutmachen, indem er den zurechtwei-
senden Elenchus (τὸν σωφρονιστὴν ἔλεγχον), seinen eigenen
Logos (τὸν ἑαυτοῦ λόγον), in unsere Seele sendet (εἰς τὴν
διάνοιαν ἐκπέμψας), durch welchen er sie, nachdem er sie wegen
ihrer Sünden geschmäht und getadelt hat, heilen wird (δι' οὗ
δυσωπήσας καὶ ὀνειδίσας ... αὐτὴν ἰάσεται)"[12]. C.Maurer weist
mit Recht darauf hin, daß der positive Sinn der "strafende(n)
Funktion des hier mit dem Logos gleichgesetzten Elenchus"
durch "die gehäuften Aussagen über Gottes Handeln" herausge-

---

11  Nach L.Cohn u.a., Philo v.Alexandrien, Die Werke in deutscher Über-
    setzung, 1909-1938, Bd.II, S.122.

12  Übersetzung nach C.Maurer, aaO., S.910f; L.Cohn, aaO., Bd.III, S.322,
    übersetzt die Stelle mit: "wenn wir durch unsere Gewissen der eigenen
    Verfehlungen überführt sind"; damit setzt er für Philo zu Recht einen
    ausgeprägten Gewissensbegriff voraus, vernachlässigt aber die Tat-
    sache, daß Philo den Begriff συνείδησις selbst noch nicht im spezi-
    fischen Sinne verwendet.

stellt wird: Ἔλεος, ἵλεως, ἐπιεικῶς, πρᾴως, χρηστὸς ὤν,
ἐπανορθώσεται, ἰάσεται[13].

Bevor aber auf die Funktion des Gewissens bei Philo näher
eingegangen werden soll, sei auch noch der dritte und letzte
philonische Beleg für ἡ συνείδησις erwähnt, Virt 124. Dort
ist in Anlehnung an Dt 23,16 davon die Rede, daß man einem
Sklaven, der aus Furcht vor den Drohungen seines Herrn oder
auf Grund des Mitwissens von bestimmten Vergehen (συνειδήσει
τινῶν ἁμαρτημάτων) zu einem flüchtet, die Hilfe nicht versagen darf. Damit ist hier wohl eher an das "Mitwissen" frem-
der Vergehen gedacht und nicht, wie W.Bauer und C.Maurer voraussetzen, an das eigene "Sündenbewußtsein"[14], das "Wissen um
eigene unrechte Taten"[15].

Resümierend läßt sich also feststellen, daß Philo das
ionische Verbalsubstantiv ἡ συνείδησις insgesamt nur dreimal
verwendet, einmal in nichtreflexiver und zweimal in reflexiver
Bedeutung. Da es aber jeweils von einem Genitivattribut abhängig und nicht in absoluter Stellung erscheint, darf es
bei Philo nicht im spezifischen Sinne als 'Gewissen', sondern
im weiteren als 'Wissen', 'Bewußtsein' bzw. 'Mitwissen' verstanden werden.


b) Syneidos

Das attische substantivierte Partizip τὸ συνειδός gebraucht
Philo allerdings auch nicht ausschließlich in dem spezifischen
Sinne von 'Gewissen'. In Decal 91 z.B. begründet er, warum
der Falscheid ein so schwerwiegendes Vergehen sei, indem er
ausführt: Du sprichst, wenn auch nicht mit dem Munde und
mit der Zunge, so doch im Bewußtsein zu Gott: bezeuge mir
meine Unwahrheit, hilf mir betrügen ..., λέγων, εἰ καὶ μὴ
στόματι καὶ γλώττῃ, τῷ γοῦν συνειδότι πρὸς θεόν ... In dieser Gegenüberstellung zu στόμα und γλῶττα bezeichnet συνειδός
eindeutig das Innere, die verborgenen Gedanken, das Herz. In

---

13  C.Maurer, aaO., S.911.
14  W.Bauer, Artikel: ἡ συνείδησις, aaO., Sp.1557.
15  C.Maurer, aaO., S.910.

diesem Sinne konnte, wie wir sahen, vor allem in der Latinität der Begriff conscientia verwendet werden. Im hebräischen
Alten Testament und in der LXX wäre dafür hingegen der Begriff
לב - καρδία angeführt worden, den Philo im Verhältnis zu συνειδός ausgesprochen selten verwendet[16].

In diesem Zusammenhang sei auch noch auf die vier Stellen
hingewiesen, an denen Philo von dem συνειδὸς καθαρόν, dem
'reinen Herzen' bzw. dem 'reinen Gewissen' redet. Sie bilden
insofern ebenfalls eine Ausnahme, als an ihnen τὸ συνειδός
nicht wie sonst - um es mit der Klassifizierung von C.A.Pierce
zu sagen - 'moralisch-böse-absolut' gebraucht wird, sondern
im Anschluß an die alttestamentliche Rede vom 'reinen Herzen',
dem לב טהור , mit Hilfe eines beigeordneten qualifizierenden
Adjektivs als das von Anschuldigungen freie Gewissen charakterisiert ist ('moralisch-böse-negativer' Gebrauch).

So naht sich nach Praem Poen 84 Gott denen, die ihn aus
reinem Herzen anrufen, ἀπὸ καθαροῦ τοῦ συνειδότος κατακλήσεσι
συνεγγίζων; so soll der Opfernde beim Auflegen der Hände nach
Spec Leg I,203 mit gutem Gewissen, aus reinem Herzen seine
Unschuld bekennen können, ἐκ καθαροῦ τοῦ συνειδότος. In Leg
Gaj 165 ist von einer Tat ἀπὸ καθαροῦ τοῦ συνειδότος die
Rede und in Omn Prob Lib 99 von der echten Freiheit des Sprechens, die, kommt sie aus einem reinen Herzen bzw. Gewissen,
dem Vornehmen angemessen ist, ἐκ καθαροῦ τοῦ συνειδότος
ἐλευθεροστομεῖν εὐγενέσιν ἁρμόττον. In allen vier Fällen wird
nicht nur das von subjektiven Schuldgefühlen freie, affektive
Gewissen bezeichnet, sondern wie auch beim alttestamentlichen
Gedanken des 'reinen Herzens' mit der Wendung ἐκ (ἀπὸ) καθαρόυ
συνειδότος darüber hinaus positiv die Integrität und Wahrhaftigkeit der ganzheitlichen Person in ihrem Denken, Reden
und Handeln umschrieben. Der Sinn dieser Wendungen mit dem
qualifizierenden Adjektiv ist bei Philo ebenso von seinem
sonstigen Gebrauch zu unterscheiden, wie dann später der
absolute Gebrauch von ἡ συνείδησις bei Paulus von dem -
ebenfalls an das Alte Testament angelehnten - Gebrauch des
übrigen Neuen Testamentes.

---

16  Vgl. auch C.Maurer, aaO., S.910; Joh.Leisegang, aaO., sub voce.

Für Philo spezifisch ist also der absolute Gebrauch von
τὸ συνειδός, das er im objektivierenden Verständnis des Gewissens als ἔλεγχος mit forensischer Terminologie beschreibt,
wie es uns im Zusammenhang der συνείδησις ἀδικημάτων in Det
Pot Ins 145f bereits anschaulich geschildert worden ist.

Nach Poster C 59 ist das συνειδός der unbestechliche und
alleruntrüglichste Überführer, τὸ συνειδὸς ἔλεγχος καὶ πάντων
ἀψευδέστατος, und der νοῦς, den Philo hier - entsprechend
dem Logos in Det Pot Ins 146 - auch in der Funktion des Gewissens parallel zu συνειδός anführt, wird als der Zeuge der
verborgenen Pläne jedes Menschen beschrieben, ὁ νοῦς ἑκάστῳ
μάρτυς ἐστὶν ὧν ἐν ἀφανεῖ βουλεύεται. Selbst wenn die Tat
verheimlicht werden könnte, κἂν δυνηθῶ λανθάνειν, würde doch
das sich regende Gewissen des Joseph den geraden Blick in
die Augen seines Herrn verhindern, τὸ συνειδὸς ἐλλαμβανόμενον
ὀρθοῖς ὄμμασιν οὐκ ἐάσει προσβλέπειν, Jos 47. Auch wenn kein
anderer es bemerkt oder, obwohl er es bemerkt, nicht aussagt,
wird er als der von seinem Gewissen Überführte und Gequälte,
ὑπὸ τοῦ συνειδότος ἐλεγχόμενος, um so mehr sein eigener 'An-
geber' und 'Verräter' sein, μηνυτὴς οὐδὲν ἧττον αὐτὸς γενή-
σομαι κατ' ἐμαυτοῦ, nämlich durch seine Gesichtsfarbe, τῷ
χρώματι, seinen Blick, τῷ βλέμματι, und seine Stimme, τῇ
φωνῇ Jos 48. Hier erscheint also das Gewissen wieder als der
zuverlässige Zeuge, der den Täter der Umwelt anzeigt. Darüber
hinaus wird aber der durch sein eigenes Gewissen im Innern
überführte Täter, ἔνδον ὑπὸ τοῦ συνειδότος ἐλεγχθείς, auch
vor sich selbst zum "Ankläger", αὐτὸς ἑαυτοῦ γένηται κατήγορος, Spec Leg I,235. Nach Spec Leg IV,6 läßt das Schamgefühl und die Furcht vor der Strafe den Täter den Diebstahl
heimlich durchführen; auf Grund der Überführung durch das
Gewissen scheint er sich auch selbst "anzuklagen", ἔοικε δέ
πως καὶ αὐτὸς ἑαυτοῦ κατηγορεῖν, ὑπὸ τοῦ συνειδότος ἐλεγχόμενος, Spec Leg IV,6, vgl. auch IV,40. Nach Virt 206 wird
das Gewissen zum inneren "Richterstuhl", der den Schuldigen
auch dann überführt, wenn es kein anderer tut, ἑτέρου μηδενὸς
ἐλεγχθέντας, ἀλλ' οὖν ὑπὸ τοῦ συνειδότος ... δικαστήριον,
und der zudem als einziger durch Redekünste nicht irregeführt
werden kann, ὃ μόνον ἐξ ἁπάντων δικαστήριον ... οὐ παράγεται.
Entsprechend gibt es nach Flacc 7 für den vor dem Richterstuhl Angeklagten auch keine Rechtfertigung mehr, ἐν τῷ συν-

ειδότος δικαστηρίῳ ἀπολογίαν οὐκ ἔχει. Umfassend wird die
Tätigkeit dieses jeder Seele eingepflanzten Elenchus, ὁ γὰρ
ἑκάστῃ ψυχῇ συμπεφυκὼς ... ἔλεγχος, in Decal 87 von Philo
beschrieben: "wenn es einmal geweckt ist, tritt es als Ankläger auf, beschuldigt, klagt an und beschämt, als Richter
(δικαστής) wiederum belehrt es (διδάσκει), erteilt Zurechtweisung (νουθετεῖ), mahnt zur Umkehr (παραινεῖ μεταβάλλεσθαι)
und hat es überreden können, dann ist es erfreut und ausge-
söhnt, konnte es das aber nicht, dann kämpft es unversöhnlich
und gibt Tag und Nacht keine Ruhe, sondern versetzt unheil-
bare Stiche und Wunden, bis es das elende und fluchwürdige
Leben vernichtet hat"[17].

Somit wird als Funktion des ἔλεγχος nicht nur das Bezeugen
der Schuld, die Anklage, das Überführen, Urteilen und Ermahnen beschrieben, sondern auch der Strafvollzug, das Züchtigen
selbst. Conf Ling 121 spricht vom "Quälen" und "Martern" des
innewohnenden, züchtigenden Gewissens, τὸ συνειδὸς ἔνδοθεν
ἐλέγχει καὶ ... κεντεῖ, das auch bei denen wirksam wird, die
das gottlose Treiben ganz geflissentlich tun. In Deus Imm 100
ist vom "Verwunden" und "Verfolgen" des strafenden Gewissens
die Rede, τοῦ συνειδότος τιτρώσκεσθαι τε καὶ διώκεσθαι;
und in Omn Prob Lib 149 von der "versklavenden" (δουλοῦν)
Züchtigung des Gewissens, ὁ τοῦ συνειδότος ἔλεγχος, die auch
Eigentümer vornehmer Herkunft gefangen nimmt, κἂν ὦσιν εὐπατ-
ρίδα.

Die bei Philo ständig wiederkehrende Formel ὑπὸ (διά,
πρός) τοῦ συνειδότος ἐλεγχόμενος umschreibt also je nach Zusammenhang einen dieser Vorgänge vor dem inneren Forum des
Menschen oder auch den gesamten Prozeßverlauf bis hin zum
Strafvollzug. In jedem Fall bezieht sich das Gewissen bei
Philo in den bisher besprochenen Stellen kritisch auf das
eigene Verhalten, unabhängig davon, ob es sich um Gedanken
oder Taten, geplantes oder vollzogenes Geschehen handelt.

Dabei differenziert Philo in Deus Imm 128 sehr zutreffend
zwischen der Reaktion des Gewissens auf unfreiwillige und
auf mit Absicht begangene Vergehen. Während erstere für ihn

_____

17  Mit L.Cohn, aaO., Bd.I, S.390.

keinen Vorwurf verdienen und rein sind, da sie im Gewissen
keinen gestrengen Ankläger haben, τὸ συνειδὸς βαρὺν κατή-
γορον οὐκ ἔχοντα, gilt für die bewußt und willentlich begangenen Überschreitungen, daß sie, "selbst wenn sie nicht sehr
weit ausgebreitet sind, geprüft von dem Richter in der Seele,
für unheilig, befleckt und unrein erachtet werden"[18], πρὸς
τοῦ κατὰ ψυχὴν ἐλεγχόμενα δικαστοῦ ἀνίερα καὶ μιαρὰ καὶ ἀκά-
θαρτα δοκιμάζεται. Entsprechend werden die unfreiwilligen
Übel auch in Ebr 125 als halbe und leichtere bezeichnet, da
sie durch eine ehrliche Prüfung des Gewissens nicht belastet
werden, τὰ γὰρ ἀκούσια ἡμίσεα κακῶν καὶ κουφότερα, καθαρῷ τῷ
τοῦ συνειδότος ἐλέγχῳ μὴ βαρυνόμενα.

Nach Deus Imm 134f ist die Funktion des Gewissens allerdings nicht nur von der Freiwilligkeit und Absichtlichkeit
des Vergehens abhängig, sondern auch auf die Wirkung des
θεῖος λόγος im Menschen angewiesen, der hier zwar ebenfalls
als ἔλεγχος bezeichnet wird, ohne aber deshalb mit der Instanz
des συνειδός als conscientia consequens identisch zu werden.
So wie nach Lev 13f die vom Aussatz verursachte rituelle Unreinheit erst durch den Priester verbindlich festgestellt
wird, so bildet der göttliche Logos die Voraussetzung sowohl
für das dem συνειδός zugeordnete Schuldbewußtsein als auch
darüber hinaus für das sittliche Bewußtsein und die sittliche
Entwicklung: "Wenn aber der wahre Priester, (der uns überführende Elenchus, ὁ ἱερεὺς ὄντως ἔλεγχος), in uns eingeht wie
ein ganz reiner Lichtstrahl, dann erkennen wir (erst) die in
uns liegenden, der Seele nicht frommenden Willensregungen und
die tadelnswerten und Vorwürfe verdienenden Taten, die wir
aus Unkenntnis des (uns) Zuträglichen unternommen. Das alles
macht nun der priesterliche Überführer unrein und befiehlt,
daß es ausgeräumt und herausgenommen werde, damit er das
Haus der Seele selbst rein sehe und die Krankheiten heile,
die etwa in ihm stecken"[19]. Die Aufgaben dieses "wahren Prie-
sters" überschreiten also die des συνειδός selbst, wobei die

---

18  Mit L.Cohn, aaO., Bd.IV, S.100.

19  Mit L.Cohn, aaO., Bd.IV, S.102, der allerdings den ersten Klammer-
    ausdruck mit "das uns überführende Gewissen" übersetzt und damit im
    ἔλεγχος auch hier die Instanz des Gewissens sieht.

nicht scharf abgrenzende Begrifflichkeit des Philo auch hier
Mißverständnisse begünstigen kann, die die konkrete und be-
schränkte Funktion des Gewissens selbst verkennen.

Nachdem anhand der bisher angeführten Belege deutlich geworden ist, daß Philo τὸ συνειδός vor allem als den von Gott
in die Seele eingepflanzten ἔλεγχος im Sinne der conscientia
consequens, des beobachtenden, überführenden und züchtigenden
Gewissens, das durch seine Tätigkeit zur Buße rufen und das
Leben bessern soll, versteht, bleibt noch die Frage, ob er
auch das Gewissen als conscientia antecedens, der positiv
leitenden und sittliche Inhalte vermittelnden Instanz kennt.
W.Völker bejaht diese Frage[20], indem er auf Fug 131 verweist,
eine Stelle, in der Philo Gen 37,15-17 allegorisch auslegt,
indem er den Mann (LXX: ὁ ἄνθρωπος) als den ἀληθινὸς ἄνθρωπος
ὁ ἐπὶ ψυχῆς ἔλεγχος bezeichnet. Wie dieser Mann Joseph auf
seine Anfrage hin den gewünschten Bescheid gibt, so wird die
unsichere und schwankende Seele vom ἀληθινὸς ἄνθρωπος geführt,
damit sie nicht vom richtigen Weg abkomme. Auch in Det Pot
Ins 23f wird dieser Mann aus Gen 37 entsprechend als λογικὴ
διάνοια bestimmt: "Dieser Mensch, der in der Seele eines
jeden wohnt, stellt sich bald als Herrscher und König, bald
als Richter und Preisverteiler in den Lebenswettkämpfen heraus,
manchmal auch nimmt er die Rolle eines Zeugen oder Anklägers
an, überführt unsichtbar im Innern und läßt nicht zu, daß wir
den Mund auftun, sondern fängt ihn ein und legt ihm einen
Zaum an und hält mit den Zügeln des Gewissens den ungebän-
digt kecken Lauf der Zunge an"[21].

Gegen W.Völker muß aber gerade bei diesen Stellen gesagt
werden, daß Philo zwar die Funktion der conscientia antecedens
kennt, sie aber gerade nicht explizit dem συνειδός selbst zuschreibt, sondern vielmehr dem ἀληθινὸς ἄνθρωπος und der
λογικὴ διάνοια. Beide Begriffe werden gemäß philonischer Begrifflichkeit nicht scharf abgegrenzt, sondern eher mit verwandten Termini parallelisiert, und der Begriff ἔλεγχος wird

---

20  W.Völker, Fortschritt und Vollendung bei Philo von Alexandrien, S.
    100f; ähnlich auch H.Reiner, Artikel: Gewissen, Historisches Wörter-
    buch der Philosophie, Bd.III, Sp.578.

21  L.Cohn, aaO., Bd.III, S.283.

sowohl im spezifischen Sinne dem Begriff συνειδός zugeordnet,
als auch - wie wir schon oben sahen - im umfassenderen Sinne
dem συνειδός über- bzw. vorgeordnet. Deshalb gilt es an der
Feststellung von M.Kähler festzuhalten: "die sittlichen Antriebe, die etwa vom λόγος oder vom ἄνθρωπος ἀληθινός ausgehen mögen, werden nirgend an das Gewissen geknüpft"[22]. Entsprechend urteilt auch C.Maurer: "Nicht nur das Gewissen, sondern auch der νοῦς Poster C 59; Quaest in Ex II 13 und der
θεῖος λόγος Deus Imm 134f werden mit dem Elenchus identifiziert. Diese letzten haben nun aber wirklich eine führende
Aufgabe bei den sittlichen Entscheidungen"[23].


c) Der geistesgeschichtliche Hintergrund

In Hinblick auf die Herkunft und den geistigen Hintergrund des philonischen Gewissensbegriffes besteht in der
heutigen Forschung weitgehend Einigkeit darüber, daß Philo
zwar generell Elemente stoischer Philosophie aufnimmt, z.B.
in Form des der Seele eingepflanzten göttlichen λόγος bzw.
νοῦς, daß er aber die Begriffe τὸ συνειδός und ἡ συνείδησις
selbst nicht der Stoa verdankt[24], sondern - wie es auch unseren Ergebnissen in den Abschnitten B, I und II entspricht -
dem populären, nicht spezifisch philosophischen Gebrauch des
1. vor- und nachchristlichen Jahrhunderts. Mit ihm hat er
auch das Verständnis des Gewissens als einem 'nachfolgenden',
vorwiegend verurteilenden gemeinsam.
Darüber hinaus knüpft Philo allerdings zur Ausgestaltung
seines Gewissensbegriffes sehr stark an das Alte Testament
an, und zwar nicht nur an den Stellen, wo er συνειδός direkt,
im Sinne des alttestamentlichen לב - καρδία- Verständnisses,
der γλῶττα und dem στόμα gegenüberstellt oder von dem 'reinen
Gewissen', dem συνειδός καθαρόν, entsprechend dem לב טהור
spricht[25]. Vielmehr ist auch gerade der absolute Gebrauch

---

22  M.Kähler, aaO., S.37.

23  C.Maurer, aaO., S.911.

24  J.Stelzenberger, Beziehungen, S.205; Th.Schneider, Quellen, S.104;
    W.Völker, aaO., S.96, Anm.5, S.102; C.Maurer, aaO., S.911; vgl. zum
    Ganzen vor allem R.T.Wallis, The Idea of Conscience in Philo of Alexan-
    dria, S.207ff, der zu Recht hervorhebt, "that the originality of
    Philo's conception of the moral role of conscience has been greatly
    exaggerated, and lies mainly ... in his emphasis on its god-given
    nature" (S.213).

von συνειδός im eigentlichen Sinne von 'Gewissen' in Kontinuität zur alttestamentlichen Anthropologie und Theologie
entstanden, was auch die für Philo spezifische Verbindung
des Begriffs mit ἐλέγχω und ἔλεγχος erklärt. Während das Verb
ἐλέγχω nämlich in der Profangräzität die Bedeutungen "durch
Überführung beschämen, tadeln, widerlegen, ausforschen, untersuchen u.a." hat[26], gewinnt es mit seinen Derivaten bereits
in der LXX als Wiedergabe der Wurzel יכח die oben nachge-
wiesene Konnotation. Wie יכח neben der Grundbedeutung "feststellen, was recht ist," auch die Bedeutung "zurechtweisen,
zur Rede stellen" im erzieherischen Sinne haben kann[27], so
bezeichnen auch die vor allem in den weisheitlichen Schriften
der LXX gehäuft auftretenden Begriffe ἐλέγχω / ἔλεγχος die
Zucht und Erziehung des Menschen durch Gott als den Richter.
"Dabei umfaßt der Begriff der Zucht alle Stufen und Maßnahmen
der Erziehung von der Überführung des Sünders bis zur Züchtigung und Bestrafung, von der Erziehung des Frommen durch harte
Zuchtmittel bis zu seiner Zurechtweisung im Sinne der Lehre
und Mahnung"[28].


   d) Die Beziehung zum paulinischen Gebrauch

   Da Philo und Paulus beide im Zusammenhang alttestamentlicher und hellenistischer Traditionen stehen und auch beide
den Gewissensbegriff für griechische Verhältnisse auffallend
häufig verwenden, legt sich die Frage nach dem Verhältnis
der Gewissensbegriffe beider oder sogar nach einer eventuellen Abhängigkeit des Paulus von Philo nahe.
   Gegen eine direkte Abhängigkeit des Paulus von Philo lassen sich allerdings schon vor der genaueren Untersuchung des
paulinischen Gebrauchs verschiedene Argumente anführen. Wie
schon erwähnt wurde, verwendet Paulus lediglich das ionische
Verbalsubstantiv ἡ συνείδησις - und zwar durchgehend absolut,
während Philo als literarisch Gebildeter eindeutig das atti-

---

25  Decal 91 und Praem Poen 84; Spec Leg I,203; Omn Prob Lib 99; Leg
    Gaj 165.
26  Vgl. F.Büchsel, Artikel: ἐλέγχω κτλ, ThWNT 2, S.470.
27  G.Liedke, Artikel: יכח, THAT 1, Sp.730f.
28  F.Büchsel, aaO., S.471; vgl. zum Ganzen auch C.Maurer, aaO., S.911f.

sche substantivierte Partizip τὸ συνειδός bevorzugt und ἡ
συνείδησις lediglich an drei Stellen - jeweils mit einem
Genitivattribut, also noch nicht absolut - verwendet. Auch
die für den philonischen Gewissensbegriff konstitutive Beziehung zur Wortgruppe ἔλεγχος / ἐλέγχω sucht man bei Paulus
vergeblich, er gebraucht das Substantiv gar nicht, das Verb
nur in 1.Kor 14,24, wo von der "Überführung" eines Ungläubigen durch die weissagende Gemeinde die Rede ist, ἐλέγχεται
ὑπὸ πάντων. Schließlich fällt auch noch auf, daß Paulus im
Gegensatz zu Philo überhaupt keine Äquivalente wie 'Überführer' oder 'Richter' anstelle des Gewissensbegriffes kennt.

Darüber hinaus bleibt bis zur endgültigen Entscheidung
über die Bestimmung des Verhältnisses zwischen dem paulinischen und philonischen Gewissensbegriff offen, ob Paulus
wie Philo das Empfangen des Gewissens von Gott ausdrücklich
thematisiert und damit den Begriff als einen primär theologisch bestimmten Terminus versteht oder ob für ihn das Gewissen als natürliche Instanz eher im anthropologischen Bereich zu erfassen ist. Daran schließt sich die Frage an,
ob Paulus ebenfalls von der Untrüglichkeit und Vollkommem-
heit des Gewissens selbst und der diesem vorgeordneten Instanzen im Menschen ausgeht, wie es Philo in Hinsicht auf den
λόγος, ἄνθρωπος ἀληθινός, νοῦς oder auf die λογικὴ διάνοια
tut, oder ob er die Möglichkeit des Fehlurteils und der Unvollkommenheit einschließt. Daß Paulus in Hinblick auf das
Gottesverständnis und die Vorstellung des göttlichen Richtens
Philo näher steht als zum Beispiel Seneca in seiner Bestimmung der conscientia, läßt sich schon hier annehmen, aber
auch erst später endgültig sagen.

An dieser Stelle ist aber schon festzustellen: Eine direkte
Abhängigkeit des Paulus von Philo beim Gebrauch des Gewissensbegriffes kann selbstverständlich ausgeschlossen werden[29].
Beide übernehmen die Begriffe συνειδός / συνείδησις aus dem
populären hellenistischen Sprachgebrauch - direkt oder, was
noch wahrscheinlicher ist, durch die Vermittlung der Diaspora-

---

29  So auch explizit: Th.Schneider, Quellen, S.105; und J.Stelzenberger,
    Beziehungen, S.205.

synagoge. Denn was Philo und Paulus, die Verfasser der Sap
Sal und der Test XII bzw. des Test Rub und schließlich Josephus verbindet, ist die gemeinsame Prägung durch die Predigt
und das Denken der jüdisch-hellenistischen Synagoge.

## 4. Josephus

Bei Josephus findet sich in Hinsicht auf die Bedeutungsbreite und den Stand der Sprachentwicklung ein Gebrauch der
Wortgruppe σύνοιδα / συνειδός / συνείδησις, wie er sich für
das ausgehende 1.nachchristliche Jahrhundert auch in der
Profangräzität belegen ließ.

Bei der Wiedergabe von Gen 3 gebraucht Josephus in den
Antiquitates σύνοιδα und συγγιγνώσκω synonym im Sinne von
'erkennen', 'sich bewußt sein'. Diese Fähigkeit hat sich erst
mit dem Genuß des Baumes bei Adam eingestellt, "denn dieser
Baum machte sie scharf sehend und klug", τὸ γὰρ φυτὸν ὀξύτη-
τος καὶ διανοίας ὑπῆρχε, Ant 1,44. Sie "erkennen" die Schande
ihrer Nacktheit, καὶ συνίεσάν τε αὐτῶν ἤδη γεγυμνωμένων καὶ
τὴν αἰσχύνην ὕπαιθρον ἔχοντες σκέπην, Ant 1,44, und Adam verbirgt sich vor Gott, als dieser in den Garten kommt, weil er
"sich seiner Ungerechtigkeit bewußt ist", τοῦ θεοῦ δ' εἰς τὸν
κῆπον ἐλθόντος ὁ μὲν Ἄδαμος ... συνειδὼς αὐτῷ τὴν ἀδικίαν
ὑπερχώρει, Ant 1,45. Aus dem "Bewußtsein seines Verstoßes"
gegen die Anforderung Gottes äußert er dann auch nichts, als
er angesprochen wird, τοῦ δὲ μηδὲν φθεγγομένου διὰ τὸ συγ-
γινώσκειν ἑαυτῷ παραβάντι τὴν τοῦ θεοῦ πρόσταξιν, Ant 1,46.

Daß es sich um das 'moralisch-böse' Erkennen und Bewußtsein handelt, wird jeweils durch die Zuordnung eines Dativ-
bzw. Akkusativobjekts zum reflexiven Verb deutlich, was wir
neben der Verwendung des ὅτι-Satzes als die Normalform der
profangriechischen Verwendung des reflexiven Verbs erkannten.

Daneben finden sich bei Josephus auch Belege für die Verwendung des Verbs im positiven Sinne: 'sich einer guten
Sache bzw. Tat bewußt sein'. Allerdings ist dabei nicht eindeutig das spezifische, moralische Verständnis vorauszusetzen,
so daß sich die Übersetzung 'ich habe ein gutes Gewissen'
nicht empfiehlt. So heißt es in Vit 361: "ich war mir bewußt,
die wahrheitsgemäße Überlieferung befolgt zu haben", Συνῄδειν
γὰρ ἐμαυτῷ τετηρηκότι τὴν τῆς ἀληθείας παράδοσιν; in Ant 3,190

läßt Josephus Mose sagen, er hielte sich selbst der Aufgabe
des priesterlichen Opferdienstes nicht für unwert, "weil ich
(Mose) mir bewußt bin, wieviel ich für euer Heil schon gelit-
ten habe, ὅτι πολλὰ ἐμαυτῷ καμόντι περὶ σωτηρίας τῆς ὑμετέρας
σύνοιδα; vgl. auch Ant 15,190, er sei "sich bewußt" bzw. er
"glaube", gut daran getan zu haben, ἀλλ' ἐκεῖνό γε συνειδέναι
καλῶς ἑαυτῷ πεποιηκότι.

Wenn Josephus das 'Gewissen' im spezifischen Sinne bezeichnen will, gebraucht er den Begriff τὸ συνειδός. Dieses soll
man nach Ant 4,286 neben Gott, vor dem kein Böser verborgen
bleibt, scheuen und recht handeln, καθόλου μὲν γὰρ τὸ συνειδός
ἐπιστάμενον τὸ αὐτοῦ προσῆκεν ἕκαστον εὖ πράττειν; demgemäß
warnt auch Ruben nach Ant 2,25 seine Brüder, daß sie, falls
sie den Brudermord wagten, das "eigene Gewissen zum Feinde"
hätten, welchem weder die, die ein "gutes", noch die, die
wie sie nach dem Mord ein "schlechtes" haben, entfliehen
können, τό τε συνειδὸς αὑτοῦς τὸ ἴδιον ἕξειν ἐχθρὸν ἐπὶ τοῖς
τολμηθεῖσιν ἔλεγεν, ὃ μήτε τοῖς ἀγαθὸν αὐτὸ ἔχουσι μήτε τοιοῦτον
ὁποῖον αὐτοῖς συνοικήσει τὸν ἀδελφὸν ἀνελοῦσιν ἔστιν ἀποδρᾶναι.
Entsprechend den letzten Stellen qualifiziert Josephus auch
sonst verschiedentlich das Gewissen bzw. Bewußtsein mit Hilfe
beigeordneter Adjektive als 'böse' oder 'gut'. Nach Ant 1,47
wird Adam vorgehalten, daß sein Schweigen kein Zeuge der
Tugend, sondern seines "bösen Gewissens" sei, οὐ γὰρ ἐπ'
ἀρετῇ τὴν σιωτὴν ἄγεις, ἀλλ' ἐπὶ συνειδότι πονηρῷ. In Bell
1,453 verteidigt sich Alexander vor dem Caesar gegen die
unberechtigten Beschuldigungen seines Vaters, wobei ihm neben
seinem "reinen Gewissen" seine Redegewandtheit zustatten
kommt, συνήργει δ' αὐτῷ μετὰ καθαροῦ τοῦ συνειδότος ἡ περὶ
λόγους ἰσχύς; und in Bell 2,582 prüft Josephus vor dem Kampf
die kriegerische Manneszucht, in der Überzeugung, daß diejenigen Kriege am erfolgreichsten geführt würden, in denen
alle Streiter ein "gutes Gewissen" hätten, διοικεῖσθαι γὰρ
κάλλιστα τοὺς πολέμους παρ' οἷς ἂν ἀγαθὸν τὸ συνειδὸς ἔχωσιν
πάντες οἱ στρατευόμενοι. Daneben kann τὸ συνειδός aber auch
ohne Attribut das 'gute' oder 'schlechte' Gewissen bezeichnen, wenn der Zusammenhang eine nähere Bestimmung erübrigt.
So wird in Ant 16,102 erwogen, daß das gänzliche Schweigen
unweigerlich auf "das (schlechte) Gewissen" zurückgeführt
würde, δεδοικότων μέν εἰ δόξουσιν ἐκ τοῦ συνειδότος ἠπορῆσθαι;

und nach Ant 2,52 mahnt Joseph die Frau des Potiphar, mit
ihrem Gatten könne sie ohne Gefahr verkehren und habe dann
auch noch die "Zuversicht des (guten) Gewissens vor Gott
und den Menschen", ... καὶ προσέται πολλὴν τὴν ἀπὸ τοῦ συνειδότος καὶ πρὸς τὸν θεὸν παρρησίαν καὶ πρὸς τοὺς ἀνθρώπους.

Ebenfalls innerhalb des bisherigen Rahmens ist auch Ap 2,
218 einzuordnen, wo Josephus ausführt, daß für diejenigen,
die bei allem nach dem Gesetz handeln, der Lohn nicht in Sil-
ber oder Gold, Kranz oder dergleichen bestehe, was ihn als
Sieger ausrufe, "sondern jeder einzelne glaubt, sofern er bei
sich selbst das Gewissen als Zeugen hat und nachdem der Ge-
setzgeber die Verheißung gegeben und Gott den starken Glauben
gewährt hat, daß ...", ἀλλ' αὐτὸς ἕκαστος αὐτῷ τὸ συνειδὸς
ἔχων μαρτυροῦν πεπίστευκεν, τοῦ μὲν νομοθέτου προφητεύσαντος,
τοῦ δὲ θεοῦ τὴν πίστιν ἰσχυρὰν παρεσχηκότος, ὅτι ... Dabei
trifft die Annahme von C.Maurer durchaus nicht zu, daß hier
"das Gewissen neben der Thora und Gott als dritter Zeuge
für die Auferstehung nach dem Tode genannt" und deshalb "mit
der Problematik des Verhältnisses zwischen natürlicher und
geoffenbarter Gotteserkenntnis verbunden" wird[30]. Das συνειδός bezeugt keinesfalls die Auferstehung nach dem Tode, sondern auch hier allein die Integrität des Wandels derer, die
bei allem nach dem Gesetz leben. Dieser vom Gewissen bestätigte Wandel nach dem Gesetz bildet die Voraussetzung für
das Zutreffen der geoffenbarten Verheißung, zum Offenbarungs-
träger wird das συνειδός deshalb allerdings keineswegs.

Josephus kann neben συνειδός auch gelegentlich den Begriff
συνείδησις verwenden. Mit C.Maurer ist aber gegen A.Schlatter
unter letzterem weniger das Gewissen im spezifischen Sinne
zu verstehen, sondern vielmehr "das Bewußtsein, das Wissen
um etwas, die Gesinnung"[31]. Wenn nach Bell 4,193 die Zeloten
vor allem wegen des "Bewußtseins ihrer Taten" τὸ πλέον δὲ
συνειδήσει τῶν εἰργασμένων, schwierig zu überwältigen waren,
dann ist dabei nicht vom 'schlechten Gewissen' die Rede,

---

30  C.Maurer, aaO., S.909, der - wohl aus Versehen - auch Ant 2,31 und
    Ant 13,316 falsch zuordnet.
31  Mit C.Maurer, ebd.; gegen A.Schlatter, aaO., S.139f.

durch das der Sieg nach Bell 2,582 gerade vereitelt würde,
sondern von dem Bewußtsein der Zeloten, daß ihnen auf Grund
der von ihnen begangenen Taten nur noch die Möglichkeit des
Kampfes bleibt.

Wenn sie im Kampf gegen die Gegner hinaufsteigen müssen,
werden diese ihnen an "Bewußtsein" bzw. "Wissen" oder "Kampf-
moral" unterlegen sein ἔσονται τῇ συνειδήσει ταπεινότεροι,
und den Vorteil der Höhe wird die "Einsicht" und "Überlegung"
zunichte machen, καὶ τὸ πλεονέκτημα τοῦ ὕψους ὁ λογισμὸς ἀπολεῖ,
Bell 4,189.

Die Bedeutung 'Gesinnung' nimmt συνείδησις[32] wohl in Ant
16,212 an, wo Herodes seinen Bruder, der ihn schlecht gemacht
hat, beschimpft, bei ihm möge diese "schlechte Gesinnung"
weiter leben, καὶ σοὶ μὲν ἡ συνείδησιν αὕτη συζήσειεν, ἐγὼ
δέ ..., er aber wolle auch fernerhin Übeltätern Gutes tun.

In Ant 16,103 allerdings scheint mit συνείδησις nicht nur
die 'Gesinnung', sondern vielmehr das 'Schuldbewußtsein', das
'schlechte Gewissen' bezeichnet zu sein[33]: "Der Caesar, der
ihre (der Söhne des Herodes) Verwirrung beobachtete, sah wohl
ein, daß sie eher aus Unerfahrenheit und Beklemmung als aus
'verkehrtem', d.h. 'schlechtem Gewissen' bzw. 'Schuldbewußtsein' schwiegen", οὐ μὴν ὅ γε Καῖσαρ ἐπιβλέπων αὐτοὺς ὡς
εἶχον ἀσύνετον ἐποιεῖτο τὸ μὴ κατὰ συνείδησιν ἀτοπωτέραν ἀλλ'
ἐξ ἀπειρίας καὶ μετριότητος ὀκνεῖν.

Zusammenfassend kann man also sagen, daß Josephus die Wortgruppe σύνοιδα / συνειδός / συνείδησις in verschiedenen Bedeutungsvarianten gebraucht und zur Bezeichnung des spezifischen Gewissens - als Instanz oder auch Bewußtseinszustand -
vor allem den attischen Begriff τὸ συνειδός verwendet.

---

32  Mit C.Maurer, aaO.

33  Gegen C.Maurer, ebd.

## C  DER BEGRIFF 'SYNEIDESIS' BEI PAULUS

### I. Exegese der paulinischen Belegstellen

Der allgemeinen Untersuchung über die Entstehung und Entwicklung des Gewissensbegriffes im griechischen, lateinischen
und jüdischen Sprachbereich soll sich nun die Darstellung
des spezifisch paulinischen Gebrauchs in den Homologumena
anschließen. In Hinblick auf die häufige Verwendung des
attischen substantivierten Partizips τὸ συνειδός in der griechischen und jüdisch-hellenistischen Umwelt fällt auf, daß
Paulus in den insgesamt 14 authentischen substantivischen
Belegen lediglich das ionische Verbalsubstantiv ἡ συνείδησις
gebraucht - und zwar jeweils absolut, d.h. ohne einen folgenden ὅτι-Satz, ein Genitivattribut oder ein beigeordnetes
qualifizierendes Adjektiv. Hinzu kommt noch eine Stelle, an
der Paulus die reflexive verbale Wendung anführt.

Da der Gewissensbegriff lediglich in der Korrespondenz
des Apostels mit den Korinthern - 11 bzw. 12 mal - und den
Römern - 3 mal - erscheint, erübrigt sich eine genauere
Differenzierung nach chronologischen Kriterien; unabhängig
von den literarkritischen Problemen der Korintherbriefe sind
diese dem Römerbrief zeitlich jedenfalls vorgeordnet. Deshalb
legt sich für die folgende Untersuchung vielmehr eine Unter-
gliederung nach sachlichen Kriterien nahe.

### 1. Syneidesis und synoida

#### a) Die Syneidesis der Heiden in Röm 2,15

Mit der Exegese von Röm 2,15 zu beginnen, ist aus zwei
Gründen naheliegend. Erstens läßt diese Stelle einen allgemeinen, nicht spezifisch christlichen Gewissensbegriff erwarten, indem sie von der Syneidesis der Heiden spricht, und
zweitens dient gerade das 2.Kapitel des Römerbriefes immer
wieder als locus classicus für die Entfaltung einer paulini-

schen Gewissenslehre, weshalb auch die ausführliche Berücksichtigung des Kontextes bei diesem ersten Beleg besonders
wichtig sein wird.

Der weitere Zusammenhang unseres Verses ist heute kaum
mehr strittig. In Kap 1,16.17 wird das Thema des ganzen Briefes angegeben: Die Gerechtigkeit Gottes, die im Evangelium
offenbart ist, als Kraft von Gott zum Heil für jeden Glaubenden. Bevor Paulus in Kap 3,21ff die positive Beschreibung
dieses Offenbarseins der Gerechtigkeit entfaltet, zeigt er
in Kap 1,18 - 3,20 "die Notwendigkeit für die Offenbarung der
Gerechtigkeit Gottes"[1] auf. Wie schon Amos vor seinem Gerichts-
wort über Israel das Gericht über die Fremdvölker ansagte
(Amos 1,3 - 2,16), so geht auch Paulus zunächst auf die Stellung der Heiden vor Gott ein. Er kann mit dem vollen Einverständnis der jüdischen Leser rechnen, wenn er den Zustand
der Heiden als das selbstverschuldete 'Dahingegebensein' (Kap
1,24.26.28) durch Gott beschreibt. Daß Paulus schon hier mit
"fast möchte man sagen 'prophetischer' List"[2] auch die Juden
im Auge hat, zeigt sich an dem plötzlichen Wechsel des Adressaten in Kap 2,1[3].

Dieser Vers bereitet allerdings wegen der Konjunktion διό,
die an das Vorhergehende direkt anknüpft, und wegen der un-
vermittelten Anrede ὦ ἄνθρωπε πᾶς ὁ κρίνων allgemein Schwierigkeiten. Die Spannung dadurch zu entschärfen, daß man mit
H.Lietzmann[4] in διό eine "farblose Übergangspartikel" sieht
oder der Konjektur von A.Fridrichsen zustimmt, der διό für
eine Verschreibung von δίς hält, im Sinne von "doppelt unentschuldbar"[5], bleibt unbefriedigend. "Alle Schwierigkeiten verschwinden", so meint R.Bultmann, "wenn man den Vers als Glosse
aushebt, die den Sinn von V 2 zusammenfassen will, bzw. die

---

1  So überschreibt E.Käsemann, An die Römer, S.30, den Abschnitt.

2  G.Bornkamm, Gesetz und Natur, Studien zu Antike und Urchristentum, S.95.

3  Mit H.Schlier, Der Römerbrief, S.68: "Der heutigen Exegese ist es ziemlich einhellig klar, daß Paulus schon hier die Juden im Auge hat ...",
   ebd., Anm.3, Anführung der einzelnen Exegeten.

4  H.Lietzmann, An die Römer, S.39.

5  A.Fridrichsen, Der wahre Jude und sein Lob, in: Symbolae Osloenses I,
   1922, S.40.

Konsequenz aus V 3 zieht"[6]. In der Tat knüpft dann V 2 mit
οἴδαμεν δέ vorzüglich an Kap 1,32 an, und das διό in V 1
kann im Sinne von 'deshalb, daher' verstanden werden. Die
spätere Voranstellung der Glosse legte sich dann durch die
Fortsetzung der rhetorischen Frage von V 3 in V 4 nahe, die
sonst durch die Glosse gestört würde. Da aber διό auf den gesamten Abschnitt 1,18-32 zurückbezogen sein muß und V 3 V 1
voraussetzt[7], hat man wohl eher davon auszugehen, daß V 1 zum
ursprünglichen Text gehört und "der Bruch dieses Gedankenganges gerade zu Absicht und Stil der Sätze (gehört)"[8]. Paulus
wendet sich hier nicht an den "Menschen schlechthin"[9], der
unter der Anklage steht, auch nicht speziell an den Schrift-
gelehrten[10], sondern an jeden Juden, der beim Lesen bzw. Hören
des Briefes dem Urteil über die Heiden in Kap 1 zustimmt. Es
wird für das Verständnis der Verse 14.15 ganz entscheidend
sein zu beachten, daß Paulus in Kap 2 von Anfang an die Juden
im Auge hat, die das Gericht über die Taten der Heiden als
selbstverständlich annehmen, ohne sich selbst unter dem gleichen Urteil zu sehen.

     Den Nachweis, daß auch der Jude ὑφ' ἁμαρτίαν ist (Kap 3,9),
führt Paulus jetzt in direkter Anrede, im Stil der Diatribe.
Durch Anknüpfen an die apokalyptischen Traditionen, die er
mit den Juden teilt (die Verse 2.6.11.13), durch Anklage im
Stil "typisch altjüdischer Gerichtspredigt"[11] (die Verse 3-5)
und durch seine Argumentation und Beweisführung (besonders
deutlich in den Versen 14.15) versucht er den Juden von seiner
unberechtigten καύχησις (V 17) und falschen Sicherheit gegenüber dem Zorn Gottes abzubringen.

     Wenn Paulus in V 2 als anerkannt voraussetzt (οἴδαμεν δέ),
daß Gott nach dem Kriterium des Rechtes, der Wahrheit[12] oder

---

6  R.Bultmann, Glossen im Römerbrief, Exegetica, S.281.

7  Mit U.Wilckens, Der Brief an die Römer, Bd.1, S.123.

8  G.Bornkamm, aaO., S.95.

9  So O.Michel, aaO., S.73.

10 Ähnlich E.Käsemann, aaO., S.50: "..., das keinesfalls auf den Rabbi
   (sic!) bezogen werden kann".

11 E.Käsemann, aaO., S.51.

12 Nach jüdischem Verständnis des Ausdrucks, E.Käsemann, aaO., S.50;
   O.Michel, aaO., S.74.

auch entsprechend dem "objektiv vorliegenden Tatbestand"[13]
diejenigen richten wird, auf die das in Kap 1,18.32 Gesagte
zutrifft, spricht er eindeutig vom eschatologischen Gericht.
Die ἡμέρα ὀργῆς ist in Kap 2,5 und Kap 2,16 wie in Röm 5,9
und 1.Tess 1,10 eindeutig futurisch als ἡ ὀργὴ ἡ ἐρχομένη
zu fassen. Was den jüdischen Hörer befremdet, ist·lediglich,
daß Paulus hier Juden und Heiden in demselben Gericht Gottes
sieht.

Bei der Anknüpfung an das Richten der Juden in V 1-3 geht
es Paulus weniger um die Schuld des Richtens an sich[14] als
vielmehr darum, daß sie selbst genau das tun, was sie bei den
Heiden als des Gerichtes schuldig erkennen[15]. Dieser Vorwurf
wird nicht weiter bewiesen oder begründet, wenn er auch in den
Versen 21.22 anhand von drei Beispielen konkretisiert wird.
Paulus geht in V 3-5 gleich dazu über, das Gericht Gottes für
den Juden anzusagen.

In V 6 greift er "mit dem Zitat aus Ps 61,13 LXX die jüdische Grundanschauung von der eschatologischen Talio nach den
Werken"[16] auf. Durch Betonung dieses Aspektes will er das Berufen auf das Hören des Gesetzes sowie das unberechtigte Rühmen mit Erwählung, Gesetz und Beschneidung (Kap 2,17-29) von
vornherein abwenden. Konkretisierung und Anwendung des Grundsatzes von V 6 bringen die Verse 7-10, die durch ihren an-
spruchsvollen Stil (zweifach chiastische Anordnung der Satzteile), und ihren apodiktisch proklamatorischen Charakter
auffallen. Der gedankliche Fortschritt dieser Sätze liegt
in der Entfaltung des ἐκάστῳ von V 6 zu Ἰουδαίῳ τε πρῶτον
καὶ Ἕλληνι in V 9 und V 10. Auch hier steht Paulus wieder in
prophetischer Tradition, indem er wie Amos nicht nur die
falsch verstandene Erwählung relativiert (Amos 9,7; Röm 3,9),
sondern zugleich das Vorrecht der Erwählung als eine beson-

---

13  Nach griechischem Verständnis des Ausdrucks, E.Käsemann, aaO., S.50f,
    im Anschluß an W.Bauer, Griechisch-Deutsches Wörterbuch zum NT, Sp.71;
    R.Bultmann, Artikel ἀλήθεια, ThW I, S.244.

14  So erscheint es bei A.Schlatter, Gottes Gerechtigkeit, S.73.

15  Darauf weist auch E.Käsemann, aaO., S.50 hin, der aber zu Unrecht
    dieses Verständnis von der Nichtauthentizität von V 1 abhängig macht.

16  E.Käsemann, aaO., S.53.

dere Verantwortlichkeit vor Gott beschreibt (Amos 3,2; Röm
2,9). Es gilt jedoch zu beachten, daß Paulus die Sonderstel-
lung Israels, sofern sie nicht zum falschen Rühmen mißbraucht
wird, dadurch nicht aufheben will (Röm 1,16; 2,10; 3,1f; Kap
9-11). Wenn Paulus in V 11 nach 2.Chron 19,7 aus dem Bisherigen folgert bzw. das Bisherige stützend daran erinnert, daß
es vor Gott keine προσωπολημψία gibt, so ist wiederum die
universale Anwendung das verfremdende und provozierende
Moment.

Mit V 12 beginnt der für uns entscheidende Abschnitt der
Verse 12-16, der aber ohne das bisher Gesagte nicht eindeutig
einzuordnen wäre.

Kap 2 teilt sich in die Hauptabschnitte V 1-16 und V 17-
29, die in Skopus und Argumentation analog sind. In beiden
soll den angesprochenen Juden die unberechtigte Sicherheit
genommen und die Notwendigkeit der in Kap 1,16f beschriebenen
'Gerechtigkeit Gottes' aufgezeigt werden.

Damit haben wir V 12ff sachlich den Versen 1-11 zugeordnet,
was seine formale Bestätigung in dem viermaligen γάρ (V 11.12.
12.14) findet. Die Verse 12 und 13 bieten nämlich eine weitere
Entfaltung dessen, was die an sich anerkannten Grundsätze von
V 6 und V 11 für Paulus implizieren, V 12 parallel zu V 8
und V 9 in der negativen, V 13b parallel zu V 7 und V 10 in
der positiven Anwendung. Der Gedankenfortschritt besteht entscheidend in der Einführung des bisher gemiedenen, für die
Theologie des Paulus aber zentralen Begriffes 'Gesetz'. Paulus bezieht die aus V 6 abgeleitete Konsequenz der Verse 9
und 10, daß Gott j e d e n - und damit sowohl Juden wie Griechen - nach seinen W e r k e n richten wird, auf die Bedeutung
des Gesetzesbesitzes. Spätestens damit rührt Paulus an den
empfindlichsten Nerv der Adressaten des Kapitels, die - nach
Paulus selbst - ihre Erwählung und ihr besonderes Verhältnis
zu Gott in Besitz und Kenntnis der Thora begründet sehen
(Kap 2,18), sich insofern des νόμος rühmen (Kap 2,23) und sich
auf ihn verlassen (Kap 2,17).

Auch V 12 argumentiert wieder in der eingängigen Reihenfolge vom Naheliegenden, Selbstverständlichen, zum Unerwarte-
ten und Schwierigeren wie die Kapitel 1 und 2 als Ganze. Mit
dem Urteil über die, die ἀνόμως sündigen, stößt Paulus bei den
Juden genausowenig auf Widerstand wie mit den Ausführungen von

Kap 1,18 - 2,2 (abgesehen von 2,1). Daß Gottes Urteil über die
sündigen Heiden ergehen, und daß es gerechterweise ergehen
wird, steht für die Juden außer Frage und bedarf keiner weiteren Begründung, wenn auch diese oft in V 14f vermutet wird.
So sieht R.Bultmann in V 14 und V 15 den "Beweis dafür, daß
Gottes Gericht dereinst mit vollem Recht auch über diejenigen
ergehen wird, die ἀνόμως gesündigt haben"[17].

Ähnlich bezieht G.Bornkamm V 14f als die Erläuterung und
Begründung auf die Aussage von V 12a, denn "ließe sich n i c h t
auch von dem Heiden sagen, daß er Gottes Gesetz kennt, so
wäre das über ihn ergehende Strafgericht Gottes, das ihn als
Schuldigen behandelt, nicht gerechtfertigt"[18]. Dabei wird
aber nicht beachtet, daß Paulus hier mit jüdischen Hörern
argumentiert, für die der Grundsatz von V 12a nicht im gering-
sten fraglich ist, sondern allein die E r h e b u n g  des Heiden
zu gleicher Verantwortlichkeit und Stellung vor Gott im Gericht, die durch V 13b im Anschluß an V 9-11 eindeutig behauptet wird. Daß die Scheidung im Gericht nicht zwischen ἀνόμως
und ἐν νόμῳ vollzogen werden soll, sondern unabhängig davon
allein zwischen denen, die nur ἀκροαταί νόμου sind und denen,
die ποιηταί νόμου sind, das ist das Unerwartete und Provozierende.

Man darf auch nicht in der Überordnung der ποιηταί über
die ἀκροαταί an sich das eigentlich Neue suchen oder Paulus
als den Pharisäer gegen ein rabbinisches Verständnis der Vorordnung des Studiums der Thora vor die Ausübung sprechen
lassen, wie es bei C.H.Dodd erscheint[19]. Zwar trifft es zu,
daß, entgegen all der Stimmen im Judentum, die das Tun der
Thora für größer hielten als das Studium, Rabbi Aqiba sagen
kann: "Das Studium ist bedeutender" (תלמוד גדול), doch gehen er und die ihm Beipflichtenden von der selbstverständlichen Voraussetzung aus: "denn das Studium bringt zur Tat"[20]

---

17  R.Bultmann, Exegetica, S.282.

18  G.Bornkamm, aaO., S.98, im Anschluß an ihn auch E.Jüngel, Paulus und
Jesus, S.27.

19  C.H.Dodd, The Epistle of Paul to the Romans, S.34f.

20  Qid 40b, L.Goldschmidt, Der babylonische Talmud, Bd.VI, S.643; vgl.
H.L.Strack - P.Billerbeck, aaO., S.87.

(שהתלמוד מביא לידי מעשה). Ähnlich ist auch Rabbi Eleazar
aus Modiim zu verstehen, der im Anschluß an Ex 15,26 sagt:
"'Wenn du hören wirst', das ist die allgemeinste Regel, in
der die (ganze) Thora enthalten ist"[21]. Auch hier wird das
Studium der Thora der Ausübung vorgeordnet und nicht etwa als
deren Alternative gesehen.

Während sich damals die jüdischen Hörer an der Gleichstellung der Heiden und an der behaupteten Möglichkeit, diese
könnten ohne Beschneidung und ohne den Besitz der Thora gerecht gesprochen werden, stoßen mußten, macht der christlichen
Exegese die Behauptung einer möglichen Rechtfertigung aus
den Werken bei Paulus zu schaffen. Denn δικαιωθήσονται kann
in V 13b nichts anderes bedeuten als Gottes (passivum divinum)
eschatologischer Freispruch auf Grund einer faktischen Gerechtigkeit des Menschen. Paulus spricht hier im Anschluß an die
alttestamentlich-jüdische Gerichtsvorstellung eindeutig von
dem analytischen Urteil Gottes. Es ist für die paulinische
Rechtfertigungstheologie bezeichnend, daß der Apostel - im
Gegensatz etwa zum Verfasser des Johannesevangeliums - in
unserem Kapitel an der Vorstellung des Gerichtes nach Werken
in dieser Form festhält. Für Paulus ist darin die Verantwortlichkeit des Menschen vor Gott und damit die Möglichkeit
schuldig zu werden, unaufgebbar gewahrt. Zwar spricht er von
einer faktischen Unmöglichkeit, im Gericht durch ein analytisches Urteil Gottes - also aus den Werken - gerecht gesprochen zu werden, indem er davon ausgeht, daß ἐξ ἔργων
νόμου οὐ δικαιωθήσεται πᾶσα σάρξ (Kap 3,20) und mit den Kapiteln 1 und 2 gerade den Zustand aller ὑφ' ἁμαρτίαν aufzeigt.
Man darf aber daraus nicht, wie oft geschehen, folgern, daß
er das Gericht nach Werken nur hypothetisch und konzessiv im
Hinblick auf die Adressaten anspricht, etwa um das jüdische
Gerichtsverständnis ad absurdum zu führen. Paulus geht von
der Realität des futurischen Gerichtes aus, und das nicht nur
für Juden und Heiden, sondern auch für Gläubige. Was er mit
dem eschatologischen Stehen der Gläubigen vor dem βῆμα τοῦ

---

21  Mekh Ex 15,26, vgl. H.L.Strack - P.Billerbeck, ebd., dort auch weitere
    Belege für die jüdischen Parallelen.

Χριστοῦ in 2.Kor 5,10 oder τοῦ θεοῦ in Röm 14,10 meint, das
wird inhaltlich wohl in 1.Kor 3,11-15 angesprochen. Hier wird
ein futurisches, analytisches Urteil Gottes gerade über den
Wandel und das Wirken der Christen behauptet. Allerdings kann
man daraufhin die Stellen, die eindeutig von der Rechtfertigung als einem synthetischen Urteil Gottes sprechen, das gegenwärtig schon zur Gewißheit wird, nicht in eine Spannung
falsch verstandener 'Hoffnung' dialektisch aufheben. Der Zuspruch der Rechtfertigung bedeutet auch nicht ein proleptisch-
analytisches Urteil, das den Christen durch die psychologische
Wirkung der 'Annahme' dazu befähigt, so zu leben, daß er im
zukünftigen Gericht wirklich nach seinen Werken gerecht gesprochen werden kann. Die Gewißheit der δικαιωθέντες, wie
sie in Röm 5,1.9 und ähnlich 8,3ff; 1.Kor 6,11 usw. ausgedrückt ist, beruht allein auf dem Glauben an den δικαιοῦντα
τὸν ἀσεβῆ (Röm 4,5), der damit als δικαιοῦντα τὸν ἐκ πίστεως
Ἰησοῦ (Röm 3,26) erscheint. Paulus kennt keine andere Grundlage der Rechtfertigung als ἡ ἀπολύτρωσις ἡ ἐν Χριστῷ Ἰησοῦ,
auf Grund derer die Glaubenden im synthetischen Sinne δι-
καιούμενοι δωρεὰν τῇ αὐτοῦ χάριτι (Röm 3,24) sein können. Gerade diese Gewißheit, die durch den ἀρραβὼν τοῦ πνεύματος,
das 'Angeld' des Geistes, bestätigt wird, bewirkt aber die
neue Verantwortung der Gerechtfertigten vor Gott, die Anhalt
und Ausrichtung in dem Bewußtsein des zukünftigen Stehens vor
dem Richterstuhl Christi findet. Der Ernst dieser Verantwortung wird nicht durch die Hoffnung relativiert, daß für den
vor dem Richterstuhl Christi beurteilten Gläubigen - nur von
ihm redet Paulus in 1.Kor 3,11ff - auf jeden Fall gilt: αὐτὸς
δὲ σωθήσεται (1.Kor 3,15). Motiviert wird der Gläubige durch
die Gewißheit der Zugehörigkeit zum κύριος, dem er 'gefallen'
soll, nicht durch die Drohung des noch offenen Rechtfertigungs-
urteils Gottes. Auch der Gerechtfertigte weiß um ἡ ὀργὴ ἡ
ἐρχομένη (1.Thess 1,10), aber er ist sich in Hoffnung gewiß,
daß er davor, oder sagen wir besser daraus gerettet werden
wird (Röm 5,9; 1.Thess 1,10). Paulus klärt das Verhältnis
zwischen den Aussagen, die das Gericht nach Werken explizit
für Heiden und Juden ankündigen, und denen, die er eindeutig
auf Gläubige bezieht, selbst nicht. Beide Aspekte werden bei
ihm weder miteinander identifiziert - sie haben verschiedene
Bedeutung und Intention - noch als faktisch getrennt, etwa

im Sinne zweier verschiedener Gerichte, gesehen. In Röm 2,13
spricht er also vom Gericht nur im Hinblick auf die Gleichstellung von Heiden und Juden, ohne an dieser Stelle schon
auf die Bedeutung der Rechtfertigung aus Glauben einzugehen.

Während die bisherige Gedankenfolge des Kapitels, abgesehen von der Schwierigkeit mit V 1, einsichtig und verständlich ist, bereiten die Verse 14.15 und die Rückbeziehung von
V 16 besondere Schwierigkeiten.

Zunächst sind Skopus und Anknüpfung der beiden Verse fraglich. Es wurde oben schon auf die Vorschläge von R.Bultmann
und G.Bornkamm[22] eingegangen, nach denen begründet werden soll,
daß "Gottes Gericht dereinst mit vollem Recht auch über diejenigen ergehen wird, die ἀνόμως gesündigt haben"[23]. Ähnlich
argumentiert auch C.K.Barrett, der die Frage annimmt: "How
can judgement take place 'outside the sphere of the law?'"[24].
Das trifft aber noch weniger zu, weil er mit dem Gedanken,
daß ohne Gesetz die Sünde nicht als Übertretung angerechnet
werden kann, die erst spätere Argumentation des Paulus in
Kap 4,15; 5,13 und 7,7f bei den Hörern selbst bereits voraussetzt. Das Interesse des jüdischen Adressaten kann hier nicht
bei der Verurteilung der Heiden liegen, diese ist ihm selbstverständlich. Damit muß auch die Rückbeziehung auf V 12a
unzutreffend sein, was sich dadurch bestätigt, daß Paulus in
V 14f gerade vom 'Tun' der Heiden ausgeht und die Verurteilung gar nicht aufgreift.

P.Althaus nimmt die Frage an: "Aber kann der Heide (ohne
Gesetz) je 'Täter des Gesetzes' sein"[25] und knüpft damit an
V 13b an. Damit wird er zwar der positiven Argumentation in
V 14f gerecht, läßt aber den Hörer gerade das fragen, was
Paulus in seiner Beweisführung in V 14 als selbstverständlich
und anerkannt voraussetzt, nämlich, daß es Heiden gibt, die
die im Gesetz geforderten Werke tun. Von daher gesehen ist
die Rückbeziehung auf V 13b allein ebensowenig statthaft
wie die auf V 12a.

---

22  R.Bultmann, aaO., S.282; G.Bornkamm, aaO., S.98.

23  R.Bultmann, aaO.

24  C.K.Barrett, A Commentary on the Epistle to the Romans, S.51.

25  P.Althaus, Der Brief an die Römer, S.22; so auch H.W.Schmidt, Der
    Brief des Paulus an die Römer, S.46: "Täter des Gesetzes kann man
    doch nur als Hörer des Gesetzes sein".

Bleibt uns noch auf den Lösungsvorschlag von H.Lietzmann
einzugehen. Die Aussage der Verse 14f gibt er zutreffend an:
"Nichts anders, als daß die Heiden das Gesetz kennen"[26]. Als
Zweck der Argumentation zitiert er Röm 1,20, daß die Heiden
unentschuldbar sein sollen. Damit ist aber wieder verkannt,
daß in Kap 2 nicht die Heiden, sondern die Juden als unentschuldbar dargestellt werden sollen und die Verse 14 und 15
deshalb kein Nachtrag zu Kapitel 1, sondern notwendiger Bestandteil der Argumentation des Kapitels 2 sind.

Für die jüdischen Hörer war, wie wir oben sagten, eindeutig die Erhebung der Heiden zu gleicher Verantwortlichkeit
und Stellung vor Gott im Gericht das Anstößige der Verse.
Daß die Unterscheidung im Gericht nicht zwischen ἀνόμως und
ἐν νόμῳ vollzogen werden soll, sondern unabhängig davon allein
zwischen den ἀκροαταί und den ποιηταί, muß den jüdischen
Protest provozieren, denn damit nivelliert Paulus die exklu-
sive Erwählung Israels, die im Gesetz (V 14-24) und in der
Beschneidung (V 25-29) ihr Unterpfand hat. Speziell um den
Punkt scheint es Paulus aber zu gehen, wenn er in Kap 2,14f
das Gesetz auch bei den Heiden findet und in V 26f.29 von
einer Beschneidung redet, die dem Unbeschnittenen, der das
Gesetz hält, angerechnet wird. Er will Selbstruhm und falsche
Sicherheit in Bezug auf das Ausruhen auf dem Gesetz bei den
entsprechenden Juden zerstören, ihnen ihr Angewiesensein auf
Gottes offenbargewordene eschatologische Gerechtigkeit aufzeigen und die Inklusivität und Universalität der neuen Offenbarung bezeugen, indem er das Privileg der Erwählung, die
Thora und die Beschneidung, in seiner Bedeutung auch Heiden
zuspricht.

Somit haben wir die Verse 14f als Teil der ganzen Argumentation des Kapitels in Anknüpfung an den gesamten Gedankengang
von V 1-13 zu behandeln und weder isoliert als Begründung von
V 12a oder V 13b noch als zu Kapitel 1 gehörenden Einschub
zu betrachten.

Für die Exegese der einzelnen Begriffe ist es wichtig,
zunächst die Struktur der Argumentation in den beiden Sätzen

---

26  H.Lietzmann, aaO., S.41.

zu bestimmen. In V 14b zieht Paulus aus einem in V 14a beschriebenen Tatbestand nachdrücklich seine Folgerung. Durch
die ausdrückliche Bezeichnung des Tatbestandes von V 14a als
'Beweis' und die Wiederholung der Behauptung von V 14b mit
anderen Begriffen bietet V 15a eine Vertiefung des in V 14
Gesagten. In V 15b werden zwei weitere, wiederum notwendig
'selbstverständliche' Phänomene angeführt, die explizit als
'Zeugen' zum Beweis von V 14a hinzutreten, um die Behauptung
von V 14b und V 15a zusätzlich zu stützen. Es versteht sich
von selbst, daß weder der als Beweis angeführte Tatbestand
noch die beiden als Zeugen zitierten Phänomene hypothetisch
oder anfechtbar sein dürfen, weil sonst die Beweisführung
auseinanderfiele und die angestrebte Überzeugung des anderen
nicht erreicht würde. Fraglich darf also allein die Behauptung
sein, um derentwillen der Beweisgang angetreten wird.

Diese formale Bestimmung erweist sich schon bei der Besprechung des ersten Wortes von V 14 'ὅταν' als hilfreich. Nur
aus dem Verkennen der Struktur der Sätze erklärt sich die
häufige Abschwächung der Partikel zu "wenn einmal"[27] mit der
Erklärung: ὅταν "drückt eine nur vereinzelte, gelegentlich
vorkommende Erfüllung aus"[28]. Hier und erst recht bei der
Behauptung, V 14a sei eine irreale oder hypothetische[29] Annahme, erscheint der Beweisgang von Paulus selbst relativiert
und damit unwirksam gemacht. Das ὅταν mit der Konjunktiv-
Präsensform ποιῶσιν ist als temporale Partikel einfach mit
"dann, wann, wenn" wiederzugeben, wobei es "nahe an ἐάν heran-
rückt, indem die Zeitangabe zugleich die Bedingung bezeichnet"[30], unter der das im Hauptsatz Gefolgerte zutrifft. Paulus
leitet also mit ὅταν die auch für den Adressaten reale Bedingung für seine Folgerung ein.

Für das Verständnis von γάρ ergeben sich die Möglichkeiten
des begründenden 'denn' und des erklärenden 'nämlich'[31]. Da

---

27  R.Steinmetz, Das Gewissen bei Paulus, S.24.

28  F.Godet, Kommentar zu dem Brief an die Römer, S.145.

29  H.Lietzmann, aaO., S.40.

30  W.Bauer, aaO., Sp.1165.

31  Zu den verschiedenen Möglichkeiten des Verständnisses von γάρ siehe
    W.Bauer, Artikel: γάρ, aaO., Sp.300-302.

V 14 zwar eng an die bisherige Argumentation anschließt,
selbst aber einen neuen Gedankengang einführt und erst V 14b
den Schluß aus V 14a zieht, scheidet das folgernde 'also' für
V 14a aus[32]. Begründet und erklärt werden soll die behauptete
Gleichheit der Juden und Griechen im Hinblick auf den Besitz
des Gesetzes.

Im Laufe der Auslegungsgeschichte mußte sich der Text
immer wieder gegen zwei Mißverständnisse behaupten. Er will
entsprechend dem Skopus von Kap 1 - 3 keineswegs, wie es sich
durch den falschen Rückbezug auf δικαιωθήσονται in V 13b nahelegen könnte, eine Rechtfertigung der Heiden nach Werken aus-
führen. Man schüttet aber das Kind mit dem Bade aus, wenn
man in überspitzter und ad absurdum geführter Apologetik
Paulus überhaupt nichts Positives mehr von Heiden oder an
anderer Stelle von Juden erwarten läßt. Darum muß immer wieder hervorgehoben werden, daß es die Absicht unserer Stelle
ist, den Juden dadurch in seiner Exklusivität zu relativieren,
daß dessen Privilegien auch bei den Heiden aufgewiesen werden. Durch die verschiedenen Intentionen der Kapitel 1 und
2 erklären sich die entgegengesetzten Tendenzen der Aussagen
über die Heiden.

Deshalb sollte man die Behauptung endgültig fallen lassen,
daß mit den ἔθνη hier Heidenchristen[33] und nicht vielmehr
Heiden, also Ungläubige, gemeint seien. Diese seit Augustin
immer wieder vertretene Auffassung hat in der Auseinandersetzung etwa mit dem Pelagianismus oder mit der Natürlichen
Theologie während des Dritten Reiches ihr historisch-syste-
matisches Recht gehabt, läßt sich aber an unserer Stelle
exegetisch nicht halten. Zur gesamten Diskussion kann auf
andere Arbeiten verwiesen werden[34]. Hier sind nur die Haupt-

---

32   Anders E.Käsemann, aaO., S.57, der mit Recht die Bezeichnung 'Exkurs'
     für die Verse 14f ablehnt, dessen Verständnis als 'konkrete Anwendung'
     uns aber unbefriedigend erscheint. Paulus will doch mit 14f die Mög-
     lichkeit der universalen Anwendung von V 11 'beweisen'.

33   So auch wieder C.E.B.Cranfield, The Epistle to the Romans I, S.156f,
     der φύσει mit den vorhergehenden Worten verbindet und in der Wendung
     "Gentiles which do not possess the law by nature" Heidenchristen be-
     zeichnet sieht.

34   Th.Zahn, Der Brief des Paulus an die Römer, S.120-122; G.Bornkamm,
     aaO., S.107-109; G.Eichholz, Die Theologie des Paulus im Umriß, S.
     94-96.

argumente aufzuführen, die das Verständnis der ἔθνη als
Heidenchristen ausschließen. Erstens: Die Beschreibungen
der ἔθνη sprechen eindeutig von Heiden, denn die Umschreibungen ἀνόμως und τὰ μὴ νόμον ἔχοντα sind für Heidenchristen
nicht möglich, da vom Gläubigen gilt: μὴ ὢν ἄνομος θεοῦ ἀλλ'
ἔννομος Χριστοῦ (1.Kor 9,21)[35]. Er soll den νόμος τοῦ Χριστοῦ
erfüllen (Gal 6,2). Zweitens: Paulus gebraucht, wie G.Born-
kamm nachweist[36], den Begriff ἔθνη in den Antithesen Heiden
/ Juden, Heiden / Christen, Heidenchristen / Judenchristen,
aber nirgends in der Alternative Juden / Heidenchristen.
Drittens: Die Formulierung, daß Heidenchristen das Gesetz
φύσει erfüllen, ist für Paulus undenkbar, was sich aus dem
noch zu besprechenden Gebrauch von φύσει bei Paulus ergibt.
Er spricht in diesem Zusammenhang vielmehr vom πνεῦμα
Χριστοῦ.

Nicht zuletzt muß nochmals darauf hingewiesen werden,
daß die πιστεύοντες, abgesehen von den programmatischen
Sätzen Kapitel 1,16.17, erst in Kap 3,21ff zur Sprache kommen und die Pointe ausschließlich darauf beruht, daß Paulus
die Gleichheit von Jude und Heide vor dem Gericht und hinsichtlich der Rechtfertigung Gottes aufzeigen will. Deshalb
kann hier nur der Grieche, der 'Völkermensch', der Heide
gemeint sein. Daß ἔθνη ohne Artikel steht, sollte in der
Koine nicht überbetont werden. Natürlich will Paulus die
Beschreibung der Heidenwelt von Kap 1 hier nicht aufheben
und sagen, daß alle Heiden das Gesetz gänzlich erfüllen, man
darf aber nicht schon wieder abschwächen, daß Paulus von
'nur wenigen'[37], von 'Ausnahmen'[38] spreche. Es geht Paulus
unzweifelhaft rein um die Faktizität des Phänomens, aus dem
er gesichert seine Schlüsse ziehen kann.

Mit τὰ μὴ νόμον ἔχοντα (V 14a) und νόμον μὴ ἔχοντες (V 14b)
umschreibt Paulus wie mit ἀνόμως in V 12 das Spezifikum der

---

35  Darauf weist schon Th.Zahn, aaO., S.122 hin.

36  G.Bornkamm, aaO., S.109.

37  W.Sanday und A.C.Headlam, Critical and Exegetical Commentary on the
    Epistle to the Romans, S.59.

38  So auch E.Käsemann, aaO., S.58.

Heiden in den Augen der Juden. Er greift als selbstverständlich auf, daß die Heiden, da sie nicht zum erwählten Volk
gehören, auch nicht die durch Mose vermittelte, schriftliche
Thora als Bundeszeichen besitzen, was sich mit der Erfahrung
auch völlig zu decken scheint. Diese Auffassung korrigiert[39]
Paulus allerdings in V 14b; bezüglich der Bedeutung der Thora
will er sie sogar widerlegen. Er nimmt diese jedem Juden vertraute Aussage, daß die Heiden das Gesetz nicht haben, betont
und durch den absoluten Kontrast höchst wirkungsvoll in seinen zentralsten Satz auf! Dieser Kontrastierung dient auch
die "nachdrückliche Wiederaufnahme des Subjekts"[40] durch
οὗτοι in V 14b und nicht etwa schon wieder der Relativierung
durch hervorgehobene Beschränkung auf einzelne Fälle[41].

Φύσις ist der erste der vier Begriffe unseres Textes, die
immer wieder zu heftigen Diskussionen über die Abhängigkeit
des Paulus von der Stoa oder den Ideen der Popularphilosophie
Anlaß geben. Eindeutig und sicher läßt sich nur über die
Extreme entscheiden. Wenn C.H.Dodd behauptet, Paulus rede
an unserer Stelle "exactly like a Stoic"[42], ist dies eine
widerlegbare[43] Verkennung des Sachverhaltes. Andererseits
kann die begriffliche Beeinflussung und Übernahme aus der
Popularphilosophie - vor allem durch die Vermittlung der
jüdisch-hellenistischen Synagogenpredigt - nicht grundsätzlich bestritten werden. In unserem Zusammenhang soll keine
definitive Klärung[44] des Problems angestrebt werden, zumal
wir auf die Abhängigkeit des Begriffs 'Syneidesis' von der
Popularphilosophie bereits eingegangen sind.

---

39  E.Käsemann, ebd., im Anschluß an G.Bornkamm, aaO., S.100.

40  B.Weiß, Der Brief an die Römer, S.117.

41  Th.Zahn, aaO., S.123.

42  C.H.Dodd, aaO., S.36; vgl auch W.Kranz, Das Gesetz des Herzens, in:
    Rhein. Museum für Philologie, NF 94,1 (1951), S.223 zu V 14b: "denn
    dies ist ja ein Zitat aus Platonisch-Aristotelischer Sphäre".

43  Entscheidend hat A.Bonhöffer mit seinem Aufsatz, Epiktet und das
    Neue Testament, zur Widerlegung der These einer zusammenhängenden
    Übernahme von Topoi aus der Stoa beigetragen.

44  Es sei hier deshalb verwiesen auf Th.Schneider, Die Quelle des pau-
    linischen Gewissensbegriffes; A.Bonhöffer, aaO.; M.Pohlenz, Paulus
    und die Stoa; E.Käsemann, aaO., S.58-60 einerseits, und andererseits
    vor allem G.Bornkamm, aaO., S.98ff; J.Stelzenberger, Die Beziehungen
    der frühchristlichen Sittenlehre zur Ethik der Stoa, S.206ff.

Es ist möglich, daß Paulus durch das "spezifisch griechische Begriffspaar φύσις / νόμος"[45] angeregt wurde, in V 14a
φύσει zu verwenden. Mit Recht wird aber betont, daß "φύσις
von Paulus außerordentlich farblos gebraucht"[46] wird. Während
bei Paulus der Gebrauch von φύσις als Subjekt in 1.Kor 11,14
und die Wendungen κατά und παρά φύσιν in Röm 1,26 und Röm
11,21.24 "etwas mehr an die Stoa erinnern"[47], gehört die
"allgemein gebräuchliche und verständliche"[48] Dativform φύσει
dem "spezifisch philosophischen Sprachgebrauch"[49] nicht an.
Daß die Wiedergabe nur mit 'ursprünglich', "von Haus aus"
oder "von selbst", "als solche"[50] möglich ist, zeigt sich am
klarsten in Gal 2,15, wo gerade von Juden gesagt wird, daß
sie φύσει Juden seien, was in keinem Fall den philosophischen
Sinn von 'Natur' meinen kann[51], sondern lediglich die natürliche Abstammung bezeichnet. Röm 2,27 (ἡ ἐκ φύσεως ἀκροβυστία) und Gal 4,8 (τοῖς φύσει μὴ οὖσιν θεοῖς, mit der Bedeutung: tatsächlich, in Wirklichkeit), dann auch Eph 2,3
(ἤμεθα τέκνα φύσει ὀργῆς) sind weitere Belege für die nicht
spezifisch philosophische Verwendung des Wortes.

G.Bornkamm sieht allerdings in V 14a mit φύσει schon den
Grund für das Tun der Heiden angegeben: "Nur wenn man ihm
dieses Gewicht zuerkennt und beläßt, vermag der Vordersatz
den erst recht gewichtigen Nachsatz zu tragen"[52]. Der Vordersatz soll aber nach unserer Strukturanalyse einzig und
allein die anerkannte Erfahrungstatsache formulieren, aus
der Paulus im Nachsatz seine Folgerung zieht. Φύσει steht
analog zu ἑαυτοῖς in V 14b als adverbiale Bestimmung zu
ποιῶσιν und dient der weiteren Hervorhebung des τὰ μὴ νόμον

---

45  G.Bornkamm, aaO., S.101.

46  E.Käsemann, aaO., S.59; H.Schlier, aaO., S.77.

47  A.Bonhöffer, aaO., S.149.

48  AaO., S.148.

49  Ebd.

50  E.Käsemann, aaO., S.59, wohl im Anschluß an F.Flückiger, Die Werke
    des Gesetzes bei den Heiden, S.32.

51  Gegen H.Köster, Artikel φύσις κτλ, ThW IX, S.265, der gerade in Röm
    2,27 "ihrem Wesen nach, in ihrer wahren Natur (sic!)" übersetzt.

52  G.Bornkamm, aaO., S.103.

ἔχοντα[53], nicht aber der Begründung des Tuns, die dann in
Konkurrenz zu der Folgerung in V 14b treten würde. Sonst
ließe man Paulus seine Behauptung (V 14b) mit einer weiteren
Hypothese (V 14a) decken. "Die Umschreibung durch 'Naturanla-
ge', 'sittliches Bewußtsein', 'Ordnungsbewußtsein', 'Schöp-
fungsordnung', 'Artgemäßheit', 'Geschöpflichkeit' gibt dem
Wort ein Gewicht, das allenfalls der ganzen Prädikatsbestim-
mung zukommt und teilweise diese noch überschreitet"[54]. Es
muß an der Stringenz und Konzentration dieser Verse auf das
eine Interesse festgehalten werden, das letztlich nur den
Juden an dieser Stelle gilt. Die Intention des Paulus ist
nicht, über die Möglichkeit sittlicher Normen bei den Heiden
systematisch zu reflektieren, sondern die eine Pointe heraus-
zustellen, daß das exklusiv verstandene Unterpfand der Erwählung, das Gesetz, auch bei Heiden vorhanden und damit der
'Ruhm' des Juden 'ausgeschlossen' (Kap 3,27) ist. Deshalb
ist V 14 nach dem bisher Besprochenen etwa so zu übersetzen:
'Wenn nämlich Heiden, die das Gesetz nicht haben, von sich
aus die (Werke) des Gesetzes tun, sind sie, die (ja) das
Gesetz nicht haben, sich selbst Gesetz!'

Die Vertrautheit des Hörers mit dem Ausgangspunkt V 14a
wird dadurch belegt, daß "auch das altjüdische Schrifttum
einigemale von Heiden spricht, die Gottes Gesetz oder einige
Gebote erfüllt haben"[55]. Zwar mußten Anwendung und Intention
des Paulus den jüdischen Hörer völlig befremden, aber die
Grundaussage von V 14b mag ihm bekannt gewesen sein, denn
"dem rabbinischen Judentum war die Vorstellung durchaus geläufig, daß der Wille Gottes den Heiden bekanntgegeben worden
sei, und zwar ... in (den sechs adamitischen und) den sieben
noachitischen Geboten"[56].

---

53  A.Bengel, Gnomon, Novi Testamenti, S.348, bezieht es, wohl analog zu
    Gal 2,15 und Eph 2,3, ganz zu dieser Wendung im Sinne von: 'die das
    Gesetz von Natur nicht haben', was zwar eine Überbewertung des φύσει
    ausschließt, aber wegen der Stellung unwahrscheinlich ist; auf die-
    selbe Zuordnung bei C.E.B.Cranfield, aaO., S.156f wurde bereits hin-
    gewiesen.

54  E.Käsemann, aaO., S.59.

55  H.L.Strack - P.Billerbeck, aaO., S.88, siehe dort auch die Belege S.
    88-91.

56  H.L.Strack - P.Billerbeck, aaO., S.88, mit Belegen; die Ergänzung in
    der Klammer ist von mir hinzugefügt.

Natürlich wird im Judentum die Annahme dieses Wissens der
Heiden sonst nicht zur Argumentation gegen Juden verwandt,
sondern ähnlich wie bei Paulus in Röm 1,19-21.32 und auch
schon in Weisheit Sal 12 und 13 zur Begründung der Unent-
schuldbarkeit der Heiden angeführt[57].

Es ist wohl vorauszusetzen, daß die Argumentation in Röm
2,14f ähnlich wie die anderen angeführten Traditionen unter
dem hellenistischen Einfluß des Motivs der ἄγραφα νόμιμα
steht[58]. Im Unterschied zu Philo unternimmt Paulus aber nicht
den Versuch, eine inhaltliche Identität von Weltgesetz und
Thora zu behaupten. Zwar kann man die Ansätze bei ihm dahingehend logisch verlängern, daß man zu ähnlichen Ergebnissen
kommt; für Paulus ist aber bezeichnend, daß er dieses Motiv
als Grenzsatz in seine Argumentation nur mit der oben ange-
gebenen Intention aufnimmt, ohne über mögliche logische Konsequenzen weiter zu reflektieren und ohne inhaltliche und
weltanschaulich-philosophische Voraussetzungen, etwa den
Zusammenhang von Gottes- und Naturverständnis oder die Konsequenzen für sein Offenbarungsverständnis zu akzeptieren[59].

Unter dieser Voraussetzung kann man die Rezeption hellenistischer Motive bei Paulus - wie ja auch prinzipiell bei
der Diasporasynagoge - nur als eklektisch bezeichnen[60]. In
V 14b schließt Paulus kausal von dem in V 14a beschriebenen
Handeln auf die vorauszusetzende Norm zurück. Denn wie kann
man das Übereinstimmen der Handlungen der Heiden mit den
Folgerungen der Thora, die sie ja nicht besitzen, anders
erklären, als daß sie - entsprechend zur Thora bei den Juden
- "sich selbst Gesetz sind". Da sie die offenbarte und schriftlich überlieferte Thora nicht haben, muß die Forderung des
Gesetzes, die sie mit ihrem Tun 'befolgen', "in ihr Herz geschrieben sein".

Damit stellt sich aber die Frage, in welchem Verhältnis
für Paulus dieses Gesetz zur Thora der Juden steht. Ist es

---

57  AaO., S.89 und S.36ff zu Röm 1,20.

58  M.Pohlenz, aaO., S.76.

59  AaO., S.77.

60  Dagegen wendet sich G.Bornkamm, aaO., S.111.

"qualitativ das gleiche"[61], oder darf man nur von einer
"Analogie" reden[62]? Man muß den möglichen Aspekten differenziert nachgehen, um den verschiedenen Antworten gerecht zu
werden.

Formal gesehen besteht ein Gegensatz, den Paulus in V 14
um seiner Folgerung willen bewußt betont. Die Thora der Juden
ist schriftlich niedergelegt im Pentateuch, während das Gesetz der Heiden weder von jüdischer Tradition abhängig (ἑαυτοῖς V 14b) noch auf Buchrollen schriftlich festgehalten ist
(ἐν ταῖς καρδίαις V 15a), weshalb es verborgen und nur durch
logischen Rückschluß aus den konkreten Taten verifizierbar
ist. Über die Herkunft dieses Gesetzes - entsprechend zur
Gesetzgebung am Sinai - reflektiert Paulus nicht und führt
sie weder wie in Kap 1,20 auf die Schöpfung noch auf die
Zeit Noahs zurück. Auch soll γραπτόν nicht explizit und betont auf das Handeln Gottes verweisen[63], da das Interesse
des Apostels bei dieser Argumentation lediglich auf die Faktizität des Vorhandenseins gerichtet ist.

Inhaltlich gesehen muß eine Übereinstimmung zwischen den
Forderungen der Thora und denen des Gesetzes bei den Heiden
bestehen[64], weil ja von dem der Thora entsprechenden Verhalten auf das eben dasselbe fordernde Gesetz der Heiden zurück-
geschlossen wird. Das Gesetz der Heiden muß also zumindest
in diesen angesprochenen Forderungen mit der Thora selbst
identisch sein. Die Formulierung aber: "Νόμος meint also
das eine und gleiche Gottesgesetz, das Juden und Heiden nur
in verschiedener Weise gegeben ist"[65], ist insofern irreführend, als sie nicht klarstellt, daß Paulus weder die Thora
auf das Sittengesetz beschränkt, das sich bei Heiden findet,
noch andererseits das Gesetz der Heiden inhaltlich mit der
Thora gleichsetzt oder als deren Zusammenfassung sieht, wie
es für das jüdische Patriarchengesetz gilt[66]. An der inhalt-

---

61  H.Ridderbos, Paulus, S.83; G.Bornkamm, aaO., S.101.

62  E.Käsemann, aaO., S.60; mit O.Michel, aaO., S.82.

63  Gegen A.Schlatter, aaO., S.91 und Th.Zahn, aaO., S.124.

64  Darauf hebt vor allem G.Bornkamm, aaO., S.101 ab.

65  Ebd.

66  Mit E.Käsemann, aaO., S.59.60; gegen O.Michel, aaO., S.79: "Vielleicht

lichen Bestimmung des heidnischen Gesetzes ist Paulus wiederum
nur soweit interessiert, als es zum Nachweis des faktischen
Vorhandenseins dieses Gesetzes notwendig ist.

Sein ganzes Interesse gilt dem funktionalen Aspekt des
Gesetzes - und damit geht er von der speziellen Bedeutung
der Thora aus! Die Funktion des Gesetzes, die er im Auge hat,
ist in diesen Versen nicht das Behaften bei der Verantwortlichkeit, um "den Menschen auf das unbedingt Verpflichtende zu
stellen"[67], was viele Exegeten von dem Kontext Kap 2,1-14 und
vor allem von V 16 her annehmen[68]; denn das Wissen um Gottes
Norm als Grundlage für ihre Verurteilung führt Paulus für die
Heiden in Kap 1 an, für die Juden in entsprechender Weise
in Kap 2,1-13 und Kap 2,17 - 3,20. Hier aber knüpft er an das
jüdische positive Verständnis der Thora als Bundeszeichen und
Ausdruck der Erwählung an. Um selbstsichere Juden in ihrem
'Rühmen' zu relativieren und für die universale Offenbarung
der Gerechtigkeit Gottes offen zu machen, behauptet Paulus
nicht nur vorsichtig eine Analogie zwischen dem Gesetz der
Heiden und der Thora der Juden, sondern identifiziert sie
sogar in Hinsicht auf ihre Funktion als Unterpfand der Erwählung.

In Kap 2,14 dominiert das Moment des Relativierens des
Juden in seinem Thoraverständnis, da Paulus hier von dem Gesetz ausgeht, das er bei den Heiden wohl grundsätzlich annimmt,
wenn er es auch nur an denen nachweisen kann, die die Forderungen der Thora teilweise erfüllen.

In der nächsten Argumentationsrunde, Kap 2,17-29, wird dagegen das Moment der Aufwertung des Heiden, das die Aufspren-
gung des jüdischen Verständnisses von der exklusiven Erwählung
zur universalen Offenheit der Gerechtigkeit Gottes hin bewir-
ken soll, herausgestellt. So spricht Paulus in Kap 2,26f von
der Beschneidung, die dem Heiden, sofern er das Gesetz hält,
'zugerechnet' wird, während er in V 14 von Heiden redet, die

---

setzt Paulus stillschweigend voraus, daß das mosaische Gesetz auf
einen Kern reduziert werden kann"; schon M.Luther, Vorlesung über
den Römerbrief, S.113, definiert den Inhalt des Gesetzes an unserer
Stelle unbegründbar als das Liebesgebot; mit ihm O.Kuß, Der Römerbrief, S.75, mit dem Dekalog als Kern.

67  E.Käsemann, aaO., S.60.

68  Ebd.; G.Eichholz, aaO., S.92, u.a.

zwar immer wieder, aber nicht prinzipiell und ständig die
im Gesetz geforderten Werke tun, um damit ein anerkanntes
Phänomen (ὅταν) für seine Beweisführung aufzugreifen. Die
Gleichsetzung dieser Heiden mit den ποιηταὶ νόμου von V 13b
wird in V 14 allerdings noch nicht vollzogen. Erst bei der
Argumentation von V 26.27 geht er einen Schritt weiter und
nimmt einen Fall an (ἐάν), in dem ein Heide zum ποιητής wird.
Von ihm sagt er dann entsprechend zum δικαιωθήσονται in V 13:
ἡ ἀκροβυστία αὐτοῦ εἰς περιτομὴν λογισθήσεται. In Kap 2,14f
aber hebt Paulus darauf ab, daß das Gesetz auch bei den Heiden
zu finden ist und deshalb ein Berufen auf Besitz und Kenntnis der Thora nicht das im Gericht ausschlaggebende Privileg
der Juden sein kann. Damit bleibt also der Grundsatz in V 13
für Juden und Heiden in gleichem Maße gültig.

   In V 14a ist zu τὰ τοῦ νόμου, entsprechend zu V 15a, ἔργα
zu ergänzen, was sowenig als Einschränkung und Abschwächung
von ὁ νόμος verstanden werden soll wie das artikellose ἑαυτοῖς εἰσιν νόμος in V 14b[69]. Mit τὸ ἔργον τοῦ νόμου meint
Paulus entsprechend zu der Bedeutung der hebräischen 'miṣwā /
miṣwōt', die 'Forderungen' des Gesetzes[70], nicht das 'Gesetzes-
werk' im Sinne von corpus iuris oder im Sinne von 'Funktion
des Gesetzes', wie sie etwa in Röm 3,20; 7,7ff beschrieben
ist. Die Formulierungen legen sich insofern nahe, als Paulus
auf die 'Forderungen' des Gesetzes von den diesen gemäßen
'Erfüllungen' bei den Heiden zurückschließt. Die Wiedergabe
des ἔργον mit 'Tat', 'Werk' ist schon deshalb unzutreffend,
weil nicht das Werk, sondern nur die das Werk fordernden Weisungen ins Herz geschrieben sein können.

   Auffälligerweise begründet Paulus in V 15a das Wissen um
die Gesetzesforderung nicht im griechischen Sinne durch den
ἄγραφος νόμος, sondern im jüdischen Sinne durch das γραπτὸν
ἐν ταῖς καρδίαις. Daraus wird oft geschlossen, daß Paulus
entweder bewußt die Verheißung aus Jer 38,31 LXX anführt oder
zumindest seine Formulierung von dort entlehnt, wenn es auch
auf den Gedanken nicht zutrifft[71]. Das läßt sich, was die rei-

---

69   Gegen A.Nygren, Der Römerbrief, S.94; mit G.Bornkamm, aaO., S.106.
70   H.L.Strack - P.Billerbeck, aaO., S.88.161.

ne Formulierung angeht, freilich kaum noch entscheiden, da
man auch das jüdische Verständnis des prinzipiellen Nieder-
geschriebenseins des Gesetzes - sei es im Himmel, in der Thora
oder eben in den Herzen - als gemeinsame Voraussetzung beider
Stellen durchaus annehmen kann. Ausschlaggebend ist aber, daß
Paulus mit den ins Herz geschriebenen Forderungen des Gesetzes
weder im Sinne der griechischen ἄγραφα νόμιμα noch im Sinne
der eschatologischen Verheißung aus Jer 38,31 LXX eine inhaltliche oder funktionale Vorrangigkeit oder qualitative Steigerung gegenüber der Thora behaupten will. Im Gegenteil, für
ihn steht der Vorteil und das Vorrecht der Offenbarung der
Thora prinzipiell fest, wie er in Kap 3,1.2 selbst formuliert.
Beide, Beschneidung und Gesetz, nützen dem Juden aber nur, solange er das Gesetz erfüllt (Kap 3,25). So steht das ἐν ταῖς
καρδίαις lediglich für die Verborgenheit des Gesetzes der Heiden im Gegensatz zur Sichtbarkeit der Thora und nicht im Sinne
der Jeremiastelle für die Erfüllbarkeit und Unmittelbarkeit
des neuen Gesetzes. Selbst die Erklärung, "'Ins Herz geschrieben' ist der stärkste Ausdruck für die Unausweichlichkeit göttlicher Forderung"[72], geht deshalb schon zu weit.

Bei der Strukturanalyse der Verse 14.15 haben wir oben festgestellt, daß V 15a die Aussage von V 14b durch die ausdrückliche Bezeichnung der Erfahrungstatsache von V 14a als 'Beweis' und durch die Wiederholung der Folgerung in V 14b mit
anderen Begriffen bestätigt und vertieft. Eingeleitet wird
V 15 durch das betonte, demonstrative οἵτινες, das wieder
kontrastierend auf das νόμον μὴ ἔχοντες zu beziehen ist[73].

Das Prädikat ἐνδείκνυνται erinnert an die gerichtliche
Verhandlung[74], ist also zusammen mit συμμαρτυρούσης in V 15b
forensisch zu verstehen. Keinesfalls ist aber damit die "tech-
nische Formel für die A n z e i g e , auf Grund deren der Richter

---

71  In verschiedenen Nuancen: H.Ridderbos, aaO., S.83; A.Schlatter, aaO.,
    S.91; A.Nygren, aaO., S.94; J.Stelzenberger, Syneidesis im NT, S.79,
    Anm. 175, u.a.

72  O.Michel, aaO., S.80.

73  Es sollte auch hier nicht relativierend bezogen werden: sofern sie tun
    oder "sofern sie ... erweisen", B.Weiß, aaO., S.117.

74  A.Schlatter, aaO., S.92; E.Käsemann, aaO., S.60.

handelt"[75], gemeint. Ἐνδείκνυμι mit doppeltem Akkusativ kann
hier nur bedeuten: 'etwas beweisen, erweisen als'. Als Subjekt kommen natürlich nur die Heiden in Frage, was durch den
Zusammenhang von V 14 und durch das ausdrückliche οἵτινες
erwiesen ist.

Ἐνδείκνυνται kann nicht auf die folgenden Partizipien
bezogen werden, da es sich bei dem 'augenfälligen Beweis'
nicht um innere Vorgänge der Heiden handeln kann und συμμαρτυρούσης (V 15b) einen Beweis voraussetzt, zu dem es hin-
zutritt[76]. Dieser Beweis, den die Heiden durch ihr faktisches
Tun erbringen, wird von Paulus in Hinsicht auf die Juden angeführt, die er bei seiner gesamten Argumentation im 2.Kapitel
als Gesprächspartner im Auge hat: σὺ Ἰουδαῖος ἐπονομάζῃ ...
(2,17).

Diese stringente Gedankenfolge des Abschnitts wird aber völlig verdeckt, wenn man versucht, V 16 direkt an V 15 anknüpfen
zu lassen. Dazu muß man die forensischen Vokabeln von V 15 auf
das eschatologische Gericht Gottes beziehen und ἐνδείκνυνται
als futurisches Präsens mit dem eschatologischen ἐν ἡμέρᾳ ὅτε
in V 16 verbinden[77]. Die erste der sich daraus ergebenden Ver-
ständnismöglichkeiten verkennt völlig die Intention der beiden Verse 14 und 15, die nicht den jüdischen Hörer in Hinblick auf das eschatologische Gericht über die Heiden auf-
klären, sondern zu seiner eigenen Schulderkenntnis beitragen
wollen. So schreibt A.Schlatter: "Das Werk des Gesetzes, das
in sie hineingeschrieben wurde, weisen sie dann nach, wenn
Gott sie richtet. An jenem Tag wird sichtbar, was in den
Herzen war"[78]. Damit verbunden muß man dann zur Angabe der
Intention oder des "Zweckes" dieser Sätze mit H.Lietzmann
antworten: "Die Heiden zeugen also gegen sich, und das Ver-
dammungsurteil über die ἀνόμως ἁμαρτόντες V 12 besteht zu
Recht"[79]. Er gibt selbst Kap 1,20 als Verweis an, in dessen

---

75  A.Schlatter, aaO.; Hervorhebung vom Verfasser.

76  Im Anschluß an Th.Zahn, aaO., S.124.

77  So zuletzt C.E.B.Cranfield, aaO., S.162; U.Wilckens, Der Brief an
    die Römer I, S.135.

78  A.Schlatter, aaO., S.92.

79  H.Lietzmann, aaO., S.41.

Zusammenhang diese Gedanken auch allein gehören, denn in Kap
2,14.15 soll allein 'das Gesetz' bei den Heiden bewiesen werden und nicht deren Schuld.

Erkennt man die Bedeutung der Tatsache, daß die Heiden
Subjekt von ἐνδείκνυνται sind und daß der Beweis zur Überzeugung des jüdischen Gesprächspartners angeführt wird, bleibt
zur Beibehaltung des futurischen Verständnisses dieses Verses
nur noch die eine Möglichkeit, Paulus in V 16 seine Beweisführung selbst relativieren zu lassen: Paulus ist sich bewußt, "in den vorangegangenen Versen 12-15 eine kühne und
anstößige Aussage gemacht zu haben, die den Widerspruch des
Judentums hervorrufen muß. Er kann in dieser Auseinandersetzung sich nur auf die eschatologische Herausstellung der Wahrheit berufen, und er tut es in einer feierlichen, autorita-
tiven Aussage"[80]. Wie kann man aber eine Behauptung mit einem
Beweis stützen wollen, der erst im eschatologischen Gericht
angetreten werden soll? Wirkt dann die "feierliche, autoritative Aussage" nicht wie eine komische Verlegenheit?

Deshalb ist das ἐνδείκνυνται nicht auf das eschatologische
Gericht, sondern präsentisch auf die Aussage des Paulus gegenüber Juden zu beziehen, in der er die Heiden in ihrem Tun
als Beweis anführt. Diese Beweisführung ist aber mit den in
V 15b hinzutretenden Zeugen wegen deren allgemeiner Bekannt-
heit durchaus schlüssig und darf keinesfalls durch eschatologischen Bezug relativiert werden.

Bisher haben wir vorausgesetzt, daß in V 15b und V 15c
zwei weitere Phänomene explizit als 'Zeugen' von Paulus angeführt werden, um zusammen mit dem 'Tatbeweis' der Heiden in
V 14a die Behauptung von V 14b, die Heiden seien sich selbst
Gesetz, zu stützen. Dieses Verständnis ist allerdings nicht
unangefochten, weshalb eine genauere Untersuchung notwendig
ist.

Die ursprüngliche Bedeutung des Verbs συμμαρτυρεῖν ist
"'mitbezeugen', als Zeuge neben einem oder mehreren Zeugen
etwas bezeugen oder bestätigen"[81]. Im weiteren Sinne kann es
auch als "'bestätigen', und zwar eines anderen Aussage welcher

---

80  O.Michel, aaO., S.84.
81  H.Strathmann, ThW IV, S.515, Artikel: ἐπιμαρτυρέω κτλ;

Art immer (Behauptungen über Tatsachen, Ansichten) oder (mit
dem Dativ) als 'beistimmen'"[82] verstanden werden. Relevant
für unsere Stelle ist, daß in der Profangräzität das Kompositum συμμαρτυρεῖν nie wie μαρτυρεῖν von der bloßen 'autori-
tativen Bekundung' und der 'grundlegenden, ersten Bezeugung',
sondern stets von der 'Bestätigung' steht[83].

Im Neuen Testament gebraucht nur Paulus das Kompositum,
und zwar außer an unserer Stelle noch in Röm 8,16 und Röm
9,1. In Verbindung mit dem forensischen Begriff ἐνδείκνυμι
kommt in Röm 2,15 die ursprüngliche Bedeutung 'mitbezeugen'
durchaus in Frage, ohne daß mit der allgemeineren Wiedergabe
durch 'bestätigen' sich inhaltlich etwas ändern würde. Problematisch ist nur der Bezug des Partizips: Wem wird bezeugt,
oder wem wird beigestimmt? Das müßte mit dem Dativobjekt angegeben sein wie in Röm 8,16 durch 'τῷ πνεύματι ἡμῶν' und
in Röm 9,1 durch 'μοι'; es sei denn, es wäre an eine allgemeine, objektive und nicht nur beschränkt adressierte Bezeugung gedacht. An unserer Stelle wird jedoch weder für das
Partizip in V 15b noch für das Prädikat in V 15a ein Adressat
angegeben. In beiden Fällen hat Paulus eindeutig die Juden im
Auge, die er auf Beweis und Zeugnisse aufmerksam macht. Er
argumentiert objektivierend, indem er die Heiden in ihrem
Handeln zum Subjekt der Bestätigung seiner Behauptung macht.
Daran ist vor allem entgegen dem Versuch festzuhalten, unter
der Hand zu αὐτῶν auch noch als Dativ-Objekt αὐτοῖς hinzuzu-
denken, was gerade nicht gesetzt ist. Die Syneidesis bezeugt
hier nicht dem Heiden selbst, sonst wäre ein zusätzliches
αὐτοῖς unentbehrlich. Damit ist die Annahme einer direkten
Parallelität von Röm 2,15 und Röm 9,1 nur beschränkt haltbar. In Röm 2,15 wird nicht wie in Röm 9,1 die Funktion der
Syneidesis als Bezeugen oder Bestätigen beschrieben, sondern
das Vorhandensein des Phänomens 'Syneidesis' bei den Heiden
als zusätzliche Bestätigung im Beweisgang von Paulus angeführt.

---

82  Ebd.

83  H.Cremers Biblisch-Theologisches Wörterbuch des neutestamentlichen
    Griechisch, bearbeitet von J.Kögel, 1923, S.720f; vgl. dort auch die
    Belege.

Daneben ist bei συμμαρτυρεῖν ausdrücklich die Frage zu
stellen: Welche Behauptung oder Ansicht wird bestätigt und
mitbezeugt? Das könnte durch einen mit ὅτι eingeleiteten
Folgesatz angegeben sein, falls es sich nicht aus dem Zusammenhang von selbst ergibt, also die im Raum stehende Behauptung bestätigt werden soll. So wird z.B. in Röm 8,16 in dem
folgenden ὅτι-Satz inhaltlich angegeben, was der Geist Gottes
unserem Geist bezeugt. In Kap 2,15b fehlt aber auch der ὅτι-
Satz, so daß nur die Bestätigung der von Paulus aufgestellten
Behauptung, daß die Heiden 'sich selbst Gesetz sind' und 'die
Forderungen des Gesetzes in ihre Herzen geschrieben' sind, gemeint sein kann. Die Ursprünglichkeit des Kompositiums bleibt
hier jedenfalls gewahrt, da sich die Bedeutung 'zeugen' durch
das 'Beweisen' in V 15a nahelegt und die Vorsilbe συν- insofern zur Geltung kommt, als das Zeugnis zusätzlich neben den
Beweis tritt.

Obwohl das eben beschriebene Verständnis heute meist vor-
herrscht[84], werden auch immer wieder zwei weitere Bezugs-
möglichkeiten vertreten. Bei ersterer wird davon ausgegangen, daß als direktes Objekt der 'νόμος' und als indirektes
die Heiden zu verstehen sind. So schreibt C.K.Barrett: "All
that Paul says is that the conscience bears witness with -
he does not say with what. It suits his argument if we think
of the conscience bearing witness with the divine law whose
imprint it is"[85]. "Das Gewissen (vertritt) die Forderung des
Gesetzes. Was es bezeugt, ist τὰ τοῦ νόμου"[86]. Es wird also
die Syneidesis als "der zweite mit dem Gesetz zusammenstim-
mende Zeuge für den göttlichen Willen"[87] gedacht. So sagt
auch R.Seeberg: "Das in die Herzen eingeschriebene Gesetz
Gottes wird immer wieder mitbezeugt von dem menschlichen
Bewußtsein"[88]. Weiter kann dann noch gefolgert werden: "Den
Heiden ist das Gewissen Ersatz für das jüdische Gesetz"[89].

---

84  Schon M.Kähler, Das Gewissen, S.229f; H.Cremer, aaO., S.721; B.Weiß,
    aaO., S.116; Th.Zahn, aaO., S.126; H.Lietzmann, aaO., S.40; A.Nygren,
    aaO., S.95; H.W.Schmidt, aaO., S.95; O.Michel, aaO., S.83; E.Käse-
    mann, aaO., S.57.61.

85  C.K.Barrett, aaO., S.53.

86  U.Wilckens, aaO., S.137.

87  Referiert bei A.Schlatter, aaO., S.94.

Dagegen muß nochmals erwidert werden: Erstens sind die
Heiden nicht als Dativ-Objekt angegeben und kommen deshalb
als Adressaten des Zeugnisses nicht in Frage[90]. Zweitens
wird im Unterschied zu Röm 9,1 mit συμμαρτυρούσης nicht die
Tätigkeit der Syneidesis als 'bezeugen' oder 'bestätigen'
beschreiben, sondern davon gesprochen, daß das Vorhandensein
des Phänomens 'Syneidesis bei den Heiden' die Behauptung
des Paulus, daß auch die Heiden das Gesetz haben, stützt
und bestätigt. Drittens kann sich συμμαρτυρούσης auch nicht
auf den Inhalt des Gesetzes, der dem Heiden bezeugt wird,
beziehen, weil, wie es sich durch den Textzusammenhang ergibt, allein die im Raum stehende These τὸ ἔργον τοῦ νόμου
γραπτὸν ἐν ταῖς καρδίαις 'mitbezeugt' oder 'bestätigt' werden soll. Die Auffassung, daß der göttliche Wille dem Gesetz
vorgeordnet ist und daß dafür die Syneidesis neben dem Gesetz als zweiter Zeuge zu stehen kommt, ist unakzeptabel.
Andernfalls käme man nicht umhin, das zu Recht gesetzte Kompositum des Verbs als Simplex zu behandeln. So führt E.
Jüngel aus: "Es ist zu beachten, daß Paulus das Gewissen in
Röm 2,15 als Zeugen durch dasselbe Wort einführt wie in Röm
3,21 'Gesetz und Propheten' als Zeugen für die Gottesgerech-
tigkeit"[91]. In Röm 3,21 handelt es sich aber gerade um das
Simplex μαρτυρεῖν. Deshalb ist auch E.Jüngels Folgerung:
"Das Gesetz bei den Heiden (hat) das Gewissen als Zeugen auf
seiner Seite, während es bei den Juden die Thora als Zeugen
auf seiner Seite hat"[92], zu korrigieren. Die Entsprechung
besteht nicht zwischen Thora und Syneidesis der Heiden, sondern zwischen Thora und τὸ ἔργον τοῦ νόμου γραπτὸν ἐν ταῖς
καρδίαις. Sonst würde die Syneidesis unpaulinisch in unmit-
telbarem Bezug zu Gott als Offenbarungs- und Normenträger
verstanden, indem sie das Pendant zur Thora darstellte. Läßt

---

88   R.Seeberg, Artikel: 'Gewissen', RGG[2], Sp.1165.

89   J.de Fraine, Artikel: 'Gewissen', Bibel-Lexikon, hrsg. v. H.Haag,
     S.584.

90   Darauf weist schon M.Kähler, aaO., S.229 hin.

91   E.Jüngel, aaO., S.28, Anm.2.

92   Ebd.

man aber das Phänomen der Syneidesis bei den Heiden neben
den Tatbeweis als Zeuge für das Vorhandensein des Gesetzes
treten, so bedeutet das: Sowenig die Taten als Befolgung
des Gesetzes für Paulus logisch ohne eine vorauszusetzende
Norm zu erklären sind, sowenig läßt sich auch das allgemein
bekannte Phänomen der Syneidesis bei den Heiden in ihrer
Funktion ohne eine vorauszusetzende Norm denken. Insofern
ist das Vorhandensein der Syneidesis eine 'Bestätigung' und
ein 'Mitzeuge' des logisch vorauszusetzenden Gesetzes. Dabei
kann die Syneidesis sowenig wie die Taten mit dem Gesetz,
der Wertnorm und der diese vertretenden Instanz im Menschen
gleichgesetzt werden, da sie sich sonst nicht als Beweis
für das 'Gesetz im Herzen' anführen ließe. Andererseits muß
aber auch die Syneidesis, entsprechend der Taten, in einer
Beziehung zum Gesetz stehen, da sonst der Rückschluß von der
Syneidesis auf den νόμος ausgeschlossen wäre.

Damit sind für das Verständnis der Syneidesis bei Paulus
entscheidende Weichen gestellt: Die Syneidesis darf nicht
als selbständiger Offenbarungs- und Normenträger verstanden,
aber auch nicht unabhängig vom Gesetz gedacht werden. In
Röm 2,15 ist das Normenbewußtsein bzw. dessen vertretende
Instanz mit der Syneidesis nicht identisch, sondern stellt
deren logische Voraussetzung dar, andernfalls würde die
Argumentation, daß die Syneidesis das Vorhandensein der
Norm bestätigt, zu einer logischen Tautologie zerfallen.

Wenn auch die meisten Exegeten daran festhalten, daß die
Rückbeziehung von συμμαρτυρούσης auf den Inhalt des Gesetzes
nicht in Frage kommt, bleibt für manche von ihnen noch die
Möglichkeit, συμμαρτυρούσης in Entsprechung zu Röm 9,1 doch
auf die Heiden zu beziehen. Das würde bedeuten, daß nicht,
wie wir oben sagten, das Vorhandensein des Phänomens 'Syneidesis' an sich als Bestätigung einer Behauptung diente, sondern daß die Syneidesis sich aktiv im 'Bezeugen' und 'Beipflichten' äußerte, was nach Röm 9,1 tatsächlich ihre Aufgabe und Tätigkeit sein kann. So sieht der junge M.Luther
im Tun des Gesetzes den Beweis für andere und im Gewissen
den Beweis jeweils für den Menschen selbst: "Per quid osten-
dunt? Primo aliis per hoc, quod faciunt ea, que legis sunt.
Secundo etiam sibi nunc et iudicio cunctis per hoc, quod
conscientia eorum testificatur eis de se ipsis"[93]. Sinnvoll

erscheint aber dieser Bezug erst da, wo man auch den zweiten
Schritt tut und den Vers eschatologisch interpretiert, denn
was sollte sonst das Gewissenszeugnis für die Heiden in diesem Zusammenhang bezwecken? Damit läßt sich aber die Stelle
wiederum nur so interpretieren, "daß der Mensch um das, was
von ihm gefordert war, wußte, so daß er sich im eschatologischen Gericht nicht damit entschuldigen kann, daß er nicht
wußte, was er zu tun hatte"[94].

Damit zeigt sich wieder aufs neue, daß weder das Argumen-
tationsforum des Paulus in V 14f mit der eschatologischen
Situation von V 6-13.16 vermischt werden darf noch die Heiden als Mittelpunkt des Ganzen oder auch nur speziell als
Adressaten des 'Zeugnisses' der Syneidesis zu betrachten
sind, da sonst Gefälle und Skopus von V 14f verdeckt werden.

Bisher haben wir geklärt, daß V 15 zu dem in V 14 eröff-
neten Argumentationsgang gehört. Paulus formuliert hier
erneut die These, um die es ihm bei der Relativierung des
jüdischen Privilegdenkens geht: Auch Heiden haben die 'Forderungen des Gesetzes' - jedoch 'in ihr Herz geschrieben'.
Der Beweis liegt in ihren Taten, die sich als 'Befolgung'
nur auf Grund einer vorhandenen, mit der Gesetzesforderung
identischen Norm erklären lassen. Dieselbe Tatsache, nämlich
daß die Heiden das Gesetz haben, findet neben dem Beweis
durch die Taten noch eine weitere 'Bestätigung', einen 'Mit-
zeugen' in dem Phänomen 'Syneidesis', das in seiner Funktion
ohne die vorauszusetzende Norm, d.h. 'ihr Gesetz', nicht zu
begreifen wäre.

Paulus führt also für seine zweifach artikulierte These
einen Beweis und ein Zeugnis an. Wie ist aber in die so dar-
gestellte Argumentation der Versteil 15c einzuordnen? Sind
die beiden Partizipien κατηγορούντων ἢ καὶ ἀπολογουμένων
prädikativ zu verstehen und dem Versteil 15b zu subordinieren,
so daß es sich in V 15c um eine mit epexegetischem καὶ an-
geschlossene Explikation von V 15b handelt? Das ergäbe die

---

93  M.Luther, zur Stelle, aaO., S.113.

94  G.Eichholz, aaO., S.92, der betont, daß Paulus hier die Juden und
    nicht die Heiden im Auge hat, um der Beziehung zu V 16 willen dann
    aber leider doch den Akzent auf die Heiden und ihr Gericht verschiebt.

Übersetzung: '... Mitzeuge dafür ist ihr Gewissen, indem sich
ihre Gedanken untereinander verklagen und entschuldigen'. In
diesem Fall würde in V 15c die Funktion des Gewissens umschrieben[95] und der Begriff 'Syneidesis' erläutert[96].

Obwohl diese Zuordnung von V 15c als Explikation oft vertreten wird[97], findet sich keine Begründung dafür, außer der
einen, Paulus habe den Begriff 'Syneidesis' hier so unvermittelt eingeführt, daß er für die Römer eine nähere Umschreibung hinzufügen müsse[98].

Dagegen spricht erstens, daß Paulus den Begriff 'Syneidesis' an den anderen Belegstellen durchaus als bekannt voraussetzt und dort zudem mit einem anderen Inhalt füllt. Zweitens
geht es Paulus in Kap 2,15 nicht um die Sicherstellung des
Consensus in Bezug auf die inhaltliche Bestimmung des Begriffes, vielmehr ist im Zusammenhang der Argumentation allein
die Faktizität des Phänomens als Bestätigung für seine Behauptung ausschlaggebend, und die ist offensichtlich nicht
bestritten. Warum sollte dann Paulus die Stringenz seiner
Argumentation durch die für die Beweisführung überflüssige
inhaltliche Bestimmung seines Gewissensbegriffs stören?

Gegen die Subordinierung von V 15c als Explikation der
Syneidesis spricht jedoch vor allem ein dritter Einwand.
Sie ist deshalb fraglich, weil die Konjunktion καί, der Skopus des Abschnitts und auch die Wortstellung eine andere Zuordnung nahelegen. Die Annahme, daß Paulus in V 15c die Syneidesis beschreibt, legt sich nur vom Vorverständnis unseres
Gewissensbegriffes her nahe.

Deshalb wird von anderen Auslegern V 15c mit V 15b koordiniert. Das καί verbindet dabei zwei absolute Genitive in
chiastischer Stellung, und die Partizipien in V 15c werden
ebenfalls prädikativ verstanden[99]. Die Übersetzung lautet

---

95  J.Stelzenberger, aaO., S.79.

96  R.Bultmann, aaO., S.217; vgl. C.E.B.Cranfield, Romans I, S.162.

97  Th.Zahn, aaO., S.126; H.W.Schmidt, aaO., S.48; M.Luther, aaO., S.113;
    C.K.Barrett, aaO., S.53; R.Bultmann, aaO., S.217; H.Ridderbos, aaO.,
    S.202; C.H.Maurer, Artikel: συνείδησις, ThW VII, S.915; J.Stelzen-
    berger, aaO., S.79.

98  G.Bornkamm, aaO., S.111; dagegen auch U.Wilckens, aaO., S.136.

99  G.Eichholz, aaO., S.86; R.Jewett, Paul's Anthropological Terms, S.
    443; H.Schlier, aaO., S.76.

dann: "..., wobei ihr Gewissen Zeugnis ablegt und ihre Gedanken einander verklagen oder auch verteidigen"[100]. Dieses
Verständnis setzt aber wiederum voraus, daß in V 15b von der
Tätigkeit der Syneidesis als 'Bezeugen' die Rede ist und nicht,
wie wir oben sagten, vom Phänomen 'Syneidesis', das Paulus in
seiner Argumentation als 'Bestätigung' dient. So könnte man
dann in V 15c die Tätigkeit der Gedanken beschrieben finden.
Schwierig wird allerdings die sinnvolle Einordnung in den
Argumentationszusammenhang. Wozu führt Paulus die Gedanken
auf, wenn nicht als weitere Bestätigung des Gesagten? Das
aber entspricht schon der letzten Zuordnungsmöglichkeit von
V 15c.

Derzufolge wird V 15c zwar wieder mit V 15b koordiniert,
aber neben συνείδησις auch von dem Partizip συμμαρτυρούσης
abhängig gesehen, so daß die Partizipien in V 15c attributiv
verstanden werden[101]. Das ergibt dann die Übersetzung: '...
Mitzeuge dafür sind ihr Gewissen und die Gedanken, die sich
untereinander verklagen und entschuldigen'. Damit wird in V
15c neben dem Phänomen 'Syneidesis' mit den widerstreitenden
Gedanken der Heiden eine weitere Bestätigung für das Vorhandensein des Gesetzes bei den Heiden angegeben. Wie wäre sonst
dieser innere Widerstreit zu erklären, wenn nicht auch hier
wieder durch die vorauszusetzende Norm, die die Forderung
und Anklage in den Gedanken erst möglich macht? Man weist
gerne auf die Bedeutung der damit gegebenen Dreizahl der
Zeugen hin, die dem Zeugenrecht des Alten Testamentes ent-
spreche (Dt 17,6; 19,15)[102]. Ob Paulus wie in 2.Kor 13,1 diese
Regel im Auge hat oder unabhängig davon wie auch sonst häufig
in seiner Argumentation die Dreizahl wählt, läßt sich nicht
mehr feststellen. Der Gedankengang ist aber auf jeden Fall
deutlich. Ob man nun die inhaltlich sinnvollere dritte Möglichkeit wählt oder wegen der grammatischen Spannung, die sich
zwischen dem Plural Syneidesis und Gedanken und der Singular-

---

100  G.Eichholz, aaO.

101  So P.Althaus, aaO., S.22; B.Weiß, aaO., S.119; Th.Schneider, Der
     paulinische Begriff des Gewissens, S.193; R.Steinmetz, aaO., S.24;
     W.Gutbrod, Die paulinische Anthropologie, S.55f; G.Bornkamm, aaO.,
     S.99; U.Wilckens, aaO., S.131.136.

form von συμμαρτυρούσης ergibt, die Koordination der zweiten
Möglichkeit vorzieht, es bleibt dabei entscheidend gleich,
daß mit den sich widerstreitenden Gedanken neben dem Gewissen
ein Zusätzliches in die Argumentation eingeführt wird, d.h.
daß die Gedanken also gerade nicht mit der Syneidesis identisch
sind. Bei der Definition von Syneidesis muß vielmehr darauf
geachtet werden, daß Paulus diese λογισμοί in V 15c neben dem
Gewissen in V 15b als weitere und damit nicht identische Bestätigung anführt.

Die betonte Stellung von μεταξὺ ἀλλήλων erklärt sich ähnlich wie die Betonung von οἵτινες und αὐτῶν und soll nicht
antithetisch[103] zu der Innerlichkeit der Aussage von V 15ab
den zwischenmenschlichen Bereich ansprechen[104]. Gerade weil
Paulus die Syneidesis nicht mit den Gedanken, die sich verklagen und entschuldigen, gleichsetzt, ist auch unabhängig
von dem Verständnis der Gedanken als zwischenmenschlichen in
V 15c ein Gedankenfortschritt gegeben[105]. Er meint jedenfalls
die Gedanken der einzelnen über sich selbst, wie sollte
sonst das ἀπολογουμένων im zwischenmenschlichen Bereich erklärt werden?

Auch bei der Wiedergabe des ἢ καί mit 'oder auch' ist die
gelegentlich vorgenommene Bestimmung der Anklage als des Ge-
wöhnlichen und der Verteidigung als der Ausnahme wohl über-
zogen[106]. Entsprechend ist auch bei λογισμῶν nicht an die
Diskussion und die Urteile, die man gegenseitig übereinander
äußert[107], gedacht, wofür hier sonst διαλογισμῶν stünde[108].

Für uns steht fest: Paulus gibt zur Bestätigung seiner
These - neben dem Tatbeweis und der Syneidesis als Zeugen -

---

102  H.Lietzmann, aaO., S.41.

103  Gegen B.Weiß, aaO., S.119.

104  Gegen A.Schlatter, aaO., S.93; W.Sanday, aaO., S.61; P.Althaus, aaO.,
     S.22; Th.Schneider, aaO., S.193.

105  R.Steinmetz, aaO., S.25, begründet mit dem Gedankenfortschritt die
     Annahme, daß μεταξὺ ἀλλήλων zwischenmenschlich verstanden werden muß.

106  Th.Zahn, aaO., S.127; B.Weiß, aaO., S.119.

107  Gegen W.Gutbrod, aaO., S.56; P.Althaus, aaO., S.22.

108  G.Bornkamm, aaO., S.111; diese Lesart findet sich lediglich bei
     G (012).

ein weiteres Phänomen an, nämlich, daß es auch bei Heiden
durch ihre eigenen Gedanken zur Selbstanklage und Verteidigung kommt, was sich ohne die in ihnen vorhandene Norm ebenfalls nicht erklären ließe. Die anklagenden und verteidigenden
Gedanken sind also wie die Syneidesis nur unter der logischen
Voraussetzung des Gesetzes im Herzen zu verstehen, andernfalls wären sie für letzteres kein Beweis. Offen bleibt dabei,
ob für Paulus das Wechselspiel der Gedanken durch Kritik und
Bestätigung der Syneidesis seinen Anstoß empfängt oder auch
in der Syneidesis die im Stimmengewirr "entscheidende Instanz"
findet[109]. In jedem Fall aber kann von der Identifikation
der Gedanken mit der Syneidesis so wenig die Rede sein wie
von einer Identifikation der Syneidesis mit dem ins Herz
geschriebenen Gesetz.

Bevor wir näher auf die Bedeutung des Begriffes 'Syneidesis' eingehen, müssen wir uns nochmals der Anknüpfung von V
16 zuwenden. Die Versuche, ἐνδείκνυνται in V 15 eschatologisch
zu interpretieren, haben wir bereits abgelehnt, weil damit
Einfachheit und Stringenz der Argumentation der Verse 14.15
durch aus Kap 1,18ff und Kap 2,1-3 eingetragene Gedanken verdeckt werden. Somit erübrigen sich auch die Versuche, durch
Einschub eines Zwischengedankens: "wie sich zeigen wird"[110],
den Übergang zu V 16 zu erleichtern. Das rechte Verständnis
bezüglich der Intention der beiden Verse steht und fällt mit
der Feststellung, daß Paulus in Kap 2,14.15 positiv den Ge-
setzesbesitz auch bei den Heiden nachweisen will und die
eschatologische forensische Situation der Heiden weder futurisch noch proleptisch anspricht[111]. Es soll hier weder die
Rechtfertigung der Heiden noch das Kriterium ihrer Verurteilung betont werden, sondern die Tatsache, daß die Heiden
ebenfalls das Gesetz haben und damit der Besitz der Thora für
die Juden nicht ausschlaggebendes Privileg im Gericht sein
kann.

---

109  U.Wilckens, aaO., S.136.

110  P.Althaus, aaO., S.22; vgl. O.Michel, aaO., S.84; H.Schlier, aaO.,
     S.81.

111  Gegen E.Käsemann, aaO., S.63.

Da auch die Möglichkeit entfällt, V 16 präsentisch zu
interpretieren und auf die Begegnung mit der Missionspredigt
zu deuten, bei der das Richten dann jeweils stattfände[112],
besteht inhaltlich und syntaktisch unverrückbar eine Spannung zwischen V 15 und V 16, die kaum mit J.Weiß[113] durch
die Streichung der - für die Stringenz des Gedankenganges
notwendigen - Verse 14.15 zu lösen ist.

So hat R.Bultmann schließlich die Streichung von V 16
als Glosse vorgeschlagen[114] und als Begründung auf die Ent-
behrlichkeit der Aussage für den Kontext und auf das ansonsten
deuteropaulinische Vorkommen der Wendung κατὰ τὸ εὐαγγέλιόν
μου verwiesen[115]. Zweifellos wird dadurch die Spannung des
Anschlusses beseitigt und das Verständnis des Zusammenhangs
wie auch des Fortgangs des Gedankens ermöglicht[116], da Paulus
in V 17 gerade das jüdische ἐπαναπαύεσθαι νόμῳ wieder aufgreift, gegen das er schon in V 14 und V 15 polemisiert. Hingegen bleibt es sehr fraglich, ob sich allein auf Grund dieser - durchaus nicht zwingenden - Argumentation[117] der radi-
kale Eingriff in den eindeutig bezeugten Textbestand legiti-
mieren läßt, solange ein sinnvolles Verständnis des Verses
in seinem jetzigen Kontext möglich ist.

Unter der Voraussetzung, daß nur die Verse 14 und 15 präsentisch zu verstehen sind, der ganze vorherige Abschnitt
aber eindeutig vom eschatologischen Gericht spricht, kann
man in V 16 nämlich einen vorläufigen Abschluß des bisherigen
Gedankengangs erkennen, mit dem Paulus auf die bis V 13 beschriebene eschatologische Situation zurückkommt. Dabei hat
der harte Anschluß mit ἐν ἡμέρᾳ ὅτε wegen der guten Bezeugung als ursprünglich zu gelten und sollte nicht durch eine
Konjektur abgeschwächt werden[118].

---

112  Th.Zahn, aaO., S.128; E.Käsemann, aaO., S.62; B.Reicke, Syneidesis
     in Röm 2,15, Theol. Zeitschrift 12, 1956, S.161.

113  J.Weiß, Beiträge zur paulinischen Rhetorik, S.55, Anm.1.

114  R.Bultmann, aaO., S.282f; vgl. auch G.Bornkamm, aaO., S.117.

115  R.Bultmann, aaO., S.282; vgl. Röm 16,25 und 2 Tim 2,8.

116  Gegen E.Käsemann, aaO., S.63.

117  Vgl. zur Ablehnung vor allem U.Wilckens, aaO., S.137.

118  M.Pohlenz, aaO., S.79, Anm. 25, schlägt vor, das καὶ δικαιωθήσονται
     aus V.13 zu Beginn von V 16 zu wiederholen.

Aber auch unabhängig davon, ob man sich für die Rückbeziehung auf die in V 1-13 entfaltete Argumentation oder trotz
aller Einwände für die Streichung von V 16 als Glosse entscheidet, bleibt für das Verständnis des Zusammenhangs auch
hier wieder ausschlaggebend, daß man die klare Struktur des
in sich geschlossenen Gedankengangs der eschatologischen Aussage von V 16 verdeckt und dadurch zu einer falschen inhaltlichen Bestimmung der Begriffe gelangt.

Die Ausführlichkeit der bisherigen Exegese schien uns für
eine zutreffende und vorurteilsfreie Einordnung des Begriffes
'Syneidesis' notwendig. Das erste wesentliche Ergebnis ist
die Erkenntnis, daß Röm 2,14.15 schwerlich als der locus
classicus einer 'paulinischen Gewissenslehre' angegeben werden kann. Als Novum und Zentralbegriff ist allein der 'νόμος'
bei den Heiden zu bezeichnen, den Paulus hier einführt und
zu begründen versucht. Der Begriff 'Syneidesis' kommt dagegen
nur im Lauf der Argumentation als Bestätigung für das Vorhandensein des 'νόμος' als einer ins Herz geschriebenen Norm
bei den Heiden vor. Indem Paulus die Syneidesis weder erklärt
noch beweist, setzt er offensichtlich ein Vorverständnis bei
den Hörern voraus. Nur wenn das Phänomen der Syneidesis bei
den Adressaten als bekannt angenommen werden kann, ist seine
Verwendung als Beweis für die Existenz des 'Gesetzes' bei
den Heiden verständlich.

So darf an unserer Stelle - im Gegensatz zu Röm 9,1 -
nicht einmal das Partizip συμμαρτυρούσης als Beschreibung
der Tätigkeit der Syneidesis verstanden werden, weil es sich
nur auf die Bedeutung des Phänomens 'Syneidesis' und der sich
widerstreitenden Gedanken für die Beweisführung des Paulus
bezieht. Die einzig eindeutige, positive und durch diese
Stelle auch isoliert zu gewinnende Bestimmung ist die, daß
Paulus selbstverständlich die Syneidesis auch bei den Heiden
als gegeben voraussetzt und sie somit als ein allgemeines
anthropologisches Phänomen auffaßt. Sein eigentliches, theologisches Interesse besteht in der Relativierung eines jüdischen Selbstverständnisses und nicht wie in Röm 1,18ff in
der Beschreibung der Verantwortlichkeit der Heiden vor Gott.
Es liegt ihm fern, den Begriff 'Syneidesis' im Zusammenhang
mit der Gotteserkenntnis der Heiden einzuführen, was im Hinblick auf die Definition klar festgehalten werden muß.

Auf Grund der Abgrenzung, die V 15b durch die Versteile
15a und 15c erfährt, ist noch eine weitere negative Bestimmung möglich. Die spärlichen Angaben dieser Stelle ergeben
aber erst ein zusammenhängendes Bild, wenn auch der sonstige
Gebrauch des Begriffs 'Syneidesis' bei Paulus mit berücksichtigt wird.

Bei der Bestimmung von Syneidesis finden sich in der exegetischen Literatur die verschiedensten Varianten, die sich
aber zu drei Hauptaspekten zusammenfassen lassen.

Nach der ersten Gruppe der Exegeten "dürfte", so R.Bult-
mann, in Röm 2,15 "an das fordernde, verpflichtende Gewissen
gedacht sein"[119]. Wohl im Anschluß an R.Bultmanns einfluß-
reiche Ausführungen zu Syneidesis in seiner Theologie des
Neuen Testaments formuliert E.Käsemann mit Verweis auf Röm
2,15: "Im Gewissen erweisen wir uns als einer transzendenten
Forderung unterstellt"[120]. In seinem Kommentar definiert er
zur Stelle: Syneidesis "bezeichnet zunächst die Wahrnehmung
eines an den Menschen gestellten Anspruches"[121]. Damit stehen
wir aber schon in der Tradition der conscientia antecedens,
die als der Entscheidung vorausgehend, zum Guten treibend
und auf Pflicht und Verantwortung verweisend verstanden wurde.
Die weitergehende inhaltliche Definition, die bei dem 'vorausgehenden Gewissen' meist mitgedacht wird, wird auch auf
unsere Stelle gerne angewandt. Das Gewissen wird dann selbst
als Wert- und Normenbewußtsein gedeutet, als ein "Wissen um
Gut und Böse und um das diesem entsprechende Verhalten in
Einem"[122]. Bei dieser Definition R.Bultmanns werden die drei
möglichen Interpretationen der scholastischen conscientia
antecedens dem vermeintlich paulinischen Verständnis von Syneidesis subsumiert: die Synderesis, einerseits als allgemeines theoretisches Wissen um Gut und Böse, andererseits als
Forderung und Neigung zum Guten, und die Conscientia als

---

119  R.Bultmann, Theologie des Neuen Testaments, S.217.

120  E.Käsemann, Paulinische Perspektiven, S.35; vgl. R.Bultmann, aaO.,
     S.217.219.

121  E.Käsemann, An die Römer, S.61, gegen den folgenden Aspekt grenzt er
     sich ab, siehe ebd.; er ist gegen das Verständnis von Gewissen als
     "Normbewußtsein".

122  R.Bultmann, aaO., S.217.

Fähigkeit oder Instanz der praktischen, konkreten sittlichen
Entscheidung.

Von der damit vollzogenen Gleichsetzung der Syneidesis in
V 15b mit dem in V 14.15a beschriebenen 'Gesetz' bei den Heiden, wie sie auch wieder von U.Wilckens vollzogen wird[123],
will sich offenbar H.Conzelmann distanzieren, wenn er die
Bedeutung von Syneidesis gegen das Verständnis als "Offenbarungsquelle" abgrenzt und auf das "Verstehen der konkreten
Forderung Gottes"[124] beschränkt.

Ähnlich will auch H.Ch.Hahn die Syneidesis "als Instanz,
die kein Grundgesetz erlassen kann (das ist von Gott vorgegeben), die aber über die Ausführungsbestimmungen zu befinden
hat"[125], verstanden wissen. Dadurch wird zwar das Verständnis
der conscientia antecedens unter Auslassung des Aspekts der
Synderesis auf die Conscientia im engeren Sinne beschränkt
und ein Autonomieverständnis abgewehrt, das selbst in der
Stoa so nicht denkbar ist, die Identifikation von Syneidesis
und Gesetz (Röm 2,14.15) ist aber mit der Abgrenzung gegen
die Synderesis allein noch nicht aufgehoben.

Bedenkt man, daß die Definition einer paulinischen 'conscientia antecedens' oft gerade mit unserer Stelle begründet
wird und daß sich diese Bestimmung nur auf das Zusammentreffen
der beiden Begriffe συνείδησις und νόμος in den Versen 14.15
stützen kann, dann muß exegetisch sowohl dieser Aspekt der
conscientia antecedens als auch die unzulässige Identifikation
der getrennt zu denkenden Begriffe συνείδησις und νόμος strikt
abgelehnt werden.

Wenn der Zusammenhang von νόμος und συνείδησις weiterhelfen soll, dann nur durch eine abgrenzende und einander ausschließende Bestimmung der Begriffe und nicht durch eine
Identifikation, die vom Text her gerade zu bestreiten ist.
Zweifellos ist bei Paulus ein solches scholastisches Verständnis der conscientia antecedens nicht vorauszusetzen. Der Raum,

---

123  U.Wilckens, aaO., S.139: "So ist das Gewissen nichts anderes als das
     ins Herz geschriebene Gesetz".

124  H.Conzelmann, Grundriß der Theologie des NT, S.204.

125  H.Ch.Hahn, Artikel: Gewissen, Theologisches Begriffslexikon, S.57.

in dem solche Gedanken in seiner Anthropologie überhaupt
Platz hätten, wird eher durch das in Kap 1,18ff über das
'Wissen der Heiden' Gesagte und an anderen Stellen durch den
Begriff νοῦς angegeben. So könnte man in den Wendungen ἑαυτοῖς
εἰσιν νόμος und τὸ ἔργον τοῦ νόμου γραπτὸν ἐν ταῖς καρδίαις
αὐτῶν Momente dieser Gedanken finden, aber gerade deshalb in
dem Begriff 'Syneidesis' nicht. Es muß also an unserer Stelle
zwischen dem sittlichen Wertgefühl und dem Normenbewußtsein
im beschriebenen umfassenden Sinne einerseits und dem Begriff
'Syneidesis' andererseits klar unterschieden werden[126].

Die zweite Verständnismöglichkeit von Syneidesis in Röm 2
setzt eben diese Differenzierung voraus und nimmt - entsprechend der klassischen Unterscheidung - im Gegensatz zur conscientia antecedens die conscientia consequens für ihre Definition in Anspruch[127]. Bei der näheren Bestimmung beschränkt
man sich meist auf das moralische schlechte Gewissen. Diese
einengende Vorentscheidung geht zweifellos auf den starken
Einfluß des Gewissensbegriffs bei M.Luther zurück, der -
wohl in Abgrenzung zur scholastischen Synderesislehre und
um der Grundaussage von Röm 1,18 - 3,20 willen - festlegt:
"Certe ex nostra conscientia non nisi accusantes habemus
cogitationes, cum coram Deo ... nostra opera nihil sint"[128].

So sieht man in Syneidesis bis heute in Übereinstimmung
mit dem vorchristlichen antiken Verständnis des Gewissens
den "höchst lästigen, unbestechlichen, nicht zum Schweigen
zu bringenden, den Menschen erinnyenhaft quälenden Mitwisser
seiner eigenen Taten"[129]. Entsprechend wird auch auf die
fortführende Tradition bei Seneca mit dem Verständnis der
Syneidesis als "Beobachter, Zeuge, Wächter und Richter" und
vor allem bei Philo mit der Bezeichnung der Syneidesis als
ὁ ἔλεγχος, dem "unbestechlichen und vor allem untrüglichsten
Überführer"[130], verwiesen.

---

126  So auch J.Stelzenberger, aaO., S.78.

127  Ausdrücklich bei H.Lietzmann, aaO., S.41.

128  M.Luther, aaO., S.116.

129  G.Bornkamm, aaO., S.114.

130  G.Bornkamm, ebd., der sich mit dem letzten Zitat auf M.Kähler, aaO.,
     S.33ff.171ff, beruft. Diese Beziehung wird schon von H.v.Soden,
     Sakrament und Ethik bei Paulus, S.242, gesehen und von G.Bornkamm
     und C.Maurer, aaO., S.914, aufgenommen.

Seit der ausführlichen Arbeit von C.A.Pierce vertreten
vorwiegend angelsächsische Exegeten das Verständnis von
'conscience' bei Paulus als moralisches schlechtes Gewissen.
Er selbst versucht diesen Gebrauch bei allen paulinischen
Stellen zu belegen. Die Syneidesis wird dabei nicht als Instanz verstanden, sondern eingeschränkter als der Schmerz,
den die Heiden - wie auch die Christen - bei Übertretungen
gegen ihren akzeptierten Wertmaßstab erleiden[131]. "Conscience
is a pain following upon acts of wrongdoing" definiert auch
W.D.Davies[132], und R.Jewett gibt als eine von zwei paulinischen Bedeutungen an: conscience is a "painful knowledge of
one's transgressions"[133].

Wie läßt sich aber dieses Verständnis vom Text her begründen? C.A.Pierce leitet seine Definition von Röm 13,5 ab und
überträgt sie lediglich auch auf Röm 2,15. Als einzige Stütze
gibt er dafür die Abgrenzung gegen die Versteile 15a und 15c
an[134].

Bei den meisten deutschen Vertretern dieser Auffassung
liegt ebenfalls eine Identifikation zugrunde, diesmal aber
nicht mit V 15a, sondern mit V 15c. Das steht aber nicht nur
im Widerspruch zu unserem Ergebnis, nach dem mit den 'Gedanken'
in V 15c eine dritte Bestätigung für die Existenz des 'Gesetzes' gegeben ist, was zwar G.Bornkamm "formal" hervorhebt,
aber dann "inhaltlich" wieder durch Gleichsetzung aufhebt[135],
mehr noch widerspricht dieser Annahme die Tatsache, daß V 15c
zwar von 'anklagenden', aber gleichzeitig auch von 'verteidigenden Gedanken' die Rede ist. Eine einseitige Betonung des
ersten Partizips wurde aber schon oben als vom Text her gänzlich unbegründet abgelehnt.

Bei der Differenzierung zwischen V 15b und 15c, und damit
zwischen der Syneidesis selbst und den verklagenden u n d ent-

---

131  C.A.Pierce, Conscience in the New Testament, S.85.

132  W.D.Davies, Artikel: Conscience, Interpreters Dictionary of the
     Bible, Bd.I, S.675.

133  R.Jewett, aaO., S.444.

134  C.A.Pierce, aaO., S.85.

135  G.Bornkamm, aaO., S.111.

schuldigenden Gedanken als weiteren Zeugen, mußte bereits
oben offengelassen werden, ob die Syneidesis von Paulus als
die die wechselseitigen Gedanken anstoßende oder diese beurteilende Instanz verstanden wird. In jedem Fall aber kann die
bloße Erwähnung der Syneidesis an dieser Stelle das ausschließ-
liche Verständnis von Gewissen als schmerzendem moralischem
Wissen oder als Ankläger keineswegs begründen. Da zwischen
Syneidesis und dem eschatologischen Gericht in V 16 kein un-
mittelbarer Bezug hergestellt werden darf, kann man den Begriff
'Syneidesis' hier weder in den Zusammenhang eines "inneren Ge-
richtshofes" bringen, der das endgültige Gericht, wenn auch
relativ, "vorausprojiziert"[136], noch läßt sich von dieser
Stelle her eine "eschatologische Funktion" der Syneidesis
ableiten[137]. Von dem Verhältnis zwischen Syneidesis und eschatologischem Gericht wird an anderer Stelle die Rede sein (z.B.
in 1.Kor 4,1-5), hier aber bescheiden wir uns mit der Feststellung, daß Paulus die Syneidesis in seiner Argumentation
rein präsentisch und ohne weitere Einordnung anführt.

So müssen wir wegen der fehlenden Begründung und wegen der
mit V 15a und V 15c gegebenen Abgrenzungen sowohl die Definition der Syneidesis als conscientia antecedens - im Sinne des
verpflichtenden, fordernden Gewissens, des Wert- und Normenbewußtseins als Wissen um Gut und Böse und des praktischen
sittlichen Urteilsvermögens - als auch die Bestimmung der
Syneidesis als conscientia consequens - im Sinne der Instanz
des Richters und Verklägers wie auch des reinen Schmerzes
des moralischen Schuldbewußtseins - als unzutreffend ablehnen.


Versuch einer vorläufigen Begriffsbestimmung

Wenn wir im folgenden als drittes, trotz fehlender näherer
Angaben im Text, eine positive Bestimmung der Syneidesis über
die negative Abgrenzung gegenüber dem 'Gesetz' und den 'sich
gegenseitig verklagenden und entschuldigenden Gedanken' hinaus wagen, muß diese zunächst hypothetisch bleiben. Wenn die

---

136  E.Käsemann, aaO., S.61.
137  G.Bornkamm, aaO., S.115.116.

Stelle, Röm 2,14f, selbst keine positive Bestimmung enthält,
sich aber das aus anderen Belegstellen gewonnene Verständnis
in den Textzusammenhang einfügt, ist die Annahme berechtigt,
daß auch hier das gleiche Verständnis bei Paulus vorauszusetzen ist. Eine Bestätigung wird sich dann ergeben, wenn sich
an allen Stellen eine einheitliche Verwendung des absolut gebrauchten Begriffes nachweisen läßt.

Zu dieser Bestimmung wollen wir zunächst an die scholastische Definition anknüpfen. Durch die Unterscheidung von conscientia antecedens und conscientia consequens wird das Be-
griffsfeld des Wortes 'Gewissen' vorschnell auf eine falsche
Alternative beschränkt, zumal hier die verschiedenen Funktionen der Syneidesis den bestimmten Zeitformen in unberechtigter
Weise ausschließlich zugeordnet werden. Die sogenannte conscientia consequens als reflektierendes, beurteilendes Selbstbewußtsein kann aber auch Pläne und Gedanken beurteilen und
umschließt damit ebenso den 'begleitenden' und sogar futurischen Aspekt. Zudem ist die Beschränkung der conscientia consequens auf das negative, verklagende Urteil und damit auf
die entsprechende Auffassung, ein positives Gewissenszeugnis
sei nur als Abwesenheit eines schlechten Gewissens zu denken,
mit dem Begriff selbst durchaus noch nicht gegeben. Weil aber
gerade diese Assoziationen mit dem Begriff der conscientia
consequens meist verbunden werden, müssen wir bei der weiteren
Definition der Syneidesis von diesem Begriff abrücken, obwohl
er, genereller gefaßt, durchaus in die Nähe des paulinischen
Verständnisses käme.

Paulus selbst redet von seiner eigenen Syneidesis personifiziert in der dritten Person. Er versteht sie also nicht nur
als 'Bewußtsein' - so sehr wir es heute bei ihm als solches
bezeichnen möchten - oder als eine "Funktion des auf sich
selbst und sein ganzes Sein und Verhalten reflektierenden
Menschen"[138] -, obwohl er in 1.Kor 8 den 'schwachen Bruder'
und das 'schwache Gewissen' synonym gebrauchen kann. Er sieht
die Syneidesis vielmehr "objektiviert" und "personifiziert"[139]

---

138  Th.Zahn, aaO., S.125f.
139  R.Bultmann, aaO., S.219.

als eine neben dem denkenden und handelnden Ich selbständig
fungierende Instanz im Menschen[140].

Das für die Funktion der Syneidesis vorauszusetzende Nor-
men- und Wertbewußtsein und das die konkrete sittliche Entscheidung fällende Urteilsvermögen werden von Paulus mit ὁ
νοῦς (z.B. Röm 12,1f) bezeichnet. Wenn sogar bei Heiden vorausgesetzt wird, daß sie von Gott (Röm 1,19.20.21) und dem
δικαίωμα τοῦ θεοῦ (Röm 1,32) wissen, wird auch dieses Wissen
bzw. ihr 'schuldiges Nichtwissen' dem νοῦς und der καρδία
zugeordnet (Röm 1,20.21.28). So ist also der νοῦς bzw. die
καρδία und nicht die Syneidesis für das Wissen der "bestehenden Forderung", das "Wissen um Gut und Böse und um das diesem
entsprechende Verhalten in Einem"[141] zuständig. Deshalb soll
jeder Gläubige den νοῦς 'erneuern lassen' εἰς τὸ δοκιμάζειν
... τί τὸ θέλημα τοῦ θεοῦ (Röm 12,2). Das Prüfen des zu Tuenden kommt also theoretisch wie praktisch dem νοῦς zu. Er ist
die Instanz, die fragt: Was ist meine Pflicht, was ist gut,
wie kann ich das Gute in einer bestimmten Situation anwenden,
kurz, wie soll ich mich verhalten?

Dagegen hat die Instanz der Syneidesis unabhängig von der
zeitlichen Gleich- oder Nachstellung die Aufgabe, das Denken,
Wollen, Reden und Handeln des Menschen auf die Übereinstimmung mit den bewußt oder unbewußt akzeptierten Normen des
νοῦς zu überprüfen und das Ergebnis dem Menschen bestätigend
o d e r anklagend zu bezeugen. Ist der νοῦς mit seinem δοκιμάζειν auf das Objekt des zu Tuenden ausgerichtet, so ist
die Syneidesis mit ihrem δοκιμάζειν reflexiv auf das handelnde
Subjekt in seinem Tun bezogen und fragt: Tust Du das, was Du
als das Gute ansiehst, stimmt Dein Verhalten mit Deiner Entscheidung überein? Damit wird die Syneidesis bezüglich ihrer
Normen vom νοῦς abhängig gesehen, sie selbst jedoch ebenfalls
als anthropologischer Begriff verstanden. Sie wird bei Heiden wie bei Gläubigen in gleicher Weise vorausgesetzt. Von
einer Erneuerung wird bei der Syneidesis nicht ausdrücklich
gesprochen, da ja die ihrem Urteil zugrunde liegenden Wert-

---

140  Vgl. A.Schlatter, aaO., S.92, und G.Bornkamm, aaO., S.112.
141  R.Bultmann, aaO., S.217, schreibt diese Aufgaben dem Gewissen zu.

normen, nach denen sie das Handeln des Menschen auf Übereinstimmung mit dem als τὸ θέλημα τοῦ θεοῦ Erkannten hin zu
prüfen hat, durch die ἀνακαίνωσις τοῦ νοός (Röm 12,2) er-
neuert werden. Die Syneidesis entwickelt sich entsprechend
dem Wandel des Normenbewußtseins im νοῦς, der schon beim
Heiden ein 'Wissen' um Gott und sein δικαίωμα hat, zunächst
aber schuldhaft zum ἀδόκιμος νοῦς (Röm 1,28) wurde und durch
die συνήθεια (1.Kor 8,7) selbst beim Gläubigen noch falsch
entscheiden kann. Daher ist die ἀνακαίνωσις τοῦ νοός, die
mit der γνῶσις verbunden ist, notwendig, weil nur dadurch
die συνείδησις ἀσθενής zum intakten, geistlichen Gewissen
werden kann.

Weiter muß noch betont werden, daß die Syneidesis bei
Paulus sowohl als anklagender als auch als entlastender
'Zeuge' und nicht - wie das absolut gebrauchte συνειδός
bei Philo - einseitig als Kläger und Richter beschrieben
wird. Für Paulus vermittelt die Syneidesis als in diesem
Sinne neutrale Instanz sowohl positive wie negative Beurtei-
lungen und wird wohl auch aus diesem Grunde nicht im Zusammenhang der Anklage von Röm 1,18 - 3,20 als theologischer
Begriff zum Schulderweis eingeführt.

Schließlich ist noch zu bemerken, daß sich in Bezug auf
den Aspekt der Verantwortung Übereinstimmung zwischen der
paulinischen Syneidesis und dem oben abgelehnten Verständnis der conscientia antecedens ergeben, denn durch die kritische Frage, ob der Mensch entsprechend seinem Wertmaßstab
und dem konkret als richtig erkannten Verhalten gehandelt
hat, wird die Syneidesis zur Instanz der Verantwortung.

Dieser eben skizzierte dritte Aspekt, die Syneidesis als
reflektierende Instanz im Menschen, die das Verhalten des
Menschen positiv oder negativ beurteilt und es ihm bewußt
macht, wird auch von einer ganzen Reihe von Exegeten[142] für

---

142  Vgl. z.B. R.Steinmetz, aaO., S.26.27: "Das Gewissen knüpft nun an
     dieses innere Gesetz an und urteilt, ob das Tun des Menschen mit
     dem inneren Gesetz stimmt oder nicht"; P.Althaus, aaO., S.22: "...
     ihr Gewissen, das nach der Tat sagt: das war recht, das war unrecht";
     R.Jewett, aaO., S.444: "Conscience is ... the autonomous agent which
     marks the consistency of one's actions to an accepted standard";
     E.Käsemann, aaO., S.61: "Paulus geht es um jenes Bewußtsein um sich
     selbst, das sich kritisch gegen die eigene Lebensführung zu wenden

Röm 2,15 angeben. Kaum zutreffend scheint uns hingegen der
Versuch zu sein, diesen dritten Aspekt der Syneidesis mit
einem der beiden vorher besprochenen Aspekte zu verbind-
den[143]. Vielmehr haben wir uns in Röm 2,14f wie auch an den
noch zu behandelnden Belegstellen auf das Verständnis der
Syneidesis als Instanz festzulegen, die die Übereinstimmung
des Verhaltens mit der vorausgesetzten Norm prüft. Damit ist
eine Lösung gegeben, in der sowohl die Unterscheidung von
V 15a und V 15c wie auch die Beziehung zum 'Gesetz' und -
in einer gewissen Unbestimmtheit - zu den Gedanken gewährleistet ist. Denn die Instanz der Überprüfung setzt das 'Gesetz' voraus, in welchem es die Normen zur Beurteilung des
Handelns findet. Wie die Taten als 'Befolgung' ohne die vorauszusetzende Norm nicht zu denken wären, so wäre auch das
Beurteilen der Handlungen durch die Syneidesis ohne die 'eingeschriebene' Norm nicht denkbar. So ist auch das Phänomen
'Syneidesis' für Paulus ein Beweismittel für das Vorhandensein des 'Gesetzes'.

b) Die Syneidesis des Apostels in Röm 9,1

In Röm 9,1 und 2.Kor 1,12 führt Paulus in der Argumentation
seine eigene Syneidesis als Zeuge an.

Röm 9,1 bildet den asyndetischen Übergang von Kap 8 zu
einem völlig neuen Abschnitt, in dem sich Paulus eingehend
mit der Gültigkeit der Erwählung Israels und dessen Verhältnis zu den Heiden auseinandersetzt. Diese drei in sich geschlossenen Kapitel sind weder als Fremdkörper noch als
'Exkurs' anzusprechen[1]. Paulus geht hier auf eine Problematik ein, die sich durch die Gegenüberstellung von Gesetz
und Gnade[2] und der damit gegebenen Gleichstellung der Hei-

---

vermag"; J.Stelzenberger, aaO., S.78f, der sich allerdings auf die
negative Funktion beschränkt.

143  Vgl. O.Kuss, aaO., S.79, der ihn mit dem ersten, und R.Jewett, aaO.,
     S.444, der ihn mit dem zweiten Aspekt von Gewissen verbindet.

1    Mit E.Käsemann, aaO., S.247.

2    Ebd.; vgl. auch Röm 4,5ff; 11,6.

den[3] im Gegensatz zur nach wie vor behaupteten Vorordnung
der Juden[4] schon längst aufdrängte. Hinzu kommt, daß Paulus
auch in der römischen Gemeinde mit seine Person begreffenden
Gerüchten und Verleumdungen rechnen muß, wie wir explizit
in Kap 3,8 erfahren. Den größten Anstoß für die Juden bietet
zweifellos seine Verkündigung der Rechtfertigung durch
Christus, die er als eine vom Gesetz unabhängige, nur durch
den Glauben ergreifbare Begnadigung darstellt. Das aber
mußte als Abfall vom Gesetz und damit vom Judentum verstanden werden und Paulus die Feindschaft der Juden einbringen.
Schließlich ist von Kap 10,17-24 her nicht auszuschließen,
daß Heidenchristen in Rom tatsächlich Gefahr liefen, sich
unabhängig vom Judentum zu verstehen und sich 'gegen sie zu
rühmen' (Kap 11,18).

So kann weder die Ausführlichkeit der Argumentation im
Ganzen noch die Leidenschaftlichkeit und Feierlichkeit in
dem Einleitungsabschnitt Kap 9,1-5 und in dem entsprechenden
Ausklang in Kap 11,33-36 verwundern[5].

Kap 9,1-5 ist zudem auch der persönlichste Teil, weil es
Paulus hier um die Versicherung seiner eigenen, ungebroche-
nen Anteilnahme an dem Schicksal seiner 'Brüder nach dem
Fleisch' geht[6]. V 1 leitet die Aussagen über sein Leiden
und Trauern um Israel (V 2-5) ein. Da Paulus damit rechnen
muß, daß seine engagierten Äußerungen Erstaunen und skepti-
sches Fragen auslösen werden, formuliert er seine vorausgehende Beteuerung überdurchschnittlich dringlich.

"Die formale Besonderheit" dieses Verses besteht in der
"Häufung von Doppelgliedern"[7]. Inhaltlich sind die Begriffe
und Wendungen einander so zuzuordnen: Wahrheit reden - lügen
als antithetisches Paar und in Christus - im Heiligen Geist,
Paulus als redendes Subjekt - seine Syneidesis und Trauer
- Schmerz (V 2) als die Paare, deren Glieder synonym nebeneinander gestellt werden.

---

3    In Röm 3,9.22 und in Röm 10,12 sogar explizit.

4    Röm 1,16; 2,9f; 3,9 in Gegenüberstellung, vgl. auch Kap 3,1.2.

5    E.Käsemann, aaO., betont die Entsprechung.

6    Vgl. dazu bereits Kap 3,1f.

7    O.Michel, aaO., S.224.

An anderen Stellen beschränkt sich Paulus bei seinen
Beteuerungen auf eingliedrige Formeln, in denen er meist
Gott als Zeugen für seine Wahrhaftigkeit anruft, so in Röm
1,9; 2.Kor 1,23 und Gal 1,20. In 2.Kor 11,31 wird die Formel
um Apposition und Lobpreis erweitert. In 2.Kor 12,19 finden
wir eine zweigliedrige, sehr prägnante Formel: 'vor Gott in
Christus reden wir'.

In Röm 9,1 hingegen handelt es sich um eine Verschränkung
dreier Begriffspaare. Deshalb wird wohl oft die den einzelnen
Satzteilen zugrunde liegende Form des synonymen Parallelismus membrorum nicht erkannt, was in der Einzelexegese zu
falschen oder zumindest zu überinterpretierenden Folgerungen
führen kann. Besonders der formelhafte Gebrauch der Begriffe
sollte uns bei der Exegese der einzelnen Glieder zur Vorsicht
mahnen.

Der erste Parallelismus besteht aus den beiden Wendungen
ἀλήθειαν λέγω und οὐ ψεύδομαι und ist synonym zu verstehen.
Grundaussage für den ganzen Vers ist das ἀλήθειαν λέγω, das
hier zunächst durch die negative Wendung unterstrichen wird.
Wenn auch die Begriffe in anderen Beteuerungsformeln vorkommen, so ist doch die Zusammenstellung beider Wendungen und
die Direktheit der Behauptung einmalig. Diese Formel stellt
schon in sich eine starke Versicherung des Paulus dar.

Zwischen den beiden Gliedern des ersten Parallelismus finden wir schon das erste, nur aus einem Begriff bestehende
Glied eines zweiten Parallelismus eingeschoben[8]. Durch die
Stellung des zweiten Gliedes am Ende des gesamten Satzes um-
klammert er die ganze Beteuerungsformel. Zuordnung und Interpretation der beiden Glieder ἐν Χριστῷ und ἐν πνεύματι ἁγίῳ
bereiten der Exegese besondere Schwierigkeiten.

Es kann als sicher angesehen werden, daß es sich bei dieser
Formulierung in V 1a nicht um einen Eid oder Schwur handelt[9],
denn bei Paulus ist das Schwören 'bei Christus' nicht zu be-

---

8    Die Zusammengehörigkeit beider Glieder wird auch betont von A.Schlatter,
     aaO., S.293, und O.Michel, aaO., S.224.

9    Gegen C.H.Maurer, aaO., S.915; H.Schlier, Der Römerbrief, S.284; E.
     Gaugler, Der Römerbrief, 2.Teil, 1952, zur Stelle, nach O.Michel,
     aaO., S.223.

legen. Zudem müßte, wie B.Weiß gezeigt hat[10], nach griechischem Sprachgebrauch entweder πρός mit Genitiv stehen oder
entsprechend Mt 5,34; LXX Jer 5,7; Dan 12,7, Apk 10,6 das
Verbum ὀμνύειν vorangestellt sein.

Auf Grund unserer formalen Erkenntnis können wir die Wendung ἐν Χριστῷ nur zurückhaltend bestimmen. Die Umschreibung
mit "in a Christian manner"[11] oder 'christlich' scheidet aus,
weil sie für die paulinische Verwendung zu flach und allgemein wäre. Es besteht allerdings kein Anlaß, die Wendung
generell auf die Person des Paulus zu beziehen: Paulus "als
einer, der in Christus lebt"[12], oder "Paulus selbst ist an
Christus gebunden, in Christus eingegliedert"[13]. Auch soll
nicht allgemein gesagt werden, daß Paulus "in der Lebensge-
meinschaft mit Christus"[14] steht.

Eine weitere Möglichkeit wäre, ἐν Χριστῷ ausschließlich
mit ἀλήθειαν λέγω zu verbinden. Paulus spricht 'in Christus',
was dann die Wahrhaftigkeit seiner Aussage garantieren müßte.
Auch könnte man in dieser Wendung die Gegenwart Christi als
des Bürgen für die Wahrheit des Paulus bezeichnet sehen, wofür sich Paulus jedoch gewöhnlich auf Gott, den Vater, beruft (Röm 1,9; 2.Kor 11,31; 12,19). Wahrscheinlicher ist aber,
daß ἐν Χριστῷ zusammen mit ἐν πνεύματι ἁγίῳ auf den Gesamt-
ausdruck der Beteuerung bezogen werden muß und nicht definitiv
auf eine, gar noch gegen ἐν πνεύματι ἁγίῳ abzugrenzende Funktion oder Bedeutung festgelegt werden darf. Das entspräche
auch dem häufigen formelhaften Gebrauch des ἐν Χριστῷ bei
Paulus, der aber keineswegs als abgeflacht zu verstehen ist.
Paulus will durch die ungewöhnliche Zusammenstellung des ἐν
Χριστῷ und des ἐν πνεύματι ἁγίῳ zweifellos eine letzte Steigerung in Hinsicht auf die Beteuerung seiner Wahrhaftigkeit
ausdrücken.

Das heißt aber nicht, daß die Bezeugung durch diese Wendung

---

10  B.Weiß, aaO., S.392.

11  Vgl. dagegen auch W.S.Plummer, Commentary on Romans, S.454.

12  H.Schlier, aaO.

13  O.Michel, aaO., S.224.

14  B.Weiß, aaO., S.390, und im Anschluß an ihn W.Gutbrod, aaO., S.57.

an sich schon "ausschlaggebend und entscheidend für jeden
anderen Menschen" sein "m u ß"[15]. Auch sucht man umsonst nach
Beweisen für die Wahrheit der Aussage, denn weder die Beteuerung 'in Christus' und 'im Heiligen Geist' noch die Bestätigung durch die Syneidesis des Paulus lassen sich augenscheinlich verifizieren. Aber gerade deshalb ist Paulus ge-
zwungen, die Wahrhaftigkeit seiner Zusicherung durch die
gehäufte Verwendung dieser Formeln so feierlich zu unterstreichen. Um den Glauben der Adressaten und um ihr Vertrauen
zu seiner Ernsthaftigkeit kann er nur werben.

Als dritte Gegenüberstellung führt Paulus neben sich selbst
als sprechendem Subjekt seine eigene Syneidesis an, deren
Bestätigung seine Beteuerung noch verstärken soll. Damit
entspricht also die antithetische Doppelaussage von V 1a.b
als erstes Glied der Genitivus-absolutus-Konstruktion als
dem zweiten Glied. Es ist deutlich, daß letzteres mit der
Erwähnung des Zeugnisses der Syneidesis weder einen synthetischen noch einen antithetischen Gedankenfortschritt beinhaltet, sondern wieder synonym das Grundanliegen des Paulus,
die Versicherung seiner Wahrhaftigkeit, bezeugen soll.

Die Zuordnung von συμμαρτυρούσης muß auch hier wieder
explizit angesprochen werden. Bezeugt die Syneidesis die
Aussage[16] von V 2 oder soll man besser auf ἀλήθειαν λέγω[17]
oder auch οὐ ψεύδομαι[18] rückbeziehen? Weiter ist zu untersuchen, ob das Personalpronomen im Dativ denjenigen angibt,
dem etwas mitgeteilt werden soll oder denjenigen, für den
vor anderen bezeugt wird.

Diese etwas diffizilen Fragen lassen sich auch an dieser
Stelle nur befriedigend klären, wenn man die wohl bewußt
gewählte Verwendung des Kompositums συμμαρτυρεῖν in Rechnung
stellt. Die ursprüngliche Bedeutung des Kompositums: "mitbezeugen, als Zeuge neben einem oder mehreren Zeugen etwas bezeugen oder bestätigen"[19] kommt in Röm 9,1 nicht in Frage, da ja

---

15  Th.Schneider, aaO., S.199, Hervorhebung vom Vf.

16  Th.Zahn, aaO., S.428; R.Steinmetz, aaO., S.6.

17  E.Käsemann, aaO., S.247; R.Bultmann, aaO., S.218.

18  B.Weiß, aaO., S.392; R.Jewett, aaO., S.445.

19  H.Strathmann, aaO., S.515.

nicht von einer vorhergehenden Zeugenaussage ausgegangen
wird. Wohl aber trifft hier der davon abgeleitete übertragene Gebrauch des Kompositums in der profanen Gräzität zu:
"'bestätigen', und zwar eines anderen Aussage welcher Art
immer (Behauptungen über Tatsachen, Ansichten) oder (mit
dem Dativ) 'beistimmen'"[20]. Als Beispiel sei auf Platon,
Hippias 282b verwiesen: συμμαρτυρῆσαι δέ σοι ἔχω ὅτι ἀληθῆ
λέγεις "ich muß dir beipflichten, daß du recht hast"[21].
Damit ist die Bedeutung des Dativs 'μοι' eindeutig entschieden. Es soll also nicht betont werden, daß das Zeugnis der
Syneidesis zunächst an den Menschen selbst gerichtet ist[22],
sondern vielmehr, daß die Syneidesis des Paulus ihm in seiner
Aussage beipflichtet und zustimmt. Daß die Syneidesis positiv
die Wahrhaftigkeit und Richtigkeit der jetzt folgenden Aussage bezeugt, ergibt sich also schon aus dem partizipialen
Satzteil selbst und muß nicht erst durch die Rückbeziehung
auf das ἀλήθειαν λέγω am Satzanfang begründet werden.

Damit haben die drei Satzteile die gleiche Intention und
stehen synonym parallel in dieser Verschränkung: 'Wahrheit'
- 'Lüge' und 'Paulus selbst' - 'Syneidesis des Paulus'. In
ihrer Formelhaftigkeit dürfen sie jedoch grammatisch und
inhaltlich nicht zu eng verbunden werden, was wir für die
dritte der paarweise zugeordneten Formeln, 'in Christus' -
'im Geist', schon angedeutet haben. Die Häufung dient der
leidenschaftlichen Beteuerung, sachlich notwendig wäre sie
nicht, da jede der Wendungen isoliert schon eine hinreichende
Einleitung zu V 2 darstellen würde, wie die Parallelstellen
belegen. Selbst das ἐν Χριστῷ bedürfte nur der Ergänzung
eines λέγω (vgl. 2.Kor 12,19).

Auch die Rückbeziehung von V 1c ausschließlich auf das
οὐ ψεύδομαι ist nicht begründbar[23]. Sie entspringt dem Vorverständnis, daß Paulus Syneidesis als conscientia consequens
im engeren Sinne gebraucht, als das moralische schlechte

---

20  Ebd.

21  Ebd. wird es auch in diesem Zusammenhang angeführt.

22  Gegen M.Kähler, aaO., S.254; dann auch W.Gutbrod, aaO., S.65.

23  Gegen B.Weiß, aaO., S.392, und R.Jewett, aaO., S.445.

Gewissen, das nur Übertretungen anzeigen kann und sich irrational als Schmerz äußert[24]. Zu diesem Verständnis berechtigt
diese Stelle aber ebensowenig wie schon Röm 2,15. Paulus
geht eindeutig von einem positiven Urteil, der 'Beipflich-
tung' und 'Bestätigung', der Syneidesis aus. Der selbstverständlichen Verwendung nach zu schließen, scheint es für
Paulus nicht "in unerhörter Weise"[25] zu geschehen. Die Annahme, daß dieses positive Urteil "kein selbständiges (sei),
sondern im Wort Gottes begründet"[26] sein müsse, daß also das
allgemein anthropologisch zu erfassende Gewissen nur als
conscientia consequens im engeren ausschließlich negativen
Sinne auftrete, entbehrt jeder exegetischen Grundlage.

Andererseits darf der Begriff συμμαρτυρούσης auch nicht
als Simplex wiedergegeben und der Inhalt dieses Bezeugens
in V 2 gesehen werden[27], als hätte die Syneidesis die Aufgabe, Paulus den Schmerz und die Trauer bewußtzumachen oder
zu intensivieren[28]. V 1c bleibt mit seiner Aussage innerhalb
des Rahmens von V 1a und b und beinhaltet: Dem Apostel (μοι)
pflichtet seine Syneidesis bei und bestätigt somit die Wahrhaftigkeit seiner Aussage, d.h. die Übereinstimmung zwischen
seinem Reden und seiner Gesinnung.

Nachdem das engere Verständnis der conscientia consequens
ausgeschlossen wurde, stellt sich die Frage, welche Definition
von Syneidesis nun in Röm 9,1 vorauszusetzen ist. Die Bedeutung 'Wert- und Normenbewußtsein' oder 'Instanz', die über
Gut und Böse theoretisch oder praktisch entscheiden, finden
an dieser Stelle ebenfalls keine Begründung. Dagegen ist es
in doppelter Hinsicht aufschlußreich, daß Paulus seine Syneidesis in einer Parallelkonstruktion neben sich selbst als
beipflichtenden Zeugen anführt. Erstens wird dadurch unsere
Annahme zu Röm 2,15 bestätigt, daß Paulus die Syneidesis als
selbständige, 'objektive' Instanz im Menschen sieht, denn

---

24  So auch an dieser Stelle C.A.Pierce, aaO., S.84.

25  C.Maurer, aaO., S.915.

26  Ebd.

27  Mit C.E.B.Cranfield, Romans, Vol.II, S.452.

28  Wogegen auch R.Jewett, aaO., S.445 mit Recht argumentiert.

das Anrufen der Syneidesis als Zeugen setzt voraus, daß diese Instanz einerseits um das Verhalten des Menschen in Gedanken, Worten und Taten weiß und andererseits die Aufgabe
hat, die Übereinstimmung zwischen dem Verhalten und den im
νοῦς vorausgesetzten sittlichen Normen und konkreten Forderungen zu beurteilen. Von daher liegt es nahe, daß Paulus
sich auf die Instanz in sich beruft, deren Pflicht es gerade
ist, die Wahrhaftigkeit und Verantwortlichkeit des Menschen
vor sich selbst zu überwachen.

Zweitens ist die Parallelisierung 'Paulus - Syneidesis'
wegen der damit gegebenen Abgrenzung vom Bereich des Transzendenten interessant. Paulus versteht die Syneidesis als
selbständige Instanz i m , aber nicht "jenseits des Menschen"[29],
wie R.Bultmann sagt. Keinesfalls ist nämlich hier Syneidesis
in der Weise objektiviert, daß sie "metonymisch für die Instanz eingetreten ist, um die das Wissen der Syneidesis weiß"[30]
- d.h. "für Paulus natürlich: (für) Gott"[31]. Paulus faßt
vielmehr Syneidesis klar als anthropologischen Begriff, und
es ist unmöglich, diese Instanz nach stoischer Art mit dem
'Göttlichen' zu identifizieren, was dort ja bis zur Bezeichnung der conscientia als 'spiritus sacer' führen konnte (Sen
Ep 41,1.2). In Röm 9,1 stehen sich paarweise 'Paulus - Syneidesis' und 'Christus - Heiliger Geist' gegenüber. Deshalb
bedeutet eine zu enge Zusammenziehung des ἀλήθειαν λέγω mit
ἐν Χριστῷ und des συμμαρτυρούσης μοι τῆς συνειδήσεως μου
mit ἐν πνεύματι nicht nur eine Verkennung der formelhaften
Verschränkung der parallel konstruierten Aussagen, sondern
verleitet auch zu einem falschen Syneidesisbegriff. Paulus
meint weder die stoische conscientia noch die scholastische
Synderesis. Zwar ist bei Paulus die Syneidesis die Instanz,
die für die Verantwortlichkeit des Menschen steht, indem sie
sein Verhalten auf die anerkannte Wertnorm hin prüft, doch
geht man über das paulinische Verständnis weit hinaus, wenn
man wie R.Bultmann aus dem oben Zitierten schließt, daß gerade

---

29  R.Bultmann, aaO., S.219.

30  Ebd.

31  Es wurde wegen des Zusammenhangs 'für' statt 'vor' eingesetzt.

darin zur "Erscheinung kommt, daß die Bindung an die transzendente Instanz das Wesentliche bei der Syneidesis ist"[32].
Es muß daran erinnert werden, daß Paulus den Begriff 'Syneidesis' zwar mehrmals im Römerbrief erwähnt, nicht aber in dem
Kapitel, in dem der Akzent wirklich auf der 'Verantwortlichkeit' der Heiden vor Gott liegt, nämlich in Kap 1. Weder Röm
2,15 noch Röm 9,1 berechtigen daher zu einer Annäherung an
den 'Conscientia'- oder 'Synderesis'- Begriff.

Man muß also bei unserer Stelle sowohl an der Differenzierung zwischen Paulus selbst und seiner Syneidesis als auch
an der Zuordnung beider zur anthropologischen Ebene festhalten.
Mit ersterem werden die Selbständigkeit und die relative Zuverlässigkeit, mit letzterem die Vorläufigkeit und Fehlbarkeit
der menschlichen Instanz der Syneidesis verständlich.

Die noch verbleibenden Vorschläge für die Interpretation
dieser Stelle können kaum überzeugen, weil sie entweder zu
flach, zu mißverständlich oder vom Text her nicht begründbar
sind. So spricht J.de Fraine von der "innere(n) Überzeugung
des Christen"[33], R.Seeberg gibt den Begriff "innere(s) Bewußtsein"[34] an und J.Stelzenberger schließlich schlägt die Definition: "Bewußtheit religiöser Verbundenheit mit Gott"[35] vor.
Aber die Instanz Syneidesis ist nach Röm 2,15 weder auf Christen beschränkt noch steht sie in einer unmittelbaren Beziehung zur "religiösen Verbundenheit mit Gott".

Wie ist dann aber das ἐν πνεύματι ἀγίῳ am Schluß von V 1c
zu verstehen? Ist durch die Nebeneinanderstellung von συνείδησις und ἐν πνεύματι ἀγίῳ nicht doch - im Gegensatz zu Röm
2,15 - von dem spezifisch christlichen, dem 'Gewissen im
Heiligen Geist' die Rede, das dann keine "reinmenschliche
(sic!) Instanz"[36] mehr darstellt?

Die Wendung ἐν πνεύματι ἀγίῳ wird von vielen Exegeten auf
τῆς συνειδήσεώς μου zurückbezogen, so daß man von einem Gewis-

---

32  Ebd.
33  J.de Fraine, aaO., Sp.584.
34  R.Seeberg, aaO., Artikel: Gewissen, RGG II[2], Sp. 1165.
35  J.Stelzenberger, aaO., S.52.
36  P.Althaus, aaO., S.88.

sen ausgeht, das "vom Geist geleitet und gerechtfertigt"[37]
"an den Heiligen Geist gebunden und ihm untergeordnet ist"[38],
von ihm "regiert"[39] und "kontrolliert"[40] wird. Allerdings
hat schon B.Weiß[41] darauf hingewiesen, daß bei der Zuordnung
des Partizipialausdrucks zum Subjekt die Wiederholung des
Artikels (τῆς) unentbehrlich wäre, was leider kaum beachtet
wurde. Da zudem das entsprechende ἐν Χριστῷ adverbial und
nicht attributiv auf die Person des Paulus bezogen ist,
spricht nichts dafür, daß man συνειδήσεως und ἐν πνεύματι
ἁγίῳ zu einem terminus technicus des 'christlichen Gewissens'
zusammenziehen darf.

Ebenso entfallen die Möglichkeiten, die Wendung ἐν πνεύματι ἁγίῳ als Eidesformel zu verstehen[42] oder im πνεῦμα
neben der Syneidesis einen weiteren Zeugen zu sehen[43], was
grammatisch unzulässig ist.

Will man den Ausdruck auf ein Glied des Satzteiles beziehen, kommt dafür wie auch in V 1a nur das Prädikat in
Frage. Das bedeutet, daß das "Gewissenszeugnis im Heiligen
Geist abgelegt"[44] wird, so wie oben "in der Präsenz Christi"[45],
so "daß das Verhalten göttlicher Prüfung unterliegt"[46]. Als
weitere Möglichkeit wird noch angegeben, daß Paulus mit dieser Formulierung, entsprechend Matth 22,43; Mk 12,36 und vor
allem 1.Kor 12,3ff usw., für dieses Zeugnis der Syneidesis
die Inspiration des Geistes in Anspruch nehme[47].

Wenn auch die adverbiale Zuordnung zulässig ist, so muß
doch deutlich gesehen werden, daß das ἐν πνεύματι ἁγίῳ als

---

37  E.Käsemann, aaO., S.248.

38  O.Michel, aaO., S.224.

39  Th.Zahn, aaO., S.428.

40  C.Maurer, aaO., S.915.

41  B.Weiß, aaO., S.392, Anm.

42  Siehe dazu die Ausführungen zu 'in Christus'.

43  Mit W.S.Plummer, aaO., S.445.

44  H.Schlier, aaO., S.284.

45  E.Käsemann, aaO., S.248.

46  Ebd.

47  Bei W.S.Plummer, aaO., S.445.

Entsprechung zu ἐν Χριστῷ nicht nur auf ein einzelnes Glied
des Satzes, sondern auf den gesamten, aus fünf formelhaften
Wendungen bestehenden Vers zu beziehen ist, der mit jedem
Glied und jeder Parallelisierung die eine Grundaussage des
Satzes, die Beteuerung der Wahrhaftigkeit des Paulus, verstärken soll[48]. In den parallelen Wendungen 'Wahrheit reden'
- 'nicht lügen', der Aussage des Paulus - der Bestätigung
seiner Syneidesis, den Wendungen 'in Christus' - 'im Heiligen
Geist' findet sich in der Gegenüberstellung des Christus und
des Geistes einerseits und des Paulus und seiner Syneidesis
andererseits eine wirkungsvolle Parallelisierung, mit der
feierlich und umfassend sowohl die göttlichen als auch die
menschlichen Instanzen für die Beurteilung und Bestätigung
der Wahrhaftigkeit seiner ihm so dringlichen Behauptung angeführt werden[49].

Auf Grund dieser Struktur formelhafter Parallelisierung
kann dem ἐν πνεύματι ἁγίῳ keine zu festgelegte Bedeutung
oder die Bestimmung eines 'christlichen Gewissens' entnommen
werden. Natürlich ist die Syneidesis des Paulus 'christlich',
und selbstverständlich könnte das ἐν πνεύματι ἁγίῳ nicht im
Zusammenhang eines heidnischen Gewissenszeugnisses stehen,
aber es trifft keinesfalls zu, daß die Syneidesis nur "unter
der Vorherrschaft des Heiligen Geistes"[50] ein 'gutes Zeugnis'
ausstellen könnte und daß dieses positive Zeugnis im Wort
Gottes begründet sein müsse[51]. Völlig willkürlich ist auch
die Annahme, daß nur die Syneidesis 'im Geist' als Zeugnis
für die Wahrheit beansprucht werden kann[52]. Paulus erwähnt
in Röm 2,15 die Syneidesis bei Heiden völlig neutral. Daß

---

48   So auch R.Jewett, aaO., S.448; W.S.Plummer, aaO., S.445.

49   Vgl. auch Quintilian Inst Orat VI, 1,33, der darauf hinweist, daß
     in der Verteidigungssituation die Anrufung der Götter gewöhnlich
     als Ausdruck eines 'guten Gewissens' gedeutet wird, et deorum etiam
     invocatio velut ex bona conscientia profecta videri solet.

50   J.N.Sevenster, Paul and Seneca, S.96.

51   C.Maurer, aaO., S.915.

52   J.N.Sevenster, aaO.; zutreffend schränkt dagegen auch C.E.B.Cranfield,
     Romans, Vol.II, S.453, Anm.1, ein: "Though it is a mistake to make
     extravagant claims for the instructed Christians συνείδησις; for not
     even it is the final judge of conduct and character, as 1 Cor 4.4 ...
     makes clear.

er eine conscientia consequens als lediglich 'schlechtes
Gewissen', als moralischen Schmerz nach Übertretungen überhaupt annimmt oder diese gar nur bei Heiden voraussetzt,
ist exegetisch unhaltbar.

Die Syneidesis ist also auch in Röm 9,1 für Paulus die
Instanz im Menschen, die die Übereinstimmung zwischen den
ihr vorgegebenen Wertnormen und dem Verhalten prüft. Sie
kann sowohl positiv als auch negativ beurteilen und ist in
ihrer Funktion an sich bei Heiden und Christen identisch,
so sehr sich die ihrem Urteil zugrunde liegenden Wertnormen
beim Christen durch die ἀνακαίνωσις τοῦ νοός und die γνῶσις
verändern sollen (Röm 12,2; 1.Kor 8,7ff).

Da wir diese Definition auch für Röm 2,15 als mit dem
Kontext am besten vereinbar erkannt haben, spricht nichts
dagegen, in Röm 2,15 und Röm 9,1 ein identisches Syneidesis-
verständnis vorauszusetzen.


Die Syneidesis des Apostels in 2.Kor 1,12

Die zweite Stelle, an der Paulus seine eigene Syneidesis
als Zeugen anführt, ist 2.Kor 1,12. Ähnlich wie in Röm 9,
muß Paulus auch hier auf Anschuldigungen von Gegnern in der
Gemeinde eingehen, die ihm offensichtlich vorwerfen, er
'wandle' nicht ἐν ἁπλότητι καὶ εἰλικρινείᾳ. Während nach
Röm 9,1ff der universale Ansatz seiner Theologie und seine
angebliche Gleichgültigkeit gegenüber dem Schicksal Israels
zum Anstoß für die Gemeinde in Rom wurde, muß sich Paulus bei
den Korinthern mit noch wesentlich heftigeren Vorwürfen auseinandersetzen, die diesmal sein eigenes sittliches Verhalten
und sein Apostolat betreffen. Von daher versteht sich die
Dringlichkeit, in der Paulus sich gegen die Angriffe verteidigt.

Zunächst kann es befremden, daß Paulus sich im 2.Korinther-
brief häufiger als in irgend einem anderen Brief 'selbst
rühmt'. Verstößt er damit nicht gegen seine eigene apodik-
tische Behauptung, daß durch das Evangelium jeder menschliche Ruhm vor Gott ausgeschlossen ist (Röm 3,27; 1.Kor 1,29)?
Sein eigenes Rühmen wird aber aus der apologetischen Situation heraus verständlich, in der er sich gegen die 'sich
rühmenden Gegner' (2.Kor 11,12) mit ihren unberechtigten

Anschuldigungen durchsetzen muß. Doch selbst darin verläßt
er seinen eigenen, im Anschluß an LXX Jer 9,23 formulierten
Grundsatz nicht: Ὁ καυχώμενος ἐν κυρίῳ καυχάσθω (1.Kor 1,31;
2.Kor 10,17). So bezeichnet er an einigen Stellen sein Rühmen
explizit als ein 'Rühmen seiner Schwachheit' (2.Kor 11,30;
12,5.9). Mit dieser Formulierung will Paulus beide Momente
festhalten: seine berechtigte Selbstbehauptung als Apostel
gegen alle Verleumdungen seiner Gegner und zugleich die Wür-
digung seines Wirkens als einer Wirkung des Christus, der aus
seiner χάρις heraus (1.Kor 15,10) und durch seine δύναμις
(2.Kor 12,9) ihn, den Apostel, in seiner ἀσθένεια befähigt
(s.a. Röm 15,18).

In gleicher Weise sind auch die anderen Stellen des 2.Ko-
rintherbriefes zu deuten, in denen Paulus sich seiner Verdienste und seines Verhaltens rühmt. Mit der Wendung ἀλλ' ἐν
χάριτι θεοῦ in 2.Kor 1,12 ist nicht eine Norm angegeben, nach
der sich der Apostel vorbildlich verhalten hat, sondern es
wird, analog zu 1.Kor 15,10, sein eigenes Wirken auf die Wirkung der göttlichen χάρις zurückgeführt und damit χάρις "sachlich identisch mit δύναμις"[53] verstanden.

Mit dem Begriff καύχησις, den Paulus synonym mit καύχημα
verwenden kann, wird an unserer Stelle Grund und Gegenstand
seines Rühmens bezeichnet[54]. Für die Aussage ist es letztlich
gleichgültig, ob man darin das nomen actionis oder das nomen
rei actae, das 'Rühmen' oder den 'Ruhm' erkennen will[55].

Entscheidend für unseren Zusammenhang ist die Zuordnung
von V 12b zu V 12a. Man kann in der Wendung τὸ μαρτύριον τῆς
συνειδήσεως ἡμῶν den Gegenstand des Rühmens sehen und sie
damit dem Demonstrativpronomen αὕτη zuordnen[56]: "Unser Ruhm
ist der: das Zeugnis unseres Gewissens"[57]. Im folgenden ὅτι-
Satz würde dann der Inhalt des Gewissenszeugnisses entfaltet[58].

---

53  R.Bultmann, Der zweite Brief an die Korinther, S.38; so auch H.Win-
    disch, Der zweite Korintherbrief, S.55.

54  W.Bauer, Artikel: καύχησις, aaO., Sp.843.

55  R.Bultmann, aaO., S.37.

56  W.Gutbrod, aaO., S.56; R.Bultmann, aaO.

57  H.D.Wendland, Die Briefe an die Korinther, S.110.

58  So W.Gutbrod, aaO.

Grammatisch ist diese Verbindung jedoch nicht naheliegend,
weil man einerseits die Möglichkeit, αὕτη attributiv zum Subjekt zu ziehen, wegen des fehlenden Bezuges zum Vorhergehenden
und wegen der Stellung im Satz ausschließen muß. Geht man andererseits von der prädikativen Zuordnung und von αὕτη aus,
dann läßt sich wiederum der Sinn seiner Verwendung direkt vor
V 12b als dem angenommenen Prädikatsnomen nicht einsichtig
machen. Es scheiden also beide Übersetzungen aus, sowohl: 'Dieser unser Ruhm ist das Zeugnis unseres Gewissens' als auch:
'Unser Ruhm ist der: das Zeugnis unseres Gewissens'.

So ist im Satzteil V 12b entweder eine Apposition direkt
zum Subjekt καύχησις oder, wie auch bei dem entsprechenden
Partizipialausdruck in Röm 9,1, eine Ergänzung zum Gesamtsatz
zu sehen. Aber auch die prädikative Verwendung von αὕτη in
Verbindung mit dem folgenden ὅτι-Satz ist sinnvoll und hat in
1.Joh 1,5; 5,11.14[59] neutestamentliche Entsprechungen. Zudem
ist das Demonstrativpronomen wegen der Unterbrechung durch
V 12b geradezu gefordert, wenn man nicht das Zeugnis der Syneidesis als den Inhalt des Ruhmes verstehen soll. Damit ergibt
sich der Sinn: 'Unser Ruhm ist - gemäß oder in Übereinstimmung
mit dem Zeugnis unseres Gewissens - der, daß wir ...'.

Der ὅτι-Satz enthält also die inhaltliche Entfaltung und
Begründung des Rühmens. Mit ἀνεστράφημεν wird, ähnlich wie
mit dem von Paulus häufiger gebrauchten περιπατεῖν[60], der
gesamte 'Wandel', das Verhalten, Reden und Tun des Apostels
bezeichnet, d.h. sein Leben "im Sinne der Betätigung bestimm-
ter Grundsätze"[61]. Die nähere Bestimmung ist mit den paarweise aufgeführten präpositionalen Ausdrücken gegeben[62]. Trotz
der gemeinsamen Präposition unterscheidet sich die Angabe ἐν
τῷ κόσμῳ prinzipiell von den vorhergehenden, indem hier der
'Raum' und nicht Ursprung und Maßstab oder die Art und Weise
des Wandels bezeichnet werden. Dies gilt um so mehr, als κόσμος
hier neutral und nicht im Sinne der 'Gott feindlichen Welt'

---

59  H.Windisch, aaO., S.54, Anm.1.

60  2.Kor 4,2; 5,7; 10,2f; 12,18 usw.; R.Bultmann, aaO., S.37, Anm.3.

61  W.Bauer, Artikel: ἀναστρέφω, aaO., Sp.122.

62  Ebd.

gebraucht wird und deshalb die Gemeinde mit einschließt[63].
"Dabei zeigt das ἐν τῷ κόσμῳ zugleich das apostolische Bewußtsein des Paulus, der sich als Apostel des κόσμος weiß
(Röm 15,19), wie sein eschatologisches Bewußtsein, sofern
er sich dem κόσμος gegenüber weiß und diese seine Gegenüberstellung würdig zu vertreten hat"[64].

Bei der ersten präpositionalen Bestimmung handelt es sich
um ein Hendiadyoin: ἐν ἁπλότητι[65] καὶ εἰλικρινείᾳ τοῦ θεοῦ.
Deshalb ist auch das Genitivattribut τοῦ θεοῦ auf beide Begriffe zu beziehen, mit denen Paulus seine Lauterkeit, Red-
lichkeit und Wahrhaftigkeit hervorheben will. Daß mit ersterem
"the moral purity" of his "conduct", mit letzterem aber die
"genuineness of his motives" angegeben wird, läßt sich zumindest nicht beweisen[66]. Mit εἰλικρίνεια wird die "schärfster
Prüfung standhaltende Makellosigkeit"[67] und Lauterkeit beschrieben, wobei bei der Ableitung des Begriffes offen ist,
ob die 'Hitze' oder die 'Helligkeit' des Lichtes für die In-
tensität der Prüfung konstitutiv ist[68].

Die Entscheidung über das Verständnis des Genitivattributes
hängt mit von der textkritischen Beurteilung ab. Geht man von
der Variante ἁγιότητι aus, dann bietet sich das Verständnis
des Genitives als subiectivus an, im Sinne von: die Heilig-
keit, "wie Gott sie hat"[69], als das "Merkmal, das Gott in
seinem Wirken kennzeichnet"[70]. Sieht man so die Wendung als
Beschreibung göttlicher Attribute, erscheint der Anspruch
des Paulus zunächst sehr hoch.

Unabhängig von der textkritischen Entscheidung sind hin-

---

63  A.Schlatter, Paulus, der Bote Jesu, S.470.

64  R.Bultmann, aaO.

65  Von inneren Kriterien her ist diese vom Mehrheitstext und den "west-
    lichen" Zeugen gebotene Lesart der varia lectio ἁγιότητι vorzuziehen;
    vgl. auch B.M.Metzger, A Textual Commentary, S.575.

66  So F.W.Grosheide, Commentary on the second Epistle to the Corinthians,
    S.26.

67  H.Windisch, aaO.

68  F.W.Grosheide, aaO., S.26, nimmt mit 'Liddell and Scott' ersteres an.

69  R.Bultmann, aaO., S.38; ähnlich schon H.Windisch, aaO., S.54.

70  A.Schlatter, aaO., S.471.

gegen die beiden anderen Möglichkeiten, einen genitivus
auctoris oder obiectivus anzunehmen. Im Fall des genitivus
auctoris würde Paulus nicht erst mit ἐν χάριτι θεοῦ den Er-
möglichungsgrund und Ursprung seines Wandels, dessen er sich
rühmt, angeben, sondern schon jetzt auf Gott als den verweisen, der die Befähigung dazu wirkt und schenkt[71]. Wenn aber
erst in ἐν χάριτι θεοῦ die Wirkungsursache ausgedrückt sein
sollte, dann bezeichnet Paulus hier die Art und Weise des
Wandels, und der Genitiv ist als obiectivus zu verstehen[72].
Paulus bezeugt dann seine Lauterkeit 'vor Gott', die - entsprechend der Etymologie von εἰλικρίνεια - selbst dem Urteil
Gottes standhält. Eine Entsprechung findet sich in den anderen
Beteuerungsformeln, in denen Paulus Gott als Zeuge anruft oder
explizit "vor Gott in Christus" redet (2.Kor 12,19). Auch
wenn die anderen beiden Möglichkeiten theologisch denkbar
wären und vielleicht bei der Genitivkonstruktion mitschwingen,
hat dieser Aspekt des genitivus obiectivus die Präferenz.

Antithetisch läßt Paulus dieser positiven Doppelaussage
die negative Abgrenzung folgen, um - wie in Röm 9,1 - gegenüber den gegnerischen Angriffen durch die Mehrgliedrigkeit
die Dringlichkeit und Entschiedenheit seiner Beteuerung zu
unterstreichen. Auch die Antithese οὐκ ἐν σοφίᾳ σαρκικῇ
bestätigt nochmals die Annahme, daß mit dem ersten Ausdruck
zunächst von der Art und Weise des Wandels die Rede ist. Da
es "um die Frage der sittlichen Lebensführung"[73] des Apostels
geht und nicht inhaltlich um seine Theologie, ist hier wohl
kaum an den σοφία-Begriff von 1.Kor 2,5 zu denken. Vielmehr
weist Paulus die Verdächtigung zurück, er habe aus "schlauen,
hinterlistigen" und "unsittlichen Motiven"[74] gehandelt. In
Kap 1,17; 4,2; 10,2 und 12,16[75] finden sich inhaltliche Ent-
faltungen dieser vorgeworfenen 'fleischlichen Weisheit'.

Nachdem Paulus durch die Angabe des Maßstabs und der Art

---

71  So A.Schlatter, ebd.; F.W.Grosheide, aaO., S.26.

72  Mit H.D.Wendland, aaO., S.110.

73  R.Bultmann, aaO., S.38.

74  H.Windisch, aaO., S.55, im Anschluß R.Bultmann, aaO.

75  H.Windisch, aaO.

seines Wandels  seinen 'Ruhm' in positiven und negativen Wendungen umschrieben hat, bringt er als drittes, wieder in positiver Formulierung, den für sein Rühmen charakteristischen
Verweis auf Gottes Gnade als Ursprung seines Wirkens.

Eine letzte Steigerung erreicht Paulus in seiner Beteuerung dadurch, daß er sie mit dem Hinweis beschließt: περισσο-
τέρως δὲ πρὸς ὑμᾶς. Damit will er natürlich nicht ausdrük-
ken, daß er sich woanders weniger lauter verhalten hätte
oder die schwierigeren Verhältnisse bei den Korinthern ihm
die Konsequenz erleichtert hätten[76]. Auch ist das περισσο-
τέρως kaum temporal auf die Länge des Aufenthaltes zu beziehen[77], der nach Acta 18,11 eineinhalb Jahre betrug. "Paulus
war", um mit R.Bultmann zu sprechen, "in Korinth nicht besonders lauter, sondern besonders vorsichtig"[78], indem er
z.B. nach 2.Kor 11,7ff und 1.Kor 9,6 von ihnen keine finan-
zielle Unterstützung beanspruchte. Eine Steigerung bildet
dieser Abschluß insofern, als Paulus damit an die Korinther
appelliert, die, falls sie selbst genauso lauter sind, mit
ihrem Urteil zu keinem anderen Ergebnis kommen können als er.
Sie kennen seinen Wandel und müßten seine Lauterkeit nach den
gemeinsamen Kriterien von ἁπλότης und εἰλικρίνεια bestätigen
und bezeugen. Hier zeichnet sich schon der Gedankengang der
anderen Stellen des 2.Korintherbriefes ab, an denen Paulus
in der Verteidigungssituation nicht nur wie hier seine eigene
Syneidesis, sondern auch die Syneidesis der Korinther als
Zeugen der Bestätigung anruft (2.Kor 4,2; 5,11).

Welches Verständnis von Syneidesis ist nun in 2.Kor 1,12
anzunehmen? Wie in Röm 9,1 spricht Paulus auch hier wieder
vom Zeugnis der Syneidesis, diesmal in Verbindung mit dem
Substantiv τὸ μαρτύριον. Während in Röm 2,15 vom 'Zeugnis'
als Beweismittel, das die Syneidesis der Heiden darstellt,
die Rede war, geht es in den beiden Stellen, Röm 9,1 und 2.
Kor 1,12, um das aktive Zeugnis, das die Syneidesis ablegt[79].
Der Genitiv τῆς συνειδήσεως ἡμῶν (2.Kor 1,12) ist deshalb als

---

76  Gegen H.Windisch, ebd.

77  Gegen H.Windisch, ebd.; mit R.Bultmann, aaO., S.39.

78  R.Bultmann, ebd.

79  Siehe dazu H.Strathmann, aaO., S.510.

subjektivus zu verstehen, d.h. die Syneidesis wird als das
sprechende Subjekt dargestellt. Daß Paulus die Syneidesis
als eine selbständige Instanz im Menschen sieht, tritt hier
ganz deutlich hervor. In dem forensischen Zusammenhang dieser
beiden Stellen wird sie aber nicht wie bei Philo lediglich
als der anklagende, überführende, urteilende und strafende
ἔλεγχος beschrieben, sondern vielmehr im neutralen Sinne als
'Mitwisser', der im Fall der Unschuld als entlastender Zeuge
angerufen werden kann. Obwohl Paulus die feste, objektivierende und personifizierende Bezeichnung der Syneidesis als
ὁ μάρτυς nicht verwendet, ist deshalb die Ähnlichkeit mit
den Beschreibungen des testis als des unbestechlichen Zeugen[80]
und Garanten und Repräsentanten der Unabhängigkeit von menschlichen Meinungen[81] unverkennbar. So beobachtet und beurteilt
die Syneidesis das Verhalten, Denken, Reden und Tun auf Grund
von als erkannt vorauszusetzenden Maßstäben und Werten, die
an unserer Stelle mit den Begriffen ἀπλότης und εἰλικρίνεια
positiv und mit σοφία σαρκική negativ umschrieben werden. Ob
Paulus bei dem Vorgang des 'Bezeugens' primär sich selbst[82]
oder die Korinther als Objekt denkt, kann in Röm 9,1 und in
2.Kor 1,12 nicht so klar bestimmt werden wie in Röm 2,15, wo
der Beweisgang eindeutig auf die angesprochenen Juden abzielt.
In Röm 9,1 und 2.Kor 1,12 fällt die Funktion des Beurteilens
des Redenden mit der Bestätigung seiner Wahrhaftigkeit vor
den anderen Menschen zusammen. Da das Zeugnis von den Adressaten des Briefes nicht direkt vernommen werden kann, setzt
Paulus offensichtlich voraus, daß es Aufgabe der Syneidesis
ist, den Wandel des einzelnen nach den von ihm anerkannten
Maßstäben zu beurteilen und das Ergebnis dem Betreffenden,
hier Paulus, zu bezeugen.

Was ist nun in 2.Kor 1,12 der Inhalt dieses Zeugnisses?
Spricht Paulus wie in Röm 9,1 lediglich von der 'Bestätigung'
der Wahrhaftigkeit seiner Aussage[83], oder bezeugt die Synei-

---

80  Vgl. Sen Ep 43,4.5; Quint Inst Orat V,11,41.
81  Vgl. Cic Att XII,28,2; XIII,20,4 und Tusc II,26,63f.
82  M.Kähler, aaO., S.254.
83  So J.Stelzenberger, aaO., S.53.

desis das, was als Inhalt des 'Ruhmes' im ὅτι-Satz ausgeführt
wird? Die von J.Stelzenberger[84] nahegelegte Alternative ist
kaum akzeptabel. Natürlich wird das 'Zeugnis' als Bestätigung
der Wahrhaftigkeit angeführt. Für diese Bestätigung ist die
Syneidesis ja gerade insofern kompetent, als es ihre Aufgabe
ist, das sittliche Verhalten im Ganzen zu beurteilen, was ja
die Wahrhaftigkeit mit einschließt.

Daß es sich in 2.Kor 1,12 um ein positives Zeugnis handelt,
wird auch von C.A.Pierce eingeräumt[83], der an den anderen paulinischen Belegstellen meist von dem 'moralischen schlechten
Gewissen' ausgeht, hier aber das 'moralisch-positiv-gute-Ge-
wissen' annimmt. C.A.Pierce setzt voraus, daß Paulus Syneidesis hier dazu gebraucht, "to avoid hurting the Corinthians"[86].
Er mag darin recht haben, daß Paulus in der Korrespondenz mit
den Korinthern deshalb zum häufigen Gebrauch des Begriffes
Syneidesis angeregt wurde, weil der Begriff bei den Auseinan-
dersetzungen innerhalb der Gemeinde eine besondere Rolle spielte[87] - auf seiten der Gegner des Apostels oder auch der 'Schwachen'. Bei den Stellen, an denen die Integrität des Apostels
gegen Anklagen der Gegner verteidigt werden soll, liegt diese
Annahme aber weniger nahe als bei den Erörterungen über das
Problem des Götzenopferfleisches in 1.Kor 8 und 10, die ja
Antworten auf konkrete Anfragen aus der Gemeinde darstellen
(1.Kor 8,1). Keinesfalls kann aber einsichtig gemacht werden,
daß es sich bei dem positiven Gebrauch in 2.Kor 1,12 um eine
Konzession des Apostels an die Gegner handelt.

In 2.Kor 1,12 wird Syneidesis wie in Röm 2,15 und Röm 9,1
als anthropologischer Begriff verwandt. Die Instanz Syneidesis
beurteilt den Wandel des Apostels objektiv als positiv. Mit
ἐν χάριτι θεοῦ gibt Paulus Gottes Wirken als Ermöglichungs-
grund für seinen christlichen Normen entsprechenden Wandel an.
Der Wandel ist also von Gott gewirkt, so wie sich auch der
Maßstab für seine Normen bei Gott selbst findet, was durch

---

84  Ebd.
85  C.A.Pierce, aaO., S.87.
86  Ebd.
87  AaO., S.64f.

das Genitivattribut τοῦ θεοῦ in V 12c ausgedrückt wird. Die
Funktion der Syneidesis an sich ist aber nicht mit M.Kähler
als spezifisch "christlich" zu bezeichnen[88].
Die Syneidesis ist wohl, wie J.Stelzenberger sagt, die "letzte
menschlich-persönliche Instanz"[89], doch gilt das lediglich
in Bezug auf die Selbstbeurteilung des eigenen Wandels, für
die allein die Syneidesis kompetent ist. J.Stelzenbergers
Definition: "Syneidesis ist 2.Kor 1,12 die subjektive Bewußtheit des Paulus als Bestätigung eines gottzugewandten
Lebens"[90], verleitet aber zu der Identifikation des an dieser
Stelle positiv ausfallenden Urteils über das "gottzugewandte
Leben" des Apostels mit der an sich neutralen - d.h. der nicht
prinzipiell auf das verklagende oder bestätigende Moment ein-
geschränkten - Instanz Syneidesis. Mit dieser Umschreibung
definiert J.Stelzenberger die Bedeutung der συνείδησις ἀγαθή
oder καθαρά in den Pastoralbriefen. Bei Paulus selbst handelt
es sich aber um die neutrale Instanz der Beurteilung und noch
nicht um einen terminus technicus für die "Bewußtheit ...
eines gottzugewandten Lebens".

C.Maurer kommt durch Anlehnung an die Aussagen über das
'verklagende Herz' in 1.Joh 3,19-22 und durch die Identifikation der Syneidesis mit dem hellenistisch-jüdischen ἔλεγχος-
Begriff zu einer völlig unbegründbaren Interpretation des
Syneidesis-Begriffes in 2.Kor 1,12, indem er sagt: "Sachlich
entspricht dieser Sicht des Gewissens 1.Joh 3,19-22, wenn
dort Gott die Anklage des Herzens erkennt und dadurch den
ἔλεγχος zum Schweigen bringt ... Das Urteil des Gewissens ist
also, auch wenn es, was Paulus in unerhörter Weise ausspricht,
positiv ausfällt, kein selbständiges, sondern im Wort Gottes
begründet"[91].

Dagegen handelt es sich in 2.Kor 1,12 gerade nicht um das
'verzagte Gewissen', dessen verklagendes Urteil erst durch

---

88   M.Kähler, aaO., S.254, spricht vom "Unzweifelhaft ... christlichen
     Gewissen".

89   J.Stelzenberger, aaO., S.54.

90   Ebd.

91   C.Maurer, aaO., S.915.

den Zuspruch der Gnade beruhigt wird, sondern um die beobachtende und - bei gegebener Sachlage - durchaus positiv urteilende Instanz Syneidesis, die Paulus ja allein deshalb als
entlastenden Zeugen zitieren kann. Auf Gottes Wirken führt
Paulus hier nicht das Urteil der Syneidesis, sondern die bestätigte Integrität seines 'Wandels' zurück. Daß es ἐν χάριτι
θεοῦ tatsächlich zu einem Leben und Verhalten des Apostels
ἐν ἁπλότητι καὶ εἰλικρινείᾳ gekommen ist, wird von der Syneidesis selbständig bestätigt.

Somit aber haben wir auch in 2.Kor 1,12 von derselben Zuordnung und Bedeutung des Begriffes συνείδησις auszugehen wie
in Röm 2,15 und Röm 9,1.


c) Synoida, reflexiv in 1.Kor 4,4

Im Zusammenhang der beiden Stellen Röm 9,1 und 2.Kor 1,12
ist noch auf 1.Kor 4,4 einzugehen. Zwar kommt der Begriff
'Syneidesis' dort nicht substantivisch vor, aber durch den
Gebrauch des Verbs ist indirekt - ebenfalls im forensischen
Kontext - nochmals von der Syneidesis des Paulus als Instanz
der Selbstbeurteilung die Rede. Deshalb soll diese einzige
Belegstelle für die reflexive Wendung σύνοιδα ἐμαυτῷ bei
Paulus schon hier angeführt werden, bevor die übrigen substan-
tivischen Belege untersucht werden.

Für den Abschnitt Kap 4,1-5 ist die Bezeichnung der Apostel
als ὑπηρέται und οἰκονόμοι konstitutiv. Schon in Kap 3,5ff
argumentiert Paulus mit den Begriffen διάκονοι und συνεργοί
θεοῦ, um den Parteiungen in Korinth entgegenzuwirken. Der
Ton liegt dabei auf der Relativierung des Dieners und seines
Wirkens durch seinen Herrn, der durch und mit ihm wirkt. In
Abwehr gegen das Rühmen (V 21) oder Streiten über Menschen
(V 3) soll auf Gott als den Herrn verwiesen werden, um den
es den Dienern allein geht und in dem die Einheit der Gemeinde
begründet ist (V 5-10).

In Kap 4 dagegen will Paulus mit dem Bild der Beziehung
Herr - Knecht nicht mehr sich, Apollos oder Kephas zugunsten
seines 'Herrn' relativieren, sondern seine persönlichen Kri-
tiker korrigieren, weshalb seine Argumentation in V 3 in der
1.Person Singular weitergeführt wird.

Doch zunächst zur Einzelexegese. Mit οὕτως, V 1, wird an
das vorherige Kapitel angeknüpft und nicht betonend auf das
folgende ὡς gewiesen, im Sinne von 'so ... wie'[1]. Die Rückbeziehung auf Kap 3,5ff ist mit dem Bild des Dieners gegeben,
jedoch nicht speziell mit der Betonung des πιστός im Gegensatz
zum Begriff der σοφία[2]. Damit würde nämlich das οὕτως doch zu
ὡς gezogen, mit der Bedeutung: So, nach dem Maßstab schätze
man uns ein, wie ... V 1 darf aber keinesfalls so eng und
ausschließlich mit V 2 verbunden werden, weil dann der mit V 3
beginnende Hauptgedanke des Abschnitts zu unvermittelt ein-
setzt. Die Aussage von V 1 greift vielmehr die in Kap 3 ver-
wendete Bezeichnung des Apostels als Diener wieder auf, um
daran zwei weitere Aspekte zu verdeutlichen. So sollte man
auch die Bedeutung der Begriffe ἄνθρωπος und λογίζομαι nicht
überbewerten. Ἄνθρωπος steht lediglich für das unbestimmte
Pronomen und kann mit "man" wiedergegeben werden[3]; λογίζομαι
ist mit "betrachten, ansehen als" zu übersetzen[4] und durch
nichts als ein Stichwort der Gegner zu erweisen[5].

Mit den beiden Bezeichnungen ὑπηρέτης und οἰκονόμος will
Paulus wohl denselben Sachverhalt wie in Kap 3,5.9 ansprechen.
Daß beim διάκονος (Kap 3,5) der Ton auf dem Wert der Leistung
und beim ὑπηρέτης auf der Unterordnung liege, dürfte zu spitz-
findig unterschieden sein[6]. Der letzte Begriff, οἰκονόμος,
ist durch den Genitivus obiectivus μυστηρίων θεοῦ inhaltlich
näher bestimmt. Das Objekt der Verwaltung der Apostel ist der
vormals geheime, jetzt aber in Christus offenbare Ratschluß
Gottes zum Heil (Kap 2,6ff) und nicht, wie von der Pluralform
her geschlossen werden könnte, spätere, vom Christusgeschehen
losgelöste Einzeloffenbarungen[7].

V 2 bringt weder den Hauptgedanken des Abschnitts noch eine

---

1    Siehe Kap 8,12; Röm 11,5; mit H.Conzelmann, Der erste Brief an die
     Korinther, S.101, Anm.1.

2    Gegen J.Weiß, Der erste Korintherbrief, S.96.

3    W.Bauer, Artikel: ἄνθρωπος, aaO., Sp.137.

4    W.Bauer, Artikel: λογίζομαι, aaO., Sp.941.

5    Mit H.Conzelmann, aaO., S.102.

6    Gegen A.Schlatter, aaO., S.146.

7    Mit H.Conzelmann, aaO.

unmittelbare Konkretisierung der Aufforderung von V 1. Deshalb muß dem ὧδε λοιπόν - etwa durch die Wiedergabe mit 'dabei, nun übrigens'[8] - der ursprüngliche asyndetische Charakter
belassen werden, der sonst durch die folgernde, begründende
Wiedergabe mit "also"[9] verdeckt würde.

Trotz guter Bezeugung der Imperativform ζητεῖτε ist die
Indikativform ζητεῖται vorzuziehen[10], da es in V 2 um die
Beschreibung der allgemeingültigen Tatsache geht, daß ein
Haushalter auf die Treue gegenüber seinem Herrn hin beurteilt
wird. Mit der Angabe dieses Kriteriums mag von Paulus eine
Abgrenzung gegen die in seinen Augen unsachgemäßen Maßstäbe
und Erwartungen einiger Korinther beabsichtigt sein, die im
Laufe der Korrespondenz wiederholt anklingen und nicht auf
den falschen σοφία-Begriff[11] beschränkt werden können. Von
daher wird auch das "nicht mehr ... als" der Lutherübersetzung
verständlich, das die Treue durchaus als "hohe Anforderung"
erscheinen läßt, aber andere Kriterien ausschließt[12].

Durch die Angabe der Treue als Kriterium der Beurteilung
in V 2 wird der folgende Gedankengang eingeleitet, zumal hinter
dem 'man' in ζητεῖται letztlich der Herr steht, dem an der
Treue seines Haushalters gelegen ist. Schon von daher ist die
Imperativform unwahrscheinlich, denn das Bild schließt Dritte
- als die sich die urteilenden Korinther sehen müssen - vom
Prozeß gerade aus. Mit V 2 möchte Paulus den Korinthern weniger
einen gültigen Maßstab zum Richten der Apostel geben, als
vielmehr die in V 3ff ausgeführte Erkenntnis der Unzuständigkeit des gemeindlichen Urteilens vorbereiten.

Der Gedankengang geht also in V 3 keineswegs in eine "ganz
andere Richtung"[13], weil mit dem sachgemäßen Kriterium (V 2)
nur e i n e sachgemäße 'Krisis' gedacht werden kann (V 4.5).
Während in Röm 2,1.3 vorrangig das als Schuld der Juden be-

---

8   W.Bauer, Artikel: λοιπός, aaO., Sp.949.

9   H.Conzelmann, aaO., S.101, Anm.2.

10  Mit H.Conzelmann, aaO., S.101, Anm.2, im Anschluß an H.Lietzmann.

11  So J.Weiß, aaO., S.96.

12  Dagegen H.Conzelmann, aaO., S.102.

13  Gegen H.Conzelmann, ebd.

schrieben wird, daß sie selbst tun, was sie an anderen verurteilen, wird in 1.Kor 4 - in Übereinstimmung mit dem apodiktischen Verbot Jesu in Matth 7,1 - jede menschliche Instanz
als inkompetent für das Richten anderer Menschen bezeichnet.
Auf Grund dieser prinzipiellen Unzuständigkeit bedarf es keiner
weiteren Relativierung der urteilenden Korinther, etwa wie in
Kap 3,1ff, denn es geht um eine anthropologische Grundaussage:
Der Mensch ist allein Gott verantwortlich und wird von ihm am
letzten Tage beurteilt werden. Diese Beurteilung Gottes fällt
weder mit der Beurteilung durch andere noch - was für unseren
Zusammenhang höchst aufschlußreich ist - mit der durch die
eigene Syneidesis zusammen.

Wie Paulus im Wissen um diese Inkompetenz das Richten der
ihn verurteilenden Korinther wertet, wird an dem starken Ausdruck εἰς ἐλάχιστόν ἐστιν deutlich, der durch Konfusion der
beiden gleichbedeutenden Wendungen ἐλάχιστόν ἐστιν und εἰς
ἐλάχιστον γίνεται entstanden ist[14].

Das in V 3 und 4 dreimal gebrauchte Verb ἀνακρίνειν ist
von κρίνειν zu unterscheiden, denn es geht hier nicht erst
wie bei letzterem um das Endurteil oder um eine definitive
Verurteilung, sondern bereits um die vorausgehende Untersuchung, um das Zur-Verantwortung-Ziehen und Beurteilen im Verhör[15]. Man braucht jedoch deswegen nicht mit J.Weiß ein von
den Korinthern konkret geplantes Verhör des Paulus zu postu-
lieren[16], denn Paulus setzt sich in seiner gesamten korinthischen Korrespondenz mit Urteilen und Anklagen auseinander
(Kap 9,3). Vor allem für das Verständnis von V 3c ist entscheidend, daß nicht die Verurteilung gemeint ist, sondern
die Untersuchung, das Verhör und insofern das Beurteilen. Diese
Funktion steht selbstverständlich nur dem dafür Kompetenten
bzw. Autorisierten zu, und das zu sein, streitet Paulus den
Korinthern ab. Deshalb kann Paulus sagen, daß es ihm subjektiv
nichts bedeutet und daß es objektiv irrelevant ist, wenn die
Korinther über ihn urteilen.

---

14  H.Lietzmann, Die Briefe des Apostels Paulus an die Korinther I/II,
    S.18.

15  W.Bauer, Artikel: ἀνακρίνω, aaO., Sp.112; J.Weiß, aaO., S.96; vgl.
    auch 1.Kor 9,3; 14,24.

16  J.Weiß, ebd.

Um dem Mißverständnis vorzubeugen, er wolle sich nur deshalb nicht dem Urteil der Korinther stellen, weil er sie
nicht als πνευματικοί akzeptiere, ergänzt Paulus seine Aussage. Die Partikel ἤ leitet keine Alternative ein, sondern
eine Erweiterung und Verallgemeinerung im Sinne von "oder
überhaupt"[17].

Ἡμέρα steht als terminus technicus für den Verhandlungs-
termin und den Gerichtstag (Act 28,23)[18], bei Paulus meist
für den von Gott gesetzten Tag seines Gerichtes durch Christus,
der hier die konkret oder übertragen vorgestellte ἀνθρώπινη
ἡμέρα als Alternative relativiert. Paulus bestreitet damit,
wie wir oben sagten, jeglicher menschlichen Instanz das Recht,
andere an Gottes Stelle zu beurteilen. Letzte Eindeutigkeit
erfährt dieser Grundsatz dadurch, daß ihn Paulus in V 3c sogar auf sein eigenes, ihn selbst betreffendes Urteil anwendet.
Denn wenn er sogar sich selbst die Berechtigung einer letztgültigen Beurteilung seiner Person abspricht, dann kann er
in diesem Punkt nicht mehr als stolz und selbstherrlich miß-
verstanden werden.

J.Weiß hat darauf hingewiesen, daß dem bisherigen Gedankengang entsprechend in V 3c nicht das Objekt der Beurteilung,
sondern das Subjekt des Satzes betont sein müßte, und zudem
die Passivform passender wäre. Das ergäbe den Satz: "ἀλλ'
οὐδὲ ἐγὼ ὑπ' ἐμαυτοῦ ἀνακρίνομαι"[19]. Durch das Aktiv wäre
der Akzent verschoben worden und der Wortsinn enthalte ein
"apologetisches Moment"[20], das im Zusammenhang eigentlich
nicht angelegt sei. So sehr J.Weiß mit seiner Alternativ-
formulierung von V 3c die Intention des Paulus trifft, sowenig kann man die kürzere Formulierung des Paulus hier anders
verstehen.

Die Möglichkeit, V 3c mit V 4a als dessen Begründung zu-
sammenzuziehen und in V 4b dann eine Korrektur der Aussage
zu sehen, ist auf jeden Fall unzulässig, denn Paulus macht

---

17   Ebd.

18   Ebd.

19   Ebd.

20   Ebd.

die Tatsache, daß er sich selbst nicht richtet, nicht von
seiner Unschuld abhängig, sondern er will damit sowohl sich
als auch jedem Menschen prinzipiell das Recht absprechen,
über ihn zu urteilen. Das wird aber verdeckt, wenn man
V 3c so versteht, als sähe Paulus nur im Moment keinen Anlaß, sich selbst zu richten. Deshalb ist es falsch, wenn H.
Lietzmann behauptet, daß Paulus das ἀνακρίνειν an sich voll-
zöge, falls er sich einer Schuld bewußt wäre[21]. Paulus spricht
hier nicht von der mit πειράζειν und δοκιμάζειν beschriebenen
Selbstprüfung und Selbstbeurteilung[22], die ja auch seiner
eigenen Aussage von V 4a vorausgegangen sein muß, sondern von
dem 'Richten', das Gottes Gericht in seinem absoluten Anspruch
vorwegnehmen will. Die Übersetzung: 'ich richte mich selber
nicht, denn ich bin mir keiner Schuld bewußt', verfehlt völlig
die Intention des Paulus und wird nicht einmal durch das Aktiv
in V 3c "zum Mitschwingen gebracht"[23].

   So kommt also nur die zweite Zuordnungsmöglichkeit in Frage:
In V 3 wird die dreifache negative Versicherung gegeben, daß
weder die Korinther noch irgend eine menschliche Instanz noch
Paulus selbst für das Richten kompetent sind. Die Entsprechung
finden diese negativen Wendungen in der positiven Formulierung
von V 4c: der einzige, dem dieses ἀνακρίνειν zusteht, ist der
Herr. Wegen dieser Bestimmung des Richtens als Prärogative
Gottes - und nicht allein wegen der auf die konkrete Anklage
bezogenen oder gar im absoluten Sinne beanspruchten Unschuld
- fordert der Apostel in V 5 auch apodiktisch: μὴ πρὸ καιροῦ
τι κρίνετε ἕως ἂν ἔλθῃ ὁ κύριος. Dieser eindeutige Zusammenhang widerlegt nochmals die Behauptung, daß V 3c von V 4a
kausal abhängig sei.

   Wie lassen sich dann die Satzteile V 4a und b zuordnen? Da
sie in den Hauptgedankengang eingeschoben wurden, sind sie
als Parenthese zu bezeichnen. Mit V 4a will Paulus wohl die
sich von V 3c her anbietende Verleumdung vorwegnehmen, er
sei 'unkritisch' gegen sich selbst und würde daher sein Ver-

---

21  H.Lietzmann, aaO., S.18.

22  Z.B. in 1.Kor 11,28; 2.Kor 13,5.

23  J.Weiß, aaO., S.97.

sagen gar nicht einsehen, oder er verweigere Kritik und Selbst-
kritik, um sein Versagen zu leugnen. Offensichtlich ist er
sich aber seiner Sache durchaus gewiß und brauchte von daher
weder die Selbstprüfung noch die Verantwortung vor anderen
Menschen zu scheuen, wäre er nicht allein seinem Herrn verantwortlich und Rechenschaft schuldig.

Da das γάρ in V 4a nicht begründend, sondern lose anknüpfend
und fortführend fast wie δέ gebraucht wird[24], fehlt in V 4a
eine Partikel, die die syntaktische Zuordnung eindeutig bestimmt. Durch das ἀλλά in V 4b und den gesamten Gedankengang
legt sich aber das konzessive Verständnis von V 4a nahe, im
Sinne von: 'ich bin mir zwar nichts bewußt, aber darin bin
ich nicht gerechtfertigt'.

Der Versteil 4b wird in der Exegese als problematisch
empfunden. Was meint hier Paulus mit 'gerechtfertigt werden',
und inwiefern kann dieser Vorgang bei ihm als noch zukünftig
gedacht werden?

Es wurde versucht, die Aussage so zu deuten, daß Paulus
nicht seine Rechtfertigung an sich in Frage stelle, sondern
lediglich deren Begründung auf das 'gute Gewissen', der Ge-
setzesfrömmigkeit: "nicht auf Grund meines guten Gewissens
habe ich die Rechtfertigung erlangt, sondern auf Grund meines
Glaubens an Christus"[25]. Dagegen spricht erstens, daß Paulus
in V 5 und auch in Kap 3,10-15 eindeutig futurisch argumentiert und das δεδικαίωμαι deshalb nicht als abgeschlossen gedacht werden kann. Zweitens wird vom Glauben an Christus als
Alternative zum 'guten Gewissen' gar nicht gesprochen. Drittens ist das Verb δικαιοῦσθαι nicht wie im späteren Römerbrief lediglich der terminus technicus für das synthetische
Rechtfertigungsurteil des Sünders aus Gnaden durch Glauben,
dessen sich jeder Gläubige gewiß sein kann. Während dieses
Verständnis im Römerbrief (Kap 5,1.9; 8,30ff) gehäuft auftritt, erscheint es im Korintherbrief nur vereinzelt und
formelhaft (1.Kor 6,11).

Die in 1.Kor 4,4 mit dem forensischen Begriff δικαιοῦσθαι

---

24  W.Bauer, Artikel: γάρ, aaO., Sp.302.
25  Referiert bei J.Weiß, aaO., S.98, und R.Steinmetz, aaO., S.9.

bezeichnete Beurteilung des Gläubigen durch Christus (κύριος)
muß wieder im Zusammenhang von Kap 3,10-15 gesehen werden,
wo ebenso das σωθήσεται (V 15) als Gewißheit vorausgesetzt
wird, Paulus aber gleichzeitig davon ausgeht, daß Christus
über das Leben und Wirken der einzelnen Gläubigen ein analytisches Urteil fällen wird (auch 2.Kor 5,10; Röm 14,10). Zur
Bestätigung der Tatsache, daß hier wieder an das 'βῆμα τοῦ
Χριστοῦ' gedacht wird, sei noch darauf hingewiesen, daß in
V 5 nur vom ἔπαινος die Rede ist, was im Zusammenhang des
Weltgerichtes bei Paulus nicht so einseitig stehen bleiben
könnte, wie wir in Röm 2,6-10 sahen. Der Herr wird also an
'seinem Tag' seinen Dienern das ihrer Treue und Arbeit entsprechende Lob aussprechen, wenn er sein ἀνακρίνειν (Kap 4,4)
vollzieht. Auf das Verhältnis der beiden Gerichtsgedanken
zueinander sind wir bereits bei der Besprechung von Röm 2,13
eingegangen.

Die Versicherung des Paulus in 1.Kor 4,4a ist so absolut
formuliert, daß sie schon oft Anlaß zur Einschränkung auf
das Amt des Paulus oder bei C.Maurer[26] sogar zur völligen
Uminterpretation gab. Es besteht kein Zweifel, daß Paulus
für sich nicht generell den Anspruch der persönlichen sittlichen Vollkommenheit und Sündlosigkeit erhoben hat. Trotz
seiner absoluten Aussagen - z.B. bezüglich des 'Abgestorben-
seins' in Röm 6 - handelt es sich bei ihm nicht um Perfektio-
nismus, da Paulus zwar das neue 'Sein' des Christen und die
damit geschaffene Möglichkeit des neuen 'Wandels' als mit
dem Christusgeschehen schon gegeben sieht, nicht aber die
faktische, ständige Vollkommenheit des Wandels, was sonst
die problembezogen-argumentativen und auch die paränetischen
Teile seiner Korrespondenz erübrigt hätte. Er betont vielmehr den eschatologischen Vorbehalt dieser Wirklichkeit zugunsten der Hoffnung auf die Wiederkunft des κύριος und auf
die damit verbundene Auferstehung und Erlösung (Röm 8,18ff;
1.Kor 15). Auch bezüglich seiner eigenen Person spricht Paulus diesen Vorbehalt konkret aus, z.B. in Phil 3,12: Οὐχ ὅτι
ἤδη ἔλαβον ἢ ἤδη τετελείωμαι. Der optimistische Grundzug sei-

---

26  C.Maurer, aaO., S.915.

ner Selbstbeurteilung und Einschätzung der Möglichkeiten des
christlichen Wandels darf damit aber nicht verdeckt werden,
zumal jene Aussage konzessiv zum folgenden διώκω δὲ εἰ καὶ
καταλάβω, ἐφ' ᾧ καὶ κατελήμφθην ὑπὸ Χριστοῦ zu verstehen ist.

Die auffällige Parallele der Formulierung von 1.Kor 4,4
zu der LXX-Übertragung von Hiob 27,6: οὐ γὰρ σύνοιδα ἐμαυτῷ
ἄτοπα πράξας läßt nach weiteren alttestamentlichen Entsprechungen fragen. Diese Elemente der Anklage durch Gegner und
der Unschuldsbezeugung des 'Gerechten' finden sich auch in
den Klagepsalmen, in denen der unschuldig Verfolgte den Bei-
stand Jahwes in seinem Rechtsstreit erfleht. Von daher gesehen bedarf es keiner Reflexion darüber, ob die Aussage des
Paulus nur sein apostolisches Amt oder auch seinen persönlichen sittlichen Lebenswandel betrifft[27]. Wie die alttestamentlichen Aussagen nicht absolut zu verstehen sind, sondern
sich jeweils konkret auf die Anklage der Gegner und auf das
Zustandekommen der Situation, die der 'Gerechte' beklagt,
bezogen werden müssen, so geht es auch bei der Versicherung
des Paulus um das Bewußtsein, daß er in Hinsicht auf die Vorwürfe und Urteile der Gegner unschuldig ist.

Da σύνοιδα ἐμαυτῷ in 1.Kor 4,4 absolut gebraucht wird, ist
der Ausdruck bezüglich der Bedeutung zunächst neutral. Es
ist aber wegen des eindeutigen Zusammenhangs sachgemäß ein
negatives Objekt - entsprechend Hiob 27,6 oder Plat Resp I
331a ἄτοπα πράξας oder ἄδικον - zu ergänzen. Der absolute Gebrauch der reflexiven Verbform kann, wie oben für die negative (Polyb IV 86) und positive Bedeutung (Isoc Or 1,16;
Soph fr 845) belegt, als zur Zeit des Paulus allgemein üblich
und verständlich vorausgesetzt werden.

Wenn wir die Exegese von 1.Kor 4,4 an dieser Stelle unserer
Arbeit eingeschoben haben, setzen wir mit den meisten Exegeten
voraus, daß Paulus beim Gebrauch des älteren reflexiven Verbs
die begrifflich erst später aufkommende substantivische Form
mitdenkt, was sich vor allem durch die häufige Verwendung von
συνείδησις in den Korintherbriefen nahelegt. Das würde heißen,

---

27  Siehe J.Weiß, aaO., S.97, der zu ersterem A.Ritschl, zu letzterem
    H.Windisch zitiert.

daß Paulus sowohl die Bewußtmachung seines eigenen Verhaltens
als auch dessen Beurteilung nach einer vorauszusetzenden Norm,
einschließlich des daraus folgenden Bewußtseins, auf das Wirken der Instanz seiner Syneidesis zurückführt, ohne diese mit
jenen gleichzusetzen.

Während völlige Übereinstimmung darüber besteht, daß Paulus
hier wie auch in den verwandten Stellen Röm 9,1 und 2.Kor 1,12
seine Syneidesis im Blick haben muß, gehen bei der Definition
dieser Syneidesis die Meinungen wieder weit auseinander. Allein
die Möglichkeit, Syneidesis als die Normen gebende Instanz
oder als die sittliche Norm selbst zu verstehen, wie es vor
allem für Röm 2,15 vorgeschlagen wird, findet bei 1.Kor 4,4
keine Vertreter. Sie wird kaum einmal explizit ablehnend erwähnt: Die Syneidesis "ist nur eine 'urteilende', nicht eine
Recht setzende Instanz"[28].

Häufiger erscheint die mit unserer oben gegebenen Definition
ebenfalls ausgeschlossene Variante, die Paulus hier vom 'guten
Gewissen' sprechen läßt. So schreibt H.Lietzmann: "nun aber
hat er (Paulus) ein gutes Gewissen"[29], und C.A.Pierce läßt
Paulus unter anderem sagen: "I have a good conscience"[30]. J.
Stelzenberger überschreibt einen Abschnitt mit "Das gute Gewissen"[31], für den er 1.Kor 4,4 als den einzigen Beleg aus
den Homologumena des Paulus anführt.

Diese These bedarf aber einer scharfen Differenzierung.
Richtig ist, daß Paulus hier aussagt, was wir heute - schon
zu selbstverständlich - mit dem Satz wiedergeben können: 'Ich
habe ein gutes Gewissen'. Für das Verständnis von Syneidesis
bei Paulus muß aber klar herausgestellt werden: Sowohl die
Differenzierung von 'gutem' und 'bösen' Gewissen bis hin zur
völligen Trennung beider im Hinblick auf Inhalt und Funktion
als auch das Verständnis von Syneidesis als 'Bewußtsein' oder
'Bewußtseinszustand' sind in den neutestamentlichen Schriften
erst nach Paulus belegt, im Corpus Paulinum selbst in den

---

28  H.Conzelmann, aaO., S.103.

29  H.Lietzmann, aaO., S.18.

30  C.A.Pierce, aaO., S.88.

31  J.Stelzenberger, aaO., S.82ff.

deuteropaulinischen Pastoralbriefen (1.Tim 1,5; 1,19; 3,9;
2.Tim 1,3). Dann erscheint dieses Verständnis im Hebräerbrief
(Kap 13,18) und im 1.Petrusbrief (Kap 3,16; 3,21). Schließlich
gibt es noch zwei lukanische Belegstellen in den Acta (Kap
23,1; 24,16). Da es sich dort um redigierte Paulusreden handelt, kann man natürlich nicht mit ihnen als den einzigen
Belegen den Gebrauch des Begriffs 'gutes Gewissen' bei Paulus
selbst nachweisen wollen. Bei den entsprechenden Gelegenheiten
- Röm 9,1; 2.Kor 1,12 und vor allem 1.Kor 4,4 umschreibt Paulus den Begriff, während die Redaktion und seine Schule ihn
als naheliegend einführen. Jede Spekulation darüber, ob Paulus
das Verständnis der Syneidesis als positiven oder negativen
B e w u ß t s e i n s z u s t a n d  im Sinne unseres heutigen 'guten'
oder 'schlechten Gewissens' kannte oder nur das von ihm durchgehend gebrauchte Verständnis der Syneidesis als 'I n s t a n z'
der Beurteilung des Verhaltens hatte, bleibt hypothetisch. Es
ist aber unbestreitbar, daß Paulus selbst an der sich dazu
anbietenden Stelle 1.Kor 4,4 συνείδησις nicht mit Adjektiven
wie ἀγαθή, καθαρά oder ἀπρόσκοπος verbindet.

Bei dem absoluten Gebrauch von Syneidesis ist die inhaltliche Bestimmung und die Angabe, ob das 'Zeugnis' positiv
oder negativ ausfällt, für Paulus mit dem Begriff an sich noch
nicht bezeichnet, sondern muß durch den Kontext explizit angegeben werden, z.B. in Röm 9,1 mit ἀλήθειαν λέγω κτλ und in
2.Kor 1,12 mit ἡ γὰρ καύχησις ἡμῶν κτλ sowie vor allem durch
die folgenden ὅτι-Sätze. Weil für Paulus die Syneidesis die
in diesem Sinne neutrale Instanz und nicht der nach 'Gut' und
'Böse' klassifizierte Bewußtseinszustand ist, bleibt auch
der absolute Gebrauch des Substantivs bei ihm neutral und
werden die Bestimmungen durch die oben angeführten Adjektive
bei ihm selbst nicht vollzogen.

Daraus folgt für 1.Kor 4,4: Um der Prägnanz der Parenthese
willen meidet Paulus die weitschweifige Ausführung des Zeugnisses der Syneidesis durch einen eingeschobenen ὅτι-Satz,
der in Röm 9,1 und 2.Kor 1,12 der Emphase diente. Da die Erwähnung des 'Zeugnisses' der Syneidesis an sich noch nicht
eindeutig wäre, bevorzugt er die ihm offensichtlich auch im
absoluten Gebrauch geläufige verbale Wendung. Sie ist präg-
nanter und verweist dennoch auf die Syneidesis. Daß Paulus
unter der Syneidesis das 'gute Gewissen' im spezifischen Sinne

versteht, ist aber mit 1.Kor 4,4 am wenigsten zu begründen,
weil er gerade in diesem Zusammenhang auf die verbale Wendung
ausweicht.

Mit der Abgrenzung gegen die Definition von Syneidesis
als 'gutem Gewissen' ist zugleich die andere Möglichkeit
ausgeschlossen, mit C.A.Pierce und ihm folgenden Exegeten[32]
Paulus sogar in 1.Kor 4,4 vom 'schlechten Gewissen' als dem
Schmerz, der sich nach Übertretungen einstellt, reden zu
lassen - freilich dann in der Negation, also im 'moralisch-
böse-negativen-Gebrauch' des Wortes[33]. C.A.Pierce geht von
der zwar nicht unmöglichen, aber schwer nachweisbaren Grundthese aus, Paulus habe den Begriff von den Korinthern übernommen und wolle ihnen in V 4 deutlich machen, daß es zweck-
los sei, sich auf das 'klare Gewissen' zu berufen. Spätestens
dann aber verläßt C.A.Pierce paulinischen Boden, wenn er
das Urteil des Gewissens nicht durch den richtenden Herrn
relativiert sein läßt, also V 4b mit V 4c begründet, sondern
sagt: "The defect of conscience as an ethical norm is common
to every man: even if in all other respects it is 'functio-
ning perfectly' it still remains negative only. Conscience
comes into operation when the moral limits of a man's own
nature are transgressed: but the simplest way to avoid wal-
king over an edge is to stand still ... Even if - perhaps
per impossible - the 'silence' of conscience can be taken
to mean that a man has done nothing wrong, it can never be
assumed from it that he has been accounted righteous"[34]. Es
muß nicht nur bestritten werden, daß Paulus unter Syneidesis
das 'schlechte Gewissen' versteht, unhaltbar ist auch die
sophistische Unterscheidung zwischen dem 'nicht vorhandenen
schlechten Gewissen' (moral-bad-negative) als Indiz für die
Abwesenheit einer Übertretung und dem 'guten Gewissen' (moral-positive-good) als dem Indiz für das Erfüllthaben einer
Aufgabe oder eines Gebotes. Denn das schlechte Gewissen stellt
sich nicht nur beim Tun des Verbotenen ein, sondern genauso
beim Unterlassen des Gebotenen. Andererseits wird das gute Gewissen nicht nur nach dem Tun des Gebotenen, sondern genauso

---

32  R.Jewett, aaO., S.431.

33  C.A.Pierce, aaO., S.62.

34  AaO., S.89.

nach der überwundenen Versuchung zur Übertretung empfunden.
Deshalb kann man unmöglich die Übertretungen von Verboten
dem schlechten und die Befolgung von Geboten dem guten Gewissen so prinzipiell zuordnen.

Paulus hebt in 1.Kor 4,4 allein darauf ab, daß nicht einmal er sich richten und beurteilen kann, selbst wenn er sich
weder der Schuld einer Übertretung des Verbotenen n o c h der
Auslassung einer Pflicht oder eines Gebotes bewußt ist. Ihn,
den 'Diener', darf und will nur der 'Herr' beurteilen. Keinesfalls will aber Paulus das Zeugnis der Syneidesis so relativieren, daß das 'klare', nicht-schlechte Gewissen zwar das
Nichtvorhandensein von Übertretungen bezeuge, nicht aber
positiv das Getanhaben der Pflicht. Die Aussage des Paulus
ist vielmehr: 'Der Herr wird mich richten', nicht aber: "The
assumption that MBNeg (moral-bad-negative) is necessarily
MPG (moral-positive-good) is unwarrantable"[35].

In bewußter Anknüpfung an den hellenistisch-jüdischen
Begriff der Syneidesis als ἔλεγχος verkennt auch C.Maurer die
Aussage des Paulus in 1.Kor 4,4[36]. Wie in 2.Kor 1,12 geht
er von der Prämisse aus, daß ein 'gutes Gewissen' ein durch
das 'Wort Gottes' und die Vergebung 'getröstetes' ist. Während Paulus sein eigenes zuversichtliches Bewußtsein vom
Gericht Gottes her in Frage stellt und relativiert, argumentiert C.Maurer zur Stelle: "Der über sich selbst urteilende
Mensch wird innerhalb des über ihn entscheidenden Urteils
Gottes gesehen. Da der Spruch Gottes aber in der Rechtfertigung des Sünders den Menschen bejaht und ihn darum befreit,
kommt Paulus nun zu solchen positiven Aussagen des Gewissens
über den Menschen, wie sie in der Umwelt nicht zu finden
sind. Das in Gott begründete Selbstbewußtsein darf sich seiner selbst in einem guten und positiven Sinn gewiß sein".
Noch eindeutiger folgert er dann, wie schon zu 2.Kor 1,12
zitiert, daß "solche Zuversicht zu sich selbst nicht subjektive Meinung ist, sondern sich in Gottes Urteil gründet,
indem das eigene mit dem Urteil Gottes zusammenfällt ... Das

---

35  Ebd.

36  C.Maurer, aaO., S.915.

Urteil des Gewissens ist also, auch wenn es, was Paulus in
unerhörter Weise ausspricht, positiv ausfällt, kein selbständiges, sondern im Wort Gottes begründet"[37]. Paulus aber meint
das Gegenteil[38]! Für ihn ist das in V 4a gegebene Urteil eben
nicht im Wort Gottes begründet und fällt gerade nicht per se
als sein eigenes Urteil mit dem Urteil Gottes zusammen. Auch
gründet die positive Selbstaussage in V 4a nicht in der Weise
auf dem synthetischen Rechtfertigungsurteil - wie es in 1.
Kor 6,11; Röm 5,1 usw. beschrieben wird -, daß sie als direkte
Auswirkung des Zuspruchs der Vergebung angesehen werden könnte.
V 4b spricht vielmehr vom analytischen Urteil über das Verhalten der Gerechtfertigten, deren 'Leben im Geist' durch
das synthetische Rechtfertigungsurteil ermöglicht wird, deren
zuversichtliches Selbstbewußtsein aber durchaus auf dem analytischen Prüfen des Wandels im πνεῦμα[39] und in der δύναμις
θεοῦ beruhen kann.

Als letztes muß noch geklärt werden, inwiefern die Relativierung durch V 4b und c die Unzuverlässigkeit und Irrtumsfähigkeit der Syneidesis beinhaltet. Mehrfach wurde zu Recht
betont[40], daß nicht die Fehlbarkeit der Syneidesis in V 4b
den Vorbehalt begründet, sowenig wie auch die 'Fleischlich-
keit' der Korinther für die Aussage über ihre Inkompetenz zu
richten der Anlaß ist. Daß Gott selbst, und nur er allein das
letzte Urteil zu sprechen hat, ist der Grund, warum jede
menschliche Instanz - und damit auch die eigene Syneidesis
relativ sein muß.

Das heißt aber nicht, daß Paulus etwa von der Unfehlbarkeit
seiner Syneidesis bezüglich der Funktion und der für das Urteil
vorauszusetzenden Werte ausginge, was mit den Ausführungen
über das 'schwache Gewissen' in 1.Kor 8 und 10 auch kaum zu
vereinbaren wäre. Die Fehlbarkeit der Syneidesis wird wie die
Irrtumsfähigkeit jeder menschlichen Instanz unter dem eschatologischen Vorbehalt natürlich vorausgesetzt. Die Verantwort-

---

37  Ebd.

38  So auch R.Jewett, aaO., S.432, Anm.1.

39  Vgl. Gal 5,25.

40  W.Gutbrod, aaO., S.58; Th.Schneider, aaO., S.200; J.Weiß, aaO., S.98.

lichkeit vor Gott ist aber durch die Beziehung zwischen dem
κύριος und seinem διάκονος positiv konstituiert und nicht
durch eine gescheiterte Autonomie oder unzulängliche Syneidesis gekennzeichnet.

J.Stelzenberger hat recht, wenn er auf die entscheidende
Differenz zwischen dem stoischen Syneidesis- und Autonomieverständnis und der "für Paulus charakteristische(n) Besin-
nung vor Gott"[41] hinweist: "Mag im profanen Gebrauch das
Wahrnehmungs- und Beurteilungsvermögen und besonders die
Selbstreflexion gemeint sein, bei Paulus ist syneidenai und
syneidesis notwendig mit dem Stehen vor Gott oder Gott-
gegenüber-sich-Befinden verbunden"[42]. Um der Eindeutigkeit
willen muß aber ergänzt werden, daß die Differenz nicht im
Syneidesis-Verständnis an sich, sondern in der anthropologischen Gesamtsicht vom Menschen begründet ist. In 1.Kor
4,4 wird nicht die Syneidesis an sich in ihrer Funktion der
Bewußtmachung und Bewertung - man denke auch an Röm 2,15 -
spezifisch christlich beschrieben. Spezifisch christlich
respektive jüdisch ist die Tatsache, daß Paulus in seiner
Syneidesis nicht die letzte verbindliche Instanz sieht, die
autonom verurteilen und freisprechen kann, sondern daß er
sich durch die Hoffnung auf die letzte Beurteilung durch
seinen κύριος motivieren und relativieren läßt.

Damit kann man das Verhältnis der Syneidesis zum zukünftigen Gericht so beschreiben: Durch die Entsprechung der Verantwortlichkeit, des Gemessen- und Beurteiltwerdens verweist
die Syneidesis den Christen auf das Gericht des kommenden
Herrn und wird darin gegenüber der nichtchristlichen Syneidesis relativiert und aufgewertet zugleich, relativiert durch
die Erkenntnis der Unzulänglichkeit jeder Selbstbeurteilung
und aufgewertet durch die Transparenz auf die eschatologische
Beurteilung hin. Das Verhältnis der Verantwortlichkeit vor der
Syneidesis zur Verantwortlichkeit vor Gott ist somit als Entsprechung und keinesfalls als Identität zu bestimmen[43].

---

41  J.Stelzenberger, Syneidesis im NT, S.84.

42  AaO., S.85.

43  Was im Zusammenhang von 1.Kor 10 und Röm 13 noch ausführlicher dar-
    zustellen sein wird.

d) Die einen anderen beurteilende Syneidesis der
   Korinther in 2.Kor 4,2 und 2.Kor 5,11

Während Paulus in Röm 2,15 auf die Syneidesis der Heiden
eingeht und sich in Röm 9,1; 2.Kor 1,12 und 1.Kor 4,4 auf
seine eigene Syneidesis beruft, appelliert er in 2.Kor 4,2
und 5,11 an die Syneidesis der Korinther und schreibt ihr
erstaunlicherweise die Fähigkeit zu, andere Menschen zu beurteilen bzw. deren Aussagen zu bestätigen.

2.Kor 4,2 und 5,11 stehen wieder im Zusammenhang der
persönlichen Apologetik des Apostels, mit der er sich gegen
das Verhalten und Vorgehen von ψευδαπόστολοι (Kap 11,13-15)
abgrenzen und gegen Verleumdungen und Vorwürfe wehren muß.
Während Paulus in 1.Kor 4,1ff den Korinthern die Kompetenz
zu richten kategorisch abspricht, wirbt er im 2.Korinther-
brief um ihre einsichtige Stellungnahme. Auf Grund seines
'Offenbarseins' sollten die Korinther selbst in der Lage
sein, seine Integrigät als Apostel zu beurteilen und zu bezeugen. Deshalb kann er sie auffordern, dem Rühmen der Gegner mit ihrem 'Rühmen' des Apostels zu begegnen (Kap 5,12).

Wie läßt sich aber der Apell an die Syneidesis der Korinther, seinen Wandel zu beurteilen, mit 1.Kor 4,3 vereinbaren?
Gerät Paulus damit nicht in Widerspruch zu seiner Ablehnung
jedes menschlichen Gerichtes?

Die Syneidesis der Gemeindeglieder wird in 2.Kor 4,2 und
5,11 sowenig als letztgültige Instanz beschrieben wie in
1.Kor 4,4 oder auch in 2.Kor 1,12 seine eigene, die ja auch
die Aufgabe der Beurteilung des Wandels hat. Ob Paulus den
Begriff συνείδησις im Falle der Beurteilung anderer im gleichen Sinn gebraucht wie an den bisher behandelten Stellen,
muß die folgende Exegese erweisen.

Mit Kap 4,1ff resümiert Paulus seine Ausführungen von
Kap 3,4-18, in denen die apostolische πεποίθησις (V 4) und
παρρησία (V 12) als Auswirkung der δόξα der διακονία τοῦ
πνεύματος und der durch den Geist gegebenen Befähigung zu
diesem Dienst beschrieben werden, und knüpft mit V 2ff zugleich an die in Kap 2,17; 3,1 begonnene Verteidigung begrifflich und inhaltlich an.

Καθὼς ἠλεήθημεν (V 1) charakterisiert nochmals prägnant
Voraussetzung und Wesen dieses Dienstes, wobei der Hinweis

auf die Gnade und das Erbarmen Gottes nicht nur die Berufung
zum Heil (Röm 11,3ff; 1.Pt 2,10), sondern wie in 1.Kor 7,25
zugleich die Berufung zum Apostelamt bezeichnet[1]. Wie in 1.Kor
15,10 und Gal 1,15 fällt hier für Paulus die Erfahrung der
rechtfertigenden Gnade Gottes mit dessen Inanspruchnahme zum
Dienst, der ebenfalls als χάρις verstanden wird, wesensmäßig
zusammen.

In V 1c und V 2 werden die Auswirkungen und Konsequenzen
der διακονία für das Verhalten der Apostel in zwei Antithesen
beschrieben. Dabei ist die zweite von der ersten syntaktisch
abhängig[2] und läßt wie diese auf eine negative Bestimmung
eine positive folgen.

Die Bedeutung des οὐκ ἐγκακοῦμεν wird durch die entsprechende Antithese von Kap 3,12 und 13 erhellt[3]. Dort steht für
die Voraussetzung ἔχοντες τὴν διακονίαν ταύτην die für Paulus
synonyme Wendung ἔχοντες τοιαύτην ἐλπίδα und für die Folge
οὐκ ἐγκακοῦμεν die Versicherung πολλῇ παρρησίᾳ χρώμεθα. Die
Antithese mit dem Vergleich des κάλυμμα des Mose wird in
Kap 3,13 entsprechend der positiven Wendung in V 12 negativ
formuliert und korrespondiert mit der Absage des Paulus an
die κρυπτὰ τῆς αἰσχύνης in Kap 4,2. M.Luther übersetzt das
erste Glied dieser Antithese in Kap 4,1.2 mit: "Wir werden nicht
müde", und H.Windisch, der die Bedeutung "wir werden nicht
nachlässig" angibt, will einen Infinitiv aus dem Vorhergehenden ergänzen[4]. Es ist zutreffend, daß an den Parallelstellen,
an denen ἐγκακεῖν mit "müde, lässig werden" wiedergegeben
werden kann, jeweils ein Partizip folgt[5] (Gal 6,9, vgl. 2.
Thess 3,13) oder - will man den außerpaulinischen Bereich
mit berücksichtigen - wie in Luk 18,1 ein Infinitiv direkt
vorausgeht. Da es sich aber an unserer Stelle wie auch in
2.Kor 4,16 und Eph 3,13 um den absoluten Gebrauch von ἐγκακεῖν handelt und in Kap 3,12 die sich in παρρησία äußernde

---

1   Mit H.Windisch, aaO., S.132; R.Bultmann, Der zweite Brief an die
    Korinther, S.102.

2   H.Windisch, aaO.

3   R.Bultmann, aaO.

4   H.Windisch, aaO.

5   W.Bauer, Artikel: ἐγκακέω, aaO., Sp.426.

ἐλπίς angesprochen wurde, kommt nur die Wiedergabe mit "wir
verzagen nicht" in Frage[6].

R.Bultmann weist zudem auf die Wendungen θαρροῦμεν in
2.Kor 5,8 und οὐκ ἐπαισχύνομαι in Röm 1,16 hin[7], die ebenfalls die παρρησία des in der διακονία stehenden Apostels
verdeutlichen.

Die von der Koinegruppe und anderen Kodizes vertretene
Variante ἐκκακοῦμεν wird von diesen im Neuen Testament durchgängig geboten und ist mit ἐγκακοῦμεν bedeutungsgleich.

Auf diese negativ formulierte, an Kap 3 anknüpfende Versicherung: 'wir verzagen nicht, wir verlieren unsere παρρησία
nicht', läßt Paulus in positiver Wendung als Antithese eine
prinzipielle 'renuntiatio' an alle τὰ κρυπτὰ τῆς αἰσχύνης
folgen. Diese Absage greift einerseits die parallele Antithese in Kap 3,13 auf: καὶ οὐ καθάπερ Μωϋσῆς ἐτίθει κάλυμμα
ἐπὶ τὸ πρόσωπον αὐτοῦ. Andererseits schließt sie an den Partizipialausdruck von Kap 3,18a an, mit dem der 'Dienst des Geistes' und 'der Gerechtigkeit' (Kap 3,8.9) beschrieben wird:
ἡμεῖς δὲ πάντες ἀνακεκαλυμμένῳ προσώπῳ τὴν δόξαν κυρίου
κατοπτριζόμενοι. Damit wird also das 'Offenbarsein' des
Apostels, sein 'aufgedecktes Angesicht', nicht nur als peri-
pheres Phänomen, sondern als zentrale Voraussetzung für die
Widerspiegelung der δόξα θεοῦ bestimmt. Aus diesem Grunde
muß Paulus sowohl in der Definition der διακονία gegenüber
den sich anders verhaltenden Gegnern (Kap 2,17; 11,13-15) als
auch in der Verteidigung seiner eigenen apostolischen Integrität an den Werten εἰλικρίνεια und ἁπλότης (Kap 1,12), die
für Gott und die Gemeinde 'offenbar' und damit auch für Menschen verifizierbar sein sollen (2.Kor 4,2; 5,11), so eindringlich festhalten. Es geht Paulus primär um die Darstellung der wahren und unverfälschten διακονία und erst sekundär
bzw. davon abgeleitet, um die Beurteilung der Vertreter des
Dienstes. Deshalb ist es auch unberechtigt, in Kap 4,2 entweder ausschließlich Anspielungen auf das Verhalten der Gegner

---

6    So auch H.Lietzmann, aaO., S.114; R.Bultmann, aaO., S.101f; W.Bauer,
     aaO., Sp.426; H.D.Wendland, aaO., S.121, übersetzt "kennen wir keine
     Furcht"; R.Steinmetz, aaO., S.10: "ohne den Mut zu verlieren".

7    R.Bultmann, aaO., S.102.

oder eine Antwort auf die Anschuldigungen der Gemeinde sehen
zu wollen. In seiner Verteidigung der διακονία τοῦ πνεύματος
greift Paulus beide Aspekte auf.

Über den Zeitpunkt der 'renuntiatio', die in Kap 4,2a ver-
gegenwärtigt wird, gibt der Text keine Auskunft. Da aber für
Paulus 'Bekehrung' und 'Berufung zum Dienst' nach Gal 1,15
zusammenfallen, spricht nichts dagegen, den Zeitpunkt des
'ἀπειπάμεθα' (aor.!) mit dem der Bekehrung oder Taufe zu
identifizieren[8]. Als spezifischer 'terminus technicus' der
"Bekehrungsterminologie"[9] läßt sich die Wendung bei Paulus
allerdings nicht erweisen.

Der Gegenstand der Absage wird zunächst allgemein angegeben und in der zweiten Antithese auf die konkrete apologeti-
sche Situation angewandt. Der Genitiv τῆς αἰσχύνης läßt sich
nicht eindeutig bestimmen, zumal die Bedeutung von ἡ αἰσχύνη
sowohl mit der Vulgata wie τὸ αἶσχος (sic!) als 'dedecus'
verstanden werden kann als auch als 'pudor', 'Scham', das
'Sich-Schämen'.

Geht man von der Bedeutung 'Schande' aus, kann der Genitiv
als qualitatis bestimmt werden, im Sinne von: "das Verborgene,
die Heimlichkeiten, die schimpflichen Charakters sind; Schande bringende oder schändliche Heimlichkeiten"[10]. Faßt man in
gleicher Bedeutung von αἰσχύνη den Genitiv als subiectivus
auf, dann ergibt sich die Übersetzung: Heimlichkeiten der
Schande, "verborgene Schändlichkeiten"[11].

Da aber an das Verborgene, an die Heimlichkeiten (τὰ κρυπτά) und nicht an das anderen bekannte und ansprechbare (Eph
5,12) Verhalten gedacht ist, meint Paulus hier wohl eher die
'Scham' als die 'Schande', was auch am besten als Gegensatz
zur Haltung der παρρησία paßt[12]. Mit der Bedeutung 'Scham'
kommt als dritte Möglichkeit nochmals der Genitivus subiecti-

---

8   H.Windisch, aaO., S.132; F.W.Grosheide, aaO., S.133.

9   So H.Windisch, aaO., S.132; dagegen R.Bultmann, aaO., S.102.

10  R.Bultmann, ebd., der auch fünf verschiedene Möglichkeiten anführt,
    sich selbst aber für die letzte entscheidet.

11  So H.D.Wendland, aaO., S.121.

12  Mit R.Bultmann, aaO., S.103.

vus in Frage[13]: "was man aus Schamgefühl verbirgt"[14]. Der
Ausdruck will allerdings den an sich neutralen Begriff τὰ
κρυπτά (Röm 2,16) eindeutig negativ qualifizieren und nicht
die Motivation des Verbergens angeben. Somit trifft wohl
die vierte Möglichkeit, die Bestimmung als Genitivus qualitatis zu: "Heimlichkeiten, deren man sich schämt"[15]. Das
entspricht zudem der Parallele von Röm 6,21, wo es heißt:
καρπὸν ... ἐφ' οἷς νῦν ἐπαισχύνεσθε. Schließlich sei aber
noch die fünfte Bestimmung als Genitivus explicativus erwähnt: "Heimlichkeiten des Sich-Schämens, d.h. die Scham,
die sich verbergen muß"[16].

Wegen des Gegensatzes zu παρρησία und der Verbindung mit
τὰ κρυπτά ist also der Übersetzung mit 'Scham'[17] und der
Bestimmung des Genitivs als qualitatis der Vorzug zu geben.
Paulus hat allen Heimlichkeiten, deren man sich schämen muß
und die spätestens der Tag des Herrn aufdecken würde, abge-
sagt und sich in seinem Wandel und Dienst davon entsprechend
freigehalten.

Der syntaktisch von der ersten Antithese abhängige Partizipialausdruck verdeutlicht nun die grundsätzlich geltende
Aussage in Hinblick auf die δικαιονία des Apostels an der
Gemeinde, wobei wieder die negative, diesmal zweigliedrige
Versicherung der antithetisch formulierten positiven vorausgeht. Da die zweite Antithese die prinzipiell gehaltene
erste konkretisiert und die Konsequenzen für den Wandel des
διάκονος aufzeigt, kann man für sie keinen begründenden Sinn
voraussetzen, wie: "Wir können auf Heimlichkeiten verzichten,
denn (wir gehen nicht mit List um)"[18]. Die 'renuntiatio' ist
als der Entschluß dem Verhalten logisch und zeitlich vorzu-

---

13  Vgl. 1.Kor 14,25.

14  So W.Bauer, Artikel: αἰσχύνη, aaO., Sp.49; ähnlich H.Lietzmann, aaO.,
    S.115.

15  Referiert von R.Bultmann, aaO., S.103; vertreten von H.Windisch, aaO.,
    S.132.

16  Von R.Bultmann, aaO., S.103 bevorzugt.

17  Gegen H.Windisch, aaO., S.132, der das "derbere 'Schande'" bevorzugt.

18  Bei R.Bultmann, aaO., S.103, der dazu aber keine Stellung bezieht.

ordnen und nicht umgekehrt als opportunistische, nachträglich
getroffene Entscheidung vom wahrhaftigen Wandel abhängig. Die
ἱκανότης ἐκ τοῦ θεοῦ (Kap 3,15), die δόξα (Kap 3,9), die
ἐλπίς und παρρησία (Kap 3,12) der διάκονοι καινῆς διαθήκης
(Kap 3,6) äußern sich also zunächst darin, daß diese nicht
in 'Verschlagenheit, Arglist, Hinterlist und Unaufrichtig-
keit'[19] wandeln können und wollen, eine Haltung, die Paulus
wohl für sich (2.Kor 1,12; 12,16) beansprucht, keinesfalls
aber für bestimmte Gegner in der Gemeinde gelten lassen will
(Kap 2,17; 11,3).

Mit περιπατεῖν wird dabei wie auch in Kap 5,7; 10,2f;
12,18 und mit ἀναστρέφεσθαι in Kap 1,12[20] die gesamte Lebensführung bezeichnet.

Das zweite Glied der negativ formulierten Unschuldsbekun-
dung innerhalb der Partizipialkonstruktion geht noch direkter
als auf das die gesamte Lebensführung zu beziehende erste
Glied auf die Verkündigung selbst ein. Mit λόγος τοῦ θεοῦ
meint Paulus hier nicht das Alte Testament, so daß Beschuldigungen bezüglich der 'Aufhebung' des Gesetzes (Röm 3,31) oder
seiner Schriftauslegung (z.B.Gal 3,15ff; 4,21ff) vorauszusetzen wären[21]. Vielmehr ist wie in Kap 2,17 an das von ihm
(1.Thess 2,13) oder anderen ἀδελφοί (Phil 1,14) verkündigte
Evangelium gedacht.

Ob Paulus auf Verleumdungen und Vorwürfe, die gegen ihn
erhoben worden sind, Bezug nimmt, um sie wie in Kap 12,16
abzuwehren, oder ob er wie in Kap 2,17; 11,13-15 das Vorgehen der Gegner angreift, so daß man ὡς οἱ πολλοί (Kap 2,17)
oder ὥς τινες ergänzen könnte[22], läßt sich nicht alternativ
entscheiden. Paulus will in Kap 3 den Korinthern adäquate
Kriterien zur Beurteilung der διάκονοι geben, mit denen sie
sowohl ihn und die anderen Apostel als auch die ψευδαπόστολοι
messen sollen, um in der Auseinandersetzung eindeutig Stellung
beziehen zu können.

---

19  Vgl. W.Bauer, Artikel: πανουργία, aaO., Sp.1205; R.Bultmann, aaO., S.103;
    H.Windisch, aaO., S.133.

20  R.Bultmann, aaO.

21  Bei H.Windisch, aaO.

22  Ebd.

Der δόλος wird schon in den Psalmen dem gottlosen Gegner
nachgesagt (δολοῦν in LXX Ps 5,10; 14,3; 35,2) und bedeutet
ähnlich wie πανουργία "Arglist, Tücke, Betrug"[23]. So könnte
wie bei καπηλεύειν in Kap 2,17 an das Geschäfte-Machen mit
der Verkündigung gedacht sein. Da aber das Verb δολοῦν auch
"verfälschen" bedeuten kann, wie es bei Lucian, Hermotimus 59
(οἱ κάπηλοι ... δολώσαντες) vom Wein und in 1.Pt 2,2 (ἄδολος)
von der Milch gesagt wird, ist hier wahrscheinlich über die
falsche Motivation hinaus auch die inhaltliche Verfälschung
des Evangeliums angesprochen[24]. Was dem anhand der in Kap 3
gegebenen Beschreibung des διάκονος positiv entspricht, verdeutlicht die folgende Antithese in V 2c.

Die Empfehlung des wahren Apostels ist nicht wie bei den
ψευδαπόστολοι auf das verbale Selbstlob oder auf Empfehlungs-
briefe angewiesen (Kap 3,1; 10,12.18), was auch beides mit
dem Lob des κύριος nicht identifiziert werden kann (Kap 10,18).
In dem, was sie tun, in der geistgewirkten Frucht ihrer Arbeit
haben die Apostel ihr 'Empfehlungsschreiben', das als solches
auch die 'Empfehlung' des Herrn einschließt (Kap 3,2f). Weil
die Beurteilung der Apostel nicht auf Grund ihrer subjektiven
Selbstaussagen möglich ist, sondern nur auf Grund ihres Wirkens und der daraus entstehenden Frucht, sollen sie darauf
aus sein ἐν παντὶ συνιστάνοντες ἑαυτοὺς ὡς θεοῦ διάκονοι
(Kap 6,4). Dies gilt, wie es die folgenden Beispiele verdeutlichen (Kap 6,4-10), für die gesamte Lebensführung, besonders
aber für die Aufgabe der Verkündigung: τῇ φανερώσει τῆς
ἀληθείας kann sich der διάκονος als ἱκανός erweisen.

Die φανέρωσις τῆς ἀληθείας bezieht sich demnach nicht auf
die "Aufdeckung der Wahrheit" über den Apostel oder die "persönliche Wahrhaftigkeit"[25], sondern auf die offene Verkündigung des unverfälschten λόγος τοῦ θεοῦ, mit dem der Begriff
ἀλήθεια hier synonym ist. Die φανέρωσις bezeichnet den Vorgang der Verkündigung und nicht wie φανεροῦν in Kap 5,11 das
'offenbarsein' des Apostels vor Gott und den Menschen. In

---

23  W.Bauer, Artikel: δόλος, Sp.402f.

24  Mit A.Schlatter, aaO., S.523.

25  Mit R.Bultmann, aaO., S.104; H.Windisch, aaO., S.133.

der Verkündigung dieser 'Wahrheit', die als Dienst des Neuen
Bundes nur mit 'unverhülltem Angesicht' (Kap 3,13.18) vollzogen werden kann, setzt sich der wahre Apostel gerne der
Überprüfung seiner Integrität sowohl durch Gott als auch
durch die Gemeinde aus, sofern diese ihn nach den adäquaten
Kriterien (Kap 3) beurteilt. Das Offenbarsein des Apostels
vor Gott wird in Kap 4,2 durch ἐνώπιον τοῦ θεοῦ ausgedrückt,
weshalb sich die Wendung auf das 'Empfehlen' und nicht etwa
auf die Syneidesis bezieht[26]. 'Vor Gott' weiß sich Paulus
verantwortlich, und von ihm erwartet er am 'Tag des Herrn'
das entscheidende Urteil über sein Leben (1.Kor 4,4; 2.Kor
5,9-11). Mit dem 'Offenbarmachen der Wahrheit' des Evangeliums will Paulus aber zugleich auch selber der Gemeinde
'offenbar' sein (Kap 5,11), damit diese zwischen den ἀπόστο-
λοι und ψευδαπόστολοι unterscheiden kann. Deshalb empfiehlt
er sich mit seiner Verkündigung auch πρὸς πᾶσαν συνείδησιν
ἀνθρώπων, damit die Gemeinde nach dem Erkennen seiner εἰλικρίνεια und ἁπλότης (Kap 1,12) ihn ihrerseits nun selbst
'empfehlen', d.h. 'loben' kann - entgegen allen Verleumdungen
der Gegner (Kap 5,12).

Bevor das Verständnis der Syneidesis an dieser Stelle
untersucht werden soll, ist es notwendig, die inhaltlich und
begrifflich verwandte Parallele Kap 5,11 mit zu berücksichtigen.

Nach den Ausführungen in Kap 4,7 - 5,10, die aufzeigen,
daß gegenwärtig "die ζωή verborgen ist unter dem θάνατος,
aber gerade im θάνατος sich wirksam erweist"[27] und somit
auch die δόξα der διακονία unter der eschatologischen Spannung steht, kommt Paulus in V 11 unter direkter Anknüpfung
an die Verse 9 und 10 wieder auf den in Kap 4,2 dargelegten
Gedanken zurück.

Da die Gläubigen θαρροῦντες (V 6.8) sind und die παρρησία
(Kap 3,12) haben, warten sie freudig darauf, ἐνδημῆσαι πρὸς
τὸν κύριον (V 8). Diese eschatologische Ausrichtung, die
damit auch das Stehen vor dem βῆμα τοῦ Χριστοῦ (V 10) und
die richterliche Beurteilung durch den κύριος zuversichtlich

---

26  So v.Hofmann, bei M.Kähler, aaO., S.245.

27  R.Bultmann, aaO., S.147.

herbeiwünscht (ἐπιποθοῦντες, εὐδοκοῦμεν, V 2.8), motiviert
dazu, φιλοτιμεῖσθαι εὐάρεστοι αὐτῷ εἶναι (V 9). Das Bewußtsein (εἰδότες, V 11) des eschatologischen 'Offenbarwerdens'
vor dem Christus (V 10) bewirkt folglich (οὖν, V 11) beim
Apostel - um den es in V 11 wieder persönlich geht - den
Willen, schon gegenwärtig in allem Handeln vor Gott 'offenbar' zu sein. Damit wird also nicht auf die Allwissenheit
Gottes hingewiesen[28], sondern auf die Bereitschaft des Apostels, sich bewußt der göttlichen Prüfung und Beurteilung
auszusetzen und κατέναντι θεοῦ (Kap 2,17; 12,19) bzw. ἐνώπιον
τοῦ θεοῦ (Kap 4,2) verantwortlich zu leben. Mit εἰδότες (V
11) ist kein theoretisches Wissen, sondern das volle, existen-
tielle Bewußtsein der Verantwortung und Zuversicht gemeint[29].

Unter φόβος τοῦ κυρίου (V 11) wird vom Kontext her eindeutig sowohl die verantwortungsbewußte Ehrfurcht gegenüber
dem richtenden Herrn als auch die damit zusammenfallende zu-
versichtliche Erwartung auf das ἐνδημῆσαι πρὸς τὸν κύριον
verstanden. Dies wird auch von Röm 8,15 her bestätigt, wo
Paulus den φόβος in der Bedeutung von 'Furcht' und 'Angst'
für die τέκνα θεοῦ unbedingt ausschließt. Die für Paulus
spezifische Charakterisierung der Beziehung κύριος - διάκονος
wird aber völlig verdeckt, wenn man mit H.Windisch annimmt:
"Für die praktische Bewährung möchte er (Paulus) für sich
und für die Gemeinde das Motiv der Furcht nicht missen. Darauf wies ihn auch seine Anschauung von Gott, in der die
numinosen Elemente ... doch nicht ganz vergessen sind"[30].
Neben dem in Kap 5,6-10 beschriebenen verantwortungsbewußten
und ehrfürchtigen θαρρεῖν bedarf es für Paulus keiner weiteren, gar noch konträren Motivation. Für ihn selbst äußert
sich das φιλοτιμεῖσθαι εὐάρεστοι αὐτῷ εἶναι vor allem darin,
daß er seiner apostolischen Aufgabe, der φανέρωσις τῆς ἀληθείας (Kap 4,2) und des 'ἀνθρώπους πείθειν', entspricht.
Diese Wendung ist von den Acta her als terminus technicus
für das Überzeugen zum Χριστιανὸν ποιῆσαι (Acta 26,28) be-

---

28  Mit A.Schlatter, aaO., S.556.

29  Mit R.Bultmann, aaO., S.148.

30  H.Windisch, aaO., S.176; dagegen auch R.Bultmann, aaO., S.148.

kannt (Acta 18,4; 19,8.26; 26,28; 28,23)[31]. Da Paulus sonst
das Verb παρακαλεῖν (2.Kor 5,20; 6,1) bevorzugt und der Gebrauch von πείθειν in Gal 1,10 offensichtlich auf einen Vorwurf zurückgeht, wird von den meisten Exegeten auch in 2.Kor
5,11 hinter der Wendung ἀνθρώπους πείθομεν ein Vorwurf der
Gegner gesehen, den Paulus als Umschreibung seiner Aufgabe
positiv aufgreift[32].

Verschiedentlich wird auch vermutet, daß Paulus mit dieser
Wendung die Überzeugung seiner Gegner bezüglich seiner Integrität bezeichnet[33], was er aber schwerlich speziell aus
seinem Wissen um die 'Furcht Gottes' ableiten und als seine
zentrale Aufgabe, als die das πείθειν wie die φανέρωσις τῆς
ἀληθείας in Kap 4,2 erscheinen muß, betrachten würde. Unabhängig davon steht fest, daß er damit wie in Kap 4,2 und
5,19f seinen missionarischen Dienst der Verkündigung umschreibt.

In dieser Tätigkeit will er aber - wie in Kap 4,2 schon
deutlich wurde - nicht nur vor Gott, sondern auch vor der
Gemeinde offenbar sein, damit sie die Authentizität der Verkündigung mit Hilfe der Integrität des Apostels verifizieren
kann und zudem in der Lage ist, ihn in der Auseinandersetzung
mit Gegnern gegen Verleumdungen zu verteidigen (Kap 5,12).
Daß es Paulus auch bei dem zweiten Aspekt nicht um menschliche Anerkennung seiner Verdienste, sondern wiederum primär
um die Verteidigung der wahren Lehre geht, dürfte aus dem Kontext seiner gesamten Korrespondenz mit den Korinthern eindeutig ersichtlich werden.

Mit 2.Kor 5,11 spricht es Paulus als feste Hoffnung aus
(ἐλπίζω), daß er der Gemeinde, die ihn während seiner Anwe-
senheit im Dienst genau beobachten konnte, schon längst
'offenbar ist' (perf. inf.). Deshalb ist auch sein Appell
an die Gemeinde sinnvoll, denn die nötige Kenntnis über

---

31  R.Bultmann, ebd.

32  Ebd.; H.Lietzmann, aaO., S.123; A.Schlatter, aaO., S.556; W.Gutbrod,
    aaO., S.68.

33  P.E.Hughes, Paul's Second Epistle to the Corinthians, S.186; H.Win-
    disch, aaO., S.176.

seinen 'Wandel' hat sie schon vor dem Auftreten der Gegner
gehabt. Im 2.Korintherbrief wirbt Paulus wiederholt darum, daß
die Gemeinde aus ihrem Wissen um die Lehre und die Person
des Apostels die Konsequenzen zieht und für die von Paulus
verkündigte ἀλήθεια (Kap 4,2) gegen die sich selbst rühmenden
(Kap 10,12-18; 11,12.18.21ff) und mit dem Wort unlauter um-
gehenden Gegner (Kap 2,17; 4,2; 10,12) eintritt. Zu diesem
Zweck wendet er sich an die Syneidesis der Korinther, die es
nun noch näher zu bestimmen gilt.

Häufig wird auch in 2.Kor 4,2 und 2.Kor 5,11 συνείδησις
ohne nähere Bestimmung mit 'Gewissen' wiedergegeben. So
schreibt H.D.Wendland: Paulus ist "in der Zuversicht, daß
jedes Gewissen ihm zustimmen muß"[34], und H.Lietzmann: "Wenn
die Menschen ihr Gewissen fragen, so müssen sie mir Recht
geben"[35]. Gelegentlich wird der Begriff 'Syneidesis' auch
einfach mit 'gewissenhaft' wiedergegeben, so bei H.Conzel-
mann: "Wenn sie ihn (Paulus) gewissenhaft beurteilen, müssen
sie seine Lauterkeit anerkennen"[36]. Der deutsche Begriff
'Gewissen' kann aber ohne weitere Präzisierung und Abgrenzung
hier nicht verwendet werden, weil es sich in Kap 4,2 und
Kap 5,11 bei dem Objekt der Beurteilung nicht um das eigene
Verhalten handelt, was aber mit dem Gebrauch von 'Gewissen'
nach allgemeinem Verständnis vorausgesetzt wäre.

Zwar könnte man einwenden, daß das 'Gewissen' das lautere
oder unwahrhaftige Urteil der Korinther über Paulus bestätigend oder rügend beurteilen soll, daß also dem 'Gewissen'
wiederum die Beurteilung der 'eigenen' Lauterkeit zukomme,
dem Text kann man aber diese Verschränkung des Urteils der
Korinther über Paulus und des reflexiven Urteils über ihr
eigenes Beurteilen durch ihr 'Gewissen' nicht entnehmen.
Paulus 'empfiehlt sich' direkt dem Urteil der Syneidesis der
Korinther (Kap 4,2) und hofft, ihr schon 'offenbar zu sein'
(Kap 5,11), was nur die Annahme einer direkten Beziehung

---

34  H.D.Wendland, aaO., S.122.

35  H.Lietzmann, aaO., S.115.

36  H.Conzelmann, Grundriß der Theologie des NT, S.205; vgl. auch F.W.
    Grosheide, aaO., S.124.

zwischen dem Urteil der Syneidesis der Korinther und Paulus
zuläßt[37].

Auf Grund dieser Voraussetzung nehmen die meisten Exegeten
andere Bedeutungen für die jemanden anders beurteilende Syneidesis an. Zunächst scheint sich dafür die etymologisch nahe-
liegende Bedeutung "Wissen, Kenntnis" oder "Erinnerung"[38]
anzubieten, die unter anderen C.A.Pierce für diese beiden
Stellen mit der Bezeichnung 'N.A.' ('normal-absolute') angibt[39]. Entsprechend dem nichtreflexiven verbalen Gebrauch
(σύνοιδα), der für das Neue Testament in Acta 5,2 belegt ist,
wäre dann, durch das ursprünglich zu verstehende συν- bezeichnet, das 'Mitwissen' bzw. das "zeugenmäßige Wissen"[40] gemeint,
das die Korinther aus der Zeit des Zusammenseins mit Paulus
haben.

Dagegen fordern aber die Wendungen selbst auch für 2.Kor
4,2 und 5,11 einen anderen Begriff, weil weder die direkte
Übersetzung 'ich empfehle mich eurem Wissen' noch die 'ich
bin eurem Wissen offenbar' sinnvoll ist. An beiden Stellen
ist offensichtlich wieder - in objektivierender Redeweise -
von einer prüfenden I n s t a n z die Rede, was sich auch allein
mit der - im Neuen Testament überhaupt einmaligen - Pluralform
in Kap 5,11 (ἐν ταῖς συνειδήσεσιν) vereinbaren läßt.

Die Particula veri dieser Zuordnungsmöglichkeit liegt
allerdings darin, daß das Nachklingen dieses etymologisch
ursprünglichen, nichtreflexiven Gebrauchs von συνείδησις
die als selbstverständlich vorausgesetzte Fähigkeit der Beurteilung anderer beim weiterentwickelten Verständnis als
Instanz am leichtesten erklärbar macht. Mit unserem neuzeitlichen Verständnis von 'Gewissen' im spezifischen Sinne
ist diese Ausweitung der Kompetenz auf die Beurteilung anderer

---

37  Gegen die Übersetzung mit Gewissen ist auch J.Stelzenberger, Synei-
    desis im NT, S.77; vgl. M.Kähler, aaO., S.241, Anm.2; gegen die Wie-
    dergabe mit 'conscience' C.A.Pierce, aaO., S.62.87; H.Osborne, Synei-
    desis, S.176.

38  B.F.Harris, Syneidesis in the Pauline Writings, S.183; Vilmar und
    Rückert bei M.Kähler, aaO., S.242.

39  C.A.Pierce, aaO., S.62.87.

40  Cramer bei M.Kähler, aaO., S.243.

Personen dagegen kaum vereinbar, weshalb auch die Wiedergabe
von συνείδησις mit 'Gewissen' an diesen Stellen als besonders
schwierig erscheint.

Auch die Wiedergabe mit 'Bewußtsein' hilft für die Definition des spezifisch paulinischen Verständnisses der Syneidesis nicht weiter[41]. 'Mitgefühl' und 'appreciation' will
Paulus wohl bei den Korinthern wecken, nichts spricht aber
dafür, daß er diese mit der Syneidesis identifiziert[42].

Dasselbe gilt schließlich für die Übersetzung mit 'Zustimmung', die zu Unrecht voraussetzt, daß das πρός in Kap
4,2 final gebraucht wird[43].

Neben dem Verständnis der Syneidesis als Gewissen bzw.
conscientia consequens oder Mitwissen ist auch die Bestimmung
als conscientia antecedens mit ihren verschiedenen Nuancen
abzulehnen. Danach würde die Syneidesis in Kap 4,2 und Kap
5,11 "jeweils ein bestimmtes Verhalten (fordern)"[44] und speziell 'auf die Zukunft ausgerichtet' sein[45]. Der Text enthält
hingegen keinen Hinweis darauf, daß Paulus sich deshalb an
die Syneidesis wendet, weil sie die "Korinther zu einem aner-
kennenden Urteil über seine Lauterkeit zwingt"[46]. Paulus hat
wohl nichts anderes als die Kompetenz der Syneidesis für die
Beurteilung des sittlichen und religiösen Verhaltens - sowohl
des eigenen wie des fremden - zu diesen Formulierungen veranlaßt. Er will um die freiwillige Zustimmung der Korinther
werben und appelliert um der Zuständigkeit willen an die
Instanz ihrer Syneidesis. Der Gedanke, daß er sich quasi
hinter dem Rücken der Korinther an ihre Syneidesis wende,
weil diese auch da spreche, wo die Korinther "in der Überlegung schwanken und in der Äußerung noch weiterhin zurückhal-

---

41  A.Schlatter, aaO., S.524; entsprechend im Englischen: consciousness
    bei W.D.Davies, aaO., S.675; H.Osborne, aaO., S.176f.

42  Gegen H.Osborne, ebd.

43  B.Reicke, Artikel: πρός, ThW. VI, S.724; anders W.Bauer, Artikel:
    πρός, aaO., Sp.1409, III., 5b: "steht auch einfach für den Dativ".

44  R.Bultmann, Theologie des NT, S.218; vgl. W.D.Stacey, The Pauline
    view of man, S.207.

45  W.D.Stacey, ebd.

46  R.Bultmann, aaO.

ten"[47], trägt eine von Paulus wohl nicht intendierte Bewußt-
seinsspaltung zwischen der Person und ihrer Syneidesis in
den Text ein, die über die berechtigte Differenzierung zwischen redendem Ich und ihrer Syneidesis hinausgeht.

Das Verständnis der Syneidesis als conscientia antecedens
in spezifisch religiöser Ausbildung hat auch für 2.Kor 4,2
und 5,11 Vertreter gefunden. Wenn W.Schmidt sagt: "das Gewissen leitet das Selbsturteil immer von Gott her"[48], und
wenn v.Hofmann zu beiden Stellen erklärt, daß das Urteil des
Gewissens 'unter dem Zeugnis Gottes' entstehe[49], ist der
Einfluß der Definition von conscientia als vox dei unverkennbar. Der paulinische Text gibt jedoch zu solchen Bestimmungen
keinen Anlaß, zumal das ἐνώπιον τοῦ θεοῦ, wie wir sahen, nicht
auf die Syneidesis, sondern auf das 'Empfehlen' zu beziehen
ist.

Traditionsgeschichtlich davon zu trennen ist die von C.
Maurer auch hier wieder vertretene Begründung des positiven
Zeugnisses der Syneidesis "im Worte Gottes"[50], da er dabei
nicht von der conscientia antecedens, sondern von der 'ge-
trösteten' conscientia consequens ausgeht. Das 'Offenbarsein' vor der fremden Syneidesis leitet C.Maurer von der unzutreffenden Voraussetzung ab, daß das eigene Urteil des Paulus in dem rechtfertigenden Spruch Gottes beruht: "Da solche
Zuversicht zu sich selbst nicht subjektive Meinung ist, sondern sich in Gottes Urteil gründet, ... wird sogar damit gerechnet, daß der Mensch kraft dieses Zusammenhangs auch für
die Beurteilung durch fremde Gewissen offen durchschaubar
ist (2.Kor 5,11) und darum positiv aufgenommen wird (2.Kor
4,2)"[51].

All diese traditionsgeschichtlich verschieden einzuordnen-
den Versuche, das Urteil der Syneidesis der Korinther mit
einem direkten 'Bezeugen' oder mit dem 'Wort Gottes' in Zusammenhang zu bringen, lassen sich nur von einem dem Text

---

47  M.Kähler, aaO., S.244.

48  W.Schmidt, Das Gewissen, Leipzig, 1889, nach J.Stelzenberger, aaO.,
    S.76, Anm.169.

49  V.Hofmann, nach M.Kähler, aaO., S.245, Anm.8.

50  C.Maurer, aaO., S.915.

51  Ebd.

fremden Vorverständnis ableiten. Dasselbe gilt auch für R.
Seebergs Definition der Syneidesis als "innere(m) Bewußtsein
von Gott und seiner Ordnung"[52], die er unter anderem für 2.
Kor 4,2 angibt.

Davon gesondert sind auch noch die Exegeten zu berücksichtigen, die von 2.Kor 4,2 her einen direkten Zusammenhang
zwischen der Syneidesis und dem 'Offenbarmachen der Wahrheit',
d.h. des Evangeliums, konstatieren. Auf Grund der Voraussetzung, daß "das Gewissen derer, die Pauli Verkündigung hören,
von der Wahrheit des Evangeliums, die er verkündigt, getroffen
wird"[53], kann J.T.Beck folgern: "das Christentum sucht seine
Legitimation nur in dem Gewissen"[54]. So behauptet auch H.Win-
disch: "Die συνείδησις der 'Menschen' bietet eine wichtige
Anknüpfung für das Evangelium"[55], schränkt jedoch dann selber
ein, daß es in Kap 4,2 primär um die "Anerkennung der Unei-
gennützigkeit und Legitimität (der) Verkündiger" geht und
"die Gewinnung der Menschen für die Wahrheit selbst" nicht
"die Hauptsache" ist[56].

R.Bultmann versucht dennoch, unter expliziter Ablehnung
des entscheidenden Einwandes von H.Windisch, den Schwerpunkt
zunächst auf die "Gewinnung der Menschen für die Wahrheit"
zu legen, indem er in 2.Kor 4,2 eine von Paulus gar nicht
angesprochene Gegenüberstellung des 'einsehenden Verstandes'
und 'betrachtenden Denkens' einerseits und der Syneidesis,
an die sich die Verkündigung wendet, andererseits einträgt:
"Die ἀλήθεια wird nicht vom betrachtenden Denken, sondern
von der συνείδησις erfaßt, d.h., der offene Hörer wird durch
den Charakter der ἀλήθεια so bestimmt, daß er selbst zum
εἰλικρινής wird und also sehen kann, daß auch der Verkündiger
solcher ἀλήθεια durch εἰλικρίνεια bestimmt ist"[57]. "Im Getroffensein der συνείδησις durch die Verkündigung liegt also
das Kriterium für die εἰλικρίνεια des Verkündigers. Wo die

---

52  R.Seeberg, aaO., Sp.1165.

53  Nach R.Steinmetz, aaO., S.11.

54  Nach R.Steinmetz- ebd.; vgl. auch M.Kähler, aaO., S.242, Anm.3.

55  H.Windisch, aaO., S.134.

56  Ebd.

57  R.Bultmann, Der zweite Brief an die Korinther, S.104.

Verkündigung die Gewissen der Hörer nicht mehr treffen kann,
ist der Verkündiger nicht ἱκανός"[58].

Dagegen ist zu sagen: Paulus geht nirgendwo davon aus,
daß das Evangelium in der Syneidesis einen Anknüpfungspunkt
hat, oder, "weil es sich an die Syneidesis adressiert"[59],
nur von ihr beurteilt werden kann. Die Beurteilung der 'Wahrheit der Verkündigung' wird bei Paulus vom νοῦς und den νοή-
ματα (2.Kor 4,4) vollzogen, das 'Getroffensein' durch die
Verkündigung wird generell im Neuen Testament mit der καρδία
in Zusammenhang gebracht (Röm 10,9; Acta 2,37; 7,54), und als
'Adressat' des bezeugenden πνεῦμα θεοῦ gibt Paulus in Röm
8,16 das πνεῦμα ἡμῶν an. Die Syneidesis aber hat auf Grund
einer vorgegebenen Norm das sittliche und religiöse Verhalten zu beurteilen - in 2.Kor 4,2 und 5,11 sogar den Wandel
einer anderen Person. Zu dieser Beurteilung fordert Paulus
die Korinther auf, nachdem er ihnen in Kap 2,14 - 3,18 die
für die διακονία gültigen Kriterien dargelegt hat. Diese und
die späteren Ausführungen über das Amt des Apostels sind ein
eindeutiger Beweis dafür, daß Paulus in der Syneidesis per
se noch kein Wissen und keinen zuverlässigen Maßstab zur Beurteilung der Apostel und ψευδαπόστολοι voraussetzt.

Mit τῇ φανερώσει τῆς ἀληθείας grenzt er sich gegen die
sich selbst mit großen Worten rühmenden Gegner ab und betont,
daß er sich allein durch die Ausübung seiner apostolischen
διακονία empfehlen will. Die Syneidesis ist der Adressat
seiner 'Empfehlung' und nicht der Adressat der 'Verkündigung
der Wahrheit', was schon durch die eindeutigen syntaktischen
Verhältnisse in Kap 4,2 gar nicht anders verstanden werden
kann. Wenn Paulus der Syneidesis der Korinther 'offenbar zu
sein' hofft, dann deshalb, weil sie ihn in seinem Wandel als
Verkündiger erlebt und beobachtet haben und nun durch seine
Beschreibung der διακονία in Kap 2,14 - 3,18; 4,7 - 5,10 auch
über eindeutige Kriterien für eine bestätigende Beurteilung
der Integrität des Apostels verfügen. Nicht die 'Wahrheit
der Verkündigung' soll die Syneidesis der Korinther beurteilen,

---

58  AaO., S.105;

59  Ebd.

sondern allein die 'Wahrhaftigkeit des Verkündigers'. Daß
dazu die Syneidesis erst die Verkündigung durch den "sich
unterwerfenden Entschluß"[60] akzeptieren muß, ist nicht gefordert.

Damit ist auch schon die Fragestellung für das letzte
Problem, das in der Exegese von 2.Kor 4,2 und 5,11 diskutiert
wird, vorbereitet. Wen meint Paulus, wenn er von seiner Empfehlung "πρὸς πᾶσαν συνείδησιν ἀνθρώπων" spricht (Kap 4,2)?
Hat er dabei ausschließlich Gläubige im Auge oder, wie es
der reine Wortsinn nahelegt, 'jeden Menschen' - also auch
Ungläubige? Meist wird angenommen, daß Paulus den Ausdruck
'jeder menschlichen Syneidesis' absolut versteht und damit
sagen will, daß alle Menschen, sowohl Ungläubige wie Gläubige, mit der 'moralischen Urteilskraft'[61] ausgestattet sind,
die in diesem Fall auch einen anderen Menschen beurteilen
kann[62].

Von Röm 2,15 her läßt sich die Syneidesis als allgemein
anthropologisches Phänomen bezeichnen. Man darf allerdings
nicht mit M.Kähler der Syneidesis wieder Fähigkeiten beilegen
wollen, die sie für Paulus sowenig wie der 'Verstand' besitzt: "Dahin dringt der überlegene und abschätzende Verstand, angewiesen, wie er ist, auf die Beobachtung des äußeren verhaltens, nicht mit Sicherheit; dagegen die beurteilende Selbstbewachung im Herzen, die im eigenen leben Gesinnung und That zu unterscheiden und jene zu bezeugen hat,
verleiht das Geschick dazu, ohne vollständige Kenntnis des
einzelnen aus dem schillernden Leibe einer vielgewandten
Thätigkeit die Seele herauszufinden"[63]. Bei Paulus beurteilt
weder der νοῦς auf Grund von Beobachtung des äußeren Verhaltens den Wandel, noch hat die Syneidesis die Fähigkeit,
"ohne vollständige Kenntnis" Urteile zu fällen. Unseren
Texten gemäß können sowohl äußeres wie inneres Verhalten von
der Syneidesis beurteilt werden, wenn und insofern diese

---

60  R.Bultmann, ebd.

61  W.D.Davies, aaO., S.675: "moral discernment".

62  Vgl. auch H.Windisch, aaO., S.133; A.Schlatter, aaO., S.524.

63  M.Kähler, aaO., S.244 (Orthographie nach dem Original).

über einen Maßstab und über die Kenntnis der Sachlage durch
Beobachtung oder Information verfügt. Deshalb ist auch die
Frage, wer in Kap 4,2 angesprochen ist, eindeutig zu entscheiden. Wer immer Paulus kennt und ihn in seiner Tätigkeit als Apostel beobachtet hat und um das von Paulus explizit nochmals erläuterte Verständnis der διακονία τῆς δικαιο-
σύνης weiß, kann ihm seine Lauterkeit als διάκονος beschei-
nigen.

Mit der betonten Wendung πρὸς πᾶσαν συνείδησιν ἀνθρώπων
schließt Paulus auch die sich ihm gegenüber distanziert
Verhaltenden und sogar seine Gegner ein, deren sachgemäßes
Urteil er durchaus nicht fürchtet. Die Annahme, daß Paulus
damit auch Menschen bezeichne, die ihn vielleicht nicht einmal richtig kennen, läßt sich nur durch eine Präjudiz ableiten, ist aber vom Kontext und den sonstigen Belegstellen her
exegetisch unhaltbar. Die Frage, ob nur Gläubige oder auch
Ungläubige die Fähigkeit der Beurteilung haben, wird in 2.
Kor 4,2 und 5,11 gar nicht berührt. Paulus geht von "Augen-
und Ohrenzeugen"[64] und damit primär von Gemeindegliedern aus.
Andererseits darf aber auch aus diesen Stellen nicht geschlossen werden, daß nach Paulus nur "jeder Getaufte eine Urteilskraft darüber hat"[65], ob Paulus wahrhaftig gehandelt hat oder
nicht. Prinzipiell spricht Paulus von der 'Syneidesis der
Heiden' (Röm 2,15) genauso selbstverständlich wie von der
der Gläubigen. Die einzige Bedingung, die vom Kontext her an
das πᾶσαν (Kap 4,2) geknüpft ist, ist das Kennen des Apostels
und das Akzeptieren der gleichen Maßstäbe für die Beurteilung.
Ansonsten liegt Paulus sehr daran, daß sich alle (πᾶσαν) und
damit jeder einzelne (einzigartige Pluralform in Kap 5,11) zu
einem engagierten Urteil motivieren lassen. Bei aller Selbstprüfung in Beziehung auf die Vorwürfe der Gegner ist sich
Paulus keiner Schuld bewußt, was ihm auch seine Syneidesis
bestätigt (Röm 9,1; 2.Kor 1,12; 1.Kor 4,4). So vertraut er
darauf, daß auch die Korinther in ihrem Urteil über ihn zu
demselben Ergebnis kommen müssen (2.Kor 4,2; 5,11).

---

64  J.Stelzenberger, aaO., S.77.
65  Ebd.

In Übereinstimmung mit den bisherigen Belegen wird also
auch in 2.Kor 4,2 und 5,11 mit συνείδησις in objektivierender
Redeweise die I n s t a n z bezeichnet, die das Verhalten beobachtet und nach vorgegebenen Normen beurteilt. Allerdings
setzt Paulus hier wie selbstverständlich voraus, daß die Syneidesis zugleich in der Lage ist, das Verhalten anderer Personen zu beurteilen, was mit dem neuzeitlichen Verständnis
von 'Gewissen' im engeren Sinne nicht vereinbar ist. Dieses
Phänomen erklärt sich am leichtesten als ein Nachwirken des
etymologisch ursprünglichen, nichtreflexiven Gebrauchs - im
Sinne von 'Mitwissen', 'Zeugenschaft' - auf das weiterent-
wickelte Verständnis von συνείδησις als Instanz der Selbstbeurteilung.

e) Die Syneidesis der Schwachen in 1.Kor 8,7-13

Im Unterschied zu den bisherigen Stellen, an denen der
Begriff 'Syneidesis' jeweils nur einmal vorkommt, gebraucht
ihn Paulus in 1.Kor 8,7-13 dreimal und im inhaltlich daran
anschließenden Abschnitt 1.Kor 10,23 - 11,1 sogar fünfmal.
Von den insgesamt vierzehn[1] substantivischen Belegen in den
Homologumena des Paulus entfallen also über die Hälfte auf
die beiden Stellen der Korrespondenz mit den Korinthern, die
die Frage des 'Götzenopferfleisches' behandeln. Da Paulus
zudem den Begriff 'Syneidesis' an dem 1.Kor 8-10 entsprechenden Abschnitt im Römerbrief (Kap 14) vermeidet, obwohl die
drei außerkorinthischen Belege gerade im Römerbrief zu finden
sind[2], legt sich die Annahme nahe, daß es mit diesem Begriff
in der korinthischen Auseinandersetzung eine besondere Be-
wandtnis haben muß, sei es, daß ihn Paulus von den Starken
als "catchword"[3] aufnimmt, oder daß er ihn dem Einspruch der
sich auf ihre Syneidesis berufenden Schwachen entlehnt. Aller-

---

1   Davon in den Korintherbriefen: 1.Kor 8,7.10.12; 10,25.27.28.29; 2.Kor
    1,12; 4,2; 5,11.

2   Röm 2,15; 9,1 und schließlich die noch zu erörternde Stelle Röm 13,5.

3   Ausführlich bei C.A.Pierce, aaO., S.60-65; vgl. G.Theißen, Die Starken
    und die Schwachen in Korinth, S.165, der aufgrund der schichtspezi-
    fischen Charakteristika die Schwachen den unteren und die Starken den
    oberen sozialen Schichten zuordnet.

dings ist auch nicht völlig auszuschließen, daß Paulus selbst
ihn als einen für die spezifische Stiuation besonders geeig-
neten Zentralbegriff einführt, zumal er ihn auch sonst - zwar
nur gelegentlich, aber - durchaus spontan und original verwendet[4].

Ohne eine diesbezügliche Entscheidung vorwegnehmen zu
wollen, muß bei dem Stand der Diskussion hervorgehoben werden,
daß wegen des Antwortcharakters bezüglich des vorausgegangenen Schreibens der Korinther an Paulus und der ihm persönlich
überbrachten Informationen (Kap 1,11) sowie auf Grund der
Tatsache, daß wir außerhalb der kanonischen Briefe keine
direkte Information über den Zustand in der Gemeinde besitzen,
bei der Rekonstruktion der Meinungen und Parteiungen äußerste
Vorsicht und Konzentration auf die eindeutig exegetisch zu
ermittelnden Fakten geboten sind.

Mit περὶ δὲ τῶν in Kap 8,1 wird unvermittelt das neue
Thema eingeführt[5]. Wie auch in Kap 7,1 und Kap 7,25 nimmt
Paulus mit dieser Wendung entweder auf eine konkret gestellte
Frage[6] oder aber auf einen Bericht[7] über die Situation in
der Gemeinde Bezug. In beiden Fällen legt sich die Vermutung
nahe, daß er im folgenden (V 1.4) Äußerungen einer der Gruppen
in Korinth aufgreift, was durch die zumindest "formale" Spannung[8], wenn nicht sogar durch den "sachlichen" Widerspruch
zwischen Vers 1 und 7 bestätigt wird. So zitiert Paulus wohl
mit πάντες γνῶσιν ἔχομεν (V 1) einen Ausspruch derer, die
entweder von ihm im Verlauf der Diskussion als die 'Starken'
bezeichnet werden, oder aber sich selbst in Abgrenzung gegen
die 'Schwachen' in ihrer γνῶσις und ἐξουσία als die 'Starken'
verstehen, was die Bedeutungen freilich nuanciert.

Jedenfalls ist Paulus bemüht, seine grundsätzliche Übereinstimmung mit den in Kap 8 angesprochenen Starken in zwei

---

4   Die Problematik der Nichtverwendung des Begriffs in Röm 14 wird in
    Zusammenhang von 1.Kor 10 noch zu berücksichtigen sein.

5   Vgl. H.Lietzmann, aaO., S.37.

6   F.W.Grosheide, Commentary on the first Epistle to the Corinthians,
    S.188.

7   Ph.Bachmann, Der erste Brief des Paulus an die Korinther, S.302.

8   H.Conzelmann, Der erste Brief an die Korinther, S.173.

Punkten hervorzuheben, was in V 1 und vor allem in V 4 an
dem "kommunikativen Plural"[9] οἴδαμεν, der der Singularform
οἴδα μέν vorzuziehen ist, deutlich wird. Die Möglichkeit,
daß die Korinther in ihrem vorausgegangenen Schreiben Paulus
bei seinen eigenen Aussagen betreffs der ἐξουσία und des
Bekenntnisses zum εἷς θεός behaftet haben, ist nicht auszuschließen. So widerlegt er in Kap 8 die dogmatische Voraussetzung des εἷς θεός mit der seit Deuterojesaja immer wieder
vertretenen Folgerung, daß damit die Götter der Heiden nur
'Nichtse' sein können, nicht prinzipiell, sondern begnügt
sich zunächst mit dem korrigierenden Hinweis auf die θεοί
und κύριοι (V 5). Ausdrücklich vertritt er erst in Kap 10,1-22
die alternative jüdische Vorstellung der Götter als Dämonen[10],
deren Existenz zwar dem εἷς θεός wegen ihrer Unterordnung
unter Gott keineswegs widerspricht, deren Macht gegenüber
dem Menschen aber durchaus als objektiv und gefährlich verstanden wird, weshalb der Gläubige ihren Einfluß - etwa im
Götzendienst - unbedingt zu meiden hat (1.Kor 10,1-22; 2.Kor
6,14-7,1). Warum Paulus nicht schon in Kap 8 mit der Argumentation von Kap 10,1-22 beginnt, ist aus seinem im Gegensatz
zum wesentlich strengeren Judentum seiner Zeit stehenden
Verständnis der ἐξουσία des Gläubigen her erklärbar, die dann
auch anschließend in Kap 10,23 - 11,1 nochmals explizit konstatiert wird.

In dem gesamten Abschnitt Kap 8,1 bis hin zu Kap 14,40
liegt ihm jedoch vorrangig daran, durch das Postulat des
Primates der ἀγάπη und οἰκοδομή der Gemeinde vor der γνῶσις
und ἐξουσία des einzelndn - d.h. der Verantwortung gegenüber
der Gemeinschaft vor dem Anspruch auf das Recht des einzelnen
- die Diskussion auf eine völlig andere Ebene zu heben.
Während er in Kap 9 mit Hilfe seines eigenen Vorbildes für
das Unterordnen der persönlichen ἐξουσία und ἐλευθερία unter
die Interessen des Evangeliums (διὰ τὸ εὐαγγέλιον - V 23)
zum τοὺς πλείονας κερδαίνειν (V 19) wirbt, entfaltet er in

---

9   AaO., S.165.

10  Vgl. zu beidem: H.L.Strack - P.Billerbeck, aaO., Bd.III, S.48-60;
    Fr.Büchsel, Artikel: εἴδωλον κτλ, ThW II, S.373-377.

Kap 8 und 10 die Konsequenzen, die sich für den, der sich
als ἔννομος Χριστοῦ (Kap 9,21) versteht, in Bezug auf die
akuten Fragen in der Gemeinde betreffs der Festmahlzeiten in
Tempelgebäuden (Kap 8,1-13), des Götzendienstes (Kap 10,1-22)
und des vom Opfer stammenden, auf dem Markt erhältlichen
Fleisches (Kap 10,23 - 11,1) unweigerlich ergeben.

So bilden die Verse 1b-3 eine programmatische Einleitung
- letztlich zu der ganzen Einheit der Kapitel 8 - 14. Die im
antithetischen parallelismus membrorum der 'aufbauenden' ἀγάπη
als lediglich 'aufblähend' gegenübergestellte γνῶσις wird
nicht etwa wegen ihres Inhalts (V 4.6) noch prinzipiell als
solche abgelehnt, sondern nur insofern, als sie zum Selbstruhm und zur Lieblosigkeit anderen gegenüber mißbraucht wird
(V 2). Es geht also um das καθὼς der wahren Erkenntnis (δεῖ
γνῶναι), die auf das Erkanntsein von Gott, d.h. auf seine
Erwählung (Amos 3,2) und die Liebe zu ihm gründet (V 3). Mit
diesen Versen korrigiert Paulus die Selbstsicherheit der
Starken, die in ihrer Aussage: πάντες γνῶσιν ἔχομεν zum Ausdruck kommt, ohne zunächst auf den Inhalt einzugehen. Auch
in V 4 zitiert Paulus wieder[11] von οἴδαμεν an das Bekenntnis
zum Monotheismus, das den Starken wohl als Grundlage zum
unbesorgten 'Verzehren' - wie βρῶσις hier zu verstehen ist[12]
- des Götzenopferfleisches diente. Diese Folgerung der Starken
hält Paulus, wie später in Kap 10,23ff deutlich wird, durchaus
für legitim, wenn er auch ihre Voraussetzung vom 'Nicht-Sein'
der Götter mit V 5 relativiert, um von vornherein der Gefahr
eines Götzendienstes aus Naivität zu wehren. Da nämlich das
οὐδέν in V 4 nicht als Prädikat (= Nichts, also neben Gott
machtlos), sondern als Attribut (= nicht, überhaupt nicht
als Wirklichkeit existent) zu verstehen ist, wie durch die
Parallele οὐδεὶς θεὸς εἰ μὴ εἷς deutlich wird[13], mußte bei
den Korinthern mit der Unterschätzung der Gefahr des Umgangs
mit den 'dämonischen Wirklichkeiten' (Kap 10,20-22) im Götzendienst durchaus gerechnet werden.

---

11  So auch H.Lietzmann, aaO., S.37; F.W.Grosheide, aaO., S.189.

12  W.Bauer, aaO., Artikel: βρῶσις, Sp.293.

13  Ph.Bachmann, aaO., S.307; F.W.Grosheide, aaO.

Grundsätzlich stimmt aber Paulus der Freiheit der Starken
zu, soweit diese wirklich in der Bindung an den schon im
Sch^ema bezeugten יהוה אחד (Dt 6,4) und den - in der Gemeinde
jetzt Christus bezeichnenden - εἷς κύριος (V 6) begründet
ist und nicht zum Ausdruck des Kompromisses und Götzendienstes
wird. Diese Differenzierung erhellt zugleich die Spannung,
die sich einerseits durch die kategorische Ablehnung des
Götzendienstes in Kap 10,1-22 und andererseits durch die
freimütige Anerkennung der prinzipiellen ἐξουσία der Starken
bezüglich des Götzenopferfleisches in Kap 10,23-33 ergibt.

Eine Unterscheidung zwischen den θεοί und den κύριοι in
dem Sinne, daß erstere die Olympier seien, letztere hingegen
deifizierte Menschen, ist von Paulus wohl kaum beabsichtigt[14].
Beide bezeichnen vielmehr die von den Menschen als 'Gott'
verehrten (λεγόμενοι) 'Dämonen' (Kap 10,20-22), denen - im
Anschluß an Dt 32,17 - die 'Götzenopfer' in Wahrheit darge-
bracht werden.

Die eigentliche Auseinandersetzung mit den Starken beginnt
in V 7: Die Voraussetzung für ein ungehemmtes Praktizieren
der ἐξουσία ist in der korinthischen Gemeinde nicht gegeben,
weil οὐκ ἐν πᾶσιν ἡ γνῶσις.

Diese Einschränkung kann sich nicht auf das gemeinsame
Bekenntnis (ἡμῖν) zum εἷς θεός in V 6 beziehen. Dieses ist
für den Glauben konstitutiv und muß deshalb bei allen Gläubigen
vorausgesetzt werden. Von daher kann man bezüglich des Verhältnisses von πάντες in V 1 und οὐκ ἐν πᾶσιν in V 7 wohl von
einer Spannung und Einschränkung, nicht aber von einem sachlichen Widerspruch reden. Bei 'allen' kann man zwar von dem
Grundbekenntnis in V 6 ausgehen, nicht aber von der daraus
an sich legitim zu ziehenden Folgerung, daß das 'Nichts-Sein'
der Götzen im Verhältnis zu Gott schon ihr 'Nicht-Sein' überhaupt impliziere und daß damit das εἰδωλόθυτον zwangsläufig
zum normalen κρέας (V 13) und dessen Verzehr zum Adiaphoron
würde.

Für die Schwachen drängt sich aus dem Bekenntnis zum 'einen

---

14  Mit H.Conzelmann, aaO., S.170, Anm.35; gegen diese Differenzierung
    bei J.Weiß, aaO., S.222.

Gott' vielmehr die Folgerung des Verzichtes auf den Verzehr
des Götzenopferfleisches auf, da sie sich ja bewußt πρὸς τὸν
θεὸν ἀπὸ τῶν εἰδώλων δουλεύειν θεῷ ζῶντι καὶ ἀληθινῷ (1.Thess
1,9) hingewandt haben, was die Identifikation der vermeintlichen Götter mit den Dämonen voraussetzt. Paulus zieht diese
Konsequenz der prinzipiellen Enthaltung erst beim Götzendienst
(1.Kor 10,1-22) und sieht beim reinen Verzehr des Fleisches
den Verzicht nur um des anderen willen als unbedingt geboten.
Hingegen entspricht das Verhalten der Schwachen dem jüdischen
Urteil, das auch jeden indirekten Kontakt mit den Götzen
verbietet. Über die Herkunft der Schwachen läßt die in V 7
folgende Erläuterung keinen Zweifel. Sie sind nicht den Judenchristen, sondern eindeutig den Heidenchristen zuzuordnen[15].

Zunächst muß aber zu V 7 die textkritische Entscheidung
getroffen werden, ob die Lesart συνηθείᾳ oder die Variante
συνειδήσει als ursprünglich zu gelten hat. Obwohl erstere
durch die alexandrinischen Zeugen besser belegt ist als die
vom Koine-Text und den "westlichen" Zeugen vertretene
Variante, wird letztere von einigen Exegeten mit der Begründung
bevorzugt, συνειδήσει könne wegen des folgenden Genitivattributes τοῦ εἰδώλου als die lectio difficilior angesehen werden[16]. Dagegen ist neben der besseren Bezeugung von συνηθείᾳ
anzuführen, daß die Verbindung von συνείδησις mit einem
Genitivus obiectivus bei Paulus ohne Parallele ist und sich
mit dem bisher durchgängig als einheitlich erkannten Gebrauch
auch nicht vereinbaren läßt. Vor allem dürfte seit der davon
abweichenden Bedeutung von συνείδησις in den Deuteropaulinen,
im Hebräer- und 1.Petrusbrief auch die Lesart συνειδήσει
kaum noch als die schwierigere empfunden worden sein, zumal
sie in διὰ συνείδησιν θεοῦ (1.Pt 2,19) eine Entsprechung
findet. So ist die Lesart συνηθείᾳ ... τοῦ εἰδώλου eindeutig
zu bevorzugen und die Variante durch Assimilation an den

---

15  Gegen G.Theissen, der sich von der Alternative freimachen will, da
    er in den Schwachen keine "ethisch und soziokulturell homogene Gruppe"
    sieht, aaO., S.156f.

16  M.Kähler, aaO., S.260; R.Steinmetz, aaO., S.291; W.Gutbrod, aaO.,
    S.72.

mehrmaligen Gebrauch von συνείδησις im folgenden Text zu
erklären[17].

Diese Entscheidung ist für die Definition der Syneidesis
insofern relevant, als einige Ausleger gerade die abzulehnende
Variante als entscheidenden Beleg ihrer Interpretation anführen. So wird die Wendung συνειδήσει τοῦ εἰδώλου z.B. von
W.Gutbrod mit "Bewußtsein um den Götzen"[18] und von B.Reicke
mit "wegen des bisherigen Gefühls für den Götzen"[19] übersetzt.

Das weitverbreitete Verständnis von der Syneidesis als
'Bewußtsein' und speziell als 'Gottesbewußtsein' kann sich
für den paulinischen Gebrauch nur auf die auszuscheidende
Variante von 1.Kor 8,7a stützen, da an allen anderen Belegstellen die der Syneidesis beigeordneten Genitivattribute
jeweils den 'Besitzer' (gen. poss.), nicht aber das 'Objekt'
oder den Inhalt (gen. obi.) der Syneidesis angeben, was allein
die Bestimmung 'Bewußtsein von', 'Wissen um' rechtfertigen
würde.

Mit τῇ συνηθείᾳ (dativus causae) begründet Paulus, weshalb
die Schwachen das Götzenopferfleisch nicht als Adiaphoron betrachten können: "infolge der bisherigen Gewöhnung an den
Götzen"[20]. Συνήθεια bezeichnet hier nicht wie in 1.Kor 11,16
- der einzigen anderen paulinischen Belegstelle für das
Substantiv - die "Gewohnheit, Gepflogenheit, Sitte", sondern
das subjektive "Sichgewöhnthaben, die Gewöhnung"[21]. Die
Schwachen hatten vor ihrer Bekehrung 'Umgang' bzw. 'Verkehr'
mit den Götzen. Die Konsequenzen wirken bis jetzt nach (ἕως
ἄρτι) und beeinflussen ihre 'Erkenntnis'. Von daher ist
deutlich, daß es sich bei diesen Schwachen um Heidenchristen
handeln muß. Bei Judenchristen könnte man höchstens von einer
'Gewohnheit' des Meidens der Götzen, nicht aber von der συνή-

---

17  Mit H.Lietzmann, aaO., S.38; B.F.Harris, aaO., S.182; H.Conzelmann,
    aaO., S.173, Anm.2.

18  W.Gutbrod, aaO., S.63; ähnlich Th.Zahn, Der Brief an die Römer, S.125,
    Anm.39 zu 1.Kor 8,7: "das zurückgebliebene Bewußtsein um das Idol".

19  B.Reicke, aaO., S.159.

20  W.Bauer, Artikel: συνήθεια, aaO., Sp.1563.

21  W.Bauer, ebd., der als Parallele für die Verbindung mit dem gen. obi.
    Ditt Syll[3] 888,154 anführt: διὰ τὴν συνήθειαν τῆς τοιαύτης ἐνοχλήσεως.

θεια τοῦ εἰδώλου sprechen, die den 'Umgang' mit den Götzen
gerade voraussetzt.

Die Behauptung von K.H.Neufeld, daß man nur bei Christen
von συνείδησις ausgehen könne, bei Heiden hingegen lediglich
von der συνήθεια, der "reinen Gewohnheit"[22], ist genauso unhaltbar wie die andere von C.F.G.Heinrici, der die alexandri-
nische Lesart (συνηθείᾳ) mit der Begründung ablehnt, sie
führe "zu einem Gedanken, der des Apostels unwürdig wäre"[23].
Paulus gebraucht die beiden Begriffe keinesfalls alternativ,
sondern erklärt mit τῇ συνηθείᾳ, warum bei der Syneidesis
der Schwachen ein anderer Erkenntnisstand, d.h. eine andere
Norm vorauszusetzen ist als bei den Starken: wegen ihrer
"bisherigen Gewöhnung an den Götzen", die ihren "noch an-
dauernden Umgang" allerdings nicht bedingt, wie C.F.G.Heinrici
offensichtlich annimmt. Die Instanz Syneidesis ist nach Paulus
bei allen Menschen in gleicher Weise gegeben, deren Urteile
aber können stark differieren, da sie von der vorhandenen
γνῶσις (V 7), d.h. vom Erkenntnisstand des νοῦς, abhängig
sind. Weil dieses der Syneidesis vorgeordnete Normenbewußtsein
bei den Schwachen durch die συνήθεια von der vorchristlichen
Vergangenheit her bestimmt ist, betrachten sie das 'Opferfleisch' nicht wie die Starken einfach als κρέας (V 13),
sondern essen es unwillkürlich als 'Götzenopferfleisch' (ὡς
εἰδωλόθυτον ἐσθίουσιν - V 7), als Fleisch also, dessen Verzehr
sie wieder in Abhängigkeit von den Göttern bzw. Dämonen bringt
und ihren Abfall von "dem einen Gott" bedeutet.

Daß Paulus die polemische jüdische Bildung εἰδωλόθυτον
und nicht wie in 1.Kor 10,28 - einem fiktiven Gespräch in
heidnischer Umgebung - das bei den Griechen übliche ἱερόθυτον[24]
verwendet, ist für ihn als Judenchrist wohl selbstverständlich,
zumal die Bezeichnungen εἴδωλον und εἰδωλόθυτον offensichtlich
auch bei den Starken geläufig waren (Kap 8,4; 10,19). Paulus
will aber damit das Problem der Schwachen keinesfalls relati-

---

22  K.H.Neufeld, Das Gewissen, Bibel und Leben 12 (1971), S.39.

23  C.F.G.Heinrici, Das erste Sendschreiben des Apostels Paulus an die
    Korinther, S.229.

24  Fr.Büchsel, Artikel: εἰδωλόθυτον, ThW.II, S.375.

vieren und als nur subjektiv gefährlich darstellen. Er selbst
geht von der Realität, die hinter den 'Götzen' steht, aus,
und warnt die Gemeinde in Kap 10,14-22 aufs schärfste vor
den Folgen des 'Götzendienstes', der κοινωνία τῶν δαιμονίων
(Kap 10,20). Mit den Starken stimmt er darin überein, daß
das Opferfleisch 'an sich' für den Gläubigen keine Gefahr
darzustellen braucht, solange er es frei von den Assoziationen
des Götzendienstes als zur Schöpfung des 'einen Gottes' gehörend (Kap 10,26) genießt. Insofern schließt Paulus nicht
einmal die Möglichkeit der Teilnahme an einem gesellschaftlichen Fest im Tempelbereich prinzipiell aus (Kap 8,10). Für
den Schwachen aber, der beim Essen des Opferfleisches - sei
es in einem Privathaus (Kap 10,27) oder gar bei einer gesellschaftlichen Festmahlzeit im Tempelbereich (Kap 8,10) - auf
Grund seiner Vergangenheit nicht von den Assoziationen der
Götzen freibleiben kann, wirken sich die Gefahren der εἰδωλατρία (Kap 10,14) schon früher als beim Starken aus. Wenn
der Schwache das 'κρέας' ißt, ißt er es als εἰδωλόθυτον
(Kap 8,7.10!). Damit wird er wieder ein κοινωνὸς τῶν δαιμονίων, wie er zuvor durch das ποτήριον τῆς εὐλογίας und den
ἄρτον ὃν κλῶμεν der κοινωνία τοῦ σώματος τοῦ Χριστοῦ teil-
haftig wurde (Kap 10,16). Für ihn bedeutet das Essen des
'εἰδωλόθυτον' Teilnahme an der verheerenden εἰδωλατρία.

Für das Verständnis des ganzen Zusammenhangs ist es entscheidend, daß es Paulus bei seinem Plädoyer für die Schwachen
nicht nur um das subjektive 'Schuldbewußtsein', die 'Gewissensbisse' oder die 'Glaubenszweifel' geht, sondern wie auch in
Kap 10,14-22 um die den Schwachen objektiv drohenden Konsequenzen des Verkehrs mit der dämonischen Machtsphäre, was
bei psychologisierenden Erklärungen leicht verdeckt wird.

Das gilt vor allem für die im Zusammenhang mit der Syneidesis gebrauchten Verben: μολύνω (V 7), τύπτω (V 12) und
ἀπόλλυμι (V 11). So setzt z.B. C.A.Pierce bei den ersten
beiden Begriffen voraus, daß Paulus "employs them almost as
synonyms"[25], folgert: "such a defilement is painful"[26] und

---

25  C.A.Pierce, aaO., S.82.

26  Ebd.

bezieht schließlich auch das 'Verderben' in V 11 auf den
Schmerz der Gewissensbisse: der Schwache "perisheth as a
result of conscience: for the trouble with conscience is
that it is the one pain that cannot be reasoned away"[27].

Die drei Verben bezeichnen aber weder das 'Schuldgefühl'
noch den 'Schmerz' des schlechten Gewissens, sondern die
objektive Beziehung zum Χριστός (V 11.12), die zu zerbrechen
droht.

Zunächst muß betont werden, daß Paulus hier einerseits
wie an allen anderen Stellen die Instanz Syneidesis dem
Menschen gegenüber in gewisser Selbständigkeit und Objektivität
beschreibt, in der sie verurteilend oder bestätigend seinen
Wandel begleitet und nach anerkannten Maßstäben mißt. Andererseits steht damit die Syneidesis zugleich für den Menschen
selbst, insofern er sich selbst in der Syneidesis beurteilt,
d.h. insofern er verantwortungsvoll lebt, weil seine Syneidesis zur Verantwortung ruft. Dieser Zusammenhang wird in
1.Kor 8 nicht zuletzt daran deutlich, daß Paulus sowohl die
Syneidesis als ἀσθενής (V 7.12) als auch die ganze Person als
ἀσθενῶν (V 10.11) bezeichnet.

Spricht Paulus also in V 7 von der 'befleckten Syneidesis',
dann meint er nicht nur, daß "sich die Erinnerung an das,
was geschehen ist, wie ein Fleck im Bewußtsein festsetzt
und es durch Anklagen, Furcht, Scham, Gram und Heimlichkeit
entstellt", wie A.Schlatter annimmt[28]. Vielmehr bezeichnet
- beim übertragenen Gebrauch - die 'Befleckung' des einzelnen
'Teils' oder 'Gliedes' als pars pro toto das Schuldigwerden
der Person vor Gott, egal ob jemand τὰς χεῖρας (varia lectio
zu Act 5,38), τὴν ἑαυτοῦ ψυχήν (Sir 21,28) oder, in direkter
Wendung, sich selbst als Priester oder Prophet (Jer 23,11)
verunreinigt. Dabei wird nicht primär das Schuldgefühl, sondern
die Entweihung und damit übertragen das 'objektive Schuldigwerden' vor Gott durch den Begriff 'Beflecken' beschrieben[29].

---

27  Ebd.

28  A.Schlatter, aaO., S.261.

29  Siehe zu μολύνω die entsprechenden Artikel in: W.Bauer, aaO., Sp.
    1042; und F.Hauck, ThW.IV, S.744.

So läßt sich auch von 1.Kor 8,7b her die Bedeutung 'schlechtes Gewissen' oder 'Gewissensbisse' als 'Schuldbewußtsein'
oder 'Schmerz' nicht begründen.

Daß Paulus im Zusammenhang des Schuldigwerdens die Instanz
Syneidesis anführt, braucht nicht zu überraschen. Da sie die
Übereinstimmung zwischen dem als richtig und gut Erkannten
und dem Wandel zu überwachen hat, ist sie zugleich die Instanz
der Verantwortlichkeit des Menschen.

Ob die Bezeichnungen 'der Schwache' und 'die schwache
Syneidesis' zuerst von den Starken gebraucht worden sind und
damit ursprünglich einen geringschätzigen und verächtlichen
Klang gehabt haben, läßt sich nicht sicher entscheiden[30], liegt
aber beim antiken Sprachgebrauch durchaus nahe[31]. Paulus
jedenfalls setzt den Akzent nicht auf das Irren oder gar auf
die Sündhaftigkeit, sondern auf das Angewiesensein und die
Hilfsbedürftigkeit. Für ihn impliziert die Bezeichnung 'schwach'
nicht eine Kritik an den Schwachen, sondern eine Herausforderung an die Starken, die Verantwortung gegenüber den Schwachen
wahrzunehmen. Dies gilt um so mehr, als die Gefahr, die dem
Schwachen objektiv droht, prinzipiell auch den Starken betrifft
(Kap 10,14-22), wenn auch noch nicht bei der Frage des Fleisch-
verzehrs. Weil es sich nicht nur um das subjektive 'übersen-
sible Gewissen' oder 'Schuldgefühl' handelt, sondern darum,
daß die Syneidesis dem Schwachen anzeigt, wenn ihm durch
Kontaktaufnahme mit den 'Göttern' der Verlust der κοινωνία
τοῦ Χριστοῦ droht, appelliert Paulus im folgenden nur an die
Rücksicht der Starken und versucht keinesfalls, das Problem
zu verharmlosen. Mit den Schwachen weiß sich Paulus in der
Einschätzung der Gefahr des Götzendienstes einig, mit den
Starken in der 'Erkenntnis', daß das Essen des Fleisches an
sich dem 'Freien' Adiaphoron ist. So kann Paulus in dieser
Diskussion einerseits die Möglichkeit der Teilnahme am Götzendienst (Kap 10,14-22) und das Verleiten des Bruders zum Essen
dessen, was für ihn schon zum Bereich der dämonischen Sphäre
gehört, kategorisch ablehnen und andererseits die prinzipielle

---

30  Mit H.Conzelmann, aaO., S.174, Anm.16.

31  Vgl. z.B. 1.Kor 1,27.

ἐξουσία und ἐλευθερία der Starken in der Frage des Fleisch-
verzehrs selber teilen und bestätigen (Kap 10,23-33), ohne
dadurch in Widerspruch zu geraten.

'Schwach' ist die Syneidesis insofern, als mit ihr die
ganze Person schwach ist, d.h. leichter als die Starken zu
Fall kommen kann und deshalb auf deren Rücksichtnahme angewiesen ist. Daher darf man diese Schwachheit keinesfalls als
die Unzulänglichkeit einer zu schwachen 'conscientia antecedens' verstehen, wie es A.Schlatter tut, der meint: "Das
Gewissen ist dann kraftlos, wenn es ein Verhalten, das es
als verwerflich oder mindestens als gefährlich verurteilt,
nicht zu verhüten vermag. Wenn das Gewissen den Willen des
Menschen ordnet und ihn zum Gehorsam bewegt, ist es stark.
Paulus spricht jetzt ... vom Urteil, das sich im Bewußtsein
des Menschen bildet und ihm sein Verhalten vorschreibt"[32].

Bezüglich ihrer Funktion ist die Syneidesis aber gerade
nicht 'schwach', da sie korrekt anzeigt, ob das Verhalten
des Schwachen seinen Wertmaßstäben entspricht. Vielmehr trifft
dies für die ihr vom νοῦς vorgegebenen Normen zu[33], die durch
mangelnde γνῶσις und durch von der Vergangenheit her geprägte
συνήθεια schon das Essen des Fleisches als Götzendienst be-
werten.

Nach der Beschreibung von Voraussetzung und Situation der
Schwachen läßt Paulus in V 8 eine grundsätzliche Erklärung
über die "Neutralität der Speise"[34] folgen, die keineswegs
mit C.F.G.Heinrici als ein Gegenargument der Korinther angesehen werden muß[35], wohl aber an deren Adresse gerichtet
ist.

Οὐ παραστήσει ist nicht futurisch als terminus technicus
der Gerichtssprache zu verstehen, wie J.Weiß vorschlägt:
"Speise bringt uns nicht vor Gottes Gericht"[36]. Auch die
für Röm 12,1 zutreffende Bestimmung als terminus technicus

---

32  A.Schlatter, aaO., S.260.

33  Ähnlich J.Stelzenberger, aaO., S.71; R.Steinmetz, aaO., S.294.

34  Mit H.Conzelmann, aaO., S.175.

35  C.F.G.Heinrici, aaO., S.232.

36  J.Weiß, aaO., S.229.

der Opfersprache entfällt[37]. Vielmehr ist παρίστημι in Übereinstimmung mit den meisten Exegeten mit "vor Gott bringen",
im Sinne von "Gott nahe bringen", wiederzugeben[38].

Diese grundsätzliche Feststellung: 'Speise bringt Gott
nicht näher', wird durch die beiden folgernden Sätze (V 8b)
unterstrichen. Obwohl es für den Sinn keinen großen Unterschied
bedeutet, ist die Reihenfolge der Sätze umstritten. Die Reihenfolge: "wenn wir essen, haben wir keinen Vorteil, wenn wir
nicht essen haben wir keinen Nachteil", wird vor allem von
den "westlichen" Zeugen und den Zeugen der Koine-Textform
vertreten, die umgekehrte Reihenfolge von p[46], B u.a. Da
erstere aber als Angleichung an den Grundsatz V 8a erklärt
werden kann, ist letztere wohl zu bevorzugen[39]. Dabei wird
dann die im folgenden nahegelegte Verhaltensweise, das 'Nicht-
Essen', betont zuerst von Paulus angeführt.

Ob Paulus mit V 8a, wie H.Lietzmann sagt, "die Meinung
der 'Starken', diese Bestätigung christlicher Freiheit sei
Gott wohlgefällig und ein Zeichen wahrer 'Erkenntnis', kräftig
zurückweist"[40], muß offenbleiben. Jedenfalls stellt er die
Erklärung der Neutralität der 'Speise' für die Starken der
Darlegung der verhängnisvollen Bedeutung dieses 'Essens'
für die Schwachen (V 7) demonstrativ gegenüber (s. δέ V 8a)
und bereitet durch diese Spannung die zu folgernde Konsequenz
wirksam vor.

Eingeleitet mit dem in der Paränese geläufigen Imperativ
βλέπετε[41] ermahnt nun Paulus in V 9 die Starken, ihre ἐξουσία,
d.h. ihre Freiheit und ihr Recht zu handeln und zu verfügen,
wie sie wollen[42], dem Schwachen nicht zum Anstoß werden zu
lassen. Daß Paulus eigentlich sagen will: "die Freiheit, die

---

37  Mit W.Bauer, Artikel: παρίστημι κτλ, aaO., Sp.1245.

38  W.Bauer, ebd.; nach R.Reitzenstein, ZNW 13, 1912, S.19f; ähnlich
    Ph.Bachmann, aaO., S.313; H.Lietzmann, aaO., S.38; H.Conzelmann, aaO.,
    S.175, Anm.21.

39  Mit H.Conzelmann, aaO., S.173, Anm.3; gegen Ph.Bachmann, aaO., S.313;
    F.Godet, Kommentar zu dem 1.Brief an die Korinther, S.12.

40  H.Lietzmann, aaO., S.38.

41  1.Kor 3,10; 10,12; 16,10; Gal 5,15; Phil 3,2; vgl. H.Conzelmann,
    aaO., S.175, Anm.27.

42  W.Bauer, Artikel: ἐξουσία, aaO., Sp.550.

ihr euch nehmt", wie H.Lietzmann meint[43] , ist unzutreffend,
weil es ihm im ganzen Zusammenhang darum geht, einerseits
die Berechtigung seiner (Kap 9) und der Starken (Kap 8 und
10,23ff) ἐξουσία und andererseits die Pflicht zum Verzicht
auf die Ausübung der ἐξουσία aus Liebe zum Bruder (Kap 8,1)
und um Christi willen (Kap 8,11.12) in gleicher Weise darzulegen.

Πρόσκομμα, das Paulus promiscue mit σκάνδαλον gebrauchen
kann[44] , ist hier wie im verwandten Kapitel Röm 14,13.21
etwas, wodurch "eine echte Not entsteht. Es geht bei der
Frage des πρόσκομμα um letzte Entscheidungen, um Gewissen
und Glauben, um Sünde und ewiges Unheil"[45] und nicht nur wie
vielleicht in 1.Kor 10,32 und 2.Kor 6,3 um Anstößigkeit im
weiteren Sinne.

V 10 bringt die konkrete Anwendung des vorher grundsätzlich
Besprochenen. Paulus schildert einen der drei möglichen Fälle
(Kap 8,10; 10,25; 10,27) des Umgangs mit dem κρέας, das zwar
im Tempelbereich geschlachtet worden ist, aber für den Starken
dennoch genießbar bleibt. Mit ἐν εἰδωλείῳ kann nicht wie in
Kap 10,14-22 die Beschreibung einer primär kultischen Veranstaltung gemeint sein, die als εἰδωλατρία keinesfalls
unter die ἐξουσία der Starken fallen würde. Dagegen wird
hier an eine primär gesellschaftliche Veranstaltung gedacht
sein[46] , die nicht nur wie in Kap 10,27 in einem Privathaus,
sondern auch im Tempelbereich, eventuell in einem der dafür
vorgesehenen Nebenräume[47] , stattfinden konnte.

An ἐάν sowie dem ganzen Gedankengang wird deutlich, daß
es sich bei dem Beispiel nur um ein mögliches, nicht aber um
ein regelmäßiges oder von den Starken beabsichtigtes Zusammentreffen handelt. Das Anliegen des Starken ist lediglich,
seine ἐξουσία uneingeschränkt ausleben zu können. Daß er sich
als Vorbild des Schwachen versteht und diesen bewußt provozieren will, davon kann keine Rede sein.

---

43  H.Lietzmann, aaO., S.39.

44  H.Conzelmann, aaO., S.176, Anm.28; vgl. auch σκανδαλίζει in V 13.

45  G.Stählin, Artikel: προσκόπτω κτλ, ThW.VI, S.754.

46  So auch H.Conzelmann, aaO., S.209.

47  Ph.Bachmann, aaO., S.324, Anm.2.

Dieses und weitere Mißverständnisse gehen auf die Schwierigkeiten zurück, die bei der Einordnung des οἰκοδομηθήσεται
in der exegetischen Diskussion bestehen. Vielfach wird angenommen, daß es sich wieder um eine "Redensart der Starken"[48]
handeln müsse, einen "Grundsatz der Freien"[49], den Paulus aus
dem Brief der Korinther zitiere[50]. Aber weder der Stil der
Stelle, der mit Dialog und Illustration durch Beispiel durchaus dem paulinischen Diatribenstil entspricht[51], noch der
Inhalt der Wendung lassen die ohnehin schwer verifizierbare
Zitathypothese für V 10 notwendig erscheinen. Der Begriff
οἰκοδομεῖν ist bei Paulus schon früher zu belegen (1.Thess
5,11). In 1.Kor 8,1 und 10,23 wird er in absoluter Wendung
und rein positiver Bedeutung als Gegensatz zur falschver-
standenen γνῶσις und ἐξουσία eingeführt und bleibt für den
ganzen Abschnitt Kap 8,1 - 14,40 bestimmend.

In der Forderung, das οἰκοδομεῖν der Gemeinde vor das
Ausleben aller privaten Interessen zu stellen - so legitim
sie an sich auch sein mögen -, haben wir eindeutig die Maxime
des Apostels zu erkennen, an der er eben auch in Kap 8,10
das Verhalten der Starken mißt. Unter diesen Voraussetzungen
aber ist das 'Erbauen' in V 10 - wie von fast allen Exegeten
bestätigt wird[52] - unbedingt ironisch zu verstehen.

Εἰς τὸ τὰ εἰδωλόθυτα ἐσθίειν ist durch das ὡς εἰδωλόθυτον
in V 7 bestimmt und kann deshalb nicht neutral mit 'das Fleisch
zu essen' übersetzt werden. Vielmehr soll damit erneut betont
werden, daß der Schwache das κρέας (V 13) als (ὡς V 7) Götzenopferfleisch ißt, was für ihn die verheerenden Folgen des
Götzendienstes (Kap 10,14-22) schon beim Essen des Opferfleisches eintreten läßt. So fragt Paulus: 'Wird nicht seine

---

48  O.Michel, Artikel: οἰκοδομέω, ThW. V, S.144.

49  W.Bauer, Artikel: οἰκοδομέω, aaO., Sp.1106.

50  Ph.Bachmann, aaO., S.314f; J.Weiß, aaO., S.230; H.Lietzmann, aaO.,
    S.39; W.Gutbrod, aaO., S.73.

51  H.Conzelmann, aaO., S.176, Anm.29.

52  F.Godet, aaO., S.14; C.F.G.Heinrici, aaO., S.238; Ph.Bachmann, aaO.,
    S.314; M.Kähler, aaO., S.264; H.Lietzmann, aaO., S.39; W.Bauer, aaO.,
    Sp.1106; O.Michel, aaO., S.144; H.Conzelmann, aaO., S.176: "grimmige
    Ironie".

Syneidesis, da er doch schwach ist, 'erbaut', das Götzenopferfleisch (als solches) zu essen?' Mit dem ironischen
οἰκοδομηθήσεται weist Paulus auf die eigentliche Verantwortung der Starken hin, den hilfsbedürftigen Schwachen durch
Rücksichtnahme und Liebe zu fördern, und zeigt ihnen zugleich,
daß die Vernachlässigung ihrer Pflicht nicht ohne Folgen
bleiben kann, sondern Förderung zum absoluten Gegenteil, zum
Götzendienst, an dem der Bruder zugrunde geht, bedeutet.

M.Kähler[53] und R.Jewett[54] wollen zwischen der Person des
Schwachen und seiner Syneidesis trennen, in dem Sinne, daß
die Syneidesis zwar durch das Vorbild des Starken "erbaut"
und auf dessen Standpunkt erhoben werde, die Person aber
selber schwach bleibe: "this lag in assimilation could be
aggravated according to V 10 into a disunity between the
person and his artificially 'built up', conscience, with
the result of the complete destruction of the person"[55]. Zwar
ist R.Jewett damit der Notwendigkeit enthoben, das οἰκοδομεῖν
in V 10 ironisch verstehen zu müssen, postuliert aber dafür
eine D i a s t a s e von 'Person' und 'Syneidesis', die die von
Paulus vollzogene D i f f e r e n z i e r u n g zwischen beiden
verzeichnet. Die Syneidesis beurteilt immer auf Grund der
von der Person akzeptierten Normen. Wenn eine Disharmonie
auftritt, dann deshalb, weil die Person in ihrem Verhalten
den Normen und der Verantwortung nicht entspricht und die
Syneidesis gerade auf diesen Widerspruch hinweist. Der umgekehrte Fall ist für das paulinische - wenn nicht sogar für
jedes - Verständnis von Syneidesis nicht nachvollziehbar.
Daß Paulus in V 10 nicht die Syneidesis, sondern die Person
selbst als 'schwach' bezeichnet, darf nicht wundern, da wir
bereits feststellten, daß der Ton nicht auf der 'Schwachheit'
der Funktion der Instanz Syneidesis liegt, sondern auf der
'Schwachheit' des ganzen Menschen, auf Grund seiner die
Erkenntnis und das Normenbewußtsein betreffenden Voraussetzungen.

-------------------

53  M.Kähler, aaO., S.264.
54  R.Jewett, aaO., S.423.
55  Ebd.

Auch der Versuch von M.E.Thrall in ihrem Aufsatz zu
οἰκοδομέω in 1.Kor 8.10, ohne die ironische Bedeutung des
Verbs in V 10 auszukommen, ist unakzeptabel[56]. Wenn sie zu
Röm 2,15 sagt: "that function of συνείδησις in the Gentile
world was roughly equated with the function of the Law in the
Jewish world"[57], identifiziert sie zu Unrecht - wie wir zur
Stelle zeigten - die Funktion der Syneidesis bei den Heiden
mit der des Gesetzes bei den Juden. Daraufhin interpretiert
sie οἰκοδομεῖν in Kap 8,10 von Gal 2,18 her, where, "what is
being reestablished, built up again, is the practice of the
works of the Law, with a view to one's justification thereby"[58].
So kann sie an unserer Stelle zu dem Schluß kommen: Paul "may
be referring not to the maturing of a Christian faculty of
moral judgement but to a strengthening of the man's capacity
for experiencing legalistic scruples, and to the possibility
of his re-establishing a legalistic relationship with God"[59].
Die Schwachen hätten bis zum Augenblick von 1.Kor 8,10 unbedenklich das auf dem Markt angebotene Fleisch gekauft
(wie Kap 10,25 die Starken), nun aber, da sie sehen, how
"the liberal Christians do not only eat idol meat bought
in the market, (but) also feel free to take part in sacrifi-
cial banquets in heathen temples"[60], muß ihnen ihre eigene
Toleranz der Vergangenheit "as sinful laxity for which their
conscience will condemn them"[61] erscheinen. Schließlich wird
nach M.E.Thrall die "wiederaufgebaute" Skrupelhaftigkeit
des Schwachen dazu führen, "that his conscience, again per-
forming the function of the Law, will condemn him for his
present and past practice of eating idol meat which he has
bought in the market. He will fall under the Law's condemna-
tion, and this, for the Christian, is to revert to the state

---

56  M.E.Thrall, The Meaning of οἰκονομέω in Relation to the Concept of
    συνείδησις (1.Kor 8,10), S.468-472.

57  AaO., S.470.

58  Ebd.

59  AaO., S.471.

60  Ebd.

61  Ebd.

from which Christ has redeemed him, and so to deny the effi-
cacy of Christ's death"[62].

Gegen diese, wegen ihrer Originalität ausführlicher refe-
rierte Interpretation spricht unter anderem folgendes: Die
Identifikation von 'Gesetz' und 'Syneidesis der Heiden' kann
gerade nicht vollzogen werden. Die Übernahme der Bedeutung
des Verbs von Gal 2,18 und vor allem die Übertragung der
Gemeindesituation der Galater auf die der Korinther ist
völlig unzutreffend und willkürlich. Bei den Schwachen in
Korinth wird nirgends vorausgesetzt, daß sie beim Kauf des
Opferfleisches früher weniger Bedenken gehabt hätten. Schließlich hat das Problem der Schwachen in Korinth überhaupt
nichts mit judenchristlicher 'Gesetzlichkeit' zu tun. Es
handelt sich um Heidenchristen, deren Bedenken aus ihrer
eigenen, heidnischen Vergangenheit stammen.

V 11 und V 12 geben keine weitere Begründung für den in
V 10 geschilderten Fall, da in V 7 hinreichend geklärt wurde,
warum der Schwache das Fleisch als Götzenopferfleisch essen
muß. Die beiden Verse sollen vielmehr über das μολύνεται
von V 7 hinaus nochmals die vernichtenden Folgen des Verhaltens der Starken für die Schwachen deutlich machen (γάρ
V 11).

Die Lesart ἀπόλλυται γάρ (p[46] ℵ* B 33 u.a.) ist - auch
vom für V 10 dargelegten Verständnis her - den Varianten mit
καί (ℵ[2] D* Ψ u.a.) und οὖν (A P u.a.) vorzuziehen[63]. Ebenfalls kann die von der Koine-Textform, D[2] F G u.a. gebotene
futurische Variante ἀπολεῖται nicht zuletzt wegen der Entsprechung der Präsensformen in V 7 und V 12 kaum als besser
gelten. Es ist also davon auszugehen, daß Paulus das Wirk-
samwerden des 'Verderbens' wie auch das 'Befleckt-' und
'Geschlagenwerden' (V 7.12) als gegenwärtig einsetzende
Folge erwartet, zumal auf Grund der Aussagen von 1.Kor 3,15
und Kap 5,5 offenbleiben muß, ob Paulus das ewige 'Verloren-
sein' und 'Unheil' der betroffenen Schwachen voraussetzt
oder ob er auch für sie noch die Hoffnung hat: ἵνα τὸ πνεῦμα

---

62  AaO., S.472.
63  Mit H.Lietzmann, aaO., S.39.41; H.Conzelmann, aaO., S.177 und Anm.37.

σωθῇ ἐν τῇ ἡμέρᾳ τοῦ κυρίου (Kap 5,5) und αὐτὸς δὲ σωθήσεται
(Kap 3,15). In keinem Fall darf aber ἀπόλλυται in Kap 8,11
sowenig wie das εἰς ὄλεθρον τῆς σαρκός in Kap 5,5 abgeschwächt
und ausschließlich moralisch als 'sittliche Verderbnis'[64] oder
psychologisierend als 'Vergehen vor Gewissensschmerzen'[65]
verstanden werden.

Wie auch in Röm 14,15 steht nämlich nach der Überzeugung
des Paulus für die Schwachen die κοινωνία τοῦ Χριστοῦ selbst
auf dem Spiel, die als κοινωνία τοῦ αἵματος τοῦ Χριστοῦ (Kap
10,16) im Sterben Christi um seinetwillen (δι' ὄν, Kap 8,11)
begründet worden ist. Mit dem Hinweis darauf, daß das Geschehen
im Zusammenhang mit Christus selbst gesehen werden muß, unterstreicht Paulus nicht nur in Entsprechung zu Matth 25,45 die
Identifikation Christi mit dem ἑνὶ τούτων τῶν ἐλαχίστων,
sondern auch, daß der Starke mit seiner 'Sünde' am Schwachen
letztlich die Heilstat Christi relativiert. Im Hinblick auf
den Schwachen feststellen zu müssen, daß für diesen - um
mit den Worten von Gal 2,21 zu reden - Χριστὸς δωρεὰν ἀπέ-
θανεν, ist für den den Χριστὸν ἐσταυρωμένον (1.Kor 1,23) bzw.
den λόγον τοῦ σταυροῦ (Kap 1,18) verkündigenden Apostel die
denkbar härteste und verheerendste Folgerung überhaupt. Insofern gilt es für Paulus in doppelter Weise, daß die ἁμαρτάνοντες εἰς τοὺς ἀδελφούς zugleich ἁμαρτάνοντες εἰς Χριστόν
sind (V 12).

Die Wendung τύπτοντες αὐτῶν τὴν συνείδησιν, die mit expli-
kativem καί[66] eingeführte Umschreibung der Sünde der Starken,
gibt immer wieder zu einer Definition der Syneidesis als des
'schlechten, schlagenden Gewissens' Anlaß. Als klassische
Belege werden für die übertragene Bedeutung von τύπτειν meist
Hom Il 19,125 und Hdt III 64,1 angeführt[67], weil dort eindeutig von dem "stechenden Schmerz", dem "Biß des Gewissens,
verbunden mit dem schlagartigen Überfall plötzlichen Schrek-
kens"[68] die Rede ist. Als alttestamentlicher Beleg kommt

---

64  Mit H.Conzelmann, aaO., S.177, Anm.38.

65  Vgl. C.A.Pierce, aaO., S.82.

66  G.Stählin, Artikel: τύπτω, ThW VIII, S.269.

67  AaO., S.262; W.Bauer, Artikel: τύπτω, aaO., Sp.1643; H.Conzelmann,
    aaO., S.117, Anm.40.

68  G.Stählin, aaO., S.262.

LXX 1.Reg 1,8 in Frage, wo Elkana seine Frau Hanna fragt:
καὶ ἵνα τί τύπτει σε ἡ καρδία σου; Dabei wird aber meist
übersehen, daß in 1.Kor 8,12 gerade nicht das eigene Herz
oder der Schmerz des eigenen Gewissens oder Schuldbewußtseins
die Schwachen plagt. Paulus meint eben nicht, daß die Starken
"machen, daß ihr (der Schwachen) Gewissen sie schlage"[69],
sondern, daß die Starken die Syneidesis der Schwachen 'schla-
gen', woran auch der Hinweis auf das Phänomen des 'schlechten',
sprich 'schlagenden Gewissens', z.B. in den Bußpsalmen, in
unserem Zusammenhang nichts ändern kann. In Hinsicht auf
den Beleg von 1.Reg 1,8 bleibt zudem meist unerwähnt, daß
dort der Schmerz nicht durch Schuld, sondern allein durch
Kummer ausgelöst worden ist und die Stelle somit für das
Verständnis der Syneidesis als conscientia consequens ohnehin ausscheidet.

So kommt an unserer Stelle nur die Bedeutung 'verletzen,
schaden, vernichten' in Frage, womit normalerweise das 'Strafen' Gottes umschrieben wird; so im NT in Act 23,3a und im
AT LXX Ex 7,27; 1.Reg 24,17; Ez 7,6 und 2.Makk 3,39, wo
interessanterweise mit der Wendung τύπτων ἀπολλύει dieselbe
Kombination der Verben wie in 1.Kor 8,11.12 vorliegt. Offensichtlich bezeichnet Paulus mit τύπτειν - an der einzigen
neutestamentlichen Belegstelle für den übertragenen Gebrauch -
das 'Verletzen' und 'Verwunden', das die 'Vernichtung'
(ἀπόλλυται V 11) der Gottesgemeinschaft des Schwachen zur
Folge hat. Es ist also auch hier nicht an das subjektive
Bewußtsein des Schwachen, sondern an seine objektive Situation vor Gott gedacht.

Während bei μολύνεται (V 7) der Akzent auf der Schuld
und 'Unreinheit' des Schwachen liegt, wird mit τύπτοντες
(V 12) vor allem die Gewalttätigkeit und Rücksichtslosigkeit
des Starken und mit ἀπόλλυται (V 11) die vernichtende Konsequenz für den Glauben des Schwachen betont.

Daß Paulus auch hier die ganze Person in Hinblick auf
ihre Syneidesis als 'schwach' bezeichnet, läßt sich wiederum
von daher erklären, daß die Syneidesis als Instanz der Über-

---

69  So Schmid, nach M.Kähler, aaO., S.265, Anm.2.

wachung von Wertnorm und Handeln - in synthetischer Ausdrucksweise - für den Menschen selbst steht, insofern er
sich selbst und - als Christ bewußt - dem κύριος verantwortlich ist. Infolgedessen bedeutet auch das 'Geschlagenwerden'
der Syneidesis nicht nur ein 'Verdorbenwerden' in Hinsicht
auf Funktion der Syneidesis, so daß der Schwache sich anschließend skrupelhafter oder aber auch gewissenloser verhalten müsse, sondern ein Verlorengehen der ganzen Person
in ihrer bewußten und verantwortlichen Beziehung zum Χριστός

   Auf Grund dieser ernsten Sachlage sieht Paulus für die
Starken nur die eine mögliche Konsequenz, nämlich auf die
Schwachen Rücksicht zu nehmen und die ἐξουσία da nicht zu
gebrauchen (οὐκ ἐχρησάμεθα Kap 9,12), wo 'durch' oder 'an'
(ἐν V 11) der eigenen γνῶσις der schwache Bruder zu Fall
kommen kann. Die Folgerung betreffs der Speisen kann für
Paulus nur so lauten: οὐ μὴ φάγω κρέα εἰς τὸν αἰῶνα. In dieser
absoluten Formulierung ist mit κρέας wohl alles im Tempelbereich geschlachtete Fleisch bezeichnet, ob es nun auf einer
gesellschaftlichen Veranstaltung im Tempelbereich oder Privathaus oder auch zu Hause als auf dem Markt gekauftes Fleisch
verzehrt wird. Κρέας nennt es Paulus deshalb, weil für ihn
und die Starken das Fleisch selbst - wird es unabhängig von
einer kultischen Mahlfeier am Altar gegessen - nicht zwangsläufig die κοινωνία der Götzen, sprich Dämonen, zur Folge
hat und deshalb nicht εἰδωλολατρία im eigentlichen Sinne
ist.

   Natürlich läßt V 13 die Möglichkeit offen, bei jüdischen
Metzgern Fleisch zu kaufen, das 'rein', also nicht im Tempelbereich geschlachtet worden ist[70]. In 1.Kor 8,13 und 9,1-27
geht es Paulus vor allem darum, am eigenen Beispiel (1.pers.
sg.) den Korinthern zu verdeutlichen, wie man διὰ τὸ εὐαγγέλιον (Kap 9,23) die eigene ἐξουσία und ἐλευθερία gebrauchen
kann, ohne den Schwachen (Kap 8,9.13) und der Förderung des
Evangeliums überhaupt (Kap 9,12) Anstoß oder Hindernis zu

-----

70  Mit H.Conzelmann, aaO., S.177, Anm.42; gegen Ph.Bachmann, aaO., S.315f,
    der mit κρέας jegliches Fleisch bezeichnet sieht und zu Unrecht davon
    ausgeht, daß "der Fleischgenuß ja gar nicht so kontrolliert werden
    kann, daß unter allen Umständen sicher sein kann ...".

bereiten. Von daher bildet das Kap 9 keine Unterbrechung
der Argumentation, sondern illustriert die von Paulus geforderte 'Liebe', die 'aufbaut' (Kap 8,1) als die einzige Lösung
für die Spannung in der Gemeinde.

Nachdem im Verlauf der Exegese schon mehrmals auf die Bedeutung von συνείδησις in 1.Kor 8 eingegangen wurde und vor
allem das Verständnis der Syneidesis als conscientia consequens
im engeren Sinne - dem ausschließlich 'schlechten Gewissen'
als 'Schmerz' - ausgeschlossen werden konnte[71], sollen auch
noch die alternativen Bestimmungsmöglichkeiten erwähnt werden.

So definiert Th.Zahn Syneidesis in 1.Kor 8,7 als "Bewußtsein um das Idol als ein wirkliches und mächtiges Wesen"[72]
und W.Gutbrod folgert: "Συνείδησις ist also jenes Wissen um
Gott bzw. den Götzen als um einen, der für uns Gültigkeit
hat, und an den wir mit unserem Sein gebunden sind ... Ganz
formal ausgedrückt, ist also συνείδησις die Beziehung des
Menschen zur über ihn verfügenden Gottheit, speziell u.U.
in Hinsicht auf ihren Willen und ihr Urteil"[73]. Beide Äußerungen stützen sich in der Herleitung ihrer Bestimmung auf
die auszuscheidende varia lectio zu 1.Kor 8,7 und sind schon
von daher zu relativieren. Darüberhinaus ist die Definition
von Syneidesis als 'Wissen um Gott' auch sachlich unzutreffend, denn das Objekt des Erkennens oder Beurteilens ist für
die Syneidesis weder die Norm gebende Instanz, also Gott,
noch die Norm selbst, nach der entschieden werden könnte,
was als prinzipiell 'Gut' und 'Böse' und was konkret als das
richtige Verhalten anzusehen wäre. Während letzteres an
anderen Stellen dem νοῦς zugeschrieben wird, ist die Instanz
Syneidesis allein auf das Verhalten des Menschen bezogen und
hat auf Grund von bereits vorgegebenen Wertmaßstäben und
schon konkret gefaßten Entscheidungen die Übereinstimmung
und Integrität zu beurteilen. So sehr die Instanz Syneidesis
den Gläubigen auch bei seiner Verantwortung Gott gegenüber

---

71  Vertreten von C.A.Pierce, aaO., S.78.80-83 und u.a. auch von R.Bult-
    mann, Theologie des NT, S.217.

72  Th.Zahn, aaO., S.125, Anm.39.

73  W.Gutbrod, aaO., S.64.

behaften mag und insofern durchaus eine Analogie zwischen
der Selbstbeurteilung durch die Syneidesis und der letzten,
allein absolut gültigen Beurteilung durch den κύριος besteht,
ist sie doch keinesfalls mit der conscientia antecedens zu
identifizieren, die als Synderesis und als Conscientia nur
auf Gott, das Gute und konkret zu Tuende bezogen ist, nicht
aber reflexiv auf das Verhalten selbst.

Damit scheiden auch beide Bestimmungen aus, die R.Bultmann
im Zusammenhang unseres Textes gibt, der einerseits von der
conscientia consequens, dem 'schlechten Gewissen', ausgeht
und andererseits das Verständnis der conscientia antecedens
vertritt, indem er sagt: "Die συνείδησις ist also ein Wissen
um Gut und Böse und um das diesem entsprechende Verhalten in
einem"[74]. So deutet auch J.N.Sevenster ausdrücklich die
Syneidesis als "conscientia antecedens, that is to say the
conscience which endorses or censures an action which has
still to take place"[75]. J.Stelzenberger geht ähnlich vom
"religiös-sittlichem Urteilsvermögen" aus, indem er erklärt:
"Syneidesis ist dort im Sinne von gläubiger Urteilskraft in
gottbezogenen Angelegenheiten verwendet. Sie vermag zu entscheiden, ob ein religiöser Tatbestand dem Verhältnis zu
Gott entspricht oder dieses verletzt. Es geht vorzüglich um
Sittennorm und moralisches Verhalten"[76]. Schließlich sei
noch J.Weiß zitiert, der folgert, daß in 1.Kor 8 Syneidesis
"doch leicht in die Bedeutung des positiven sittlichen Bewußtseins, des 'gesetzgebenden Gewissens' der Überzeugung über-
(gehe)"[77].

Abgesehen davon, daß in diesen Beschreibungen der Syneidesis
meist ungeklärt bleibt, ob es sich um ein Wissen, ein Bewußtsein, einen affektiven Schmerz, eine Funktion, eine Fähigkeit
oder eine Instanz handelt, und ungeachtet der Tatsache, daß
die verschiedenen Funktionen der conscientia antecedens, der

---

74  R.Bultmann, aaO., S.217, der dann zu μολύνεται das "schlechte Gewis-
    sen" anführt.

75  J.N.Sevenster, aaO., S.98.

76  J.Stelzenberger, aaO., S.69.

77  J.Weiß, aaO., S.228f.

Synderesis und Conscientia im engeren Sinne, meist undifferen-
ziert miteinander verbunden werden, ist allen gemeinsam ent-
gegenzuhalten, daß Deutungsversuche in Richtung conscientia
antecedens, vor allem im Zusammenhang mit einer direkten
Beziehung zum Göttlichen[78], ob als vox dei oder auch als
spiritus sacer, alles andere als paulinisch sind.

Paulus bezeichnet auch in 1.Kor 8 mit Syneidesis wieder
die Instanz, die reflexiv das Verhalten der Person beurteilt.
Die Entscheidung über das zu Tuende wird dabei bereits vorausgesetzt. So haben die Schwachen auf Grund ihrer συνήθεια
und der mangelnden γνῶσις entschieden, daß das Essen des
Fleisches für sie Götzendienst bedeutet, und erkannt, daß sie
als Folge des Essens in Schuld von Gott getrennt in die
Machtsphäre der Götzen zurückfallen werden. Die Syneidesis
hat die Funktion, die Übereinstimmung zwischen der auf Grund
gegebener Norm getroffenen Entscheidung und deren Verwirklichung im Wandel zu überprüfen und zu beurteilen. Wenn der
Schwache an seiner Syneidesis 'verwundet' wird oder sich
'befleckt', bedeutet das in synthetischer Redeweise: er selbst
als Person wird vom Starken mißhandelt und zum Schuldigwerden
verleitet. Daß Paulus dabei gerade die Syneidesis und nicht
die καρδία oder den νοῦς betont, bliebe auch dann einsichtig,
wenn er den Begriff nicht aus der korinthischen Diskussion
übernommen haben sollte. Da für den Schwachen nicht zur Diskussion steht, ob sein Urteil über das gebotene Verhalten
von objektiv zutreffenden Voraussetzungen ausgeht, sondern
lediglich, ob er sich so verhält, wie es auf Grund seiner
eigenen Voraussetzungen als allein richtig erscheinen muß,
bewirkt das Insistieren des Starken auf seiner γνῶσις und
ἐξουσία bei dem Schwachen nicht etwa Erkenntnis und Entwicklung seines νοῦς, sondern die Verurteilung des angepaßten
Verhaltens durch die Syneidesis. In dieser Situation der
akuten Gefährdung des Bruders muß der Rücksicht auf die nach
vorgegebenen Normen urteilenden Instanz Syneidesis vor allen

---

78  Vgl. dazu auch noch K.H.Neufeld, aaO., S.39: "... Gewissen nichts
    anderes als eine engere Bindung an ein göttliches Wesen, die mich zu
    einem bestimmten Handeln veranlaßt".

den νοῦς betreffenden Normendiskussionen die absolute Priorität eingeräumt werden[79].


2. Dia ten syneidesin


a) In 1.Kor 10,25-29

Mit 1.Kor 10,23 - 11,1 beschließt Paulus die in Kap 8,1
begonnene Abhandlung über das 'Götzenopferfleisch'. Während
er in Kap 8,1-13 die Starken primär auf ihre Verantwortung
den Schwachen gegenüber hingewiesen hat, betont er in Kap 10,
23-30 vor allem die Berechtigung ihrer ἐλευθερία, die durch
die Pflicht zur Rücksichtnahme keinesfalls aufgehoben ist.
Damit es in der Gemeinde weder auf seiten der Starken zum
ἐξουθενεῖν noch auf seiten der Schwachen zum κρίνειν kommt
(Röm 14,3; 1.Kor 10,29), ist ein wechselseitiges προςλαμβάνειν
(Röm 14,1.3) und κατὰ ἀγάπην περιπατεῖν (Röm 14,15) notwendig.
Da im Gegensatz zur römischen Situation die Gefahr des 'Richtens' bei den Schwachen in Korinth offensichtlich nicht akut
ist, wendet sich Paulus auch bei der Darlegung der ἐλευθερία
wie schon in den drei vorhergehenden Abschnitten (Kap 8,1-13;
Kap 9 und Kap 10,1-22) wieder an die Starken.
    In V 23 führt Paulus den Gedankengang von Kap 8,1-13
weiter, indem er die Parole von Kap 6,12 aufgreift und im
zweiten Glied auf das οἰκοδομεῖν der Gemeinde anwendet[1]. Da
selbst die Kapitel 9,1 - 10,22 sich sinnvoll in den gesamten
Ductus der Abhandlung einfügen, besteht kein Grund, die
jetzige Komposition des Briefes aufzusprengen und die beiden
Parolen (Kap 6,12 und Kap 10,23) mit J.Weiß verschiedenen
Briefen zuzuordnen[2]. Vielmehr lassen sich die Verse 23.24

---

79  Vgl. zum Verständnis von Syneidesis als Instanz der Selbstbeurteilung
    auch: R.Jewett, aaO., S.425; "reflexives sittliches Bewußtsein" defi-
    niert C.F.G.Heinrici, aaO., S.229, Anm.1; ähnlich F.Godet, aaO., S.12;
    u.a. C.Maurer, aaO., S.913, der aber mit seinem Verständnis vom
    "erkennende(n) und handelnde(n) Selbstbewußtsein" versucht, die
    verschiedenen Definitionen "zu einem Ganzen zusammen(zufassen)".

1   Mit J.Weiß, aaO., S.262.

2   Gegen J.Weiß, ebd.; mit H.Conzelmann, aaO., S.207, Anm.8.

- ähnlich wie die Verse 1-3 in Kap 8 - sehr gut als Anknüpfung und programmatische Einleitung der folgenden Passage
verstehen, wobei V 23 nochmals das Dilemma der Situation
verdeutlicht und der sentenzartig formulierte V 24[3] auf die
grundsätzliche Pflicht zur Rücksichtnahme hinweist.

Nachdem Paulus in Kap 8,10 schon auf das Problem des Essens
von Götzenopferfleisch auf einem Fest im Tempelbereich eingegangen ist, setzt er sich in Kap 10,25.27 mit zwei weiteren
konkreten Situationen, in denen die Frage des εἰδωλόθυτον
eine Rolle spielen kann, auseinander.

Im ersten Fall ist vom Fleisch die Rede, das ἐν μακέλλῳ,
auf dem Fleischmarkt, verkauft wird. Obwohl nicht auszuschlies-
sen ist, daß die Markthalle in Korinth wie die von Pompeji[4]
zum Tempelbereich gehörte, kann man nicht bewiesenermaßen mit
J.Weiß davon ausgehen, daß "in einer Stadt wie Korinth kaum
anderes Fleisch zu kaufen (war) als aus dem Tempel stammen-
des"[5], d.h. Opferfleisch. Dagegen ist unter anderem auf die
jüdische Vorschrift hinzuweisen, Fleisch nur dann aus einem
heidnischen Fleischladen zu beziehen, wenn es "nicht mit dem
heidnischen Kultus in Berührung gekommen war"[6]. Zudem wäre
die Empfehlung des Paulus, nicht nach dem Ursprung des Fleisches zu fragen, hinfällig, wenn die Korinther seine kultische
Herkunft sowieso vorausgesetzt hätten.

Die Aufforderung von V 25b kann je nach Zuordnung der
Wendung διὰ τὴν συνείδησιν verschieden verstanden werden.
Entweder will Paulus mit διὰ τὴν συνείδησιν begründen, warum
keine Nachforschung angestellt werden soll, oder er bezeichnet
damit den Beweggrund, der die Korinther eventuell veranlassen
könnte, sich nach der Herkunft des Fleisches zu erkundigen.

Die erste Möglichkeit vertritt z.B. C.A.Pierce, wenn er
übersetzt: "Because of conscience avoid asking questions"[7],

---

3    Vgl. H.Conzelmann, aaO., S.207.

4    Vgl. die Skizze bei H.Lietzmann, aaO., S.52.

5    J.Weiß, aaO., S.263; vgl. dagegen H.Conzelmann, aaO., S.207, Anm.11
     und S.208, Anm.12.

6    H.L.Strack - P.Billerbeck, aaO., Bd.III, S.420; Vgl. AZ II,3.

7    C.A.Pierce, aaO., S.75; offensichtlich im Anschluß an ihn auch R.
     Jewett, aaO., S.426-428.

und dann paraphrasiert: "If you were to discover that it was
idol-meat, after you had eaten it, then you would suffer (!)
conscience"[8]. Er setzt also wieder das Verständnis von der
Syneidesis als dem 'schlechten Gewissen', das sich als
'Schmerz' äußert, voraus und läßt Paulus im Unterschied zu
dem gesamten Kontext Kap 8-10 in V 25 die Schwachen anreden.

Auch C.Maurer geht davon aus, daß Paulus rät, "auf eine
Untersuchung, die zur Überforderung der eigenen Person führen
könnte, zu verzichten"[9].

Ähnlich versteht J.Stelzenberger die Aufforderung des Paulus, wenn er schreibt: "Um aber nicht religiöse Bedenken aus-
zulösen oder das gläubige Empfinden zu verletzen, sollen
Christen beim Fleischkauf und -essen schon gar nicht nach-
forschen"[10]. "Man soll die Frage nach der Herkunft des Fleisches erst gar nicht anschneiden, um nicht Stellung beziehen
zu müssen"[11]. Wenn auch J.Stelzenberger nicht wie C.A.Pierce
von der Bedeutung 'Gewissen' ausgeht, sondern die Syneidesis
hier als "Werturteil"[12] bestimmt, sind doch alle drei Umschreibungen von V 25b abzulehnen[13]. Dem Apostel wird nämlich
damit eine kasuistische Argumentation auf der moralischen
Ebene des - sogar von C.A.Pierce selbst angeführten - Sprich-
wortes: "Was ich nicht weiß, macht mich nicht heiß"[14] zugeschrieben, was sich mit der in Kap 8,7-13 geäußerten Einschätzung der Gefahr für die Schwachen keinesfalls vereinbaren
läßt.

Auch bliebe dabei der mit γάρ anknüpfende V 26 als Begründung für V 25 unverständlich. Vor allem aber ist sachlich
einzuwenden, daß den 'skrupelhaften' oder von der Vergangenheit
her belasteten Schwachen mit dieser Weisung durchaus nicht

---

8   C.A.Pierce, aaO., S.76.

9   C.Maurer, aaO., S.914.

10  J.Stelzenberger, aaO., S.71.

11  AaO., S.72.

12  Ebd.

13  Explizit äußern sich dagegen auch M.Kähler, aaO., S.257; J.Weiß, aaO.,
    S.264; R.Steinmetz, aaO., S.296; mit C.A.Pierce geht R.Jewett, aaO.,
    S.427 von der Bedeutung 'moral-bad-absolute' aus.

14  C.A.Pierce, aaO., S.76, in englischer Fassung.

geholfen wäre. Vielmehr würden sie wegen der Ungewißheit
noch selbst beim Essen von neutralem κρέας ein schlechtes
Gewissen bekommen. Für sie wäre die 'gewissenhafte' Nachfrage
gerade hilfreich, weil sie den Verzehr von nicht geopfertem
Fleisch ohne 'Gewissensbisse' erst ermöglichte.

Andererseits dürfte bei dieser Deutung von διὰ τὴν συνείδησιν auch nicht an die Starken gedacht sein, weil sie von
ihrem 'Gewissen' selbst beim bewußten Verzehr von 'Opferfleisch' nicht 'geplagt' werden und deshalb 'um des Gewissens
willen' die Nachforschung nicht zu "vermeiden"[15] brauchen,
so daß die Übersetzungsmöglichkeit: 'forschet nicht nach -
um eures Gewissens (conscientia consequens) willen, d.h.
damit ihr kein schlechtes Gewissen bekommt', in jedem Fall
ausscheidet.

So kann mit der Wendung διὰ τὴν συνείδησιν nur der Beweggrund der Nachforschung bezeichnet sein, in Sinne von: "ihr
braucht (eures) Gewissens wegen nichts zu untersuchen"[16]. An
wen diese Aufforderung, ohne Nachprüfen 'um der Syneidesis
willen' zu essen, gerichtet ist, muß auch hier wieder vom
Kontext her entschieden werden.

Einige Exegeten meinen, Paulus stelle in V 25 - um mit
J.Weiß zu sprechen - "auch einmal an die Schwachen eine ener-
gische Forderung, sie sollen sich zu der Unbefangenheit ent-
schließen, die Speise zu nehmen als das, was sie ist, als
ein Geschenk Gottes"[17]. Ähnlich versteht auch C.Maurer die
Aufforderung des Paulus: "Der Schwache soll also die ihm
im Evangelium gegebene Zusage seiner Anerkennung durch Gott
wichtiger nehmen als seine eigene Erkenntnis, d.h. er soll
seine συνείδησις von daher begrenzen und befreien lassen"[18].
This "radical obligation upon the 'weak' Christians to over-

---

15  C.A.Pierce, aaO., S.75.

16  H.Lietzmann, aaO., S.50 und G.Eichholz, aaO., S.53; ähnlich wird die
    Wendung von M.Kähler, aaO., S.257, J.Weiß, aaO., S.263, R.Steinmetz,
    aaO., S.296, Th.Schneider, aaO., S.196, H.D.Wendland, aaO., S.60,
    H.Conzelmann, aaO., S.206 zugeordnet.

17  J.Weiß, aaO., S.264.

18  C.Maurer, aaO., S.914.

come their scruples"[19] - als die auch R.Jewett V 25 versteht -
läßt sich wiederum nicht mit der Argumentation von Kap 8,7-13
und Kap 10,27.28 vereinbaren, wo Paulus allein zur Rücksichtnahme den Schwachen gegenüber auffordert und nicht etwa zu
deren Aufklärung. Da es sich bei den Schwachen nach Meinung
des Apostels nicht nur um subjektive 'Skrupel'[20] oder 'Gewissensbisse' handelt, sondern um die - für die Starken in
Kap 10,1-22 beschriebenen - objektiven Gefahren des Götzendienstes, die den Schwachen schon beim Verzehr des εἰδωλόθυτον
zu vernichten drohen (Kap 8,7.10-12), kann V 25 unmöglich als
Herausforderung an die Schwachen verstanden werden. Wenn, wie
C.Maurer zu Recht feststellt, "V 26 durch das begründende
Psalmzitat (Ps 24,1) den Gedanken von Kap 8,4-6, daß die
ganze Schöpfung Gott und nicht den Göttern gehört, wieder
(aufnimmt)"[21], dann gilt auch in Kap 10,25f für die Schwachen
die gleiche Voraussetzung wie in Kap 8,7: Ἀλλ' οὐκ ἐν πᾶσιν
ἡ γνῶσις.

Wäre das Problem der Schwachen mit einem einzigen Schrift-
zitat zu lösen, dann hätte ihnen Paulus schon in Kap 8,7 die
notwendige γνῶσις vermitteln können und die Starken nicht zu
Einschränkung und Rücksichtnahme aufzufordern brauchen. Die
Erörterung in Kap 10,27-30 macht unzweifelhaft deutlich, daß
für die Schwachen nicht nur der Verzehr des Fleisches im
Tempelbereich, sondern jeglicher Umgang mit dem εἰδωλόθυτον
verhängnisvoll ist.

C.F.G.Heinrici setzt infolgedessen zutreffend voraus, daß
Paulus wie im ganzen Briefteil Kap 8,1 - 11,1 auch in Kap 10,
25 "nicht mit den Befangenen, sondern mit den Aufgeklärten
verhandelt"[22]. Allerdings ist seiner Meinung nach schon in
V 25 von der Syneidesis des anderen, also von der des Schwachen,
die Rede: "Der Apostel (zielt) hier wie in dem ganzen Abschnitte
auf das Gewissen der Befangenen, indem er über das Verhältnis
der Aufgeklärten zu denselben sich ausläßt"[23]. Dagegen spricht

---

19  R.Jewett, aaO., S.428.

20  So J.Moffat, The First Epistle to the Corinthians, S.142.

21  C.Maurer, aaO., S.914.

22  C.F.G.Heinrici, aaO., S.286.

23  Ebd.; ähnlich A.Schlatter, aaO., S.303.

die Tatsache der ausdrücklichen Hervorhebung von Paulus in
V 28.29, daß er jetzt von der συνείδησις τοῦ ἑτέρου rede.
Dieser rhetorisch wirkungsvoll formulierte Wechsel zur fremden
Syneidesis ist aber nur dann verständlich, wenn Paulus in V 25
von der συνείδησις ἡ ἑαυτοῦ ausgegangen ist.

Mit V 25b räumt Paulus also den Starken ein, daß sie beim
Fleischkauf keine Nachforschungen 'um der Syneidesis willen'
anzustellen brauchen, weil beim häuslichen Verzehr des Götzenopferfleisches für sie selbst die im vorhergehenden Abschnitt
beschriebene Gefahr der εἰδωλολατρία (Kap 10,7.14-22) nicht
besteht. Als objektive Begründung (γάρ) für die Neutralität
des Fleisches dient Paulus entsprechend dem Bekenntnis in
1.Kor 8,6 hier das Zitat aus LXX Ps 23,1. So leitet er in
Übereinstimmung mit den Starken deren ἐξουσία im Umgang mit
dem Opferfleisch aus der Souveränität des εἷς θεός (Kap 8,6)
und des κύριος τῆς γῆς (Kap 10,26) ab.

Unabhängig von der später noch ausführlich zu bestimmenden
Bedeutung der Wendung 'διὰ τὴν συνείδησιν' in V 25 ist schon
jetzt zu erkennen, daß sich das Zugeständnis in V 25.26 nach
den ernsten Warnungen vor dem Götzendienst in Kap 10,1-22
gerade für die Starken nicht als "überflüssig"[24], sondern
als höchst notwendig erweist.

Die in Kap 8,7 folgende Einschränkung, die die Freiheit
der Starken aus Rücksicht auf die Schwachen begrenzt, erübrigt
sich im Fall von Kap 10,25.26 wohl deshalb, weil bei diesem
privaten Verzehr des Fleisches nicht mit der Gegenwart eines
schwachen Bruders gerechnet werden muß.

In den Versen 27.28 befaßt sich Paulus mit der dritten
Möglichkeit des für die Starken an sich zulässigen Umgangs
mit dem 'εἰδωλόθυτον': Ein Starker wird von einem 'Ungläubigen'
(τίς ... τῶν ἀπίστων) zu einem gesellschaftlichen Mahl ein-
geladen. Da Paulus sich schon in Kap 8,10 mit den gesellschaftlichen Veranstaltungen im Tempelbereich auseinander-
gesetzt hat, dürfte es sich hier um ein Fest in einem Privathaus handeln[25]. Mit εἰ (V 27) werden sowohl die Möglichkeit

---

24  C.F.G.Heinrici, aaO., S.286 leitet daraus nämlich die Annahme ab,
    daß Paulus schon hier von der Syneidesis 'der anderen' spreche.

25  Anders H.Conzelmann, aaO., S.209.

der Einladung als auch die der Bereitschaft zur Teilnahme
am Mahl als real bezeichnet[26]. Dabei gehen Ph.Bachmann[27] und
J.Weiß[28] auf Grund der zweiten Bedingung zu Unrecht davon aus,
daß Paulus die Teilnahme "nicht völlig unbedenklich (finde)"[29].
Vielmehr empfiehlt Paulus den Starken wörtlich wie in V 25:
'Esset, ohne um der Syneidesis willen nachzuforschen', und
ermuntert sie damit zum freimütigen Verhalten. Weil auch hier
das Fleisch mit Danksagung (Kap 10,30) als von dem κύριος
gegeben empfangen werden kann, (τοῦ) ἡ γῆ καὶ τὸ πλήρωμα
αὐτῆς (V 26), erübrigt sich wieder die Unterscheidung von
normalem κρέας und εἰδωλόθυτον. Damit steht es dem Starken
prinzipiell frei, sowohl alles auf dem Markt angebotene (V 25)
als auch jegliches ihm bei einem Festmahl vorgesetzte Fleisch
(V 27) weiterhin unbedenklich zu essen.

Mit V 28f führt Paulus dann allerdings eine Voraussetzung
an, unter der der Starke wieder zur Einschränkung seiner
Rechte aus Rücksicht auf den anderen gerufen ist. Wie an der
entsprechenden Stelle Kap 8,10 leitet dabei die Konjunktion
ἐάν den 'gesetzten' im Gegensatz zum 'realen Fall'[30] ein.

Durch die Schwierigkeiten, die bei der Zurodnung des Inde-
finitpronomens τις (V 28) und der Demonstrativpronomina
ἐκεῖνος (V 28) und ὁ ἕτερος (V 29) entstehen, haben sich
die beiden Verse im Laufe der Auslegungsgeschichte als crux
interpretum erwiesen.

Allgemein anerkannt und vom Text her auch völlig eindeutig
zu bestimmen ist die Identifikation des τις ... εἴπῃ mit dem
ἐκεῖνος ὁ μηνύσας in V 28 und die Zuordnung des Genitivattributes τὴν τοῦ ἑτέρου zu τὴν συνείδησιν in V 28 und V 29.
Umstritten ist aber, wieviele Personen insgesamt auftreten.
Ist der Gastgeber (εἴ τις καλεῖ, V 27) mit dem μηνύσας (V 28)
identisch oder handelt es sich dabei um einen anderen Gast?
Ist letzterer gegebenenfalls als Heide, Judenchrist oder

---

26   Mit H.Conzelmann, aaO., S.206, Anm.2.

27   Ph.Bachmann, aaO., S.350.

28   J.Weiß, aaO., S.264.

29   Ebd.

30   Ebd.

'schwacher Bruder' im Sinne von Kap 8 mit dem ἕτερος in V 29
identisch oder sind mit dem Gastgeber, dem μηνύσας und dem
ἕτερος drei verschiedene Personen gemeint?

Des öfteren wird angenommen, der "Gastgeber selbst"[31]
mache "(in guter oder böser Absicht) darauf aufmerksam, daß
das vorgesetzte Fleisch ἱερόθυτον ist"[32]. Dagegen spricht
aber entscheidend die nochmalige Verwendung des unbestimmten
Pronomens τις in V 28, das unmöglich auf den in V 27 schon
eingeführten Gastgeber bezogen werden kann[33]. Deshalb wird
von den meisten Exegeten erkannt, daß in V 28 eine zweite
Person auftritt.

An dem zitierten "Fragment eines Tischgespräches"[34] fällt
auf, daß der μηνύσας nicht wie Paulus und die korinthische
Gemeinde[35] die jüdische und dann auch christliche Bezeichnung
εἰδωλόθυτον, sondern die heidnische Bezeichnung ἱερόθυτον[36]
verwendet. Darin wollen Ph.Bachmann, H.Lietzmann und andere
den Beweis dafür sehen, daß der μηνύσας ein heidnischer Teilnehmer sein müsse[37]. Es ist jedoch durchaus wahrscheinlich,
daß auch ein jüdischer oder christlicher Teilnehmer aus Höf-
lichkeit und Rücksichtnahme in heidnischer Umgebung nicht
den verächtlichen Begriff[38] εἰδωλόθυτον, sondern die Bezeichnung ἱερόθυτον gebraucht[39], weshalb sich mit Hilfe dieses
Ausdrucks noch nichts über die Zugehörigkeit des Warners
sagen läßt.

---

31  H.D.Wendland, aaO., S.61.

32  R.Bultmann, Theologie des NT, S.220.

33  Vgl. F.Godet, aaO., S.64, der die schon von Grotius vertretene Identi-
    fikation ebenfalls ablehnt.

34  J.Weiß, aaO., S.264.

35  Vgl. Kap 8,1.4.7.10; 10,19.

36  Die von C D F G Ψ, dem Mehrheitstext und verschiedenen Versionen
    vertretene Variante εἰδωλόθυτον scheidet als späterer Glättungsver-
    such gegenüber der lectio difficilior aus.

37  Ph.Bachmann, aaO., S.350; H.Lietzmann, aaO., S.51; H.D.Wendland, aaO.,
    S.61; H.Osborne, aaO., S.178; Fr.Büchsel, Artikel: εἴδωλον κτλ, ThW
    II, S.376; H.Conzelmann, aaO., S.209f, der sich zunächst nicht fest-
    legen will, dann aber doch vom heidnischen μηνύσας ausgeht; G.Lüdemann,
    Artikel: συνείδησις, EWNT III, 5/6, Sp.723.

38  A.Schlatter, aaO., S.304; G.Eichholz, aaO., S.54.

39  G.Eichholz, ebd., und J.Weiß, aaO., S.265; C.Maurer, aaO., S.914;
    J.Moffat, aaO., S.144.

Gegen die Annahme, der μηνύσας sei ein heidnischer Teilnehmer des Festes, spricht jedoch verschiedenes. Zunächst
bleibt unerklärlich, warum der Christ dem Heiden gegenüber
(μὴ ἐσθίετε δι' ἐκεῖνον τὸν μηνύσαντα, V 28) "zu einem Bekenntnis seines Glaubens"[40] durch Enthaltsamkeit und nicht
durch Illustration seiner ἐξουσία[41] aufgefordert sein sollte.
Auch müßte dann in dem ἕτερος in V 29 derselbe Heide gesehen
werden, weil das καί in V 28b epexegetisch[42] zu verstehen
ist und mit καὶ τὴν συνείδησιν die feste Wendung διὰ τὴν
συνείδησιν betont aufgenommen wird, um sie jetzt nicht auf
die eigene Person (τὴν ἑαυτοῦ), sondern verfremdend auf die
Syneidesis eines anderen (τοῦ ἑτέρου) - nämlich des erwähnten
μηνύσας - zu beziehen. Damit blieben aber bei gegebener  Voraussetzung nur die beiden Möglichkeiten, entweder mit H.
Conzelmann die rhetorische Wendung zu durchschauen und Paulus
vom "Gewissen des heidnischen μηνύσας"[43] reden zu lassen,
oder mit H.Lietzmann und anderen die geschickte Argumentation
des Paulus zu verkennen und zwischen dem μηνύσας und dem
ἕτερος zu unterscheiden[44]. Im letzten Fall geht man zwar mit
Recht davon aus, daß der ἕτερος ein von Kap 8 her eingeführter
'schwacher Bruder' ist, dessen Syneidesis τῇ συνηθείᾳ ἕως
ἄρτι τοῦ εἰδώλου (Kap 8,7) den Verzehr des Fleisches auf
Grund der fehlenden γνῶσις nicht als Adiaphoron beurteilen
kann, läßt ihn aber nicht einmal anwesend sein, sondern nur
"davon hören"[45]. Im ersten Fall ergibt sich die Schwierigkeit, nicht nur erklären zu müssen, warum das Essen wegen
des (heidnischen) μηνύσας unterbleiben soll, sondern zudem
auch noch herausfinden zu müssen, inwiefern denn die Syneidesis eines Heiden überhaupt dabei betroffen sein kann, wenn
der christliche Teilnehmer ἱερόθυτον ißt.

---

40  H.D.Wendland, aaO., S.61.

41  Vgl. J.Weiß, aaO., S.264; F.Godet, aaO., S.64.

42  Mit W.Gutbrod, aaO., S.65.

43  H.Conzelmann, aaO., S.210.

44  H.Lietzmann, aaO., S.51, der bei der Identifikation des μηνύσας mit
    dem ἕτερος anstelle von V 29a in V 28b αὐτοῦ erwarten würde; R.Bult-
    mann, aaO., S.220; H.D.Wendland, aaO., S.61; C.F.G.Heinrici, aaO.,
    S.288.

45  H.Lietzmann, aaO., S.51.

All diese Probleme verschwinden, wenn man in dem in den
Versen 27-29 beschriebenen Beispiel außer dem christlichen
Teilnehmer, der zu den Starken in der Gemeinde gehört, nur
zwei Personen unterscheidet, den Gastgeber (τις V 27) und
den μηνύσας (V 28), von dem dann auch in V 29 die Rede ist.
Da von ihm in Hinblick auf seine Syneidesis, auf die der
Starke Rücksicht nehmen soll, gesprochen wird und in den
konkreten Anweisungen an die Starken in Kap 8-10 keine andere
Personengruppe eingeführt worden ist, kann Paulus auch hier
nur einen Schwachen meinen. Einer weiteren Bestimmung bedarf
es für die korinthischen Leser nicht, denn durch die Erwähnung
der Syneidesis ist der Zusammenhang zu der Abhandlung in Kap
8 eindeutig[46].

Wegen des Sinns und Kontextes der Anweisung in V 28 kann
man folglich weder mit H.Conzelmann davon ausgehen, daß es
"gleichgültig"[47] sei, wer der warnende Teilnehmer ist, noch
mit A.Schlatter und Th.Schneider aus der verallgemeinernden
Schlußfolgerung in Kap 10,32 ableiten, daß es ein Jude, Grieche oder Christ sein kann[48]. Schließlich ist auch die Annahme
von G.Eichholz unbegründbar, der die Situation der römischen
Gemeinde (Röm 14) auf die korinthische (1.Kor 10) überträgt
und entgegen den in Kap 8,7 beschriebenen Voraussetzungen
den μηνύσας als Mitchristen "jüdischer Herkunft" beschreibt[49].

Handelt es sich aber in V 28.29 um einen Heidenchristen,
der zu der Gruppe der Schwachen gehört, erscheint sowohl die
ausdrückliche Erwähnung der Syneidesis als auch die Aufforderung des Paulus, im gegebenen Fall auf den Verzehr des Fleisches zu verzichten, im Anschluß an 1.Kor 8 voll verständlich.
Dann geht es hier zunächst lediglich um ein weiteres Beispiel
für den schon dort ausgesprochenen Gedanken. Neu ist dabei
allerdings, daß Paulus in V 29b und V 30 nochmals ausdrücklich
auf die ἐλευθερία der Starken hinweist, während er in Kap 8
nur deren Verantwortung betont hat.

---

46  Vgl. zur Identifikation der Personen V 28.29 und zur Bestimmung als
    'schwachen' Heidenchristen auch F.Godet, aaO., S.64; J.Weiß, aaO.,
    S.264; J.Stelzenberger, aaO., S.72f.

47  H.Conzelmann, aaO., S.210.

48  A.Schlatter, aaO., S.304; Th.Schneider, aaO., S.196f.

49  G.Eichholz, aaO., S.54.

Das mit V 29a eröffnete Plädoyer für die Interessen der
Starken wird schon in V 28b mit der - wegen des fehlenden
Genitivattributes oft mißverstandenen - Wendung καὶ τὴν
συνείδησιν vorbereitet. Paulus ist sich mit den Starken darin
einig, daß für sie selbst nach wie vor kein Grund besteht,
'um ihrer Syneidesis willen' das Essen zu unterlassen: συνείδησιν δὲ λέγω οὐχὶ τὴν ἑαυτοῦ (V 29). Auch wenn einer von
ihnen, entsprechend dem Beispiel von V 27.28, ausdrücklich
darauf aufmerksam gemacht werden sollte, daß das angebotene
Fleisch ἱερόθυτον sei, kann er persönlich es als neutrales
Fleisch genießen. In seiner Danksagung (χάριτι ... εὐχαριστῶ
V 30) bringt er es ja zum Ausdruck, daß er sich gerade beim
Essen als ἐπιστρέψας πρὸς τὸν θεὸν ἀπὸ τῶν εἰδώλων (1.Thess
1,9) versteht, weshalb seine Syneidesis auch nicht 'befleckt',
d.h. er auch nicht schuldig wird.

Während Paulus in V 29a am konkreten Beispiel festhält
und den Starken in der zweiten Person anredet, wechselt er
in V 29b und V 30 in die erste Person über, um damit seine
Übereinstimmung mit den Starken in Hinblick auf die Berechtigung ihrer ἐξουσία und eigenen Verantwortung zu unterstreichen. Weil er im Gegensatz zu Röm 14,3.13 in 1.Kor 8-10 nur
einseitig die Starken anspricht und auch in V 29 nicht etwa
die Schwachen vor dem 'Richten' warnt, haben wir keinen Anlaß anzunehmen, daß die Gefahr des 'Richtens' (V 29b) auf
seiten der Schwachen in Korinth so akut war wie in der römischen Gemeinde. Am Schluß der Abhandlung geht es Paulus
vielmehr darum, den Starken prinzipiell zu verdeutlichen,
inwieweit sie ihr Verhalten und ihre Einstellung den Schwachen
gegenüber ändern sollen und inwiefern ihre bisherige Auffassung völlig berechtigt ist.

Ob Paulus dabei mit V 29b und V 30 konkret an den Einwand
eines Starken anknüpft oder lediglich theoretisch vom Standpunkt der Starken aus argumentiert, läßt sich nicht mehr
entscheiden. Auf jeden Fall ist aber die Annahme von H.Lietz-
mann unzutreffend, der sagt, "daß man V 29b-30 als den Ausruf
eines 'Starken' fassen muß, den Paulus hier nach Art des
Diatribenstils ganz unvermittelt einführt ... Wie V 30 zeigt",
so H.Lietzmann, "redet jemand, der die Regel V 28 nicht befolgen will"[50]. Die Gedankenfolge von V 29a und V 29b ist
hingegen durchaus stringent und V 29b nicht als eine Reaktion

auf die Anweisung von V 28, sondern als eine Erläuterung der
Abgrenzung von V 29a zu verstehen. Hier lehnt sich nicht ein
Starker gegen das μὴ ἐσθίετε (V 28) auf, sondern Paulus selbst
führt aus, warum er nicht von 'der eigenen Syneidesis' des
Starken (V 29) spricht. Diese Zuordnung wird auch durch das
anknüpfende und fortführende γάρ in V 29b, für das man sonst
δέ oder ἀλλά erwarten dürfte, eindeutig bestätigt[51].

Damit entfällt auch die von W.Gutbrod vorgeschlagene
Möglichkeit, V 29b mit H.Lietzmann "als Einwurf eines Starken"
und V 30 "als Gegenfrage des Paulus zu fassen"[52]. Beide Verse
sind als Argumente des Paulus verständlich und sinnvoll einzuordnen. Nur wenn man sie entweder adversativ auf die Weisung
von V 28 rückbezieht oder von vornherein Paulus nicht auf
"das innere Recht des freien Standpunktes" eingehen lassen
will, scheint "die Energie des ganzen Abschnitts durch diesen
Einwand abgeschwächt (zu werden)"[53].

Es besteht von daher kein Grund, mit J.Weiß den Vorschlag
von Hitzig aufzunehmen, der V 29 "als Randbemerkung eines
Hyperpauliners" beurteilt[54]. Die von J.Weiß im Anschluß an
H.Lietzmann[55] beim Verständnis von V 29b.30 als "Einwurf"
selbst erkannte Schwierigkeit, "daß der in V 30 Redende
offenbar überhaupt nicht gewillt ist, sich dem μὴ ἐσθίετε
zu beugen, und daß die von uns erwartete 'eingehende Antwort'
des Paulus auf 'die spitze Frage ausbleibt'"[56], beweist nicht
die Notwendigkeit einer Streichung als Glosse, sondern lediglich, daß die Verse 29b.30 falsch zugeordnet worden sind.

Schließlich ist auch die von F.Godet, A.Schlatter, C.
Maurer und R.Jewett vertretene Interpretation der Verse als
Erklärung des Paulus zu der Anweisung von V 28 abzulehnen[57].

---

50  H.Lietzmann, aaO., S.52.

51  Vgl. J.Weiß, aaO., S.265.

52  W.Gutbrod, aaO., S.65.

53  J.Weiß, aaO., S.265f, auf den beides zutrifft.

54  AaO., S.265.

55  H.Lietzmann, aaO., S.52.

56  J.Weiß, aaO., S.265.

57  F.Godet, aaO., S.64f; A.Schlatter, aaO., S.304; C.Maurer, aaO., S.914;
    R.Jewett, aaO., S.429; vgl. auch M.Kähler, aaO., S.258, Anm.4, der

Paulus sagt nicht, daß die Starken nur deshalb nicht essen
sollen, um nicht von der Syneidesis der Schwachen gerichtet
zu werden, vielmehr bestreitet er auch hier - ähnlich wie
schon in 1.Kor 4,3-5 - jeder Syneidesis[58] das Recht, einen
anderen zu verurteilen (κρίνειν) oder zu verunglimpfen
(βλασφημεῖν)[59]. Die den Verzicht auf das Essen begründende
konkrete Gefahr für die Schwachen besteht nicht darin, daß
sie ins 'Richten' der Starken verfallen, sondern daß sie
- gemäß 1.Kor 8 - das Fleisch als εἰδωλόθυτον im eigentlichen
Sinne essen (Kap 8,10), darüber 'schuldig werden' (μολύνειν
V 7) und ihre Gottesbeziehung verlieren (ἀπολλύναι V 11).

Wäre diese Gefahr für die Schwachen und ihre Syneidesis
nicht vorhanden, hätte Paulus keinen Grund, die Starken
aufzufordern, sich ihrerseits nach dem Urteil der Schwachen
zu richten. Dann wäre nämlich die römische Situation von Röm
14 gegeben, in der Paulus beide Seiten zur Toleranz gegenüber
dem Standpunkt des andern ermahnen muß. In Korinth aber haben
die Starken die Ausübung ihrer vom Glauben her begründeten
ἐλευθερία (vgl. Kap 10,26.30) aus Liebe und Rücksicht auf
die wegen ihres Angewiesenseins mit Recht so benannten Schwachen einzuschränken.

Daß die Starken, die als ἐλεύθεροι (Kap 9,1.19) auf das
χρῆσθαι τῇ ἐξουσίᾳ (Kap 9,12.15) in bestimmten Fällen verzichten, sich damit nicht wieder in menschliche Hörigkeit
begeben, sondern διὰ τὸ εὐαγγέλιον (Kap 9,23) als ἔννομοι
Χριστοῦ (Kap 9,21) handeln, will Paulus in dem abschließenden
Abschnitt Kap 10,29-31 nochmals verdeutlichen.

Nach der Ermahnung in V 28, im gegebenen Fall das Essen
des Fleisches zu unterlassen und Rücksicht zu üben, erklärt
Paulus in V 29.30, daß die ἐξουσία der Starken vom eigenen
Glauben her völlig legitim ist und die Rücksicht deshalb nicht
zu einer falschen Anpassung und Orientierung an menschlichen

---

dieses schon von Chrysostomus und Calvin vertretene Verständnis ebenfalls ablehnt.

58  ἄλλης in V 29b ist allgemein, ἑτέρου in V 29a dagegen konkret auf
    den μηνύσας bezogen zu verstehen.

59  βλασφημέω ist mit W.Bauer, aaO., Sp.282, als "in üblen Ruf bringen,
    verleumden, verunglimpfen" zu verstehen; vgl. Röm 3,8.

Kriterien führen darf. Das einzige Kriterium für das Ausleben
oder Nicht-Gebrauchen der eigenen ἐξουσία liegt, wie Paulus
in V 31 fortfährt, in der δόξα θεοῦ. Aus der Orientierung
an ihr sollen die Starken gemäß dem Vorbild des Apostels
(μιμηταί μου γίνεσθε Kap 11,1) sich als ἀπρόσκοποι verhalten,
wie Paulus dann entsprechend seiner Ausführung von Kap 9,19-
23 in Kap 10,32-33 allgemein formuliert.

Weil das πάντα πᾶσιν ἀρέσκειν (Kap 10,33) Ausdruck des
ζητεῖν τὸ σύμφορον τὸ τῶν πολλῶν, ἵνα σωθῶσιν ist (Kap 10,33;
vgl. Kap 9,19.22), muß es als Gegensatz zum in Gal 1,10 beschriebenen ζητεῖν ἀνθρώπους ἀρέσκειν, das der Verleugnung
des δουλεύειν Χριστῷ gleichkommt, gesehen werden.

Zusammenfassend läßt sich sagen: Da die Frage nach dem
Umgang mit dem εἰδωλόθυτον sich wegen der verschiedenen Voraussetzungen in der Gemeinde nicht einheitlich beantworten
läßt, sieht Paulus den Ausweg aus den Spannungen und Schwierigkeiten darin, daß sich jeder nicht primär an seiner ἐξουσία, sondern an der δόξα θεοῦ und als Folge daraus am σύμφορον τὸ τῶν πολλῶν orientiert, ohne damit seine eigene Erkenntnis und seinen Glauben aus falscher menschlicher Rücksicht
zu verleugnen oder von anderen richten zu lassen(V 29.30).

Wenn zum Schluß nochmals ausdrücklich auf das Verständnis
des Begriffs συνείδησις eingegangen werden soll, so ist das
zu 1.Kor 8,7-13 Dargelegte bezüglich der positiven Bestimmung
und der Meinung vieler Exegeten auch für 1.Kor 10,23 - 11,1
vorauszusetzen.

Dies gilt vor allem für die Interpretation von V 29, wo
von der Syneidesis eines Schwachen im Sinne von 1.Kor 8 die
Rede ist. Gemeint ist wieder die Instanz im Menschen, die
sein Verhalten nach den vorgegebenen Normen und der konkret
getroffenen Entscheidung beurteilt und ihm anzeigt, inwieweit
es diesen Voraussetzungen entspricht.

Wie bereits aus 2.Kor 4,2 und 5,11 ersichtlich wurde,
hält es Paulus prinzipiell für möglich, daß diese Instanz
Syneidesis auch das Verhalten eines anderen Menschen beurteilt,
weshalb sie keinesfalls mit dem rein affektiven, nur auf die
eigene Person bezogenen funktionalen Gewissen im umgangssprach-
lichen Sinne gleichgesetzt werden kann, ganz zu schweigen
von der noch einschränkenderen Bestimmung von C.A.Pierce,

der selbst für 1.Kor 10,25-29 die Bedeutung 'Gewissens-
schmerz' mit der Klassifizierung "moral-bad-absolute" angibt[60].

Zum κρίνειν, dem Richten und Verurteilen eines fremden
Verhaltens (1.Kor 10,29), ist allerdings nicht der Mensch
und damit seine Syneidesis, sondern allein der κύριος befugt,
wie aus 1.Kor 4,3-5 und Röm 14,3-5.13 zu entnehmen ist.

Während Paulus in den Versen 29-30 mit dieser Abgrenzung
über das in Kap 8 Gesagte hinausgeht, fordert er in V 28
die Starken nochmals in gleicher Weise zur Rücksicht gegenüber der schwachen Syneidesis auf. Weil Paulus sich damit
bei jeder Konfrontation zugunsten der Syneidesis der Schwachen
entscheidet, obwohl sie durch die Voraussetzung der mangelnden
γνῶσις gekennzeichnet ist (Kap 8,7), folgert R.Bultmann: "Sofern das Wissen der συνείδησις auf die dem Menschen geltende
Forderung geht, ist das Entscheidende dieses, daß die συνείδησις überhaupt um eine solche, um ihr Daß weiß; denn es ist
möglich, daß sie in bezug auf das Was der Forderung irrt ...
Das Urteil der συνείδησις jedoch, das auf das Verhalten des
Menschen angesichts der Forderung ergeht, kann nicht irren,
sondern ist gültig"[61].

Dagegen ist einzuwenden, daß die Syneidesis der Schwachen
in der für sie gültigen Forderung "in bezug auf das Was"
gerade nicht "irrt". Paulus geht vielmehr davon aus, daß
den Schwachen beim Verzehr des εἰδωλόθυτον objektiv der
Kontakt mit den die Sphäre der εἰδωλατρία beherrschenden
Dämonen (Kap 10,14-22) droht, wodurch die starke Ausdrucksweise bei der Beschreibung der Folgen für die Schwachen in
Kap 8 allein verständlich wird. In den in Kap 8,7-13 und
Kap 10,28 beschriebenen Situationen irrt also die Syneidesis
gerade nicht, sondern zeigt die den Schwachen drohende Gefahr an.

Andererseits spricht Paulus nirgendwo davon, daß die
Syneidesis in dem Urteil, "das auf das Verhalten des Menschen
angesichts der Forderung ergeht", überhaupt nicht irren könne.

---

60  C.A.Pierce, aaO., S.75f; für V 25-27 auch R.Jewett, aaO., S.426f.
61  R.Bultmann, Theologie des NT, S.218f.

Diese nur aus stoischer Tradition verständliche Absolutheit
in der Beurteilung einer anthropologischen Instanz kann
schon von 1.Kor 4,3-5 her keinesfalls als paulinisch bezeichnet werden. Daß Paulus gegenüber der schwachen Syneidesis
nur unbedingte Rücksicht empfehlen kann, ist nicht auf die
"unbedingte Unterwerfung"[62] fordernde Autorität der Syneidesis,
sondern auf die von Paulus offen dargelegten objektiven Gefahren für die Schwachen zurückzuführen. Ein Absolutheitsanspruch oder eine Unfehlbarkeit läßt sich auch nach 1.Kor
8 - 10 der Syneidesis nicht zuschreiben.

Sind auch Bedeutung und Verwendung des Begriffs 'Syneidesis'
in Kap 10,28.29 in völliger Übereinstimmung mit den Ausführungen in Kap 8 zu verstehen, so ergeben sich doch durch die
Verse 25-27 neue Aspekte. In deutlicher Abgrenzung (V 29)
zu V 28 spricht Paulus hier erstmals von der Syneidesis der
Starken und gebraucht dabei jeweils die offensichtlich feste
Wendung διὰ τὴν συνείδησιν.

Wegen dieser "formelhafe(n) Wiederholung" vermutet J.Weiß,
"daß er (Paulus) hier Worte der 'Schwachen' aus dem Briefe
der Korinther reproduziere"[63]. Indes muß auch an dieser Stelle
letztlich wieder offengelassen werden, ob Paulus den Begriff
συνείδησις und die spezifische Wendung διὰ τὴν συνείδησιν
selbst in die Diskussion eingeführt oder der Fragestellung
und Argumentation des korinthischen Schreibens entnommen hat.
In diesem Zusammenhang fällt auf, daß Paulus einerseits in
dem 1.Kor 8 - 10 entsprechenden Kap 14 des Römerbriefes die
Syneidesis gar nicht erwähnt, andererseits aber sowohl in
Röm 13,5 die Wendung διὰ τὴν συνείδησιν als auch in Röm 2,15
und 9,1 den Begriff συνείδησις ohne weitere Erklärung gebraucht und damit als allgemein verständlich voraussetzt.
Daß Paulus in Röm 14 statt des Begriffs συνείδησις die Begriffe πίστις (V 1.22.23) und νοῦς (V 5) verwendet, erhellt
sich allerdings von daher, daß in der Situation von Röm 14
nicht das korinthische Problem des Handelns gegen die Überzeugung auf seiten der Schwachen vorrangig ist, sondern das

---

62  R.Steinmetz, aaO., S.297.
63  J.Weiß, aaO., S.262; dagegen H.Conzelmann, aaO., S.209, Anm.19.

beidseitige intolerante Bestehen auf der eigenen Meinung,
was zum 'Verachten' und 'Richten' des Andersdenkenden führt
(V 3.13). Deshalb ist hier nicht primär die das Verhalten
kontrollierende und damit zur Verantwortung rufende Syneidesis
betroffen, sondern der für 'Meinung', 'Überzeugung' und
'Glaube', d.h. für die πίστις im mehrfachen Sinne zuständige
νοῦς. Die Annahme, daß Paulus den Begriff συνείδησις erst
von den Korinthern übernommen und ihn nicht selbständig in
die Diskussion eingeführt und bestimmt habe, läßt sich nicht
beweisen und kann folglich nicht als für die Erklärung konstitutiv vorausgesetzt werden.

Als Beispiel für einen solchen Erklärungsversuch sei R.
Jewett ausführlicher zitiert, der zu 1.Kor 10,25 bemerkt: "It
is apparent that this particular question was raised by the
'weak'"[64]. Daraufhin folgert er: "The use of conscience in
an absolute sense in the phrase διὰ τὴν συνείδησιν is under-
standable on the basis of Pierce's discovery of the 'moral-
bad-absolute' connotation of the word. They wished to examine
meat at the market 'on account of conscience' since the very
presence of conscience was painful. But utilizing the 'weak'
Corinthians' expression, Paul excepts their definition of
συνείδησις as the painful awareness of transgression. This
definition differs from the gnostic definition used earlier
in letter B. Though both stem from popular Hellenistic usage,
the gnostic usage emphasizes the identity of conscience
with the pneumatic self, wheras the 'weak' Corinthians' use
gave expression to the immediate pain of the knowledge of
sin. This variation in Pauline usage is therefore explainable
as a direct outgrowth of the Corinthian usage"[65].

Abgesehen von dem rein hypothetischen Charakter sprechen
auch die Ergebnisse der Begriffsbestimmung gegen die Ausführung von R.Jewett. Bisher konnte durchgängig von einem
einheitlichen Verständnis der Syneidesis bei Paulus ausgegangen werden. Daß der Begriff von den Starken gebraucht und
zudem noch anders als von den Schwachen definiert worden sein

---

64   R.Jewett, aaO., S.427.
65   Ebd.

soll, kann der stringenten und einheitlichen Argumentation
in den Kapiteln 8 - 10 keinesfalls entnommen werden.

Schließlich ist die Interpretation von συνείδησις als
conscientia consequens im engeren Sinne, also lediglich als
Schmerz, der sich beim Schuldigwerden bemerkbar macht, wie
gesagt, auch für 1.Kor 10,25.27 aus formalen, inhaltlichen
und nicht zuletzt rein logischen Gründen abzulehnen, denn
wie soll z.B. das affektive Gewissen als rationalen Argumenten
direkt zugänglich gedacht werden? An allen bisherigen Belegstellen war die Syneidesis nicht als 'Affekt' oder 'Bewußtseinszustand', d.h. als 'Schuldbewußtsein' zu verstehen,
sondern als Instanz, die keinesfalls nur einseitig im Zusammenhang von Schuld wirksam wird.

Befragt man allerdings die exegetische Literatur zu der
spezifischen Bedeutung von διά τήν συνείδησιν, so stößt man
meist nur auf die - alles in der Schwebe lassende - Übersetzung 'um des Gewissens willen' oder noch auf die Para-
phrasen: "Es liegt ... gar kein Gewissensfall vor"[66], oder:
"..., ohne daß ihr euch daraus ein Gewissen macht"[67], womit
zumindest die richtige Zuordnung der Wendung zu μηδέν ἀνακρίνοντες eindeutig festgehalten ist.

W.Gutbrod hat die großen Schwierigkeiten empfunden, die
entstehen, wenn man die Syneidesis in Kap 10,25 "als Bewußtsein um die Sittlichkeit des eigenen Handelns (faßt)", und
möchte deshalb συνείδησις auch hier wie in 1.Kor 8,6 mit
"Wissen" - nämlich "um Gott, bzw. den Götzen"[68] übersetzen.
Diese etymologisch ursprüngliche, nichtreflexive Bedeutung
von συνείδησις kann er für Paulus allerdings - wie bereits
aufgezeigt wurde - nur durch die abzulehnende varia lectio
zu 1.Kor 8,7 συνειδήσει τοῦ εἰδώλου belegen. Zudem ist auch
seine Umschreibung des διά τήν συνείδησιν mit "weil ihr ja
wisset"[69] in Hinblick auf den Wechsel zur Syneidesis des
anderen in V 28.29, der die Fähigkeit, nicht aber die Befug-
nis des κρίνειν zugeschrieben wird, nicht befriedigend.

---

66  Th.Schneider, aaO., S.196.
67  H.Lietzmann, aaO., S.51.
68  W.Gutbrod, aaO., S.64.
69  Ebd.

Die Deutung von J.Stelzenberger scheidet wegen der falschen
Zuordnung von διὰ τὴν συνείδησιν zu μηδὲν ἀνακρίνοντες, wie
oben gesagt, ebenfalls aus. Aber auch sein grundsätzliches
Verständnis von Syneidesis, die er unter der Überschrift
"Religiös-sittliches Urteilsvermögen" als "Wertgefühl" und
"Werturteil" unter Einbeziehung des "Verpflichtungsempfin-
den(s)" beschreibt[70], eignet sich eher zur Bestimmung des
νοῦς als zur Definition der das Handeln beurteilenden Instanz
Syneidesis.

In der bisherigen Untersuchung der paulinischen Belegstellen
rückten neben der reinen Bestimmung der Syneidesis als Instanz
der Überwachung und Beurteilung des Handelns nach im νοῦς
vorgegebenen Normen noch zwei weitere Aspekte in den Blick.
Zunächst fiel auf, daß die von Paulus objektivierend als
Instanz verstandene Syneidesis als neben, oder besser über
dem handelnden Subjekt stehender 'Zeuge' für die Wahrhaftigkeit seiner Aussage oder seines Wandels angerufen werden
konnte. Vor ihr muß sich der Mensch hinsichtlich der Übereinstimmung seines Handelns mit den vorausgesetzten Normen und
konkret gefällten Entscheidungen verantworten, womit das Verhältnis, das er zur Syneidesis hat, das der Verantwortlichkeit
ist.

Dabei begreift Paulus die Syneidesis als rein anthropologische Instanz, der er zwar die größtmögliche Objektivität,
keinesfalls aber Unfehlbarkeit oder einen Absolutheitsanspruch
zuschreibt. Absolut zu berücksichten ist die Syneidesis auch
nach 1.Kor 8-10 nur insofern, als sie eine für die Schwachen
objektiv drohende und von Paulus rational verdeutlichte
Gefahr anzeigt. Als menschliche Instanz kann sie aber in
ihrem Urteilen sowohl an sich als auch auf Grund falscher
Wertmaßstäbe durchaus fehlen, weshalb Paulus sein eigenes
Urteil ausdrücklich gegen das Urteil Gottes, das allein vollkommen und relevant ist, abgrenzt (1.Kor 4,3-1). Eine Identifikation der Syneidesis mit dem spiritus sacer oder der vox
dei wie überhaupt die Bezeichnung der Syneidesis als 'göttlich'
wäre bei Paulus deshalb undenkbar.

---

70  J.Stelzenberger, aaO., S.71.72, der sich ebenfalls gegen die unklare
    Wiedergabe mit "Gewissen" ausspricht.

Andererseits, und das ist der zweite Aspekt, erwähnt Paulus
sehr oft seine Syneidesis und ihr Urteilen im Zusammenhang
mit dem Stehen vor Gott und seinem eschatologischen Gericht.
Da er das Beurteilen des Wandels sowohl der Syneidesis als
auch in endgültiger und absoluter Weise dem κύριος am Tag
des Gerichtes zuschreibt, gleichzeitig aber beides scharf
voneinander unterscheidet, kann man zwar nicht von einer
Identifikation, wohl aber von einer Entsprechung beider
Instanzen sprechen; das tertium comparationis ist die Verantwortlichkeit.

Obwohl Paulus an keiner Stelle ausdrücklich von der άνακαίνωσις der Syneidesis - analog zum νοῦς (Röm 12,2) - spricht,
ist logisch vorauszusetzen, daß er auch deren 'Erneuerung'
mit einschließt. Da er die heidnische Syneidesis nur in Röm
2,15 - und dort lediglich in positiver Hinsicht - erwähnt,
kann man nicht nachweisen, daß er beim Gläubigen von einer
Verbesserung der Funktionsfähigkeit und Sensibilität der
Instanz ausgeht. Eine Erneuerung der Syneidesis ist jedoch
schon dadurch gegeben, daß durch die γνῶσις des Gläubigen
bzw. durch seine άνακαίνωσις τοῦ νοός die Normen, nach denen
die Syneidesis entscheidet, jetzt bewußt am κύριος orientiert
sind. Auf Grund der Analogie der Verantwortlichkeit ist die
Syneidesis insofern spezifisch christlich, als der Mensch
durch das Vorhandensein dieser sein Verhalten beurteilenden
inneren Instanz ständig an den κύριος erinnert und verwiesen
wird, vor dem er sich endgültig zu verantworten hat. Beide
Aspekte, daß die Syneideeis als Instanz der Verantwortlichkeit im Menschen positiv auf den κύριος verweist, dies aber
andererseits immer nur in Analogie, Vorläufigkeit und Fehlbarkeit tut, sind gleichzeitig zu wahren.

So betrachtet läßt sich verstehen, warum Paulus in 1.Kor
10,25.27 sagen kann: 'Esset, ohne um der Syneidesis willen
Nachforschungen anzustellen'. Nach dem Hinweis auf die Gefahr
des Götzendienstes in 1.Kor 10,1-22 will er hier den Starken
zusichern, daß sie aus ihrer Verantwortung heraus, die für
Gläubige als Verantwortung vor der eigenen Syneidesis immer
zugleich Verantwortung vor Gott bedeutet, beim Essen des
εἰδωλόθυτον die Gefahr der εἰδωλολατρία nicht zu berücksichtigen brauchen. Als Starke besitzen sie ja die γνῶσις (Kap
8,6), daß die ganze Erde (Kap 10,26) als Schöpfung 'aus Gott'

und 'zu Gott hin' (Kap 8,6) ihm untersteht. Damit können sie
es persönlich durchaus verantworten, das den Dämonen geopferte
εἰδωλόθυτον als Gott gehörend mit Danksagung zu essen.

Daß Paulus auch den Starken gegenüber den Begriff 'Syneidesis' gebraucht und nicht wie in Röm 14 den Begriff πίστις
(Röm 14,22), mit dem die Funktionen des νοῦς und der συνείδησις von Gläubigen gleichzeitig bezeichnet werden können,
legt sich durch die häufige Erwähnung der Syneidesis der
Schwachen im Verlauf der Abhandlung nahe.

Damit ist die Syneidesis in Kontinuität zur bisherigen
Bestimmung auch in der Diskussion über den Umgang mit dem
εἰδωλόθυτον in 1.Kor 8 - 10 als Instanz zu definieren, die
die Aufgabe hat, das Verhalten des Menschen auf Grund der
vorausgesetzten Normen zu beurteilen. Daß sie damit zugleich
die Instanz ist, die den Menschen zur Verantwortung ruft
und den Gläubigen durch die Entsprechung der Verantwortlichkeit
auf seine Verantwortung vor Gott hinweist, wird besonders
in 1.Kor 10,25.27 an der Wendung διὰ τὴν συνείδησιν deutlich.

Ob die dabei vollzogene Abgrenzung gegen die Versuche,
die Syneidesis als affektives 'Gewissen' oder als 'Wissen'
und 'Bewußtsein' von einem anderen Objekt als dem Wandel -
sei es 'Gott' oder das 'sittlich Gute' - zu verstehen,
berechtigt ist, muß die Exegese der einzigen Stelle, an der
Paulus die Wendung διὰ τὴν συνείδησιν nochmals gebraucht,
erweisen: Röm 13,5.


b) Dia ten syneidesin in Röm 13,5

Durch die politische Relevanz und Brisanz des Textes in
Hinblick auf die Bestimmung des Verhältnisses der Gemeinde
zum Staat hat Röm 13,1-7 immer wieder die besondere Aufmerk-
samkeit der Exegeten auf sich gezogen, was sich auch in der
Vielfältigkeit der Deutungsversuche des Begriffes 'Syneidesis'
in Röm 13,5 - der letzten der vierzehn Belegstellen in den
Homologumena - ausgewirkt hat. In unserem Zusammenhang müssen
wir uns im wesentlichen auf die Aspekte, die für die Bestimmung unseres Begriffes und der speziellen Wendung διὰ τὴν
συνείδησιν konstitutiv sind, beschränken. Zur ausführlichen
Einsicht in den Stand der Auslegung des gesamten Abschnitts

sei auf die einschlägigen Kommentare und vor allem auf die
Arbeiten von E.Käsemann, A.Strobel und den neueren Aufsatz
von J.Friedrich - W.Pöhlmann - P.Stuhlmacher verwiesen[1].

Der Text Röm 13,1-7 ist in den paränetischen Abschnitt
Kap 12,1 - 13,14 eingefügt und ist somit sowohl durch die
Einleitungsverse Kap 12,1-2, in denen Paulus die Christen
unter Hinweis auf die οἰκτιρμοὶ τοῦ θεοῦ auffordert, als
λογικὴ λατρεία, παραστῆσαι τὰ σώματα θυσίαν, als auch durch
die zusammenfassende Aufforderung zum εὐσχημόνως περιπατή-
σωμεν und den Hinweis auf den eschatologischen καιρός in
Kap 13,11-14 gleichermaßen bestimmt. Dabei fällt auf, daß
der Abschnitt Kap 13,1-7 eine in sich geschlossene Argumentation im Stil der Diatribe darstellt, die von ihrem Skopus
her, zur Unterordnung unter den Staat anzuhalten, bei Paulus
keine Parallele hat. So gilt es beides festzuhalten, einerseits, daß "unser Abschnitt ein selbständiger Block (ist)"[2],
und andererseits, daß der Text "fest in den Zusammenhang der
paulinischen Paränese eingebettet" und "dementsprechend
kontextbezogen auszulegen" ist[3].

Kap 13,1-7 läßt sich zusammen mit Kap 12,16b-21 als zweiter
paränetischer Hauptteil verstehen, der vom Leben des Christen
in den weltlichen Bindungen handelt, während der erste Teil
Kap 12,3-16a, entsprechend Kap 13,8-10, unter dem Stichwort
der ἀγάπη "dem Zusammenleben der Christen als Gemeinde ge-
widmet ist"[4]. Für den privaten (Kap 12,16b-21) und den öffentlichen Bereich (Kap 13,1-7) stellt Paulus das Tun des Guten
"unter dem paränetischen Leitgedanken des Friedens mit allen
Menschen dar"[5], im ersten Fall unter dem Motto der Feindes-
liebe, im zweiten unter dem des Gehorsams und der Ehrfurcht.

---

1   E.Käsemann, Römer 13,1-7 in unserer Generation, ZThK 56 (1959), S.316-
    376; ders., Grundsätzliches zu Römer 13, Exeget. Vers. u. Besinn. II
    (Göttingen, 1964), S.204-222; A.Strobel, Zum Verständnis von Römer
    13, ZNW 47 (1956), S.67-93; ders., Furcht, wem Furcht gebührt. Zum
    profangriechischen Hintergrund von Röm 13,7, ZNW 55 (1964), S.58-62;
    J.Friedrich - W.Pöhlmann - P.Stuhlmacher, Zur historischen Situation
    und Intention von Römer 13,1-7, ZThK 73 (1976), S.131-166, im folgen-
    den zitiert: P.Stuhlmacher.

2   E.Käsemann, An die Römer, S.340.

3   P.Stuhlmacher, aaO., S.149.

4   AaO., S.150.

5   AaO., S.152.

Allerdings spricht Paulus in Röm 13,1-7 nur positiv von
der Notwendigkeit der Unterordnung unter den εἰς τὸ ἀγαθόν von
Gott eingesetzten Staat, so daß man den Gedanken des "Ver-
zicht(s) auf Rache" im Hinblick auf "die Hoffnung auf Gottes
(eschatologischen) Rechtsbeistand" nicht von Kap 12,19-21,
wo das κακόν auf seiten des anderen vorausgesetzt wird,
übertragen sollte[6]. Seltsamerweise spart Paulus die Möglichkeit des τὸ κακὸν ποιεῖν auf seiten des Staates in Kap 13,1-7
gerade aus und lenkt den Blick lediglich auf dessen Einsetzung
durch Gott und seinen moralischen Zweck. Die Gegebenheit des
Machtmißbrauchs, den Gedanken des eschatologischen Gerichtet-
werdens jeglicher Obrigkeit[7] und die Notwendigkeit des
πειθαρχεῖν δεῖ θεῷ μᾶλλον ἢ ἀνθρώποις[8] vernachlässigt Paulus
hier offensichtlich bewußt, indem er pointiert in die Situation der römischen Gemeinde hinein argumentiert.

Von daher läßt sich legitimerweise diese konkrete paräne-
tische Anweisung des Apostels schwerlich als locus classicus
für die theologisch-metaphysische Begründung einer christlichen Staatslehre verwenden[9].

Umso dringlicher stellt sich aber damit die Frage: Unter
welchen Voraussetzungen auf seiten der römischen Gemeinde
fordert Paulus diese absolute Unterordnung unter den Staat
als ethische Konkretisierung der λογικὴ λατρεία (Kap 12,1)
in der Welt und als Verwirklichung des θέλημα τοῦ θεοῦ
(Kap 12,2), das der erneuerte νοῦς prüfend erkennt?

Man könnte mit E.Käsemann auch für die römische Gemeinde
annehmen, "daß nach den korinthischen Erfahrungen wie nach
der Einleitung in Kap 12,3 Schwärmer in die Grenzen irdischer
Ordnung zurückzurufen sind", "daß Paulus sich gegen eine
Haltung wendet, welche den politischen Gewalten im Bewußtsein, Bürger der himmlischen Polis zu sein, indifferent
oder sogar verächtlich gegenübersteht"[10]. Dagegen ist aber

---

6   Gegen dens., ebd.

7   Vgl. z.B. 1.Kor 2,6; 15,24.

8   Act 5,29; vgl. 4,19.

9   E.Käsemann, aaO., S.341.

10  AaO., S.338; vgl. H.Ridderbos, Paulus, S.225; P.Althaus, Der Brief
    an die Römer, S.118.

einzuwenden, daß sich für die Übertragung der korinthischen
Situation und Problematik im Text des Römerbriefs kein Anhalt
findet und sie deshalb kaum weiterhelfen kann[11].

Als ebenso hypothetisch muß auch die Vermutung gelten,
daß Paulus die Gemeinde vor antirömisch-zelotischen Tendenzen
bewahren will[12].

Im Anschluß an O.Michel[13] sehen P.Stuhlmacher, J.Friedrich
und W.Pöhlmann in ihrer - schwerpunktmäßig auf diese Fragestellung hin konzipierten - Arbeit den Anlaß für die Forderung des Paulus in Röm 13,1-7 in der durch Tacitus, Annalen
15,45 und Sueton, Nero 10 belegten harten Steuerpraxis in
Rom, die die nach Aufhebung des Claudiusediktes in die Stadt
zurückkehrenden Judenchristen wegen ihres Besitzverlustes
besonders hart treffen mußte[14]. Zwar hätte Paulus entsprechend
der ethischen Maximen seiner Paränese auch unabhängig von
den politischen Umständen die Gemeinde dazu ermahnt, sich
als μετὰ πάντων ἀνϑρώπων εἰρηνεύοντες (Kap 12,18) zu verhalten, um auch darin den Glauben zu bezeugen, durch die Berücksichtigung der historischen Situation bekommen aber seine
Anweisungen zur Unterordnung unter den Staat einen "höchst
aktuellen und konkreten Sinn"[15]. "Die auf die Organisations-
form von einzelnen Hausgemeinden angewiesenen römischen
Christen (vgl. Röm 16,3ff) mußten seit 49 nicht nur darauf
bedacht sein, eine zu einem neuen ähnlichen Edikt führende
Unruhe ... zu vermeiden, sondern gleichzeitig auch darauf,
nicht gegen das bestehende Verbot politisch-konspirativer
Vereine zu verstoßen, und dies alles in einem Moment, da man
in Rom ... offenbar sehr unter der Last der von Regierungs-
seite und den Zollpächtern eingetriebenen finanziellen Abgaben
zu leiden hatte"[16].

---

11  Mit W.Schrage, U.Wilckens und P.Stuhlmacher, aaO., S.133.159.

12  Vgl. Kl.Haacker bei P.Stuhlmacher, aaO., S.132f.

13  O.Michel, Römerbrief, S.320, Anm.2, der jedoch mit Suet Nero 44;
    Tac Ann 15,45 Belege für die Jahre 64/65 n.Chr. angibt; vgl. P.
    Stuhlmacher, aaO., S.156f.

14  P.Stuhlmacher, aaO., S.157ff.

15  AaO., S.161.

16  Ebd.

Mit dieser dritten Möglichkeit der Erklärung wird die
"historische Situation und Intention von Röm 13,1-7" wohl
am treffendsten bezeichnet sein, was nicht zuletzt in der
auffälligen Betonung des φόρους τελεῖν in V 6 und V 7 seine
Bestätigung findet.

Für die Exegese erweist sie sich als ausgesprochen hilfreich, da sie die einseitig positive Darstellung des Staates
und die unbedingte Mahnung zur politischen Unterordnung
in Hinblick auf die sonst für die Existenz der Gemeinde
drohenden Gefahren mehr als verständlich macht. So wird
Paulus bei seiner Argumentation in Röm 13,1-7 sowohl - in
Kontinuität zu Kap 12,3-21 - durch das ethische Prinzip
des εὐσχημόνως περιπατεῖν um des kommenden Herrn willen
(Kap 12,1-2; 13,11-14) bestimmt, das sich in τὸ ἀλλήλους
ἀγαπᾶν (Kap 12,3-16b; 13,8-10) und im μετὰ πάντων ἀνθρώπων
εἰρηνεύειν (Kap 12,16b - 13,7) äußert, als auch durch rein
rationale und zweckmäßige Motive, aus denen heraus er von
der Gemeinde um ihres Wohlergehens willen Unterordnung und
unauffälliges, friedliches politisches Verhalten fordert.
Dieses doppelte Bestimmtsein der Forderung zur Unterordnung
der Obrigkeit gegenüber kommt auch deutlich in V 1b-4, der
Begründung von V 1a, zum Ausdruck, in der nebeneinander und
zum Teil miteinander verwoben ethisch-theologische und rational-opportune Argumente angeführt werden. Daß sich Paulus
der Zweischichtigkeit seiner Argumentation voll bewußt war,
wird an der für die Begriffsbestimmung von συνείδησις aus-
schlaggebenden ausdrücklichen Gegenüberstellung von διὰ τὴν
ὀργήν und διὰ τὴν συνείδησιν als Bezeichnung der doppelten
Motivation zum Gehorsam in V 5 ersichtlich.

Nach der Klärung der historischen Voraussetzung, des
Kontextes und der Intention des Abschnittes wollen wir uns
nun zunächst der Einzelexegese von Röm 13,1-7 zuwenden.

In V 1a formuliert Paulus mit Hilfe der dem alttestamentlichen כל נפש entsprechenden Wendung πᾶσα ψυχή[17] und des
dekretalen Jussivs in "einer gewissen Feierlichkeit"[18] seine

---

17  Vgl. H.Schlier, Der Römerbrief, S.387; O.Michel, aaO., S.315; ent-
    sprechend Röm 2,9; Act 2,43; 3,23; Apk 16,3.

18  E.Käsemann, aaO., S.342.

grundsätzliche Forderung zur Unterordnung. Mit dem kollek-
tiven 'jeder' hat Paulus selbstverständlich nicht die Heiden, sondern die Gläubigen im Blick und spricht weder von
einer "Fügung (des Christen) in eine allgemeine Sitte"[19],
noch sagt er, daß sich jedermann unterordnen solle, "also
auch die Christen"[20]. Unabhängig davon, daß auch Heiden
sich unterordnen und einen göttlichen Auftrag oder eine
göttliche Abkunft der Obrigkeit voraussetzen mögen, ist auch
dieser Abschnitt entsprechend dem ganzen Brief (Röm 1,6.7)
und in Sonderheit den paränetischen Teilen (Kap 12-15) vorrangig an Gläubige adressiert und deshalb nicht als eine
allgemeine Betrachtung über das Wesen des Staates aus dem
Kontext und der konkreten historischen Situation heraus-
zulösen[21].

Über die Bestimmung der ἐξουσίαι als menschliche und
politische Machtträger besteht in der heutigen exegetischen
Diskussion ein weitgehender Konsensus[22], während die in
verschiedenen Formen von G.Dehn, W.Schweitzer und vor allem
O.Cullmann und K.Barth vertretene angelologische bzw. dämo-
nistische Interpretation auf vielfache Ablehnung gestoßen
ist[23].

Paulus bedient sich nachweislich "der Ausdrucksweise
hellenistischer Administration". "Die Wendung ἐξουσίαι
τεταγμέναι umschreibt bevorzugt römische Staatsämter, λει-
τουργός meint ganz profan den Bevollmächtigten einer Behörde,
während ἀρχή die magistrale Gewalt bezeichnet. Die Charakte-
ristik der staatlichen Gewalt als τοῦ θεοῦ διαταγή entstammt
dem rechtlich-politischen Bereich. Wenn die kaiserliche
Obrigkeit Verfügungen erläßt, ist ihr diese Aufgabe von
Gott zugewiesen, so daß sie damit selbst zu einer göttlichen

---

19  M.Kähler, Das Gewissen, S.249.

20  P.Althaus, aaO., S.119.

21  Vgl. auch E.Käsemann, aaO., S.342; H.Schlier, aaO., S.387; A.Schlatter,
    Gottes Gerechtigkeit, S.351.

22  P.Althaus, aaO., S.112; E.Käsemann, aaO., S.340ff; P.Stuhlmacher, aaO.,
    S.135; H.Schlier, aaO., S.387; O.Michel, aaO., S.315.

23  S. zu Darstellung und Widerlegung vor allem E.Käsemann, Römer 13,1-7
    in unserer Generation, S.351ff; und ergänzend F.Neugebauer, Zur Aus-
    legung von Röm 13,1-7, S.166ff.

διαταγή wird. Das meint nicht abstrakt Ordnung schlechthin,
sondern konkret 'Anordnung'. Das Verhältnis der Untertanen
zu ihr wird geläufig, dem ὑπερέχοντες entsprechend, durch
ὑποτάσσεσθαι wiedergegeben und durch Ausdrücke der 'Schul-
digkeit' bestimmt"[24].

Daß Paulus aber den Begriff 'sich unterziehen' ethisch
rein negativ gebraucht, so daß er lediglich ein "Zurücktreten,
ein Ausweichen, die Nicht-Empörung, den Nicht-Umsturz" umschreiben soll, wie K.Barth annimmt, ist unzutreffend[25]. Wie
schon erwähnt, sucht man in unserem Abschnitt kritische und
relativierende Momente in der Beschreibung des Staates und
des christlichen Verhaltens ihm gegenüber vergebens.

So begründet Paulus auch die Mahnung in V 1a rein positiv
mit der synthetisch-parallel formulierten theologischen These
in V 1b, die im ersten Glied die ἐξουσία als ὑπὸ θεοῦ bestimmt,
um im zweiten Glied diese Qualifikation des 'Ursprungs' der
faktisch und konkret bestehenden (οὖσαι) staatlichen Autorität als "Einsetzung" durch Gott zu präzisieren - im Gegensatz
etwa zum Verständnis einer göttlichen "Herkunft"[26].

In V 2a zieht Paulus aus der theologischen Grundthese V 1b
die Folgerung (ὥστε), daß derjenige, der sich der staatlichen
Autorität "widersetzt"[27] (ἀντιτάσσεσθαι), sich gegen Gottes
Anordnung "auflehnt" (ἀνθίστασθαι).

P.Stuhlmacher weist in diesem Zusammenhang darauf hin[28],
daß διαταγή nicht wie διατάξις und διάταγμα ein staats- und
verwaltungsrechtlicher, sondern primär ein privatrechtlicher
Begriff ist, so daß Paulus hier die Beziehung Gottes zum
Staat - entgegen der oben zitierten Annahme von A.Strobel
und E.Käsemann - mit einem "staatsrechtlich neutralen und
auch sonst kaum festgelegten Begriff"[29] beschreibt. "Paulus

---

24  E.Käsemann, An die Römer, S.341, im Anschluß an A.Strobel, Zum Ver-
    ständnis von Römer 13, S.79ff.

25  K.Barth, Der Römerbrief, S.465.

26  Mit H.Schlier, aaO., S.388.

27  O.Michel, aaO., S.317.

28  P.Stuhlmacher, aaO., S.136-140.

29  AaO., S.139.

drückt sich also so aus, daß in staatsrechtlicher Hinsicht
keine dem Leser u.U. geläufige Traditionskette geprägter
Aussagen seine These untermauert, und er führt auch die jüdische Aussagetradition", in der "ἐπιταγή und πρόσταγμα üblich
sind", "nicht einfach geradlinig weiter". "Der Apostel (vermeidet) offenbar mit Bedacht eine Ausdrucksweise, die einfach
den Gedanken an jene hierarchische Ämterpyramide aufkommen
ließe, an deren Spitze Gott, in deren Zentrum die staatlichen
Behörden und an deren Basis die Bürger oder Christen zu setzen
wären"[30]. Damit hat Paulus die Notwendigkeit der Unterordnung
unter den von Gott 'angeordneten' und 'eingesetzten' Staat
so formuliert, "daß direkte Anklänge an die auch zu seiner
Zeit schon bestehende Herrscherideologie und Staatsverherrli-
chung unter dem Ordnungsgedanken vermieden wurden"[31]. Der
Akzent wird also nicht bei der Würde des Staates an sich
gesetzt, sondern darauf, daß dieser von Gott selbst 'verord-
net' ist (V 1b) und seine Autorität auf der 'Anordnung' (V 2a)
Gottes beruht.

Von daher ist es eine für Paulus selbstverständliche Folgerung, daß die sich dem Staat als Gottes Anordnung Wider-
setzenden und damit gegen Gott selbst sich Auflehnenden das
eschatologische Gerichtsurteil Gottes über sich heraufbe-
schwören werden. Die semitische Wendung κρίμα λαμβάνειν ist
nämlich entsprechend Mk 12,40; Lk 20,47; Jak 3,1 eindeutig
eschatologisch-futurisch auf das Strafgericht Gottes zu beziehen[32] und nicht wie in der opportun-rationalen Argumentation
der Verse 3 und 4 auf die staatliche Reaktion, die präsentische
Strafe für das κακὸν ποιεῖν. Mit V 2 bleibt also Paulus noch
gänzlich innerhalb seines rein theologischen Gedankengangs,
indem er den Gläubigen die eschatologische Konsequenz der
Mißachtung der in V 1a formulierten und V 1b theologisch
begründeten Forderung deutlich macht.

Demgegenüber geht er in V 3 und 4 nicht nur von der objek-

---

30  Ebd.

31  AaO., S.140.

32  Mit O.Michel. aaO., S.317f; E.Käsemann, aaO., S.345; P.Stuhlmacher,
    aaO., S.162; H.Schlier, aaO., S.388f.

tiven zur subjektiven Darstellung[33], sondern vor allem von
der rein theologischen zur rational-opportun erläuternden
über. So erscheinen die Hinweise auf die göttliche 'Anordnung'
der ἐξουσία (θεοῦ γάρ διάκονος, V 4a.b) nunmehr im Zusammenhang mit der Bestimmung der sittlichen Funktion und Qualität[34]
(εἰς τὸ ἀγαθόν, V 4a) der - in den 'magistratus' (ἄρχοντες
V 3) dem einzelnen konkret begegnenden[35] - staatlichen ἐξουσία.

Paulus wechselt dabei zwischen einer grundsätzlichen Feststellung (V 3a.4ac) und der persönlich gehaltenen Beschreibung
der jeweiligen Folgerung für das Verhalten des einzelnen (V
3b.4b) ab. Da die Regierenden nicht dem guten, sondern dem
'schlechten Werk' ein 'Schrecken' (φόβος) sind, wie er in
V 3 argumentiert, ist es für den einzelnen naheliegend, das
'Gute' zu tun und damit nicht nur die Strafe des Staates, die
man fürchtet, zu umgehen, sondern eventuell sogar Lob zu
empfangen.

Daß Paulus dabei in V 3 unter φόβος die 'Furcht' und den
'Schrecken' vor der strafenden ὀργή des Staates versteht,
während er denselben Begriff in V 7b im Sinne von 'Ehrfurcht'
gebraucht, ist eindeutig. Denn in V 3 wird der φόβος nur beim
'Übeltäter' vorausgesetzt, während er in V 7 im Zusammenhang
mit der τιμή als die dem Christen angemessene Haltung dem
Staat gegenüber beschrieben wird.

Infolge des Wechsels der Argumentationsebene ist in V 3
und in dem formal und intentional parallel konstruierten
V 4 weder der ἔπαινος (V 3) noch die strafende ὀργή des Staates (V 4) eschatologisch auf Gott zu beziehen, sondern präsentisch und innerweltlich als vom Staat ausgeübt zu verstehen.
Mit ἔπαινος spricht Paulus die Gewohnheit Roms an, Wohlverhal-
ten von Städten durch öffentliche Belobigungsschreiben zu
würdigen[36]. Mit ἔπαινος bezeichnet er dem Zusammenhang nach

---

33  W.Gutbrod, aaO., S.61.

34  Mit M.Kähler, aaO., S.246.

35  E.Käsemann, aaO., S.344; O.Michel, aaO., S.318; H.Schlier, aaO.,
    S.389 nach A.Strobel, aaO., S.79, Anm.71, S.81.

36  P.Stuhlmacher, aaO., S.135; E.Käsemann, aaO., S.345; O.Michel, aaO.,
    S.318; H.Schlier, aaO., S.389, nach A.Strobel, aaO., S.81f.

(z.B. V 6) wohl nicht nur das 'ius gladii', sondern allgemeiner "die staatliche Straf- und Polizeigewalt" überhaupt[37],
keinesfalls aber das "göttliche Schwert"[38]. Ἔκδικος kann
sowohl mit "Anwalt"[39] als mit "Rächer"[40] wiedergegeben werden,
wobei ersteres auf den 'defensor', der "als Stellvertreter
des Statthalters in einer Gemeinde vermittelnd wirkt"[41],
hindeuten würde. Zu εἰς ὀργήν sollte nicht ohne weiteres das
Genitivattribut θεοῦ hinzugedacht werden[42], weil nicht auszuschließen ist, daß Paulus auch hier einen staatsrechtlichen
Begriff verwendet[43], und, wie oben gesagt, sichergestellt
sein sollte, daß für Paulus die in V 2 angesprochene eschatologische Verurteilung im gegenwärtigen Strafvollzug durch
den Staat (V 4) keinesfalls aufgeht. Zwar müssen sich die
Gedanken der präsentischen Äußerung des 'Zornes Gottes' und
der futurischen Verurteilung durch Gott am 'Tag des Zorns'
entsprechend Röm 1,18ff und Kap 2,5.8; 5,9 nicht gegenseitig
ausschließen, für die richtige Zuordnung der für uns entscheidenden Wendung διὰ τὴν ὀργήν in V 5 ist es aber konstitutiv, daß bei ὀργή und μάχαιρα an die Schrecken auslösende
Strafgewalt des Staates gedacht wird - unabhängig davon, ob
Paulus zugleich Gottes eigenes Eingreifen und seinen Zorn
mittelbar im staatlichen Strafvollzug am Werke sieht.

Damit ist aber das Gefälle der Argumentation des Paulus
durchaus klar und einsichtig. In V 1a formuliert er seine
Forderung, die er in V 1b grundsätzlich, in V 2 im Hinblick
auf die Konsequenzen theologisch begründet, indem er auf die
göttliche Anordnung des Staates und die eschatologischen
Folgen für den sich Auflehnenden hinweist.

Mit V 3 und 4 geht er auf eine andere Argumentationsebene
über und versucht vom rational-opportunen Gesichtspunkt aus,

---

37  P.Stuhlmacher, aaO., S.144.

38  Mit E.Käsemann, aaO., S.345.

39  Mit E.Käsemann, aaO., S.341, nach A.Strobel, aaO., S.89f.

40  B.Weiß, Der Brief an die Römer, S.532; P.Stuhlmacher, aaO., S.136.

41  E.Käsemann, aaO., S.341.

42  O.Michel, aaO., S.319.

43  H.Schlier, aaO., S.390.

die Gläubigen zur Unterordnung zu motivieren. Im Wechsel von
grundsätzlicher Aussage über Wesen und Funktion des Staates
mit direkter Aufforderung zum entsprechenden Verhalten des
einzelnen will Paulus wiederum die in V 1a formulierte Forderung allgemein einsichtig begründen, was auch an dem insgesamt sechsmaligen kausalen γάρ in V 1-6 deutlich wird.

Zwar ist auch in V 4 wieder von der göttlichen Anordnung
der staatlichen Gewalt die Rede, wenn Paulus mit der betonten
Voranstellung des Genitivattributes vom θεοῦ γάρ διάκονος
(V 4a.b) spricht, doch dient jeweils nicht diese Wendung,
sondern die folgende Prädikation der Begründung.

So stützt auch V 6 nochmals beide Argumentationsstränge,
indem die bisherige Praxis der Steuerabgabe als Nachweis
dafür angeführt wird, daß die Christen in Rom letztlich schon
durch ihr Verhalten die Richtigkeit der paulinischen Weisungen
bestätigt haben. Τελεῖτε ist dementsprechend gegen Th.Zahn
und P.Stuhlmacher[44] indikativisch und nicht in Angleichung
an V 7 imperativisch zu bestimmen, da der Versteil 6a durch
διά τοῦτο γάρ und die Voranstellung des καί φόρους als Begrün-
dungssatz gekennzeichnet ist[45].

Mit V 6b werden durch das Prädikativ λειτουργοί γάρ θεοῦ[46]
die göttliche Anordnung und durch den Hinweis auf den 'Eifer'
προσκαρτεροῦντες in seiner in V 3.4 beschriebenen Aufgabe[47]
die sittliche Qualität des Staates nochmals prägnant als
Argument angeführt.

In V 7 beschließt Paulus die Abhandlung mit der allgemeinen
Aufforderung, jedem zu geben, was man ihm schuldig sei, wobei
auch der Begriff ἀποδιδόναι wiederum als Terminus für das
Entrichten der Steuern geläufig ist[48]. Die folgenden Begriffs-

---

44  Th.Zahn, Der Brief des Paulus an die Römer, S.559; P.Stuhlmacher,
    aaO., S.160: "Deshalb müßt ihr auch Steuern bezahlen".

45  Mit H.Schlier, aaO., S.391.

46  Der Ausdruck λειτουργοί bezeichnet nicht die "Priester", wie W.Gutbrod,
    aaO., S.61, u.a. annehmen, ist auch nicht mit O.Michel, aaO., S.313
    als feierliche Steigerung zu verstehen, sondern im Gegensatz zu Röm
    15,16 mit H.Schlier, aaO., S.391f, P.Stuhlmacher, aaO., S.136 als
    profan-politischer Begriff zu bestimmen.

47  Der 'Eifer' ist schwerlich auf die Bezeichnung λειτουργοί θεοῦ direkt
    zu beziehen, vgl. auch E.Käsemann, aaO., S.346.

48  Mit E.Käsemann, aaO., S.339.

paare sind synonym zu verstehen und nicht wie beim Zins-
groschengespräch (Mk 12,13ff) und der Röm 13 verwandten -
literarisch aber ebenfalls davon unabhängigen - Passage im
1.Petrusbrief (Kap 2,11-17) einander antithetisch zuzuordnen.
So ist φόβος entgegen 1.Pt 2,17 nicht auf Gott, sondern zusammen mit τιμή auf die staatliche ἐξουσία zu beziehen, wie
auch der φόβος - das tributum, die direkte Steuer - und das
τέλος - das vectigal, die indirekte Steuer[49] - beide dem
Staat zu entrichten sind.

Auf Grund der bisherigen Erkenntnisse lassen sich auch die
in der exegetischen Diskussion immer wieder auftauchenden
Fragen und Widersprüche bei der Bestimmung der formalen und
inhaltlichen Zuordnung von V 5 und der Definition des Begriffes
'Syneidesis' durchaus eindeutig entscheiden.

So ist zunächst auf den Vorschlag von R.Bultmann einzugehen, V 5 als exegetische Glosse zu streichen. Als Begründung
für seine Entscheidung gibt er an, "daß sich das διὰ τοῦτο
γάρ V 6 auf den Satz von V 4 bezieht: θεοῦ γὰρ διάκονός ἐστιν,
für den V 6 ganz sachgemäß den Erkenntnisgrund bringt"[50].
Daraus folgert er dann: "Auf V 5 kann das διὰ τοῦτο von V 6
ja nicht gehen. V 5 ist also wiederum eine exegetische Glosse,
die aus V 4 und V 6 folgert, und zwar ist V 5 genau genommen
eine Anmerkung zu V 6"[51]. Dagegen ist aber einzuwenden, daß
die theologische Bestimmung des Staates sich nicht nur auf
V 4 beschränkt, sondern bis auf das erste Argument in V 1b
zurückgeht und somit διὰ τοῦτο γάρ und das folgende Prädikativ
λειτουργοὶ θεοῦ nicht an einen bestimmten Vers - sei es V 4
oder V 5 -, sondern an die gesamte Abhandlung V 1-5 anknüpfen.
Das bestätigt sich auch durch den Partizipialausdruck εἰς
αὐτὸ τοῦτο προσκαρτεροῦντες, der den primär rationalen Argu-
mentationsstrang der Verse 3 und 4 nochmals aufgreift, so
daß V 6b als inhaltliche Zusammenfassung der doppelten Begründung des ganzen Abschnitts angesehen werden muß, die
durch den Hinweis auf die der Forderung entsprechende bis-

---

49  Mit H.Schlier, aaO., S.391.
50  R.Bultmann, Glossen im Römerbrief, Exegetica, S.281.
51  AaO., S.282.

herige Praxis in V 6a zusätzlich gestützt werden soll. Da
außerdem V 5 - wie im folgenden zu zeigen sein wird - durchaus als Abschluß von V 1-4 sinnvoll ist und nicht etwa speziell
auf V 6 bezogen zu werden braucht und da weder begrifflich
noch inhaltlich an V 5 etwas Unpaulinisches auszumachen ist[52],
kommt eine Streichung als Glosse kaum in Frage[53].

Vielmehr bildet V 5 eine notwendige Zusammenfassung des
Anliegens des Apostels. Mit διὸ ἀνάγκη ὑποτάσσεσθαι (V 5a)
kommt Paulus auf die ursprüngliche Forderung von V 1a zurück,
während er mit V 5b die beiden von ihm beschriebenen Motive
der Unterordnung - jetzt ausdrücklich unterschieden - nebeneinanderstellt. Die Wendung διὰ τὴν ὀργήν bezieht sich dabei
eindeutig auf die zuletzt genannten, rational-opportunen
(V 3.4), διὰ τὴν συνείδησιν entsprechend auf die zuerst
ausgeführten, rein theologischen Argumente (V 1b.2). Mit
der Ergänzung V 5b verhindert er, daß die Begründung der
'Notwendigkeit'[54] fälschlicherweise auf die zuletzt hervor-
gehobenen rational-opportunen Argumente beschränkt wird -
formal gesprochen -, daß die Konjunktion διό lediglich auf
V 3 und 4 bezogen wird, und ruft damit die erstgenannten
theologischen Argumente nachdrücklich in Erinnerung.

Wenn man mit E.Käsemann in V 5b eine "Alternative" bezeichnet sieht, in dem Sinne: "Mögen andere die Gewalt fürchten
müssen, der Christ gehorcht ihr als derjenige, der sich mit
ihrem Anspruch der göttlichen Forderung konfrontiert weiß
und mit seinem Gehorsam Gottesdienst leistet"[55], läßt man
Paulus mit V 5 seine Ausführungen von V 3 an selber wieder
relativieren. Zu wem sonst spricht Paulus denn in V 3 und 4
in direkter Anrede (2.pers. sing.!), wenn nicht zu dem Gläubigen, für den er in V 5 angeblich das rational-opportune
Motiv zum Gehorsam ausschließt?

---

52  Vgl. P.Stuhlmacher, aaO., S.147.163.

53  Dagegen auch E.Käsemann, aaO., S.346; H.Schlier, aaO., S.391.

54  Mit B.Weiß, aaO., S.532, u.a. ist davon auszugehen, daß die beiden
    διά nicht von ὑποτάσσεσθαι, sondern von ἀνάγκη ἐστίν abhängen.

55  E.Käsemann, Grundsätzliches zur Interpretation von Röm 13, EVuB. II,
    S.215.

Paulus betont freilich in V 5 ausdrücklich, daß der Gehorsam dem Staat gegenüber - unabhängig vom eigenen Vor- oder
Nachteil - auch als Ausdruck des Glaubens, als das konkret
erkannte θέλημα τοῦ θεοῦ (Röm 12,2) vom Gläubigen anerkannt
und praktiziert werden muß. Neben diese rein theologisch-
geistliche Begründung gleichzeitig die rational-opportune
zu stellen, hat er sich jedoch schon ab V 3 nicht gescheut.
In dem Wissen um die prekäre Lage der römischen Gemeinde
in ihrer Beziehung zum Staat darf es nicht wundern, wenn
Paulus in seiner konkreten paränetischen Anweisung auf die
Frage der Rangordnung der Motive zum Gehorsam sowenig aussagt
wie zu den Grenzen des Gehorsams, dem Fall des ungerechten
Staates oder einer verantwortlichen Entscheidung zum politischen Widerstand. Exegetisch müssen wir uns mit dem begnügen,
was Paulus seiner prüfenden Erkenntnis nach (δοκιμάζειν,Röm
12,2) in die konkrete historische Situation hinein als das
für die Stunde allein Gebotene und von Gott Verlangte der
Gemeinde mitteilte. Vom Wortlaut und Zusammenhang (V 1-4)
her haben wir davon auszugehen, daß Paulus beide Motive
nebeneinanderstellt[56]. Dabei geht selbst die Abgrenzung von
J.Stelzenberger über die Formulierung von V 5 hinaus: "Aber
höher steht für den Erlösten der Gehorsam aus innerem Wertgefühl und Verpflichtungsbewußtsein heraus"[57].

Was Paulus mit der Wendung διὰ τὴν ὀργήν meint, ist in
der bisherigen Untersuchung schon deutlich geworden. Man
kann auch hier wieder verschiedener Meinung darüber sein, ob
Paulus bei dem Begriff 'Zorn' nur an die "Rechts- und Zwangs-
gewalt der Staatsmacht"[58] denkt oder - in Übereinstimmung
mit dem sonstigen Gebrauch von ὀργή[59] - an den 'Zorn Gottes',
dessen irdische und präsentische Vollstreckerin der Staat
mit seinem Strafen verkörpert[60]. Für das Verständnis von V 5

---

56  Mit H.Schlier, aaO., S.391.

57  J.Stelzenberger, aaO., S.56.

58  Ebd.; H.Osborne, Συνείδησις, S.177.

59  Vgl. G.Stählin, Artikel: ὀργή, ThW. V, S.419ff.

60  AaO., S.441f; Th.Zahn, aaO., S.559; A.Schlatter, aaO., S.353; Th.
    Schneider, aaO., S.198; P.Althaus, aaO., S.119; E.Käsemann, An die
    Römer, S.346; P.Stuhlmacher, aaO., S.163.

ist aber entscheidend, daß διὰ τὴν ὀργήν an die Ausführungen
von V 3 und 4 und nicht an die eschatologische Aussage von
V 2 anknüpft. Die Verantwortlichkeit Gott gegenüber und damit
der Gedanke des futurisch zu verstehenden Gerichtes Gottes
geht in der Verantwortung vor dem richtenden Staat keinesfalls auf, sondern tritt wieder im Sinne einer Entsprechung
neben sie, was durch den Gedanken der 'Anordnung durch Gott'
(V 2), der 'Abkunft von Gott' (V 1) und des 'Dienstes für
Gott' (V 4.6) logisch vermittelt wird.

Damit argumentiert Paulus in V 5: 'Deshalb ist es nötig
sich unterzuordnen - (aber) nicht allein aus Rücksicht auf
die Straffunktion des ἔκδικος εἰς ὀργήν!' (V 4). Die Wendung
'um des Zornes willen' deckt damit die Argumente ab, mit
denen Paulus die Unterordnung unter den gerecht richtenden
Staat als menschlich vernünftig und vorteilhaft dargelegt
hat, wobei durch den Begriff ὀργή - wie auch schon durch V 4
- die Straffunktion des Staates bei dessen Charakterisierung
in den Vordergrund getreten ist.

Wenn H.Schlier meint, anstelle διὰ τὴν ὀργήν sei als
eigentlicher Gegensatz zu διὰ τὴν συνείδησιν der Ausdruck
διὰ τὴν φόβον zu erwarten[61], schränkt er den Gedanken zu
sehr ein und fördert damit das Mißverständnis von E.Käsemann,
in V 5 sei von einer "Alternative" die Rede[62]. Paulus will
nämlich nicht sagen, daß die Christen 'aus Angst' gehorchen
sollen, die doch nur der Übeltäter zu haben braucht, sondern
vielmehr, daß sie auf Grund der vernünftigen Erwägung über
Sinn (εἰς τὸ ἀγαθόν) und Funktion des Rechtsstaates (V 3.4),
der als solcher das 'Schwert' trägt und ein ἔκδικος εἰς ὀργήν
ist, sich um ihres eigenen Wohlergehens willen unterordnen
und die Steuern, die sie dem Staat schulden, zahlen sollen
(V 7).

Diesem opportun-rationalen Motiv stellt Paulus aber in
V 5b ausdrücklich das theologische zur Seite: 'sondern auch
um der Syneidesis willen ist es nötig, sich unterzuordnen!'
Weil er damit auf die Argumentation von V 1b-2 und das Prädi-

---

61   H.Schlier, aaO., S.391.

62   E.Käsemann, Grundsätzliches ..., S.215.

kativ θεοῦ διάκονος von V 4a.b zurückgreift, läßt sich auch
die Intention dieser Wendung auf Grund des bisher Gesagten
eindeutig bestimmen. Dazu sollen aber im folgenden zunächst
wieder die verschiedenen Definitionen von συνείδησις in der
exegetischen Literatur zu Röm 13 untersucht werden.

In der angelsächsischen Forschung wird seit der Arbeit
von C.A.Pierce meist auch für Röm 13,5 die Bedeutung 'schlechtes Gewissen' mit der Klassifizierung 'moral-bad-absolute
(m.b.a.)' vertreten. Dabei wird vorausgesetzt: "The reason
for submission is basically negative: on account of the
threatened wrath and on account of conscience, whereby συνείδησις means the painful knowledge of having transgressed"[63].
R.Jewett bezieht sich mit dieser Erklärung ausdrücklich auf
die Erklärung von C.A.Pierce: "It is not simply punishment
by society that awaits the rebel, and the fear of which should
deter: it is also, for the law can be broken on occasion with
impunity, the more terrible and less avoidable - for it is
within him - pain of conscience. And both are parallel mani-
festations of God in action to maintain the order of things:
the one is the Wrath external and mediated by society, the
other is its internal counterpart"[64].

Allerdings geht dieses Verständnis, dem auch - mit Einschränkung - W.D.Davies[65] folgt, schon auf frühere Exegeten
zurück[66]. So paraphrasiert bereits B.Weiß die Wendung διὰ τὴν
συνείδησιν: "weil sonst das Gewissen uns verklagen, uns einer
Sünde wider Gott zeihen würde"[67], und A.Schlatter erklärt:
"er verliert durch seinen Aufruhr noch Wichtigeres, da nun
sein inwendiges Leben mit dem Bewußtsein der Schuld belastet
ist. Er würde durch seinen Widerstand sein Gewissen verderben[68].

Gegen all diese Versuche, die Syneidesis als das schlechte

---

63  R.Jewett, aaO., S.440.

64  C.A.Pierce, aaO., S.71.

65  W.D.Davies, aaO., S.674.

66  Vgl. H.Osborne, aaO., S.177.

67  B.Weiß, aaO., S.532.

68  A.Schlatter, aaO., S.354.

Gewissen, die conscientia consequens im engeren Sinne und
das sich als Schmerz äußernde Schuldbewußtsein zu bestimmen,
ist primär einzuwenden, daß sie ohne hinreichende Begründung
eine vom sonstigen paulinischen Gebrauch völlig abweichende
Bedeutung voraussetzen.

Zudem ist für Paulus der Gegensatz zur präsentischen und
innerweltlichen staatlichen Gerichtsbarkeit, von der in V 3-
5 (!) eindeutig die Rede ist, entsprechend V 2 nicht das
subjektive, innermenschliche Urteil, sondern das eschatologische Urteil des κύριος, das - wie er in 1.Kor 4 ausführt -
jede Selbstbeurteilung relativiert. An dem φανερωθῆναι
ἔμπροσθεν τοῦ βήματος τοῦ Χριστοῦ (2.Kor 5,10; vgl. 1.Kor
3,11-17; Röm 14,10) soll sich der Gläubige orientieren, nicht
aber an dem drohenden schlechten Gewissen. In Röm 13,5 will
Paulus jedoch nicht zwei Arten des drohenden 'Zornes' kontra-
stieren, sondern vielmehr mit διὰ τὴν συνείδησιν das zu διὰ
τὴν ὀργήν - also dem 'Zorn' überhaupt - alternative Motiv
bezeichnen, denn die Argumentation des Abschnittes ist keineswegs durchgehend negativ gehalten, sondern sowohl in der
sittlichen Funktions- und Wesensbestimmung des Staates (εἰς
τὸ ἀγαθόν und ἕξεις ἔπαινον ἐξ αὐτῆς, V 3.4) als auch in der
theologischen Begründung (V 1 und den Anfängen V 4a.b.6b)
positiv bzw. neutral. Selbst der Hinweis auf das κρίμα in
V 2 kann in Hinblick auf die anderen Aussagen des Paulus
über das Urteil Gottes nicht so verstanden werden, wie es
R.Bultmann tut, der zwar den Begriff 'schlechtes Gewissen'
vermeidet, aber dennoch διὰ τὴν συνείδησιν rein negativ
interpretiert: "Deshalb kann Paulus denn auch die Gehorsams-
pflicht gegenüber der Regierung in der eigentümlich doppelten
Weise motivieren: der Regierung schuldet der Bürger Gehorsam
nicht nur διὰ τὴν ὀργήν  d.h. aus Furcht vor ihrer Strafgewalt
(vgl. V 4), sondern auch διὰ τὴν συνείδησιν d.h. aus Furcht
vor der hinter ihr stehenden transzendenten Instanz - für
Paulus natürlich: vor Gott"[69].

Für Paulus ist aber der angemessene Modus christlicher
Existenz vor Gott nicht der vom φόβος, sondern der von der

---

69  R.Bultmann, Theologie des NT, S.219.

παρρησία bestimmte Wandel, der auf der mit der Rechtfertigung
wirksam gewordenen εἰρήνη πρὸς τὸν θεόν gründet[70]. Deshalb
eröffnet er auch seine allgemeine Einleitung zu dem paränetischen Teil des Römerbriefes mit διὰ τῶν οἰκτιρμῶν τοῦ θεοῦ
und nicht mit διὰ τῆς ὀργῆς oder διὰ τοῦ κρίματος.

Aus diesen Gründen sind mit der Interpretation der Syneidesis als 'moralisch schlechtem Gewissen' und der Wiedergabe
von διὰ τὴν συνείδησιν mit 'aus Furcht vor Gott' zugleich
die anthropologischen und theologischen Implikationen als
unpaulinisch abzulehnen. Vom Kontext der paulinischen Theologie
her muß die zutreffende Bestimmung von Syneidesis auch in Röm
13,5 sowohl weniger subjektivistisch und autonomistisch als
auch frei von Charakteristica der Existenz ὑπὸ νόμον sein.
Andernfalls läßt man Paulus in Röm 13,1-7 völlig konträr
zu seinen eigenen Ausführungen über die δικαιωσύνη θεοῦ und
das neue Sein, den Wandel κατὰ πνεῦμα und ἐν Χριστῷ Ἰησοῦ
in Kap 1 - 8 und auch im Widerspruch zu seiner paränetischen
Einleitung in Kap 12,1ff argumentieren.

Demgegenüber wahrt J.A.Bengel mit seinem Interpretations-
vorschlag zu Röm 13,5 zumindest den positiven Aspekt der
Argumentation, indem er διὰ τὴν συνείδησιν auf das Loben des
Staates von V 3 rückbezieht und διὰ τὴν ὀργήν nur für die
Straffunktion des Staates gelten läßt: "propter conscientiam,
quae bonae actionis laudem expectat a ministro Dei. V 3"[71].

Allerdings wird damit in dem das Ganze zusammenfassenden
V 5 der Rückgriff auf die theologische Motivation zugunsten
der doppelten Betonung des rational-opportunen Motives preis-
gegeben und die Definition des Begriffes 'Syneidesis' gleichwohl in der Schwebe gelassen.

B.F.Harris stößt sich ebenfalls an der rein negativen
Definition und kommt bei gleichem Rückbezug auf V 3 auf die
wohl auch von J.A.Bengel vorausgesetzte Definition des 'guten
Gewissens', dessen Lob man neben dem des Staates erwarten
kann: "The context surely allows for a positive sense also:
verse 3 fin. says, à propos of the Christian's attitude to

---

70   Vgl. auch die Ausführungen zu 2.Kor 3-5.
71   J.A.Bengel, Gnomon, S.386.

political authorities, 'do that which is good, and thou shalt
have praise of the same', and hence the praise of one's conscience also"[72].

Aber auch hier wird wieder das theologische Motiv vernachlässigt und - wie bei der entsprechenden negativen Bestimmung
als 'Gewissen' - ins rein Menschlich-Subjektive aufgelöst.

Als weiteres Argument gegen beide Interpretationen ist
die Tatsache anzuführen, daß das Verständnis von Syneidesis
als p o s i t i v e m Bewußtseins z u s t a n d in Bezug auf das
eigene sittliche Verhalten, als ἀγαθή oder καθαρά συνείδησις
als dem 'guten Gewissen' im NT erst mit den Pastoralbriefen
aufkommt[73] und Paulus selbst, der vom Verständnis der Syneidesis als 'Instanz' ausgeht, entweder vom 'Zeugnis' der
Syneidesis redet (Röm 9,1; 2.Kor 1,12) oder - um sein Freisein
von Schuldbewußtsein auszusagen - auf die verbale Wendung
οὐδὲν ἐμαυτῷ σύνοιδα (1.Kor 4,4) ausweicht. Von daher kann
Paulus mit dem absolut gebrauchten Begriff συνείδησις in
Röm 13,5 keinesfalls das an sich schon 'gute Gewissen' bezeichnet haben.

Als dritte Möglichkeit wird auch zu Röm 13,5 wieder die
Bedeutung 'Mitwissen' (mit einem anderen) angegeben. So wird
es nach W.Gutbrod die "am besten entsprechende Deutung sein,
συνείδησις aufzufassen als Wissen darum, wie Gott ... über
und hinter dem Staate steht, der von ihm eingesetzt ist,
allgemein das Wissen um den Willen Gottes, der in dieser
Ordnung zum Ausdruck kommt"[74]. Entsprechend umschreibt auch
C.Maurer διὰ τὴν συνείδησιν mit: "aus dem Mitwissen um die
letzten Zusammenhänge des Staates mit Gottes Willen ...
συνείδησις ist das verantwortliche Mitwissen um die letzten
in Gott bestehenden Grundlagen sowohl des eigenen Seins wie
auch des konkreten Staates"[75]. Mit Recht wird von beiden

---

72   B.F.Harris, Syneidesis in the Pauline Writings, S.179.

73   Vgl. 1.Tim 1,5; 1,19; 3,9; 2.Tim 1,3; ferner Hb 13,18; 1.Pt 3,16;
     3,21.

74   W.Gutbrod, aaO., S.62; ähnlich C.E.B.Cranfield, Romans, vol.II, S.668.

75   C.Maurer, aaO., S.914, der trotz starker Anlehnung an W.Gutbrod
     diesen einer anderen Kategorie zuordnet, ebd., Anm.72.

V 5b mit den theologischen Aussagen des Textes in Zusammenhang gebracht und nicht behauptet, daß die Inhalte der Syneidesis unabhängig vom Wort Gottes dem natürlichen Menschen
schon eingegeben seien. Zutreffend für die Intention der
Wendung διὰ τὴν συνείδησιν ist auch der Hinweis auf die Verantwortlichkeit bei C.Maurer. Mit der Definition von Synide-
sis als 'Mitwissen' geben sie - nach dem Verständnis des
Paulus - wohl die Voraussetzung für die Funktion der Instanz
Syneidesis an, nicht aber deren Bestimmung selbst. Wie bei
1.Kor 8 - 10 kann auch bei Röm 13,5 nicht begründet werden,
warum Paulus in Abweichung von seinem sonstigen Verständnis
der Syneidesis als Instanz der Überwachung des eigenen Verhaltens hier von der nichtreflexiven Bedeutung 'Mitwissen'
(mit einem äußeren Objekt) sprechen sollte. Die auszuschlies-
sende varia lectio von 1.Kor 8,7 und die zudem nicht eindeutige Wendung διὰ συνείδησιν θεοῦ in 1.Pt 2,19 können jedenfalls als einzige Belege für das paulinische Verständnis
nicht akzeptiert werden.

Sieht man von der - wegen mangelnder näherer Bestimmung -
nicht konkret faßbaren Wiedergabe mit 'um des Gewissens
willen', "aus Überzeugung"[76], "gewissenhaft"[77] oder mit "weil
es richtig ist"[78] einmal ab, dann lassen sich die meisten
anderen Definitionen von Syneidesis in Röm 13,5 unter den
Begriff der conscientia antecedens einordnen, sowohl im Sinne
der zum Guten treibenden und das Gute natürlicherweise bezeugenden Synderesis als auch der die einzelnen Handlungen nach
jenen Prinzipien bestimmenden Conscientia.

So definiert Th.Zahn unter Hinweis auf Röm 1 die Syneidesis
als "das Bewußtsein um die verpflichtende Kraft des in der
Stiftung der Obrigkeit und der Rechtsordnung, deren Vollstrek-
kerin sie ist, ausgesprochenen Willen Gottes"[79] und R.Seeberg
als "das innere Bewußtsein von Gott und seiner Ordnung"[80].

---

76  H.Lietzmann, An die Römer, S.113.

77  W.S.Plummer, Commentary on Romans, S.587.

78  W.Sanday, A.C.Headlam, Romans, S.368.

79  Th.Zahn, aaO., S.559.

80  R.Seeberg, Artikel: Gewissen RGG[2], II, S.1165.

Ähnlich versteht auch H.Schlier - in Anlehnung an Röm 2,15 -
Syneidesis als "das vermittelnde Zeugnis des ins Herz geschriebenen Gesetzes der Heiden und damit der Menschen überhaupt", das "den Menschen an Gottes ὑποταγή (bindet)"[81], und
J.Stelzenberger gibt die Bedeutung "inneres Wertgefühl" und
"Verpflichtungsbewußtsein" an[82]. Auch Th. Schneider ist hier
einzuordnen, der zunächst zweideutig bestimmt: "das Gewissen
(ist) als lebendige Innengröße im Menschen erkannt, die im
Gewissenszeugnis über sittliches Handeln urteilt", dann aber
eindeutig im Sinne der conscientia antecedens fortfährt:
"das Urteil der Syneidesis bestimmt und regelt das sittliche
Handeln"[83]. Schließlich versteht auch U.Wilckens συνείδησις
in Röm 13,5 wie in 2,15 als "das innere Wissen um Gut und
Böse", das bei Christen und Nichtchristen in gleicher Weise
vorauszusetzen ist[84].

Während mit diesen Definitionen meist primär die inhaltliche Seite der Syneidesis umschrieben wird, das natürliche
- also nicht auf Offenbarung angewiesene - Normenbewußtsein,
betonen die folgenden Exegeten vor allem den Aspekt des Antriebs zum Guten bzw. des Mahnens zur Pflicht.

So umschreiben C.H.Dodd, J.N.Sevenster und C.K.Barrett
διὰ τὴν συνείδησιν mit: "because his conscience bids"[85],
"induces"[86] and "impel(s) him to render obedience"[87], P.Alt-
haus mit: "weil er im Gewissen gebunden ist"[88], und O.Michel
mit: "aus dem Verpflichtetsein, das den Auftrag der Obrigkeit
anerkennt"[89].

Dagegen lehnt M.Kähler die Definition im Sinne der conscientia antecedens als "Pflichtbewußtsein", dessen "bindende

---

81  H.Schlier, aaO., S.391.

82  J.Stelzenberger, aaO., S.56.

83  Th.Schneider, Der paulinische Begriff des Gewissens, S.198.

84  U.Wilckens, Der Brief an die Römer, Bd.III, S.36f.

85  C.H.Dodd, The Epistle of Paul to the Romans, S.205.

86  J.N.Sevenster, Paul and Seneca, S.94.

87  C.K.Barrett, Romans, S.247.

88  P.Althaus, aaO., S.120.

89  O.Michel, aaO., S.319.

Macht nicht nur als richterliche, sondern auch als gesetz-
gebend lenkende"[90] verstanden wird, ab und spricht in Anlehnung an den Gebrauch von 2.Kor 4,2 und 5,11 vom "urtheilenden",
"sittlichen Bewußtsein", das die in V 3.4 beschriebene "sittliche Natur der Obrigkeit ... im eigenen inneren (bezeugt)"[91].
R.Steinmetz schließt sich diesem Verständnis an, indem er
zu V 3.4 mit Recht feststellt, "daß Paulus nicht bloß in Form
einer Ermahnung die sittliche Pflicht des Gehorsams einschärft,
sondern eine sachliche Begründung derselben gegeben hat", auf
Grund dessen "das Gewissen ... ein Urteil über das sittliche
Tun der Obrigkeit (hat)"[92]. Entsprechend kommt er zu dem darin
zutreffenden Ergebnis, daß "auch diese Römerstelle nicht über
die Anschauung hinaus(geht), daß das Gewissen urteilt über
das sittliche Tun"[93]. Im Widerspruch zu diesem, die "lenkende"
und "gesetzgebende" Funktion des Gewissens bewußt ablehnenden
Verständnis geht M.Kähler allerdings andererseits davon aus,
"daß es (das Gewissen) auch ohne Unterstützung offenbarter
Einsicht für die göttliche Gesellschaftsordnung ein Zeugnis
ablege, und daß dergestalt die Herkunft jener Ordnung mittelbar, in ihrem sittlichen Berufe und wirken, auch da spürbar
wird, wo sie nicht zur klaren Erkenntniß gekommen ist"[94].

Schließlich ist auch P.Stuhlmacher mit dem zweiten Aspekt
seiner Definition unter die Klassifizierung der conscientia
antecedens einzuordnen, obwohl er mit dem ganzen Ductus
seiner Bestimmung keinesfalls zu einem scholastischen Syn-
deresis-Verständnis tendiert, sondern bewußt von dem den
"Christen (!) verliehenen Urteilsvermögen" spricht[95]. Indem
er sagt: "Im Gewissen und als Gewissen können die Christen
die in 12,2 geforderte Prüfung des Willens Gottes vollziehen,
und in demselben Urteilsvermögen sollen sie sich nunmehr in
das politische Gefüge ihrer Umwelt einordnen"[96], identifiziert

---

90  M.Kähler, aaO., S.250.
91  AaO., S.252.
92  R.Steinmetz, aaO., S.22.
93  Ebd.
94  M.Kähler, aaO., S.250;
95  P.Stuhlmacher, aaO., S.165.
96  AaO., S.164.

er aber zu Unrecht den νοῦς mit der συνείδησις und vertritt
damit den Gedanken der Conscientia im spezifischen Sinne.

Nach allem besteht - um es zunächst negativ zu formulieren
- vom Text her keinerlei Grund, eine vom bisherigen Ergebnis
der Arbeit abweichende Definition des Begriffs 'Syneidesis'
einzuführen, so daß sowohl der Gedanke des theoretischen
Wertbewußtseins als auch der der auf das konkrete Handeln
bezogenen sittlichen Entscheidungsinstanz ausgeschlossen
werden kann. Denn wenn man Paulus mit V 5b den neuen Gedanken
der Synderesis bzw. conscientia antecedens einführen läßt,
dann muß man nicht nur die rational-opportunen Argumente
von V 3.4, sondern den ganzen Abschnitt inclusive der theologischen Sätze und Begriffe (V 1.2 usw.) der alternativen
Motivation διὰ τὴν ὀργήν subsumieren.

Dagegen spricht inhaltlich, daß Paulus in V 1-4 durchaus
nicht rein negativ formuliert und speziell die theologischen
Argumente keinesfalls unter den Begriff der ὀργή stellen
würde. Formal ist einzuwenden, daß V 5 durch die Überleitung
mit διό als zusammenfassende Ermahnung verstanden werden
muß und somit - bei Zuordnung der rational-opportunen Argumente zu διὰ τὴν ὀργήν - die mit διὰ τὴν συνείδησιν beschriebene Motivation auf die theologischen Sätze (V 1.2) und Begriffe (V 4ab - Anfang) gründet. In V 1.2 aber knüpft Paulus
nicht an ein natürliches Wertbewußtsein an, sondern informiert
theologisch-argumentativ.

Damit wäre freilich die Definition der Syneidesis als
'Urteilsvermögen' im Sinne der christlichen Conscientia an
sich noch nicht ausgeschlossen, wenn es dafür einen anderen
paulinischen Beleg gäbe und in Röm 12,2 diese Funktion nicht
ausdrücklich dem νοῦς zugeschrieben würde.

Aber auch das von 2.Kor 4,2; 5,11 her bekannte Verständnis
der Syneidesis als der fremdes Verhalten beurteilenden Instanz
legt sich nicht nahe, weil damit wieder nur die rational
verifizierbaren Aspekte des Abschnitts erfaßt wären. Paulus
begründet nicht nur die göttliche 'Anordnung' der staatlichen
Autorität von der dem menschlichen Gewissen einsichtigen sittlichen Qualität des Staates her, sondern geht vielmehr a priori
von der 'Anordnung' des Staates 'von Gott' her aus und kommt
erst sekundär auf die zudem verifizierbare Qualität. Daß ihm
- auch unabhängig von der vernunftsmäßigen Motivation - an

der prinzipiell geistlichen, nur theologisch aussagbaren
Motivation zum Gehorsam gelegen ist, will er gerade mit ἀλλὰ
καὶ διὰ τὴν συνείδησιν betonen.

Die zutreffende Definition von διὰ τὴν συνείδησιν muß also
als sinnvolle Abbreviatur der erstgenannten Argumente verständlich sein, die nicht am subjektiven Vor- oder Nachteil
des einzelnen, sondern nur an der Gottheit Gottes und der
dem Menschen daraus entspringenden Verantwortung orientiert
sind.

Von daher bezeichnen die Umschreibungen von A.Nygren mit:
"auch um des Gewissens willen, also um Gottes willen"[97] und
die von K.H.Neufeld "aus seinem Verhältnis mit Gott"[98], von
der Sache her das Richtige, wenn sie auch die Verwendung
des Begriffs συνείδησις selbst nicht erklären.

Mit dem Aspekt des 'Verantwortungs'- und 'Pflichtbewußt-
seins' des Gläubigen wird die Intention der Gegenüberstellung
in V 5 ebenfalls richtig erfaßt, wenn auch der Begriff 'Bewußtsein' selbst für das paulinische Verständnis noch nicht
in Frage kommt. So bestimmt P.Stuhlmacher die Syneidesis nicht
nur als Conscientia, also synonym mit dem νοῦς, sondern zugleich wesentlich angemessener, wenn er schreibt: "συνείδησις
meint bei Paulus das kritische Selbst- und Verantwortungsbe-
wußtsein des Menschen, kraft dessen er vor allem als Christ
sein Verständnis in der Gemeinde und der Welt einrichtet, und
zwar in Erkenntnis seiner festen und unlösbaren Bindung an
Christus und der damit gesetzten Verantwortung gegenüber dem
Bruder und den jeweiligen Weltumständen"[99].

Modifiziert man diese Erklärung dahingehend, daß man die
Syneidesis selbst bei Paulus einheitlich als Instanz definiert,
die das Verhalten auf Grund der im νοῦς vollzogenen Einsichten
und Entscheidungen beurteilt, und die Wendung διὰ τὴν συνείδησιν im - zu 1.Kor 10,25ff ausgeführten - Sinne von: 'aus
der Verantwortung Gott und seinem Gebot gegenüber' versteht,

---

97  A.Nygren, Der Römerbrief, S.306.
98  K.H.Neufeld, Das Gewissen, S.45.
99  P.Stuhlmacher, aaO., S.164.

erhält man eine Bestimmung, die sowohl dem sonstigen Gebrauch bei Paulus als auch dem Skopus und Kontext der Stelle
gerecht wird.

## II. Der Begriff 'Syneidesis' im übrigen Neuen Testament

Bevor wir den paulinischen Gewissensbegriff in seinen religionsgeschichtlichen Zusammenhängen und im Kontext der Theologie des Apostels zusammenfassend darstellen können, ist zunächst noch der Gebrauch des Gewissensbegriffes im übrigen Neuen Testament zu berücksichtigen. Durch die mit dem Thema gegebene Eingrenzung und die Länge der bisherigen Untersuchung ist allerdings im Verhältnis zur Behandlung der authentischen paulinischen Stellen eine Beschränkung notwendig. Dies um so mehr, als die neutestamentliche Weiterentwicklung des Gewissensbegriffes aus den bereits beschriebenen Entwicklungen in der Profangräzität, der Latinität und dem Judentum verständlich wird und unnötige Doppelungen und Wiederholungen in der Untersuchung möglichst vermieden werden sollen.

Dabei überrascht es nicht, daß der Gewissensbegriff nach allen vier Evangelien von Jesus selbst und seiner aramäisch sprechenden Umwelt nicht verwendet wurde und entsprechend auch in keinem Evangelium - sieht man einmal von der varia lectio zu Joh 8,9 ab - auftaucht. Wie in mehreren authentischen Paulusbriefen, nämlich im Galater-, Philipper-, 1.Thessalonicher- und Philemonbrief, der Gewissensbegriff nicht vorkommt, so sind auch bei den Deuteropaulinen lediglich die Pastoralbriefe zu berücksichtigen. Ansonsten erscheint der Gewissensbegriff im Neuen Testament nur noch in der Apostelgeschichte, dem Hebräer- und dem 1.Petrusbrief. So verteilen sich die insgesamt 32 bzw. 33 neutestamentlichen Belege für die Begriffe σύνοιδα / συνείδησις auf 15 authenthisch paulinische und 17 bzw. 18 nachpaulinische, wovon sich wiederum 6 in den Pastoralbriefen finden.

Für die folgende Untersuchung legt es sich um der Übersichtlichkeit willen nahe, nicht nach Briefen, sondern nach Bedeutungsvarianten und verschiedenen Arten des Gebrauchs zu untergliedern.

## 1. Synoida

Für das Verb σύνοιδα gibt es im Neuen Testament außer der
reflexiven Wendung in 1.Kor 4,4 nur noch einen, und zwar
nichtreflexiven Beleg. In Act 5,2 heißt es von Ananias, daß
er von dem durch Verkauf erhaltenen Betrag etwas für sich
abtrennt, καὶ ἐνοσφίσατο ἀπὸ τῆς τιμῆς, worum seine Frau
"mitwußte" συνειδυίης καὶ τῆς γυναικός. Hier bedeutet σύνοιδα
im klassischen Sinne 'Zeuge sein', 'Mitwissen mit einem
anderen in einer Sache', im Sinne von 'Mitverschworen-' und
deshalb 'Mitschuldigsein'[1]. Es wird nach Kap 5,9 nämlich
vorausgesetzt, daß Saphira mit ihrem Mann darin "übereingekommen" ist, sich mit ihm "verabredet" hat, τί ὅτι συνεφωνήθη
ὑμῖν. So kann man sagen, daß die verbale Wendung zur Umschreibung des Phänomens 'Gewissen' im Neuen Testament nur an einer
einzigen Stelle, in 1.Kor 4,4, vorkommt. Ansonsten benennen
die Verfasser des Neuen Testamentes das 'Gewissen weder durch
die reflexive Wendung σύνοιδα ἐμαυτῷ noch durch das substantivierte Partizip attischer Herkunft τὸ συνειδός, sondern
mit Hilfe des ionischen Verbalsubstantivs ἡ συνείδησις.

## 2. Syneidesis

Damit entfallen also 16 bzw. 17 Belege für den Begriff
ἡ συνείδησις auf das übrige Neue Testament, 6 auf die Pastoralbriefe, 2 auf die Acta, 5 auf den Hebräerbrief, 3 auf den
1.Petrusbrief und 1 auf die varia lectio von Joh 8,9[2]. In den
meisten Fällen wird das Gewissen durch ein beigeordnetes
Adjektiv qualifiziert, teilweise auch noch durch ein Genitivattribut - was dem ursprünglichen Gebrauch entspricht.
  Schließlich ist auch noch die von Paulus her geläufige
absolute Verwendung zu belegen. Bei ihr ergibt sich die

---

1    Vgl. Soph Ant 264f; Thukydides IV,68,4 und Xenoph Hist Graeca III,
     3,10.

2    1.Tim 1,5; 1,19; 3,9; 4,2; 2.Tim 1,3; Tit 1,15; Act 23,1; 24,16;
     Hebr. 9,9; 9,14; 10,2; 10,22; 13,18; 1.Pt 2,19; 3,16; 3,21.

inhaltliche Bestimmung meist aus dem Zusammenhang, z.B. durch
das beigeordnete Verb.

a) Das 'gute, reine und unverletzte Gewissen'

Wie wir in der Profangräzität schon beobachten konnten,
setzt sich die nähere Bestimmung des Gewissens mit Hilfe eines
Adjektivs seit dem 1.nachchristlichen Jahrhundert zunehmend
durch. Während συνείδησις zunächst das konkrete Bewußtsein
einer bestimmten Tat, die durch ein Genitivattribut bezeichnet
wurde, bedeutete, bezeichnet es in der Spätzeit häufig einen
auf eine konkrete Tat bezogenen oder auch generellen Bewußtseinszustand. Dabei wurde die Qualifizierung des Gewissens
durch das der bewußt gewordenen Tat entsprechende Attribut
immer geläufiger; das 'Bewußtsein' der Abwesenheit schlechter
Taten oder das 'Bewußtsein' guter Taten wird zum 'guten Gewissen', zur συνείδησις ἀγαθή. Während sich, wie wir sahen,
in der Profangräzität diese Übertragung der Qualifikation
der Handlung auf das Bewußtsein selbst auch verschiedentlich
für das 'schlechte Gewissen' belegen läßt - dabei werden
den Begriffen συνείδησις, συνειδός entsprechend die Adjektive
ἄδικος, ἀνόσιος, κακός oder ἀπρεπής zugeordnet - wird im
Neuen Testament mit Hilfe des beigeordneten qualifizierenden
Adjektivs bis auf eine Ausnahme, Hebr 10,22, durchgehend das
'gute Gewissen' bezeichnet. In Übereinstimmung mit dem außerbiblischen Gebrauch findet sich auch im Neuen Testament vor
allem der Ausdruck συνείδησις ἀγαθή, also wörtlich 'das gute
Gewissen'; so in Act 23,1; 1.Tim 1,5.19; 1.Pt 3,16.21; vgl.
dazu die besprochenen Belege Heliodor Aeth VI,7; Paus VII,
10,10; Herodian VI,3,4 und Joh Stob III,24,12. Aber auch
andere Bezeichnungen erscheinen im neutestamentlichen Bereich
entsprechend vereinzelt, καλός in Hebr 13,18; vgl. Pap Reinach
52,5; καθαρός in 1.Tim 3,9 und 2.Tim 1,3; vgl. Pap Osl II,17,
10; während ὀρθός, Joh Stob III,24,11 hier keine Verwendung
findet, ist ἀπρόσκοπος einmal vertreten, Act 24,16. Bedeu-
tungsmäßige Unterschiede lassen sich weder hier noch dort
ausmachen, das 'gute', das 'reine' und 'unverletzte Gewissen'
sind synonym zu verstehen.
    Auf dem Hintergrund der bisherigen Erkenntnisse der Unter-
suchung lassen sich die neutestamentlichen Belege für den

Begriff des 'guten Gewissens' nun leicht einordnen. Nach
Act 23,1 bezeugt Paulus vor dem Synedrium, daß er "mit völlig
gutem Gewissen vor Gott gewandelt" sei, ἐγὼ πάσῃ συνειδήσει
ἀγαθῇ πεπολίτευμαι τῷ θεῷ, und nach Act 24,16 bekennt er vor
dem Statthalter Felix, daß er in seinem Dienst für "den Gott
der Väter" nicht nur alles glaubt, "was im Gesetz und den
Propheten geschrieben steht", λατρεύω τῷ πατρῴῳ θεῷ, πιστεύων
πᾶσι τοῖς κατὰ τὸν νόμον καὶ τοῖς ἐν τοῖς προφήταις γεγραμμέ-
νοις, sondern sich zugleich bemüht, "vor Gott und den Menschen
jederzeit ein reines Gewissen zu haben", ἀσκῶ ἀπρόσκοπον συνείδησιν ἔχειν πρὸς τὸν θεὸν καὶ τοὺς ἀνθρώπους διὰ παντός.

An beiden Stellen beschreibt das 'gute Gewissen' den
Bewußtseinszustand, der sich als Folge des den eigenen Normen
entsprechenden Verhaltens einstellt. Das Gewissen ist wie in
den authentischen Paulusbriefen und den meisten zeitgenössi-
schen außerbiblischen Belegen eindeutig auf sittlich-moralische
Inhalte bezogen, wobei bei den biblischen Belegen dieses
Verhalten in Form des Denkens, Sprechens und Tuns, also der
gesamte "Wandel" (Act 23,1 πεπολίτευμαι), immer als ein Dienst
für und vor Gott verstanden wird. Das 'gute Gewissen' bestätigt
nach Act 23,1 den rechtschaffenen und unanstößigen Wandel,
der nach Act 24,16 neben dem Glauben an die in den Schriften
festgehaltene wahre Lehre als der entscheidende Bestandteil
eines integren Dienstes für den Gott der Väter hervorgehoben
wird.

So ist auch in 2.Tim 1,3 von dem 'reinen Gewissen' die
Rede, mit dem der Apostel Gott von seinen Vorfahren her dient,
θεῷ, ᾧ λατρεύω ἀπὸ προγόνων ἐν καθαρᾷ συνειδήσει, dem 'Bewußtsein' also, sich in seinem Dienst für Gott in Denken,
Reden und Handeln gemäß den von Gott gegebenen Normen verhalten zu haben. In 1.Tim 1,19 vertraut der Apostel seinem
"Sohn Timotheus" die Verkündigung mit dem Wunsch an, er möge
den "Glauben und ein gutes Gewissen" behalten, ἔχων πίστιν
καὶ ἀγαθὴν συνείδησιν, "dieses haben manche verloren (ἀπωσά-
μενοι) und so am Glauben Schiffbruch erlitten (περὶ τὴν
πίστιν ἐναυάγησαν)", V 19b. Während der Begriff συνείδησις
sich auf das Verhalten, den Wandel bezieht, wird mit dem
Begriff πίστις - entsprechend der Terminologie der Pastoralbriefe - das Festhalten an der wahren Verkündigung und Lehre,
also vor allem die 'fides quae' bezeichnet. Mit dieser Gegen-

überstellung von συνείδησις ἀγαθή und πίστις soll wie auch
in Act 24,14-16 die Gesamtheit christlicher Existenz umschrieben werden.

In diesem umfassenden Sinne sollen nach 1.Tim 3,9 auch
die διάκονοι in ihrem Dienst integer sein, indem sie "das
Geheimnis des Glaubens in reinem Gewissen bewahren", ἔχοντας
τὸ μυστήριον τῆς πίστεως ἐν καθαρᾷ συνειδήσει. In 1.Tim 1,5
wird als das Ziel der anweisenden Verkündigung, τέλος τῆς
παραγγελίας, "die Liebe aus reinem Herzen und gutem Gewissen
und ungeheucheltem Glauben", ἀγάπη ἐκ καθαρᾶς καρδίας καὶ
συνειδήσεως ἀγαθῆς καὶ πίστεως ἀνυποκρίτου, angegeben. Mit
der Zusammenstellung dieser drei Ausdrücke soll offensichtlich das Umfassende, die Echtheit der wahren ἀγάπη hervorgehoben
werden. Eine Abgrenzung der Begriffe ist deshalb nicht möglich, zumal sich der neutestamentliche Gedanke des 'guten'
bzw. 'reinen Gewissens' eindeutig in Kontinuität zu der alttestamentlichen Rede vom (לב טהור) der καθαρὰ καρδία, wie
sie z.B. auch im Test N 3,1 und Test S 4,7 begegnet, ausgebildet hat.

In Kap 13,18 wird συνείδησις auch im Hebräerbrief in der
Bedeutung 'gutes Gewissen' verwendet: "wir sind überzeugt,
ein gutes Gewissen zu haben", πειθόμεθα γὰρ ὅτι καλὴν συνείδησιν ἔχομεν. Daß sich die συνείδησις καλή auf die umfassende Beurteilung des "Wandels ... in jeder Hinsicht" bezieht, wird auch hier explizit zum Ausdruck gebracht, wenn
V 18b erläuternd fortfährt: ἐν πᾶσιν καλῶς θέλοντες ἀναστρέφεσθαι.

Während in 1.Pt 3,16 ebenfalls von der Bedeutung 'gutes
Gewissen' im besprochenen Sinne auszugehen ist - dort werden
die Gläubigen aufgefordert, eine συνείδησις ἀγαθή zu bewahren,
was der ἀγαθὴ ἐν Χριστῷ ἀναστροφή entspricht, - liegt dem
Gebrauch desselben Begriffes in 1.Pt 3,21 stärker die alttestamentliche Tradition des לב טהור zugrunde. Hier wird
die Taufe als die Bitte zu Gott um ein "gutes Gewissen"
verstanden, συνειδήσεως ἀγαθῆς ἐπερώτημα εἰς θεόν, was in
Hinblick auf Ps 50,12 LXX, καρδίαν καθαρὰν κρίσον ἐν ἐμοί,
ὁ θεός, nicht nur die Beseitigung des 'Schuldgefühls', des
'schlechten Gewissens' bedeutet, sondern vielmehr die Neuschöpfung des ganzen Menschen von seinem 'Innersten', seinem
'Herzen' aus. Bei diesem letzten neutestamentlichen Beleg

für die συνείδησις ἀγαθή, ἀπρόσκοπος, καθαρά bzw. καλή über-
wiegt also bereits die zweite Bedeutungsvariante 'Innerstes',
'Herz', und die eingeschränktere Bedeutung 'gutes Gewissen'
als das den gesamten Wandel des Gläubigen bestätigende Bewußtsein tritt zurück.


### b) Das 'Innere'

Die Bedeutung 'Inneres' kommt außer in 1.Pt 3,21 im gesamten Hebräerbrief zur Geltung, vor allem aber in Hebr 9,9
und 14, wo συνείδησις absolut und im neutralen Sinne verwendet
wird: Die Opfer des ersten Bundes können den Opfernden "in
seinem Gewissen, seinem Inneren nicht vollkommen machen",
μὴ δυνάμεναι κατὰ συνείδησιν τελειῶσαι τὸν λατρεύοντα; erst
das Blut Christi wird "unser Gewissen, unser Inneres" von
den toten Werken reinigen, auf daß wir dem lebendigen Gott
dienen, τὸ αἷμα τοῦ Χριστοῦ ... καθαριεῖ τὴν συνείδησιν ἡμῶν
ἀπὸ νεκρῶν ἔργων ...

Auch hier ist jeweils an die Reinigung (καθαριεῖ) und
völlige Erneuerung (τελειῶσαι) des ganzen Menschen gedacht,
die schon im Alten Testament als vom 'Herzen', vom 'Inneren'
ausgehend gedacht wurde. Dabei legt sich die Einführung des
Begriffes συνείδησις in diesem traditionellen Zusammenhang
insofern nahe, als die συνείδησις in Hinblick auf den Wandel
und damit auch auf die diesbezügliche Schuld des Menschen
speziell betroffen ist. So ist mit dem Begriff συνείδησις
einerseits die Beziehung zum Verhalten, dem Wandel des Menschen und zu dessen Be- und Verurteilung auf Grund vorgegebener Normen gewahrt, andererseits aber zugleich im weiteren
Sinne das 'Innere', der eigentliche Mensch - im Gegensatz
zu Schein und Äußerlichkeit - bezeichnet. Das Zusammentreffen
dieser beiden Aspekte ist in verschiedener Gewichtung für
alle nachpaulinischen Belege spezifisch.

c) Das 'böse, befleckte Gewissen', das Schuldbewußtsein

Wie wir bereits sagten, wird das 'schlechte Gewissen' im
Neuen Testament nur in Hebr 10,22 durch ein qualifizierendes
Adjektiv als solches charakterisiert: ῥεραντισμένοι τὰς
καρδίας ἀπὸ συνειδήσεως πονηρᾶς, "unsere Herzen sind gereinigt vom bösen Gewissen". Auch hier schwingt die Bedeutung
'Inneres' zwar mit, neben καρδία wird aber mit συνείδησις
vor allem wieder die Beziehung zum Verhalten, zu dem Wandel
und damit auch zur dementsprechenden Schuld hervorgehoben.

Die Umschreibung des 'schlechten Gewissens' mit Hilfe
eines Genitivattributs läßt sich ebenfalls nur einmal, und
zwar im gleichen Kapitel belegen, Hebr 10,2. Die Opfernden
des alten Bundes wurden durch die jährlichen Opfer nicht
vollendet, sonst hätte man doch aufgehört, Opfer zu bringen,
"weil die Opfernden, einmal gereinigt, kein Bewußtsein der
Sünden mehr gehabt hätten", διὰ τὸ μηδεμίαν ἔχειν ἔτι συνείδησιν ἁμαρτιῶν τοὺς λατρεύοντας ἅπαξ κεκαθαρισμένους. Diese
ursprünglichste substantivische Ausdrucksweise durch ein den
Inhalt des Bewußtseins bezeichnendes Genitivobjekt soll offensichtlich auch im eigentlichsten Sinne verstanden werden, so
daß man abweichend vom sonstigen Hebräerbrief hier besser vom
'Bewußtsein der Sünden' und nicht vom 'Inneren' oder vom
'schlechten Gewissen' im ausgeprägten Sinne spricht.

Analog zum 'guten Gewissen' verstehen die Pastoralbriefe
auch das 'schlechte' bzw. 'befleckte Gewissen', wobei sie
συνείδησις in diesem Fall allerdings absolut gebrauchen. So
werden diejenigen, die "am Glauben Schiffbruch erlitten"
haben, nicht nur wie in 1.Tim 1,19 als die bezeichnet, die
das "gute Gewissen" von sich gestoßen haben, sondern auch
als die, "die in ihrem eigenen Gewissen gebrandmarkt sind",
κεκαυστηριασμένων τὴν ἰδίαν συνείδησιν, 1.Tim 4,2, deren
"Sinn und Gewissen befleckt, besudelt sind", μεμίανται αὐτῶν
καὶ ὁ νοῦς καὶ ἡ συνείδησις, Tit 1,15.

Schließlich bleibt noch, auf die absolute Verwendung in
der vom Codex Cyprius (K 017) u.a. gebotenen varia lectio
zu Joh 8,9 hinzuweisen: οἱ δὲ ἀκούσαντες - καὶ ὑπὸ τῆς συνειδήσεως ἐλεγχόμενοι - ἐξήρχοντο εἷς καθ' εἷς, "als sie aber
das gehört hatten, gingen sie - von ihrem Gewissen überführt
- weg, einer nach dem anderen". Dieses Verständnis von der

συνείδησις als ἔλεγχος deckt sich mit dem philonischen Gebrauch des Substantivs συνειδός.

### d) Dia syneidesin theou

Schwierig einzuordnen ist in den nichtpaulinischen Schriften eigentlich nur eine Stelle, 1.Pt 2,19, wo die οἰκέται
aufgefordert werden, nicht nur den ἀγαθοῖς ... δεσπόταις,
den gütigen Herren, untertan zu sein, sondern auch den σκοι-
λιοῖς, den launenhaften, ungerechten. Denn das sei Gnade,
wenn einer um der Syneidesis Gottes willen Leiden trägt, die
ungerecht sind, τοῦτο γὰρ χάρις εἰ διὰ συνείδησιν θεοῦ ὑπο-
φέρει τις λύπας πάσχων ἀδίκως. Zunächst mag sich die Übersetzung von συνείδησις mit "Gewissen" nahelegen, die zum
Beispiel auch K.H.Schelkle vertritt, indem er - das Genitivattribut θεοῦ umschreibend - erklärt: "d.h. im Gewissen, das
auf Gott bezogen und durch Gott bestimmt ist"[3]. Dabei setzt
er voraus, daß sich im Neuen Testament "im Gewissen die Stimme
des persönlichen Gottes ... offenbart"[4]. Abgesehen davon,
daß die letzte Behauptung nach dem gesamten Ergebnis unserer
bisherigen Arbeit so keinesfalls zulässig ist, bleibt für
die Übersetzung mit "Gewissen" überhaupt das Problem der
Zuordnung des Genitivattributs. Der Genitiv θεοῦ kann nur
als obiektivus verstanden werden, das 'Gewissen' aber im
eigentlichen Sinne kann nur eine Tat, ein Wort oder einen
Gedanken zum Gegenstand haben, da es in jedem Fall moralisch
bzw. religiös ein Verhalten beurteilt, aber nicht Gott.

Übersetzungen wie die Luthers, "umb deß Gewissens willen
zu Gott", oder F.Haucks, "wegen seiner Gewissensbindung an
Gott"[5], treffen zwar nach unserem Sprachgebrauch das Gemeinte,
übergehen aber die philologische Härte des genitivus obiektivus θεοῦ, der sonst nirgends in der Antike dem Begriff συνείδησις in der Bedeutung 'Gewissen' zugeordnet wird.

So scheint es verständlich, daß C.Maurer wie zu Röm 13,5

---

3   K.H.Schelkle, Die Petrusbriefe, Der Jakobusbrief, Herders theol.
    Kommentar, Bd.XIII,2, 1970[3], S.80.

4   Ebd., Anm.1.

5   F.Hauck, Die Briefe des Jakobus, Petrus usw., S.59.

auch zu 1.Pt 2,19 meint, συνείδησις sei an beiden Stellen
nichtreflexiv mit "Mitwissen" wiederzugeben: "um des Mitwissens mit Gott willen"[6]. Dazu paßt zwar das θεοῦ als äußeres
Objekt, nicht aber die mit συνείδησις als 'Mitwissen' normalerweise verbundene Assoziation der 'Zeugenschaft' auf
Grund des gemeinsamen Erlebens oder der eigenen Beobachtung.

Anders versteht C.A.Pierce das συν-, wenn er schreibt:
"The genitive of συνείδησις is the object of σύνοιδα but
that verb is not confined to use in the phrase αὐτῷ συνειδέναι. συνείδησις may often represent the simple σύνοιδα, and
it plainly does so here. It is knowledge of God - and sure
knowledge - that will enable a man to endure unjust suffering
... This knowledge could not have so sufficient a reality
as to uphold a man in face of unjust suffering, were it not
fundamentally a shared knowledge ... The phrase means 'because you are Christians and as such share in the Church's
sure knowledge of God'"[7]. Damit bleibt θεοῦ das Objekt des
'Wissens', die Gemeinsamkeit, die durch das συν- ausgedrückt
sein kann, bezieht sich aber auf die Gemeinde, mit der der
Sklave das 'Wissen um Gott' gemeinsam hat.

Wahrscheinlich ist aber davon auszugehen, daß συνείδησις
hier uneigentlich gebraucht wird und nichts anderes als
'Wissen'[8], 'Bewußtsein' bedeutet. Wenn J.Stelzenberger übersetzt: "Bewußtheit der Gottbezogenheit des Menschen ... per-
sönliches religiöses Bewußtsein von Gott d.i. die Überzeugung
seiner Existenz und der damit erkannten inneren Gebundenheit
an ihn"[9], und wenn N.Brox hier "die moralische Bindung an
den Willen Gottes" bezeichnet sieht[10], dann grenzen sie sich
ebenfalls zu Recht vom Begriff 'Gewissen' ab und paraphra-
sieren den Ausdruck inhaltlich wohl zutreffend, legen aber
in den Begriff συνείδησις selbst hier zuviel hinein. Der
Schreiber des 1.Petrusbriefes redet in Kap 2,19 wohl nur

---

6   C.Maurer, aaO., S.915.

7   C.A.Pierce, aaO., S.107f.

8   G.Lüdemann, Artikel: συνείδησις, EWNT III / 5.6, Sp.725.

9   J.Stelzenberger, Syneidesis im NT, S.45 und 47.

10  N.Brox, Der erste Petrusbrief, S.133.

schlicht vom "Bewußtsein um Gott"[11], so daß die Züricher-
und Jerusalemer-Bibel am zutreffendsten übersetzen: Denn
das ist Gnade, wenn jemand, "weil er Gottes eingedenk ist"
bzw. "Gottes eingedenk", Trübsale erträgt.

So findet sich also neben allen Belegen für das auf das
eigene Verhalten bezogene 'Bewußtsein', das 'gute' und
'schlechte Gewissen', und das 'Innere' in 1.Pt 2,19 auch
noch ein neutestamentlicher Beleg für den nichtspezifischen
Gebrauch des Begriffes συνείδησις.

---

11 H.Windisch, Die katholischen Briefe, HNT, Bd.IV, 2, 1911, S.61.

III. Zusammenfassende Einordnung des Begriffes

'Syneidesis' bei Paulus

## 1. Begriffsbestimmung

### a) Formal

In den Briefen des Paulus finden sich vierzehn Belege für das ionische Verbalsubstantiv ἡ συνείδησις[1] und ein Beleg für die reflexive Wendung σύνοιδα ἐμαυτῷ[2]. Das gleichbedeutende substantivierte Partizip attischer Herkunft, τὸ συνειδός, verwendet Paulus sowenig wie die um die Zeitenwende geläufigen substantivischen Umschreibungen des Gewissens als Beobachter, Zeuge, Überführer, Anwalt oder auch Richter.

Die Funktion des "Bezeugens, Bestätigens" schreibt Paulus der Syneidesis an zwei Stellen explizit zu[3]. Ansonsten ergeben sich die Aufgaben und die Bedeutung der Syneidesis jeweils aus dem Zusammenhang der Stellen, zumal Paulus den Begriff stets absolut gebraucht und damit auf eine Präzisierung mit Hilfe eines qualifizierenden Adjektivs, eines ὅτι-Satzes oder eines Genitivattributs verzichtet.

### b) Inhaltlich

Wie es sich im Lauf unserer Untersuchung gezeigt hat, gebraucht Paulus den Begriff ἡ συνείδησις einheitlich, d.h. mit verschiedenen Nuancen in der grundsätzlich gleichen Bedeutung. Er beschreibt die Syneidesis in objektivierendem Verständnis als eine Instanz, womit sowohl die etymologisch

---

1  Da der Begriff im 1.Thess, im Gal, im Phil und Philemon von Paulus nicht erwähnt wird, verteilen sich alle Belege auf die Korrespondenz mit den Gemeinden in Korinth und Rom: 1.Kor 8,7.10.12; 10,25.27.28.29 a.b; 2.Kor 1,12; 4,2; 5,11; Röm 2,15; 9,1; 13,5.

2  1.Kor 4,4.

3  Verbal in Röm 9,1 und substantivisch in 2.Kor 1,12.

ursprüngliche Bedeutung 'Mitwissen' und die abstrakte Bestimmung als Bewußtsein - im ausschließlich rationalen, intellektuellen oder moralischen Sinne - als auch die Definition
als rein affektives, aktuelles 'Gewissen' - im neutralen
und speziell im negativen Sinne von 'Gewissenspein', 'Gewissensbiß' - ausgeschlossen sind.

Diese Instanz Syneidesis hat für Paulus die Funktion, das
eigene oder auch gelegentlich das Verhalten anderer Personen[4]
nach vorgegebenen und anerkannten Normen zu kontrollieren,
zu beurteilen und bewußtzumachen. Von daher ist die Syneidesis
selbst weder als prinzipielles Wissen um Gut und Böse, als
moralische Entscheidungsfähigkeit und Forderung bzw. Neigung
zum Guten - im Sinne der Synderesis - noch als eine über
konkretes Verhalten entscheidende und zu diesem anhaltende
sittliche Instanz - im speziellen Sinne der scholastischen
Conscientia - zu verstehen. Indem sie also das Verhalten nicht
vorschreibt, sondern vielmehr nach vorgegebenen Normen beurteilt, trifft die Klassifizierung als 'conscientia antecedens', dem 'vorangehenden Gewissen' im spezifischen Sinne,
keinesfalls zu.

Die Klassifizierung als 'conscientia consequens' bezeichnet
den Sachverhalt allerdings auch nur dann zutreffend, wenn man
darin die logische Nach- und Unterordnung der Syneidesis in
Hinblick auf das Normenbewußtsein und das Verhalten bezeichnet
sieht. Versteht man den Begriff hingegen primär zeitlich,
dann muß er für das paulinische Verständnis der Syneidesis
abgelehnt werden. Die Syneidesis beurteilt nämlich nicht nur
bereits abgeschlossene Handlungen, sondern kann ebenso den
Vollzug der Handlung oder sogar die Planung und Entscheidungsfindung begleiten. Aber auch dann trifft sie nicht selbst
die sittliche bzw. religiöse Entscheidung in Hinblick auf
eine Tat, sondern prüft und beurteilt vielmehr Gedanken,
Worte und Taten lediglich auf ihre Übereinstimmung mit dem
generell und dann auch konkret als verpflichtend und gut
Erkannten hin.

Dieses Urteil der Syneidesis über das Verhalten des Men-

---

4   2.Kor 4,2; 5,11.

schen kann entsprechend positiv oder negativ ausfallen, d.h.
die Übereinstimmung mit den Normen wird bestätigt oder deren
Übertretung verurteilt. Damit versteht Paulus die Instanz
Syneidesis neutral, d.h. er bringt sie nicht nur einseitig
mit dem Schuldbewußtsein und der Funktion des Richtens in
Verbindung, was durch seine häufige Verwendung des Begriffes
in positiven Zusammenhängen nur bestätigt wird. So kann er
sich gegen verleumderische Anschuldigungen seiner Gegner zur
Verstärkung seiner Unschuldsbeteuerung verschiedentlich auf
das positive Zeugnis seiner Syneidesis berufen[5], die als die
unbeeinflußbare und objektive Instanz der Überwachung des
Wandels die Lauterkeit und Integrität des Apostels bezeugt.
Von daher läßt sich das schlechte Gewissen, die Gewissenspein,
keinesfalls als die Grundform der paulinischen Syneidesis
begreifen, um entsprechend das gute, von Anschuldigungen und
Schuldbewußtsein freie Gewissen nur negativ als das - durch
das Vergebung vermittelnde Wort Gottes - getröstete schlechte
Gewissen zu definieren. Vielmehr ist auch das positive Urteil
der Syneidesis bei Paulus als ein analytisches zu verstehen,
das die Integrität des durch die Gnade bewirkten Wandels -
nach menschlicher Erkenntnis - bestätigt.

Da Paulus zudem die Syneidesis bei Heiden und Gläubigen
in gleicher Weise als neutrale - d.h. richtende u n d bestätigende - Instanz voraussetzt[6], darf sie auch keinesfalls
in einem eingeschränkt negativen Verständnis als das Spezifikum des Heiden, des Menschen ὑπὸ νόμον und des homo incurvatus
in se bestimmt werden.

Mit der Feststellung, daß Paulus die Instanz Syneidesis
ohne explizite Differenzierung bei Heiden und Christen erwähnt, ist andererseits zugleich einem weiteren grundlegenden
Mißverständnis gewehrt. Für den Apostel ist ἡ συνείδησις
kein spezifisch theologischer, sondern ein anthropologischer
Begriff, womit jegliche Bestimmung der Instanz Syneidesis
als vox dei, als spiritus sacer oder semen divinum ausgeschlossen ist. Die Syneidesis hat bei Paulus weder in Hinblick

---

5   Röm 9,1; 2.Kor 1,12.

6   Röm 2,15.

auf Heiden noch auf Christen als solche Anteil am Göttlichen
oder eine göttliche Herkunft und wird entsprechend auch nicht
als Vermittler oder Empfänger der göttlichen Offenbarung
und Verkündigung verstanden.

Da die Syneidesis generell als objektive und neutrale
anthropologische Instanz fungiert, besteht die mit der Rechtfertigung bewirkte Erneuerung nicht in ihrer prinzipiellen
bzw. funktionalen Veränderung, sondern ist vielmehr durch
die grundsätzliche Veränderung des vorausgesetzten sittlichen
und religiösen Normenbewußtseins, auf Grund dessen die Syneidesis ihre Urteile fällt, gegeben.

Schließlich ist noch festzuhalten, daß das Verhältnis des
Menschen zu seiner eigenen Syneidesis - als der ihn selber
objektiv und unausweichlich be- und verurteilenden Instanz -
das der Verantwortlichkeit ist, so daß die Wendung διὰ τὴν
συνείδησιν die Bedeutung "aus Verantwortung, um der Verantwortlichkeit willen" annehmen kann[7].

Unter Berücksichtigung dieser verschiedenen Aspekte läßt
sich zusammenfassend feststellen: Die Syneidesis ist für
Paulus eine neutrale, anthropologische Instanz im Menschen,
die das Verhalten nach vorgegebenen Normen objektiv beurteilt
und entsprechend kritisch oder bestätigend bewußtmacht und
zu der der Mensch selbst im Verhältnis der Verantwortlichkeit steht.


2. Einordnung in die Anthropologie und Theologie des
   Paulus

Das für die Funktion der Syneidesis vorauszusetzende Nor-
men- und Wertbewußtsein und das die konkrete sittliche Entscheidung fällende Urteilsvermögen wird von Paulus mit ὁ
νοῦς[8] bezeichnet. Wenn selbst von Heiden gesagt wird, daß
sie von Gott und dem δικαίωμα τοῦ θεοῦ[9] wissen, wird auch
dieses Wissen bzw. ihr schuldiges Nichtwissen dem νοῦς bzw.

---

7    1.Kor 10,25ff; Röm 13,5.

8    Z.B.Röm 1,28; 7,23.25; 12,2.

9    Röm 1,19-21.32.

der καρδία zugeordnet[10]. Während also die Syneidesis mit ihrem
δοκιμάζειν reflexiv auf das handelnde Subjekt in seinem Tun
bezogen ist, ist der νοῦς mit seinem δοκιμάζειν sowohl auf
das Gute, d.h. die Normen Gottes im allgemeinen, als auch auf
das in der konkreten Situation Geforderte ausgerichtet: τὸ
ἀγαθὸν καὶ εὐάρεστον καὶ τέλειον. Insoweit gibt es Berührungen
zwischen dem paulinischen Verständnis vom νοῦς und der scholastischen conscientia antecedens. Allerdings ist für Paulus
auch der νοῦς ein rein anthropologisches Phänomen, so daß
die spätere vox dei- und Synderesis-Tradition genauso wenig
von dieser paulinischen Umschreibung des menschlichen Normenbewußtseins und sittlichen Urteilsvermögens abgeleitet werden
darf.

Hingegen konstatiert er beim Gläubigen explizit die Notwendigkeit der Erneuerung des Normenbewußtseins und des die
konkrete sittliche Entscheidung fällenden Urteilsvermögens,
die ἀνακαίνωσις τοῦ νοός[11], durch die dann auch die Syneidesis
neue Voraussetzungen gewinnt und entsprechend andere Urteile
fällt. Denn auf Grund der γνῶσις[12] verändert sich der νοῦς des
Gläubigen, der schon beim Heiden ein Wissen um Gott und sein
δικαίωμα hat, zunächst aber schuldhaft zum ἀδόκιμος νοῦς[13]
geworden ist und wegen der συνήθεια[14] auch beim Gläubigen
noch unzulängliche Prämissen mitbringen kann. In diesem Fall
ist der schwache Christ, dessen Syneidesis infolge mangelnder
γνῶσις bereits bei einem für die Starken ungefährlichen Verhalten eine bedrohliche Differenz zwischen dem Normenbewußtsein, der Überzeugung des νοῦς, und der Tat signalisiert,
auf die Rücksichtnahme des starken Bruders angewiesen[15].
Prinzipiell wird der Gläubige nach der Auffassung des Apostels
durch die Erneuerung seines νοῦς jedoch befähigt, den objektiven und allgemein gültigen Willen Gottes prüfend zu erkennen;

---

10   Röm 1,20.21.28.

11   Röm 12,2.

12   1.Kor 8,7.

13   Röm 1,28.

14   1.Kor 8,7.

15   1.Kor 8,9-13.

so soll er sich selbst Gott als ein Opfer darbringen, παραστῆσαι ... θυσίαν, und sich umgestalten lassen, μεταμορφοῦσθε,
εἰς τὸ δοκιμάζειν ὑμᾶς τί τὸ θέλημα τοῦ θεοῦ[16].

Da der νοῦς und die Syneidesis bei Paulus ganz der anthropologischen Ebene zuzuordnen sind, bleiben sie aber prinzipiell sowohl in Hinsicht auf ihre Funktion als auch auf ihre
Wertnormen der Fehlbarkeit und Unvollkommenheit ausgesetzt.
Für den Menschen selbst aber ist das Urteil seiner Syneidesis
in jedem Fall verbindlich und entzieht sich der unmittelbaren
Beeinflussung, weshalb er sich auch gegen unberechtigte Anschuldigungen anderer gerade auf sie als Zeugen seiner eigenen
Wahrhaftigkeit berufen kann[17]. Insoweit garantiert die Syneidesis die nötige Selbständigkeit und Selbstsicherheit gegenüber anderen Menschen oder auch gegenüber eigenen unberechtigten Skrupeln.

Begrenzt wird diese Selbstbeurteilung aber ganz eindeutig
durch das Urteil des κύριος, das endgültig erst im eschatologischen Gericht, für den Christen explizit vor dem βῆμα
τοῦ Χριστοῦ bzw. τοῦ θεοῦ[18], ergeht. So weiß sich der Apostel
als διάκονος allein seinem Herrn verantwortlich, dem er entsprechend mehr als sich selbst und anderen Menschen zu gefallen sucht und dessen Urteil er auch dann noch als ausstehend
erwartet, wenn seine eigene Syneidesis ihm eindeutig die
Integrität seines Verhaltens in einer bestimmten Situation
bestätigt[19].

Da Paulus neben Gott weder anderen Menschen noch der eigenen Instanz Syneidesis die Kompetenz des eschatologisch
relevanten κρίνειν zuerkennt, fällt bei ihm, im Gegensatz
etwa zu Seneca, die eschatologische Beurteilung durch Gott
gerade nicht mit der Anklage, der Verurteilung und der Vergebung durch das eigene Gewissen zusammen, der Begriff Syneidesis wird nicht metonymisch für die dahinterstehende
Instanz Gottes gebraucht und somit auch nicht zum Inbegriff
eines aufklärerischen und autonomen Selbstverständnisses.

---

16    Röm 12,1.2;

17    Röm 9,1; 2.Kor 1,12.

18    2.Kor 5,10; Röm 14,10.

19    1.Kor 4,4.

Nicht einmal das ausgeprägte philonische Verständnis der
Syneidesis als ἔλεγχος mit seiner spezifisch theologischen
Akzentuierung, z.B. seiner Mittlerrolle zwischen Gott und
Mensch, deckt sich mit dem paulinischen Verständnis. Vielmehr verweist die Entsprechung der Verantwortlichkeit, die
für den Menschen sowohl im relativen Sinne seiner Syneidesis
gegenüber als auch im absoluten Sinne Gott gegenüber besteht,
in der Erfahrung der Syneidesis auf die Gewißheit des letztgültigen κρίνειν durch den κύριος selbst.

Dadurch, daß sich der Christ in seiner Eigenverantwortlichkeit vor der Instanz Syneidesis an die Realität Gottes erinnert - nicht durch die göttliche Herkunft oder ein direktes
göttliches Einwirken auf die Syneidesis im Sinne der vox dei,
sondern allein durch die Entsprechung der Verantwortlichkeit -,
bekommt die Syneidesis für den Christen eine theologische
Dimension, so daß für ihn die Wendung διὰ τὴν συνείδησιν
die Bedeutung: "aus Verantwortung" - nämlich letztlich "vor
Gott" - erhält.


3. Einordnung in den religionsgeschichtlichen Zusammenhang

Mit ἡ συνείδησις nimmt Paulus einen seit dem 1.Jh.v.Chr.
geläufigen Begriff seiner griechischsprechenden Umwelt auf.
Dieses ionische Verbalsubstantiv ist sowenig wie das meist
synonym gebrauchte substantivierte Partizip attischer Herkunft, τὸ συνειδός, oder auch der lateinische Begriff conscientia als eine philosophische, in Sonderheit stoische Wort-
schöpfung anzusehen, sondern in Hinblick auf seine Entstehung
und Entfaltung vielmehr dem umgangssprachlich-volkstümlichen
Bereich zuzuordnen.

Diese drei Substantive wie auch die entsprechenden verbalen
Wendungen werden zur Zeit des Paulus in fast allen möglichen
Bedeutungen gebraucht, vom nichtreflexiven Mitwissen über das
reflexive, aber rein rationale und nicht moralische Bewußtsein,
die verschiedenen Bedeutungsvarianten der - später so genannten - conscientia consequens als Bewußtsein, Schmerz oder
Instanz bis hin zur Umschreibung der Innerlichkeit und Eigent-
lichkeit im Sinne des Inneren, des Herzens. Dabei fällt auf,
daß in der vorchristlichen Profangräzität das negative Ver-

ständnis der Syneidesis als des reflexiven moralischen Bewußtseins eigener Übertretungen – wir könnten sagen: als des
'schlechten Gewissens' – dominiert, während in der Latinität
und der neutestamentlichen und profanen Gräzität nach Paulus
zunehmend auch das Verständnis der conscientia / συνείδησις
als des von Selbstanklagen freien und in Hinblick auf eigene
Taten positiv urteilenden Bewußtseins, des guten Gewissens,
aufkommt. Entsprechend finden sich auch in der Profangräzität
zur Zeit der Entstehung des Neuen Testamentes noch keine Belege für das Verständnis als conscientia antecedens und vox
dei, so daß das Fehlen dieser Bedeutungsvarianten im gesamten
Neuen Testament nicht zu verwundern braucht.

Paulus knüpft also mit seinem Gebrauch von ἡ συνείδησις
eindeutig an den der Gräzität des 1.vor- und nachchristlichen
Jahrhunderts an, der wohl auch für die Diasporasynagoge vorauszusetzen ist. Wenn sich der Apostel dabei auf das Verständnis der Syneidesis als einer neutralen, das Verhalten kritisch
beurteilenden Instanz festlegt, wird deutlich, wie sehr er
seine Theologie in Kontinuität zur alttestamentlich-jüdischen
Tradition entwickelt. Dort wird die Aufgabe der Selbstbeurteilung des Verhaltens nach vorgegebenen Normen und des Bewußt-
machens eigener Schuld oder eben auch Unschuld neben anderem
dem Herzen, dem לב zugeschrieben. Wie bei der Syneidesis
so handelt es sich auch beim לב um eine anthropologische
Instanz, die für den Menschen selbst zwar mit größtmöglicher
Objektivität urteilt und entsprechend auch als Zeuge der
Unschuld angerufen werden kann, die aber in ihrer prinzipiellen Fehlbarkeit und Unvollkommenheit ebenfalls auf das Er-
forscht- und Beurteiltwerden durch den Herrn angewiesen
bleibt.

Auf Grund dieser teilweisen Deckung der Bedeutungsfelder
von לב und συνείδησις wird nicht nur verständlich, warum
Paulus im Gegensatz zu den meisten seiner Zeitgenossen beim
absoluten Gebrauch des Begriffes nicht einseitig an das
moralisch-böse Bewußtsein, das schlechte Gewissen, denkt,
sondern an eine an sich neutrale Instanz; vielmehr liegt
darin wohl auch die Erklärung dafür, daß diese Instanz –
entgegen allen heutigen Definitionen von Gewissen – nach
Paulus auch das Verhalten anderer Menschen beurteilen kann.
Von einer völligen Kongruenz der Begriffe darf man allerdings

nicht ausgehen, da Paulus der Syneidesis nur diesen beschränk-
ten Teil der Funktionen des alttestamentlich-jüdischen לב
zuordnet, während er καρδία auch im umfassenderen Sinne von
לב gebraucht.

Die Originalität der Verwendung des Begriffes Syneidesis
bei Paulus besteht also nicht in einer völligen inhaltlichen
Neuprägung des aus der Umwelt übernommenen Substantivs oder
auch in der Begründung einer spezifisch christlichen Gewissenslehre, sondern in der Konzentriertheit und Stringenz,
mit der er den Begriff in einer der im Hellenismus geläufigen
Bedeutungen und in Kontinuität zur alttestamentlich-jüdischen
Anthropologie in den Zusammenhang seiner eigenen Theologie
und Anthropologie einheitlich einfügt. Dabei läßt sich eine
Abhängigkeit des paulinischen Gewissensbegriffes von einem
anderen ausgeprägten Verständnis der συνείδησις / conscientia,
wie es sich vor allem bei Philo und Seneca findet, nicht
voraussetzen.

Von Seneca trennt Paulus vor allen Dingen das Gottesverständnis und in Entsprechung dazu die autonomistische Akzentuierung des Gewissensbegriffes. Von Philo dagegen, mit dem
er in Hinsicht auf das Gottes- und Gesetzesverständnis die
gleiche alttestamentlich-jüdische Tradition als Voraussetzung
teilt, unterscheidet er sich vor allem dadurch, daß er
das Gewissen weder als in besonderer Weise von Gott gegeben
beschreibt und damit primär theologisch akzentuiert, noch
dessen Untrüglichkeit und Vollkommenheit annimmt, die für
Philo durch die Beziehung zum λόγος, ἄνθρωπος ἀληθινός, νοῦς
und der λογικὴ διάνοια gewährleistet sind.

Daß der Begriff συνείδησις innerhalb des Neuen Testamentes
zuerst von Paulus benutzt wird, versteht sich bei der chronologischen Reihenfolge der neutestamentlichen Schriften von
selbst; daß Paulus aber diesen Begriff als erster in die
christliche Theologie und Verkündigung eingeführt haben könnte, da er von Jesus selbst und entsprechend wohl auch von
der ersten Gemeinde nicht gebraucht worden sei, bleibt eine
rein hypothetische Annahme. Die Verwendung des Begriffes ist
prinzipiell seit Beginn der Verkündigung des Evangeliums in
griechischer Sprache denkbar, d.h. seit dem Wirken der
Ἑλληνισταί in der Jerusalemer Gemeinde.

Unabhängig davon wird aber gerade an der Verwendung des

Begriffes συνείδησις bei Paulus deutlich, wie die Gemeinde
des 1.Jh.n.Chr. den λόγος τοῦ θεοῦ mit Hilfe der populären
hellenistischen Begrifflichkeit auszudrücken vermochte, ohne
damit zugleich den möglichen popularphilosophischen Implikationen eines pantheistischen Gottesverständnisses und dem
mit der Bezeichnung des Gewissens als 'semen divinum' und
'spiritus sacer' intendierten aufklärerisch-autonomistischen
Selbstverständnis zu erliegen.

So bleibt die Syneidesis für Paulus die anthropologische
Instanz im Menschen, die das Verhalten des Menschen nach
vorgegebenen Normen positiv oder negativ beurteilt und bewußtmacht und gerade dadurch, daß sie die Instanz der Verantwortlichkeit im Menschen ist, diesen als Christen auf Gott
selbst verweist, dem allein die Kompetenz des endgültigen
κρίνειν als κύριος zukommt.

# LITERATURVERZEICHNIS

Die Quellen werden im Verlauf der Arbeit und im Stellenregister nach dem ThWNT und ergänzend nach Liddell a. Scott abgekürzt. Zeitschriften, Serien usw. werden im Literaturverzeichnis nach den Abkürzungen der Theologischen Realenzyklopädie wiedergegeben.

Die Angaben zur Sekundärliteratur wurden im Abschnitt III, 2 aus bibliographischem Interesse um die Veröffentlichungen erweitert, die sich ebenfalls speziell auf den Begriff Syneidesis - Conscientia beziehen, im Verlauf der Dissertation jedoch nicht angeführt sind.

## I. Quellen

Aischylos, Orestie, hg. u. übs. v. O.Werner, München 1948.

Aeschyli Tragoediae, ed. U.v.Wilamowitz - Moellendorf, Nachdr. der 2. Aufl., Berlin 1958.

Ägyptische Urkunden aus den königlichen (bzw. staatlichen) Museen zu Berlin: (1.Abt.) Griechische Urkunden Bde.I-IX, Berlin 1895-1937 (BGU).

Aliciphronis rhetoris epistularum libri IV, ed. M.A.Schepers, Leipzig 1905.

Anthologia Lyrica Graeca, ed. E.Diehl, 3 Bde., 3.Aufl., Leipzig 1949-1953 (Diehl).

Antiphontis orationes et fragmenta ..., ed. F.Blass, 2.verb. Aufl., Leipzig 1908.

Apuleii Platonici Madaurensis opera quae supersunt, ed. R.Helm, P.Thomas, Leipzig 1905-1912.

Archiv für Papyrusforschung und verwandte Gebiete, hg.v. U.Wilcken, Leipzig, Berlin u.a. 1, 1901 - 14, 1941.

Aristophanis Comoediae, ed. F.W.Hall - W.M.Geldart, 2 Bde., Nachdr. d. 2.Aufl. v. 1906/7, Oxford 1976.

Aristoteles Graece ex Recensione Immanuelis Bekkeri, ed. Academia Regia Borussica, Berlin 1831-1870.

Die Bibel, dt. Ausg. mit den Erläuterungen der Jerusalemer Bibel, Freiburg 1968.

Die Bibel, nach d. dt. Übersetzung Martin Luthers, in der Fassung des revidierten Textes v. 1956/1964, Stuttgart 1969.

Biblia Hebraica, ed. R.Kittel, 14.Aufl., Stuttgart 1966.

Biblia Hebraica Stuttgartensia, ed. K.Elliger, W.Rudolph, Stuttgart 1977.

Catalogue of the Greek Papyri in the John Rylands Library at Manchester, ed. A.S.Hunt u.a., 4 Bde., 1911-1952 (Pap Ryl).

M.T. Cicero, ad C.Herennium libri IV, ed. F.Marx, Leipzig 1894 (Rhet ad Her).

M.Tullii Ciceronis Scripta quae manserunt omnia, ed. C.F.W.Mueller, Leipzig 1879-1898.

-  de natura deorum libri III, ed. A.S.Pease, Nachdr. d. 1.Aufl. v. 1958, Darmstadt 1968.

-  pro L.Flacco oratio, ed. F.Zucker, Mailand 1963.

Comicorum Atticorum Fragmenta, ed. Th.Kock, 3 Bde., Leipzig 1880-1888 (CAF).

Comicorum Graecorum Fragmenta, ed. G.Kaibel, Bd.I, 1, Neudr. d. Ausg. v. Berlin 1899, 1958.

Curtii Rufi historiarum Alexandri Magni Macedonis libri qui supersunt, ed. Th.Vogel, Leipzig 1900.

Demiánzuck, J., Supplementum Comicum, Krakau 1912.

Demosthenis orationes ..., ed. F.Blass, 3 Bde., Leipzig 1888-1892.

Demosthenes, Funeral Speech, Erotic Essay, Exordia a. Letters, ed. N.W.De Witt a. N.J.De Witt, LCL, London 1949.

Diodori Bibliotheca Historica, ed. I.Bekker, L.Dindorf, Fr.Vogel, C.Th. Fischer, 5 Bde., Leipzig 1888-1906.

Diogenis Laertii de clarorum philosophorum vitis ... libri decem, ed. C.G.Cobet, Paris 1862.

Dionysius Halicarnassensis, Bde. I-IV, Antiquitates Romanae, hg.v. K. Jakoby, Bde.V-VI, Opuscula, hg.v. H.Usener u. L.Radermacher, Leipzig 1885-1929.

Dosithei Magistri Interpretamentorum Liber III, ed. E.Böcking, Bonn 1832.

Epicteti dissertationes ab Arriani digestae ..., ed. H.Schenkel, editio maior, Nachr. d. Aufl. von 1916, Stuttgart 1965.

Epicteti dissertationum ab Arriano digestarum libri IV, ed. J.Uptoni, J.Schweighäuser u.a., Bd. I-V, Leipzig 1799-1800.

Epictetus, Dissertationes ab Arriano digestae, hg.v. H.Schenkel, mit Fragmenten, hg.v. J.Schweighäuser, editio maior, 2.Aufl., Leipzig 1916.

Epicurea, ed. H.Usener, Nachdr. d. Aufl. v. Leipzig 1887, Rom 1963.

Epistolographi Graeci, ed. R.Hercher, Paris 1873.

Euripides, Sämtliche Tragödien und Fragmente. Griechisch - deutsch, Übs. v. E.Buschor, hg.v. G.A.Seeck, 5 Bde., München 1972-1977.

Fragmenta Comicorum Graecorum, hg.v. A.Meinecke, Bde.I-V, Berlin 1839-1857.

Die Fragmente der Vorsokratiker, ed. H.Diels, 10.Aufl, hg.v. W.Kranz, 3 Bde., Berlin 1960/61 (Diels - Kranz).

The Fragments of Attic Comedy, after Meinecke, Berk and Kock, ed. J.W. Edmonds, 3 Bde., Leiden 1957-1961.

Juli Frontini Strategematon libri IV, ed. G.Gundemann, Leipzig 1888.

The Greek New Testament, ed. K.Aland u.a., Stuttgart 1966.

Die Heilige Schrift des Alten und des Neuen Testaments, Zürich 1966.

Heliodorus, Aethiopica, ed. I.Bekker, Leipzig 1855.

Herodiani ab excessu Divi Marci libri octo, ed. K.Stavenhagen, Nachdr. d. 1.Aufl. v. Leipzig 1922, Stuttgart 1967.

Herodoti Historiae, ed. C.Hude, nach der 3.Aufl. v. 1927, Oxford 1970.

Hieroclis in Aureum Pythagoreorum Carmen Commentarius, ed. F.W.A.Mullach, Nachdr. d. Aufl. v. Berlin 1853, Hildesheim 1971.

Hippocrates, Opera omnia, ed. E.Littré u.a., 10 Bde., Paris 1839-1861.

Iob, ed. J.Ziegler, Septuaginta Soc. Litt. Gott. vol. XI, 4, Göttingen 1982.

Flavius Josephus, Opera, ed. B.Niese, Bde.I-VI u.VII Index, Berlin 1887-1895.

- De bello Judaico / Der jüdische Krieg, zweisprachige Ausgabe, ed. O.Michel - O.Bauernfeind, 3 Bde., Darmstadt 1959-1969.

Isocratis orationes, ed. G.E.Benseler, 2.Aufl., ed. F.Blass, Leipzig 1889-1898.

Kautzsch, E., Die Apokryphen u. Pseudepigraphen des Alten Testaments, 2 Bde., 4. unv. Neudr. d. Ausg. Tübingen 1900, Darmstadt 1975.

T. Livii Patavini Historiarum libri qui supersunt omnes ..., ed. J.Th. Kreyssig, 6 Bde., Leipzig 1829.

Lucianus, ed. C.Jacobitz, 3 Bde., Leipzig 1881-1907.

T. Lucreti Cari, De rerum Natura libri 6, ed. J.Martin, Leipzig 1953.

Marci Antonini Imperatoris in semet ipsum libri XII, ed. H.Schenkel, editio maior, Leipzig 1913.

Mekilta de Rabbi Jischmael, ed. J.Z.Lauterbach, Bd.II, Philadelphia 1976.

Menandrea, ed. A.Körte, 2.Aufl., Leipzig 1912.

Menandri Sententiae, ed. S.Jaekel, Leipzig 1964.

Mitteilungen des Deutschen Archäologischen Instituts, Athenische Abteilung, 1876ff (Ath Mitt).

Nestle, W., Die Vorsokratiker, Wiesbaden 1956.

Notices et Extraits des Papyrus Grecs du Museé du Louvre et de la Bibliothèque Impériale XVIII (2), Paris 1865 (Pap Par).

Novum Testamentum Graece, hg.v. K.Aland u.a., 26.Aufl., Stuttgart 1979.

Orientis Graeci Inscriptiones Selectae, ed. W.Dittenberger, 2 Bde., Leipzig 1903-1905.

Orphei hymni, ed. W.Quandt, Berlin 1941.

P. Ovidii Nasonis Metamorphoses, ed. W.S.Anderson, Leipzig 1977.

Oxyrhynchus Papyri, Egypt Exploration Fund, Graeco-Roman Branch, ed. B.P.Grenfell - A.S.Hunt u.a., London 1 / 1898ff.

Papyri Osloenses, Bd.I, ed. S.Eitrem, Oslo 1925ff; Bd.II u. III, ed. S. Eitrem u. L.Amundsen, Oslo 1931-1936.

Papyrus Grecs et Démotiques ..., ed. Th.Reinach, Paris 1905 (Pap Reinach).

Pausanias, Descriptio Graeciae, ed. F.Spiro, Bd.II, Leipzig 1903.

Philonis Alexandrini opera quae supersunt, ed. L.Cohn - P.Wendland, editio maior, 7 Bde., Nachdr. d. Aufl. v. 1896-1915, Berlin 1962.

Die Werke Philos v. Alexandrien in deutscher Übers., hg.v. L.Cohn u.a., Nachdr. d. Aufl. v. Breslau 1909-1938, Berlin 1962.

Philodemus Philosophus, Volumina Rhetorica, ed. S.Sudhaus, 2 Bde., Leipzig 1892, 1896.

Flavius Philostratus, Opera, ed. C.L.Kayser, Leipzig 1870f.

- The Life of Apollonius of Tyana, hg. u. übs. v. F.C.Conybeare, LCL, 2 Bde., Nachdr. d. Aufl. v. 1912, London 1969.

-   Apollonius von Tyana, übs. v. E.Baltzer, Nachdr. d. Aufl. v. Rudol-
    stadt 1883, Aalen 1970.

Platonis Opera, ed. J.Burnet, 5 Bde., Oxford 1900-1914.

C. Plinii Caecilii secundi epistularum libri IX, ed. M.Schuster, Leipzig
    1952.

Plutarchi Moralia, ed. W.R.Paton, M.Pohlenz, C.Hubert u.a., 5 Bde.,
    Leipzig 1925-1966.

Plutarchi Vitae Parallelae, ed. K.Ziegler, 5 Bde., Leipzig 1964-1973.

Polybios, ed. W.R.Paton, LCL, Bd.V, Nachdr. d. Aufl. v. 1926, London
    1968.

Quintilian, Institutionis oratoriae libri XII, ed. L.Radermacher, 2 Bde.,
    Leipzig 1959.

Die Texte aus Qumran, Hebräisch u. Deutsch, hg.v. E.Lohse, Darmstadt
    1971.

C. Sallustius Crispus, De Catilinae coniuratione, ed. J.Hellegouarc'h,
    Paris 1972.

-   Catilina, Iugurtha, Fragm., ed. A.Kurfess, Nachdr. d. 3.Aufl. v. 1957,
    Leipzig 1972.

Sapientia Solomonis, ed. J.Ziegler, Septuaginta Soc. Litt. Gott. vol. XII,
    2, Göttingen 1962.

-   Georgi, D., Weisheit Salomos, JSHRZ III / 4, Gütersloh 1980.

Sappho, hg. u. übs. v. M.Treu, 3.Aufl., München 1963.

L.A. Senecae, Ad Lucilium epistulae morales, ed. L.D.Reynolds, 2 Bde.,
    Nachdr. d. Aufl. v. 1965, Oxford 1976/78.

L.Annaei Senecae opera quae supersunt, ed. E.Hermes, C.Hosius, A.Gercke,
    O.Hense, 5 Bde., Leipzig 1900-1914.

L.A. Seneca, Briefe an Lucilius, Übs. v. E.Glaser-Gerhard, Bd.I, Hamburg
    1965.

L.A. Seneca, des Philosophen Werke, Übs. v. J.Moser, Stuttgart 1928.

Septuaginta, ed. A.Rahlfs, 2 Bde., 9.Aufl., Stuttgart 1971.

Sirach: Sapientia Jesu Filii Sirach, ed. J.Ziegler, Septuaginta Soc. Litt.
    Gott. vol. XII, 2, Göttingen 1965.

-   Sauer, G., Jesus Sirach, JSHRZ III / 5, Gütersloh 1981.

-   Yadin, Y., The Ben Sira Scroll from Masada, Jerusalem 1965.

Sophocles, Tragoediae, ed. R.D.Dawe, 2 Bde., Leipzig 1975.

The Fragments of Sophocles, ed. R.C.Jebb, W.G.Headlam, A.C.Pearson, 7 Bde.,
    Cambridge 1908-1924.

Sorani Gynaeciorum libri IV, ed. J.Ilberg, CMG IV, Leipzig - Berlin 1927.

-   Die Gynäkologie, übs. v. H.Lüneburg, Komm. v. J.Ch.Huber, München 1894.

Joannis Stobaei Anthologium, ed. K.Wachsmuth - O.Hense, 5 Bde., Berlin
    1884-1912.

Stoicorum Veterum Fragmenta, ed. H.von Arnim, 4 Bde., Leipzig 1903-1924
    (SVF).

Supplementum Epigraphicum Graecum, ed. J.Hondius u.a., Leyden 1 / 1923ff.

Supplementum Lyricum, ed. E.Diehl, 3.Aufl., Bonn 1917.

Sylloge Inscriptionum Graecarum, ed. W.Dittenberger, 4 Bde., 3.Aufl.,
    Leipzig 1915-1924.

Tacitus, Das Leben des Julius Agricola, lat. u. dt., ed. R.Till, Berlin
    1961.

-   Historien, lateinisch-deutsch, hg. u. übs. v. J.Borst - H.Hross,
    München 1959.

Talmud Babli, 16 Bde., New York 1954.

Talmud, Der babylonische, übs. v. L.Goldschmidt, 12 Bde., 2.Aufl., Berlin
    1964-1967.

Testamente der 12 Patriarchen: R.H.Charles, The Greek Versions of the
    Testaments of the Twelve Patriarchs, Oxford 1908.

-   Jonge, M.de, Testamenta XII Patriarcharum, PVTG 1, Leiden 1964.

-   Becker, J., Die Testamente der zwölf Patriarchen, JSHRZ III / 1,
    Gütersloh 1974.

Thucydidis Historiae, ed. C.Hude, editio maior, Leipzig 1901.

Albii Tibulli Aliorumque Carminum Libri Tres, ed. F.W.Lenz, Leiden 1959.

Tragicorum Graecorum Fragmenta, ed. A.Nauck, 2.Aufl., Leipzig 1889 (TGF).

Vergil, Aeneis, lat. u. dt., ed. J.Götte in Zusammenarbeit mit K.Bayes,
    München 1958.

Vettius Valens, Anthologiarum Libri, ed. W.Kroll, Berlin 1908.

Xenophontis opera omnia, ed. E.C.Marchant, 5 Bde., Oxford 1900-1920.

## II. Wörterbücher, Lexika, Konkordanzen etc.

Blass, F.-A.Debrunner, Grammatik des neutestamentlichen Griechisch, 13.
    Aufl., Göttingen 1970.

Bauer, W., Griechisch-Deutsches Wörterbuch zu den Schriften des NT und
    der übrigen urchristlichen Literatur, Nachdr. d. 5. Aufl., Berlin 1963.

Bensler, G.E., Griechisch-Deutsches Schulwörterbuch, bearb. v. A.Kaegi,
    12.Aufl., Leipzig u. Berlin 1904.

Cremer, H., Biblisch-theologisches Wörterbuch der neutestamentlichen
    Gräzität, hg.v. J.Kögel, 11.Aufl., Gotha 1923.

Georges, K.E., Ausführliches Lateinisch-Deutsches Handwörterbuch, 2 Bde.,
    Nachdr. der 8. verb. u. verm. Aufl. von H.Georges, Hannover 1976.

Gesenius, W., Hebräisches und aramäisches Handwörterbuch über das Alte
    Testament, bearb. v. F.Buhl, 17.Aufl., Berlin u.a. 1962.

Hatch, E. - H.Redpath, A Concordance to the Septuagint, 2 Bde., Oxford
    1897.

Langenberg, H., Zu den Urquellen des Wortes, Wernigerode o. J.

Leisegang, J., Indices ad Philonis Alexandri opera, Berlin 1926.

Liddell, H.G. a. R.Scott, A Greek-English Lexicon, Nachdr. der 1940
    vervollständigten 9.Aufl., Oxford 1977.

Lisowsky, G., Konkordanz zum Hebräischen Alten Testament, Stuttgart 1958.

Mayer, G., Index Philoneus, Berlin u.a. 1974.

Merguet, H., Lexikon zu den Reden des Cicero ..., Bd.I, Nachdr. d. Aufl.
    v. 1873, Hildesheim 1962.

Moulton, J.H. a. G.Milligan, The Vocabulary of the Greek Testament, Nachdr.
    der Aufl. v. 1930, Grand Rapids 1976.

Moulton, W.F. a. A.S.Geden, A Concordance to the Greek Testament, Nachdr.
    d. 4.Aufl. v. 1963, Edinburgh 1967.

Passow, F., Wörterbuch der Griechischen Sprache, neu bearb. v. W.Crönert,
    Nachdr. d. 5.Aufl. v. Leipzig 1857, Darmstadt 1970.

Rienecker, F., Sprachlicher Schlüssel zum Griechischen Neuen Testament,
    12.Aufl., Gießen 1966.

Schwertner, S., Abkürzungsverzeichnis, Theologische Realenzyklopädie,
    Berlin 1976.

Stowasser, Der kleine, Lateinisch-Deutsches Schulwörterbuch, bearb. v.
    M.Petschenig, F.Skutsch, München 1964.

Theologisches Wörterbuch zum Neuen Testament, begr. v. G.Kittel, hg.v.
    G.Friedrich, Bde.I-X, Stuttgart 1933-1977 (die zitierten Artikel wer-
    den im folgenden gesondert aufgeführt).

Thesaurus Graecae Linguae, hg.v. H.Stephanus, Bd.VII, Paris 1848-1854.

Thesaurus Linguae Latinae ed. auctoritate et consilio academiarum quinque
    Germanicarum, Bd.IV, Leipzig 1906-1909.


### III. Sekundärliteratur


#### 1. Allgemein

Althaus, P., Der Brief an die Römer, NTD 6, 9.Aufl., Göttingen 1959.

Bachmann, Ph., Der erste Brief des Paulus an die Korinther, KNT 7,
    Leipzig 1905.

Barrett, C.K., A Commentary on the Epistle to the Romans, London 1971.

Barth, K., Der Römerbrief, 11. unv. Abdr. der neuen Bearbeitung von 1922,
    Zürich 1976.

Baumgärtel, Fr., Art. καρδία, ThWNT 3, Stuttgart 1938, 609-611.

Behm, J., Art. καρδία κτλ, ThWNT 3, Stuttgart 1938, 611-616.

Bengel, J.A., Gnomon Novi Testamenti, 2.Abdr. d. 3.Aufl. v. 1773, Berlin
    1860.

Bertholet, A. - E.Kautzsch, Die Heilige Schrift des AT, Bd.II, 4.Aufl.,
    Tübingen 1923.

Billerbeck,P., H.L.Strack -, Kommentar zum NT aus Talmud und Midrasch,
    Bd.III, 5.Aufl., München 1969.

Bornkamm, G., Gesetz und Natur, Studien zu Antike und Urchristentum, BEvTh 28, 3.Aufl., München 1970, 111-118.

– Die Offenbarung des Zornes Gottes (Röm 1-3), Das Ende des Gesetzes, BEvTh 16, 5.Aufl., München 1966, 9-33.

Brox, N., Der erste Petrusbrief, EKK XXI, Köln und Neukirchen, 1979.

Büchsel, Fr., Art. εἴδωλον κτλ, ThWNT 2, Stuttgart 1935, 373-377.

– Art. ἐλέγχω κτλ, ThWNT 2, Stuttgart 1935, 470-474.

Bultmann, R., Art. ἀλήθεια κτλ, ThWNT 1, Stuttgart 1933, 239-251.

– Glossen im Römerbrief, Exegetica, Tübingen 1967, 278-284.

– Der zweite Brief an die Korinther, hg.v. E.Dinkler, KEK, Göttingen 1976.

Cranfield, C.E.B., The Epistle to the Romans, 2 vol., ICC, Edinburgh 1977 (1975) u. 1979.

Dibelius, M., Rom und die Christen im ersten Jahrhundert, SHAW. PH 1942,2.

Dodd, C.H., The Epistle of Paul to the Romans, London 1947.

Eichholz, G., Die Theologie des Paulus im Umriß, Neukirchen 1972.

Flückiger, F., Die Werke des Gesetzes bei den Heiden (Röm 2,14ff), ThZ 8 (1952), 17-42.

Fridrichsen, A., Der wahre Jude und sein Lob, in: Symbolae Osloenses I, 1922, S.39-49.

Friedrich, J. - W.Pöhlmann - P.Stuhlmacher, Zur historischen Situation und Intention von Röm 13,1-7, ZThK 73 (1976), 131-166.

Gaugler, E., Der Römerbrief, Prophezei, 2.Teil, Zürich 1952.

Godet, F., Kommentar zu dem ersten Brief an die Korinther, Hannover 1886.

– Kommentar zu dem Brief an die Römer, dt. v. E.R. u. K.Wunderlich, 2.Aufl., Hannover 1892.

Goppelt, L., Theologie des Neuen Testaments, 2.Teil, hg.v. J.Roloff, Göttingen 1976.

Großheide, F.W., Commentary on the first Epistle to the Corinthians, NTC, 6.Aufl., Michigan 1972.

Hauck, F., Art. μολύνω κτλ, ThWNT 4, Stuttgart 1942, 744f.

– Die Briefe des Jakobus, Petrus, Judas und Johannes, NTD 10, 5.Aufl., Göttingen 1949.

Heinrici, C.F.G., Das erste Sendschreiben des Apostels Paulus an die Korinther, Berlin 1880.

Holtzmann, H.J., Neutestamentliche Theologie, Bd.II, Freiburg - Leipzig 1897.

Hughes, P.E., Paul's Second Epistle to the Corinthians, Michigan 1962.

Jüngel, E., Paulus und Jesus, 3.Aufl., Tübingen 1967.

Kaiser, O., Einleitung in das AT. Eine Einführung in ihre Ergebnisse und Probleme, 2.Aufl., Gütersloh 1970.

Käsemann, E., Grundsätzliches zur Interpretation von Röm 13. Exegetische Versuche und Besinnungen, Bd.II, Göttingen 1964, 204-222.

- Paulinische Perspektiven, 2.Aufl., Tübingen 1969.

- An die Römer, HNT, 3.Aufl., Tübingen 1974.

- Röm 13,1-7 in unserer Generation, ZThK 56 (1959).

Kellermann, D., Art. כליות , ThWAT IV / 1.2, Stuttgart 1982, 185-192.

Köhler, L., Theologie des Alten Testamentes, 3.Aufl., Tübingen 1953.

Kranz, W., Das Gesetz des Herzens, RMP, 3.Ser. 94,1 (1951) 222-241.

- Die Griechische Philosophie, Leipzig 1941.

Kraus, H.-J., Psalmen, Bd.I, BK XV / 1, 4.Aufl., Neukirchen 1972.

Kuss, O., Die Briefe an die Römer, Korinther und Galater, Regensburg 1940.

Lange, J.P., Der Brief an die Hebräer, Bielefeld 1861.

Lauha, A., Kohelet, BK. AT 19, Neukirchen 1978.

Lichtenberger, H., Studien zum Menschenbild in Texten der Qumrangemeinde, Göttingen 1980.

Liedke, G., Art. יכח , THAT 1, München 1971, 730-732.

Lietzmann, H., An die Korinther I/II, HNT, 5.Aufl., Tübingen 1969.

- An die Römer, HNT, 3.Aufl., Tübingen 1928.

Luther, M., Vorlesung über den Römerbrief, 1515 / 1516, lateinisch-deutsche Ausgabe, Darmstadt 1960.

Metzger, B.M., A Textual Commentary on the Greek New Testament, Stuttgart 1971.

Michel, O., Der Brief an die Römer, KEK, 4.Aufl., Göttingen 1966.

- Art. οἶκος κτλ, ThWNT 5, Stuttgart 1966, 139-147.

Moffatt, J., The First Epistle to the Corinthians, London 1938.

Murphy, R.E., Yēṣer in the Qumran Literature, Bib 39 (1958), 334-344.

Neugebauer, F., Zur Auslegung von Röm 13,1-7, KuD 8 (1962).

Norden, E., Agnostos Theos, Untersuchungen zur Formgeschichte religiöser Rede, Leipzig 1913.

Nygren, A., Der Römerbrief, Göttingen 1951.

Plummer, W.M.S., Commentary on Romans, Michigan 1971.

Pohlenz, M., Grundfragen der Stoischen Philosophie, AGWG. PH, 3.Ser. 26 (1939).

- Paulus und die Stoa, ZNW 42 (1949), 69-104.

Rabbow, P., Seelenführung, Methoden der Exerzitien in der Antike, München 1954.

Rauer, M., Die Schwachen in Korinth und Rom, Bst(F) 21 (1923).

Reicke, B., Art. πρός, ThWNT 6, Stuttgart 1959, 720-725.

Reitzenstein, R., Religionsgeschichte und Eschatologie, ZNW 13 (1912), 1-28.

Ridderbos, H., Paulus, Ein Entwurf seiner Theologie, Wuppertal 1970.

Riggenbach, E., Die Starken und die Schwachen in der römischen Gemeinde, ThStKr 66 (1893), 649-678.

Sanday, W.,-A.C.Headlam, Critical and Exegetical Commentary on the Epistle to the Romans, 5.Aufl., Edinburgh 1925.

Schlatter, A., Gottes Gerechtigkeit, Ein Kommentar zum Römerbrief, 4. Aufl., Stuttgart 1965.

- Paulus, der Bote Jesu, Eine Deutung seiner Briefe an die Korinther, 4.Aufl., Stuttgart 1969.

- Die Theologie des Judentums nach dem Bericht des Josephus, Gütersloh 1932.

Schlier, H., Der Römerbrief, HThK, Freiburg 1977.

Schmidt, H.W., Der Brief des Paulus an die Römer, ThHK 6, Berlin 1962.

Schmidt, W.H., Art. יצר , THAT 1, München 1971.

Schrenk, G., Art. ἱερός κτλ, ThWNT 3, Stuttgart 1938, 221-284.

Smend, R., Die Entstehung des AT, ThW 1, Stuttgart 1978, 761-765.

Snell, B., Entdeckung des Geistes, 3.Aufl., Hamburg 1955.

Soden, H.v., Sakrament und Ethik bei Paulus MThSt 1 (1931), 1-40.

Stählin, G., Art. ἀσθενής κτλ, ThWNT 1, Stuttgart 1933, 488-492.

- Art. ὀργή κτλ, ThWNT 5, Stuttgart 1954, 413-416, 418-448.

- Art. προσκόπτω κτλ, ThWNT 6, Stuttgart 1959, 745-759.

- Art. τύπτω, ThWNT 8, Stuttgart 1969, 260-269.

Stolz, F., Art. לב , THAT 1, München 1971, 861-867.

Strathmann, H., Art. μάρτυς κτλ, ThWNT 6, Stuttgart 1959, 477-520.

Strobel, H., Furcht, wem Furcht gebührt. Zum profangriechischen Hintergrund von Röm 13,7, ZNW 55 (1964), 58-62.

- Zum Verständnis von Röm 13, ZNW 47 (1956), 67-93.

Theißen, G., Die Starken und Schwachen in Korinth. Soziologische Analyse eines theologischen Streites, EvTh 35 (1975), 155-172.

Weiß, B., Der Brief an die Römer, KEK, 8.Aufl., Göttingen 1899.

Weiß, J., Beiträge zur paulinischen Rhetorik, Göttingen 1897.

- Der erste Korintherbrief, KEK, Neudr. d. 9.Aufl. v. 1910, Göttingen 1970.

Wendland, H.D., Die Briefe an die Korinther, NTD 7, 5.Aufl., Göttingen 1948.

Wiesinger, C.A.S., Ueber das Gewissen, Dresden 1894.

Wilckens, U., Der Brief an die Römer, EKK VI.1-3, Köln u. Neukirchen 1978-1982.

Windisch, H., Der zweite Korintherbrief, KEK, 9.Aufl. v. 1924, neu hg.v. G.Strecker, Göttingen 1970.

- Die katholischen Briefe, HNT 4 / 2, Tübingen 1911.

Wolff, H.W., Anthropologie des Alten Testamentes, 3.Aufl., München 1976.

Zahn, Th., Der Brief des Paulus an die Römer, KNT, 3.Aufl., Leipzig 1910.

2. Speziell zum Begriff 'Syneidesis'

Böhlig, H., Das Gewissen bei Seneca und Paulus, ThStKr 87 (1914), 1-24.

Bonhöffer, A., Epiktet und das Neue Testament, Gießen 1911.

Boughton, J.S., Conscience and the Logos in Philo, LCQ 4 (1931), 121-123.

Breasted, J.H., Die Geburt des Gewissens, Zürich 1950; engl.: The Dawn of Conscience, New York 1933.

Bultmann, R., Theologie des Neuen Testamentes, 6.Aufl., Tübingen 1968, 217-221.

Cancrini, A., Syneidesis, Il tema semantico della conscientia nella Graecia antica, Rom 1970.

–    Synesis e syneidesis nell' etica di Aristotele, Cultura 8 (1970), 1-21.

Chadwick, H., Art. Gewissen, RAC 10, Stuttgart 1978, 1025-1107.

–    Betrachtungen über das Gewissen in der griech., jüd. und christl. Tradition, Rheinisch-Westfälische Akademie der Wissenschaften - Geisteswissenschaften. Vorträge G 197 (1974).

Class, M., Gewissensregungen in der griechischen Tragödie, Spudasmata 3, Hildesheim 1964.

Clemen, C., Art. Gewissen, 1. Religionsgeschichtlich, RGG 2, 2.Aufl., Tübingen 1928, 1164.

Conzelmann, H., Grundriß der Theologie des Neuen Testaments, 2.Aufl., München 1968, 204-206.

–    Der erste Brief an die Korinther, KEK, Göttingen 1969.

Cooper, E.J., Grundlagen und Grenzen der Gewissensfreiheit im Neuen Testament, WuA(M) 14 (1973), 173-178.

Coune, M., Le problème des Idolothytes et l'éducation de la syneidèsis, RSR 51 (1963), 497-534.

Davies, W.D., Art. Conscience, IDB 1, New York 1962, 671-676.

Delhaye, P., Les bases bibliques du traité de la conscience, SMR 4 (1961), 229-251.

–    La conscience morale du chrétien, Tournai 1964.

Delitzsch, F., System der biblischen Psychologie, Leipzig 1855.

Dibelius, M., Die Pastoralbriefe, HNT 13, 2.Aufl., Tübingen 1931.

–    Conzelmann, H., Die Pastoralbriefe, HNT 13, 4.Aufl., Tübingen 1966.

Dihle, A., Art. Ethik, RAC 6, Stuttgart 1966, 685f. 692f. 725f.

Dodd, C.H., Conscience in the New Testament, Mansfield College Magazine 9 (1916), 150-154.

Dupont, J., Gnosis, Paris 1949, 266-282.

–    Syneidèsis aux origines de la notion chrétienne de conscience morale, St Hell 5 (1948), 119-153.

Eisler, R., Art. Gewissen, Wörterbuch der Philosophischen Begriffe 1, Berlin 1927, 555-559.

Ewald, P., De vocis syneideseos apud scriptores Novi Testamenti vi ac potestate, HabSchr., Leipzig 1883.

Fabry, H.-J., Art. לכב,ל , ThWAT IV / 3.4, Stuttgart 1982, 413-451.

Fraine, J.de, Art. Gewissen, Bibel-Lexikon, Hg. H.Haag, 2.Aufl., Zürich-Köln 1968, 583f.

Gass, W.F., Die Lehre vom Gewissen, Berlin 1869.

Güder, E., Erörterungen über die Lehre vom Gewissen nach der Schrift, ThStKr 30 (1857), 245-296.

Gutbrod, W., Die paulinische Anthropologie, BWANT, Stuttgart 1934, 55-68.

Hahn, H.Ch., Art. Gewissen (συνείδησις), TBLNT 1, 3.Aufl., Wuppertal 1972, 555-560.

Hallesby, D., Conscience, London 1950.

Harris, B.F., Syneidesis in the Pauline Writings, WThJ 24 (1962), 173-186.

Hofmann, R., Die Lehre von dem Gewissen, Leipzig 1866.

Isakonas, U.G., Ἡ περὶ συνειδήσεως διδασκαλία τοῦ Ἀπ. Παύλου. Συμβολὴ εἰς τὴν κατανόησιν τῆς ἀνθρωπολογίας τοῦ Ἀπ. Παύλου, Diss. Athenarum 1968.

Jaeger, H., L'examen de conscience dans les religions Non-chrétiennes et avant le christianisme, Numen 6 (1959), 175-233.

Jahnel, J., Über den Begriff Gewissen in der griechischen Philosophie, Glatz 1872.

- De conscientiae notione, qualis fuerit apud veteres et apud Christianos usque ad medii aevi exitum, Diss. Berlin 1862.

Jewett, R., Paul's Anthropological Terms, AGSU 10 (1971), 402-446.

Jung, G., Συνείδησις, Conscientia, Bewußtsein, Archiv für die gesamte Psychologie 89 (1933), 525-540.

Kähler, M., Das Gewissen, 1,1 Altertum und NT, Halle 1878.

- Art. Gewissen, RE 6, 3.Aufl., Leipzig 1899, 646-654.

- Die Schriftgemäße Lehre vom Gewissen, Halle 1860.

- Sententiarum quas de conscientia ediderint theologi per ecclesiae secula florentes brevis enarratio, Halle 1860 (I).

Kilpatrick, T.B., Art. conscience, DB (H) 1, Edinburgh 1951, 468-475.

Kuss, O., Der Römerbrief, Regensburg 1957, Exk 76-82.

Landmann, L., Law and Conscience: The Jewish View, Judaism 18 (1969), 17-29, (= WdF 37).

Lindner, C.G., De vi et ratione syneideseos ex Novo Testamento repetenda, Lund 1866.

Lüdemann, G., Art. συνείδησις, EWNT III / 5.6, Stuttgart 1983, 721-725.

Marietta, E., The NT Concept of Conscience, Diss. Vanderbilt Univ. Nashville, Tenn. 1959.

- Conscience in Greek Stoicism, Numen 17 (1970), 176-187.

Maurer, C., Glaubensbindung und Gewissensfreiheit im NT, ThZ 17 (1961), 107-117.

- Grund und Grenze apostolischer Freiheit, Antwort, FS Barth, Zollikon-Zürich 1956, 630-641.

-    Art. σύνοιδα κτλ, ThWNT 7, Stuttgart 1964, 897-918.

Milgrom, J., On the Origins of Philo's Conscience, StPhilo 3 (1974/75),
476-479.

Molenaar, G., Seneca's Use of the Term: conscientia, Mnemosyne 22 (1969),
170-180.

Nauss, A., Freud's Superego and the biblical Syneidesis, CTM 33 (1962),
273-282.

Neufeld, K.H., Das Gewissen, Ein Deutungsversuch im Anschluß an Röm 13,1-7,
BiLe 12 (1971), 32-45.

Osborne, H., Συνείδησις and σύνεσις, CLR 45 (1931), 8-10.

-    Συνείδησις, JThS 32 (1931), 167-179.

Padula, A., De notione 'syneidesis' in ep. ad Rom. et ad Cor., Diss.
Antonianum, Rom 1962.

Pelletier, A., Deux expressions de la notion de conscience dans le Judaisme
hellénistique et le Christianisme naissant, REG 80 (1967), 363-371.

Pierce, C.A., Conscience in the New Testament, SBT 15, London 1955.

Places, E.de, En marge du ThW: conscience et personne dans l'antiquité
grecque, Bib. 30 (1949), 501-509.

Reicke, B., Syneidesis in Röm 2,15, ThZ 12 (1956), 157-161.

Reiner, H., Die Funktionen des Gewissens, KantSt 62 (1971), 467-488.

-    Art. Gewissen, HWP 3, Darmstadt 1974, 574-592.

Ritschl, A., Über das Gewissen, Bonn 1876.

Rodger, V.A., Σύνεσις and the Expression of Conscience, GRBS 10 (1969),
241-254.

Rudberg, G., Cicero und das Gewissen, SO 31 (1951), 96-104.

Schmid, C.G., Christliche Sittenlehre, Stuttgart 1861.

Schmidt, W., Das Gewissen, Leipzig 1889.

Schneider, Th., Der paulinische Begriff des Gewissens, BZThS 6 (1929),
193-211.

-    Die Quellen des paulinischen Gewissensbegriffes, BZThS 7 (1930),
193-211.

Schönlein, P.W., Zur Entstehung eines Gewissensbegriffes bei Griechen
und Römern, RMP 3.Ser. 112 (1969), 289-305.

Schrage, W., Die konkreten Einzelgebote in der paulinischen Paränese,
Gütersloh 1961, 152-155.157f.

Schreiner, J., Persönliche Entscheidung vor Gott nach bibl. Zeugnis.
"Gewissen" in der Bibel, BiLe 6 (1965), 107-121.

Schwyzer, H.R., Bewußt und unbewußt bei Plotinus, Les sources de Plotin,
Foundation Hardt 5, Genf 1957, 342-378.

Seeberg, R., Art. Gewissen, RGG 2, 2.Aufl., Tübingen 1928, 1164-1169.

Seel, O., Zur Vorgeschichte des Gewissensbegriffes im altgriechischen
Denken, FS F.Dornseiff, Leipzig 1953, 291-319.

Seitz, O.J.F., Two Spirits in Man: An Essay in Biblical Exegesis, NTS 6
(1959 / 1960), 82-95.

Sevenster, J.N., Paul and Seneca, NT. S 4 (1961), 84-102.

Smeding, H., Paulinische Gewetensleer, Utrecht 1873.

Snell, B., Die Ausdrücke für den Begriff des Wissens in der Vorplatonischen Philosophie, Berlin 1924.

-    Besprechung von F.Zucker, Syneidesis-conscientia (1928), Gnomon 6 (1930), 21-31.

Spicq, C., La conscience dans le NT, RB 47 (1938), 50-80.

-    St Paul, Epîtres Pastorales, EtB 32, Paris 1947, 29-38, Exk: La bonne conscience et la foi.

-    Art. Gewissen, BThW 1, 3.Aufl., Graz 1967, 562-567.

-    Notes de Lexicographie Néo-Testamentaire 2, OBO 22,2 (1978), 854-858.

Stacey, W.D., The Pauline View of Man, London 1956, 206-210.

Stäudlin, C.Fr., Geschichte der Lehre von dem Gewissen, Halle 1824.

Stebler, W., Entstehung und Entwicklung des Gewissens im Spiegel der griechischen Tragödie, EHS Reihe 15: Klassische Philologie und Literatur 5, Bern 1971.

Steinmetz, R., Das Gewissen bei Paulus, BZSF 6,8, Berlin 1911.

Stelzenberger, J., Die Beziehungen der frühchristlichen Sittenlehre zur Ethik der Stoa, München 1933.

-    Syneidesis, conscientia, Gewissen, AMT 4, (1963), Paderborn 1963.

-    Syneidesis im Neuen Testament, AMT 1, Paderborn 1961.

Stendahl, K., The Apostle Paul and the Introspective Conscience of the West, HThR 56 (1963), 199-215.

Stepień, J., La conscience dans l'anthropologie de Saint-Paul, RHPhR 60 (1980), 1-20.

Thrall, M.E., The Meaning of οἰκοδομέω in Relation to the Concept of συνείδησις (1.Kor 8,10), StEv 4,1, TU 102 (1968), 468-472.

-    The Pauline Use of συνείδησις, New Testament Studies 14 (1967/68), 118-125.

Tillmann, F., Zur Geschichte des Begriffes "Gewissen" bis zu den paulinischen Briefen, FS S.Merkle, Düsseldorf 1922.

Vilmar, A.F.C., Theologische Moral, Bd.I, Gütersloh 1871, 65ff.

Völker, W., Fortschritt und Vollendung bei Philo von Alexandrien, TU 49,1, Leipzig 1938, 95-105.

Wallis, R.T., The Idea of Conscience in Philo of Alexandria, in: D.Winston - J.Dillon, Two Treatises of Philo of Alexandria, Chico, California 1983.

Werblowsky, R.I.Z., Das Gewissen in der jüdischen Sicht, Das Gewissen, SJI 7 (1958), 89-117.

Wette, W.M.L.de, Christliche Sittenlehre, Bd.I, Berlin 1819.

Wilckens, U., Der Brief an die Römer, Evangelisch-Katholischer Kommentar zum NT 6,1, Neukirchen 1978, 138-142.

Wolf, E., Art. Gewissen, RGG 2, 3.Aufl., Tübingen 1958, 1550-1557.

Zucker, F., Syneidesis-Conscientia, Jenaer Akademische Reden 6 (1928).

# STELLENREGISTER

Eine Auswahl

## I. Altes Testament

## II. Alttestamentliche Apokryphen und Pseudepigraphen

## III. Neues Testament

1.Korinther
4,1-5        49.199-213.
             311.316
8,7-13       56.232-256.
             315
10,25-29     256-276.314
14,24        131

2.Korinther
1,12         190-199.311ff
4,2          214-221.224-
             232.312
5,11         221-232.312

1.Timotheus
1,5          303.305
1,19         303f.307
3,9          303.305
4,2          307

2.Timotheus
1,3          303f

Titus
1,15         307

Hebräer
9,9          306
9,14         306
10,2         307
10,22        303.307
13,8         303

1.Petrus
2,19         308-310
3,16         303.305
3,21         109.303.305f

1.Johannes
3,19-21      110


## IV. Philo und Josephus

1.Philo

De confusione linguarum
121          126

De decalogo
87           126
91           123.129

De ebrietate
125          127

De fuga et inventione
131          128

De Josepho
47           125
48           125

De Posteritate Caini
59           125.129

De praemiis et poenis
84           124.129

De specialibus legibus
I 203        124.129
I 235        125
II 49        122
IV 6         125
IV 40        125

De virtutibus
124          123
206          125

In Flaccum
7            125f

Legatio ad Gaium
165          124.129

Quaestiones in Exodum
II 13        129

Quod deterius potiori
insidiari soleat
23f          128
145f         122.125

Quod deus sit immutabilis
100          126
128          126
134f         127.129

Quod omnis probus liber est
99           124.129
149          126

2.Josephus

Antiquitates Iudaicae
1,44-46      132
1,47         133
2,25         133
2,52         134
3,190        132f
4,286        133
15,190       133
16,102       133

## V. Rabbinische Literatur

## VI. Griechisch-römische Profanschriftsteller

Pro L.Valerio Flacco
  16,38               77

De legibus
  I 14,40           81

Pro T.Annio Milone
  4,10              95
  23,61            82.95

De natura deorum
  3,85              98f

Paradoxa
  II 18             81
  V 40              81

In M.Antonium oratio Philippica
  I 4,9             78
  II 44,114       94

Epistulae ad Quintum fratrem
  II 14,2         72.79

De re publica
  III 12,22       95
  VI 8,8          78

Tusculanae Disputationes
  II 26,63.64     94.196
  IV 20,45       81

In Verrem actio
  III 76,177     72
  III 57,130     81

(Quintus) Curtius Rufus

Historiae Alexandri Magni
  III 6,9        82
  V 11,7         82
  VI 10,2       88
  VI 10,14      81

Demokrit

(Diels-Kranz)
  fr 297         51

Demosthenes

Epistulae
  II 20          40.48

Orationes
  18,110       36.53
  18,263       46.49
  19,208       53f
  19,210       53f

Diodorus Siculus
  4,38,3       47.49
  4,65,7       56
  17,106,2     47.49

Diogenes von Apollonia

(Joh. Stobaeus)
  III 24,14     44f.49

Diogenes Laertius
  VII 85       52

Dionysius Halicarnassensis

Antiquitates Romanae
  VIII 1,3     56.61
  VIII 48,5    56.61

De Thucydide
  8,3          56

Dositheus

(Böcking)
  §17,S.23     57

Epiktet

Dissertationes
  III 22,94    58.65
  fr 97 (Schweigh.) 57f.65

Epikur
  fr 522 (Usener)  102

Euripides

Electra
  43          36.76

Hercules Furens
  368         35

Medea
  495         41f

Orestes
  396.398   42.49.54.58.70

Frontinus

Strategemata
  I 9,3         88

Heliodor

Aethiopica
  VI 7        61.303

Herodianus

Historien
  IV 7,1       55
  VI 3,4       61.303

Herodot

Historien
  III 64,1     250

Thukydides
  IV 68,4         36.302

Tibullus
  I 8,3           76

Vergilius

Aeneis
  II 141          77

Vettius Valens
  210,1          60

Xenophon

Anabasis
  I 3,10         46.49

II 5,7         46.49.58

Apologia Socratis
  24           46.49

Cyropaedia
  I 5,11       41.48
  I 6,4        46.49.58

Historia Graeca
  III,3,10      36.302

Memorabilia Socratis
  II,7,1        36

## VII. Inschriften und Papyri

Ath Mitt
  24,237        61

Ditt Syll
  888,154      238

Pap BGU
  IV 1024,3,7    61

Papyri Osloenses
  II 17,10     62.303

Oxyrhynchus Papyri
  I 123,13     63
  III 532,23   62.116

Pap Par
  p.422,7      63

Pap Reinach
  52,5       62.303

Pap Ryl
  116,9      60

# Wissenschaftliche Untersuchungen zum Neuen Testament

Begründet von Joachim Jeremias und Otto Michel
Herausgegeben von
Martin Hengel und Ottfried Hofius

18
E. Earle Ellis
**Prophecy and Hermenteutic in Early Christianity**
New Testament Essays. 1978. XVII, 289 Seiten. Ln.

17
Otfried Hofius
**Der Christushymnus Philipper 2,6–11**
Untersuchungen zur Gestalt und Aussage eines urchristlichen Psalms. 1976. VII, 118 Seiten. Kart.

16
Karlmann Beyschlag
**Simon Magus und die christliche Gnosis**
1974. VII, 249 Seiten. Ln.

15
Andreas Nissen
**Gott und der Nächste im antiken Judentum**
Untersuchungen zum Doppelgebot der Liebe. 1974. XII, 587 Seiten. Ln.

**2. Reihe**

9
Roman Heiligenthal
**Werke als Zeichen**
Untersuchungen zur Bedeutung der menschlichen Taten im Frühjudentum, Neuen Testament und Frühchristentum. 1983. XIV, 374 Seiten. Kart.

8
Berthold Mengel
**Studien zum Philipperbrief**
Untersuchungen zum situativen Kontext unter besonderer Berücksichtigung der Frage nach der Ganzheitlichkeit oder der Einheitlichkeit eines paulinischen Briefes. 1982. X, 343 Seiten. Kart.

7
Rainer Riesner
**Jesus als Lehrer**
Eine Untersuchung zum Ursprung der Evangelien-Überlieferung. 2. Auflage in Vorbereitung.

6
Helge Stadelmann
**Ben Sira als Schriftgelehrter**
Eine Untersuchung zum Berufsbild des vor-makkabäischen Söfēr unter Berücksichtigung seines Verhältnisses zu Priester-, Propheten- und Weisheitslehrertum. 1980. XIV, 346 Seiten. Kart.

5
Dieter Sänger
**Antikes Judentum und die Mysterien**
Religionsgeschichtliche Untersuchungen zu Joseph und Aseneth. 1980. VIII, 274 Seiten. Kart.

4
Seyoon Kim
**The Origin of Paul's Gospel**
1981. XII, 391 Seiten. Kart.

3
Paul Garnet
**Salvation and Atonement in the Qumran Scrolls**
1977. VIII, 152 Seiten. Kart.

2
Jan-A. Bühner
**Der Gesandte und sein Weg im 4. Evangelium**
Die kultur- und religionsgeschichtlichen Grundlagen der johanneischen Sendungschristologie sowie ihre traditionsgeschichtliche Entwicklung. 1977. VIII, 486 Seiten. Kart.

1
Mark L. Appold
**The Oneness Motif in the Fourth Gospel**
Motif Analysis and Exegetical Probe into the Theology of John. 1976. IX, 313 Seiten. Kart.

# J.C.B. Mohr (Paul Siebeck) Tübingen